医疗器械领域
美国知识产权诉讼案例精解

国家知识产权局专利局专利审查协作江苏中心　组织编写

知识产权出版社
全国百佳图书出版单位
—北京—

图书在版编目（CIP）数据

医疗器械领域美国知识产权诉讼案例精解/国家知识产权局专利局专利审查协作江苏中心组织编写. —北京：知识产权出版社，2021.2

ISBN 978 - 7 - 5130 - 7355 - 4

Ⅰ.①医… Ⅱ.①国… Ⅲ.①医疗器械—知识产权—民事诉讼—案例—美国 Ⅳ.①D971.234

中国版本图书馆 CIP 数据核字（2020）第 260954 号

内容提要

本书根据美国官方网站及商业数据库中涉及美国医疗器械领域的侵权诉讼案件和"337 调查"案件，采用整体数据分析和个案研究相结合的方法，全面梳理该领域案件的诉讼量态势、涉诉国家分布、涉诉企业特点、受理法院特点、专利产品及技术等情况，厘清医疗器械行业美国专利诉讼的整体状况，并结合具体案例剖析美国知识产权诉讼特点，为中国医疗器械企业提出可供借鉴的应对策略。

责任编辑：王瑞璞　　　　　　　　　　责任校对：王　岩

执行编辑：崔思琪　　　　　　　　　　责任印制：刘译文

封面设计：博华创意·张冀

医疗器械领域美国知识产权诉讼案例精解

国家知识产权局专利局专利审查协作江苏中心　组织编写

出版发行　知识产权出版社 有限责任公司　　网　　址：http://www.ipph.cn

社　　址：北京市海淀区气象路 50 号院　　　邮　　编：100081

责编电话：010 - 82000860 转 8730　　　　责编邮箱：wangruipu@ cnipr.com

发行电话：010 - 82000860 转 8101/8102　　发行传真：010 - 82000893/82005070/82000270

印　　刷：三河市国英印务有限公司　　　　经　　销：各大网上书店、新华书店及相关专业书店

开　　本：787mm×1092mm　1/16　　　　印　　张：17.75

版　　次：2021 年 2 月第 1 版　　　　　　印　　次：2021 年 2 月第 1 次印刷

字　　数：390 千字

定　　价：80.00 元

ISBN 978 - 7 - 5130 - 7355 - 4

编 委 会

主　　任：韩爱朋

副主任：闫　娜　刘新民

主　　编：闫　娜

编　　委：屠　忻　张仁杰　刘　晴　张　雯

　　　　　万　语　孙　颖　李晶晶　桂叶晨

　　　　　洪　川　卢晓萍

出版说明

本书编写团队来自国家知识产权局专利局专利审查协作江苏中心。具体分工如下：

屠　忻：第一部分第一章第一节

张仁杰：第一部分第三章第四节（部分）、第二部分第一章、第二部分第二章、第二部分第四章第一节、第二部分第四章第三节、第二部分第四章第四节

刘　晴：前言、第一部分第二章第三节、第一部分第三章第一节、第一部分第三章第二节、第一部分第三章第五节、第一部分第三章第六节（部分）、第一部分第四章第一节（部分）、第二部分第三章

张　雯：第二部分第四章第二节（部分）

万　语：第一部分第二章第一节（部分）、第一部分第三章第六节（部分）、第一部分第四章第二节（部分）

孙　颖：第一部分第四章第一节（部分）、第一部分第四章第二节（部分）

李晶晶：第一部分第二章第一节（部分）、第一部分第三章第三节、第一部分第三章第四节（部分）、第一部分第四章第一节（部分）

桂叶晨：第一部分第二章第二节、第一部分第四章第一节（部分）、第二部分第四章第二节（部分）

洪　川：第一部分第二章第一节（部分）

卢晓萍：第一部分第一章第二节、第一部分第二章第一节（部分）、第一部分第四章第一节（部分）

闫娜、屠忻：全书审校

前　言

生物医药及高性能医疗器械是《中国制造2025》十大重点发展领域之一，具有高科技含量、高社会效益、高经济价值等特点。近年来，随着智能制造技术、新一代信息技术、新材料技术等现代科学成就的不断融入，医疗器械行业整体步入高速增长期，成为大健康产业中最为活跃的经济增长点，不仅国内市场规模不断扩大，出口额也快速增长。2019年，我国医疗器械行业出口额达到287亿美元，其中，对美出口77.5亿美元，位居第一。

美国作为全球最大的医疗器械市场，对包括中国在内的全球医疗器械企业都极具吸引力。但是，美国市场在给医疗器械企业带来巨大经济效益的同时，也隐藏着巨大的风险，特别是知识产权风险。由于中国医疗器械产品逐渐向高端发展，可以预见中国医疗器械企业在出口美国时所面临的知识产权诉讼风险将明显增加，因此，了解美国知识产权诉讼制度，规避可能存在的知识产权风险，是我国医疗器械企业进入美国之前的"必修课"。

美国知识产权诉讼主要包括两个方面，向美国地区法院提起的专利诉讼以及向美国国际贸易委员会（USITC）提起的"337调查"。本书将分别从这两个方面，结合具体案例剖析美国知识产权诉讼的特点，提出可供中国医疗器械企业借鉴的应对策略。

本书数据涵盖美国官方网站及商业数据库中涉及美国医疗器械领域的专利侵权诉讼案件和"337调查"案件。采用整体数据分析和个案研究相结合的方法，全面梳理上述案件的诉讼量态势、涉诉国家分布、涉诉企业特点、受理法院特点、专利产品及技术等情况，厘清医疗器械行业美国专利诉讼的整体状况。

在美国专利侵权诉讼方面，本书第一部分系统梳理了美国专利侵权诉讼的基本概念和程序、基本抗辩方式，并结合典型案例，从权利要求的解释、字面侵权、等同侵权、故意侵权、Bolar例外等方面，对侵权诉讼的抗辩策略进行深入分析，充分挖掘每个案例蕴藏的规律性特点。第一部分还以美国心血管支架领域的专利诉讼系列案为例，详细解读美国企业如何利用专利侵权诉讼来维护自身市场，并将涉及日本企业的典型案例作为代表，总结国外企业的应对策略和经验，为我国企业在面临侵权诉讼困境时提供借鉴。第一部分案例源自 WESTLAW、RPX 数据库。

在"337 调查"方面，本书第二部分系统介绍了美国"337 调查"的基本概念，分析了医疗器械领域美国"337 调查"的趋势和特点，结合我国及日本企业应对"337 调查"的典型案例，对"337 调查"的总体过程、关键环节、审理焦点、抗辩策略等进行分析，总结出有益的应对策略和经验，为我国企业面对"337 调查"提供参考。第二部分案例源自美国国际贸易委员会网站。

笔者殷切期望本书能够帮助中国医疗器械企业全面了解美国知识产权诉讼制度，预判知识产权法律风险，提升知识产权纠纷应对能力，为中国医疗器械企业顺利进入美国市场、应对在美知识产权诉讼提供有益的参考。

目　录

第一部分　美国专利侵权诉讼

第二部分 美国 337 调查

第一部分

美国专利侵权诉讼

美国拥有全球最大的医疗器械市场，对于行业内投资者的吸引力无疑是巨大的。但是，国外投资者在进入美国推广、销售过程中的知识产权法律风险不容忽视。专利侵权诉讼因时间长、程序复杂、成本高昂、赔偿数额大等特点既可以成为企业打压对手的有力工具，也能成为深受其困的各企业的噩梦。知己知彼，充分了解美国专利诉讼的特点，才能够在进军美国市场时，处于有利地位。

美国专利诉讼与中国专利诉讼之间存在较大差异，例如起诉环节，在美国提起诉讼相对来说更为容易，只要有合理的理由认为对方侵权即可提出诉讼，因此涉诉风险更高；在抗辩环节，美国与中国的法律体系不同，其除了遵循成文法外，判例也是美国法律体系重要构成部分，因此抗辩过程中，不仅要研究其相关法律，还应着重研究在先的有利判例来寻求最佳抗辩策略；又如，在专利诉讼流程方面，美国有独有的权利要求解释程序（即 Markman 听证会），在此环节争取有利于己方的权利要求解释对赢得诉讼至关重要。为了深刻了解美国专利诉讼，本部分将系统梳理美国专利侵权诉讼的基本概念、程序和基本抗辩方式，同时总结美国专利诉讼体系中涉及医疗器械的一些特殊规定和抗辩方式。

美国法律体系较为成熟，因此在美国市场的交替更迭中，专利侵权诉讼作为商战的重要武器频繁出现。在这样的局势下，美国企业尤其是大型跨国企业自身已经形成完善的知识产权战略，在发起或应对专利侵权诉讼时，无论是诉讼发起的时机、诉讼针对的产品、对手的选择、法院的选择、抗辩的策略、和解与否的决定，都成为关乎企业发展的重要决策。对美国专利诉讼中原被告的行为特点进行总结，将有助于我们学习企业先进经验。因此本部分还将以历年诉讼数据为依据，梳理医疗器械领域诉讼量趋势、涉诉企业特点、涉诉产品特点、法院选择的偏好以及各国企业在进入美国时所面临的诉讼风险等，并以典型案例详细解读各大跨国企业如何利用专利侵权诉讼维护自身市场。最后，本部分将日本企业的典型案例作为代表，总结国外企业的应对策略，以期寻找企业在面临侵权诉讼困境时的应对经验。

第1章 美国专利侵权诉讼概述

1.1 美国专利侵权诉讼流程

专利权人有权禁止他人在美国制造、使用、许诺销售、销售或进口被专利保护的发明。提起专利诉讼的通常为专利权人、被转让专利权的受让方或者独占被许可人。出于不同的目的,非专利权人也可以提起专利诉讼——确权之诉,要求法院判决专利无效、不可执行或者当事人不侵权等,以此来掌握主动权。通常情况下,如图1-1-1所示,美国专利诉讼案件的流程为:起诉——答辩——证据调查——权利要求解释(即 Markman 听证会)——简易判决——庭审(陪审团裁决)——依据法律判决——上诉。

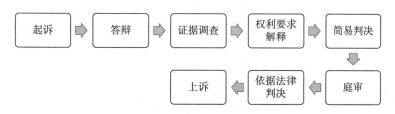

图1-1-1 美国专利诉讼流程

1.1.1 立案流程

在法庭正式介入诉讼前的立案阶段,专利诉讼通常包括原告起诉和被告答辩两个流程。

1.1.1.1 起诉

在经过诉前调查之后,原告基于收集的信息和所认为的事实,有合理的理由以及事实证据认为被告存在侵权行为的,可以根据《联邦民事程序法》第8(a)条规定,向法院提交起诉状。起诉状应当简要清楚,阐明法院具有管辖权、原告诉讼请求和要求的救济。

1.1.1.2　答辩

被告自收到起诉状之日起 21 日内应当提交答辩状，或者请求宽限期并在宽限期内提交答辩状。答辩状中应针对原告的每一项诉讼请求予以答复，答复可以是承认或者否认，或者部分承认、部分否认，或者声明无法判断原告的诉求。除了否定性的抗辩方式外，被告还可以在答辩状中提出专利无效、专利不可执行、审查历史禁反言等抗辩方式，甚至提出反诉以及合理的撤销诉讼的动议。所选择的抗辩方式将直接影响随后的证据调查与开示（discovery）的工作量，并且对诉讼的走向起着至关重要的作用，因而被告应当慎重选择，以期在耗费最少的人力、物力和时间的情况下争取最优的判决倾向（关于抗辩方式将在本部分第 3 章具体阐述）。

1.1.2　法庭审理前流程

开庭前，需就双方提交的动议及证据展开证据的披露与开示工作，主要包括在法律和法官的保护下进行的证据调查、权利要求解释及双方达成一致时简易判决等。

1.1.2.1　证据调查

证据调查，是指在庭审前根据程序法调查取证。在证据调查阶段，原被告双方通常需要投入大量时间、精力来提供是否侵权的直接或间接性证据。如原告一般会调查被告产品的开发、市场宣传、销售、产品利润等相关信息，被告则一般会调查涉案专利的现有技术、专利技术的实现等信息。证据调查的手段包括要求对方提供文件、书面询问、宣誓作证等，双方必须确保所提供的证据或事实的真实性。由于专利诉讼通常涉及技术、财务或法律等专业性较强的问题，证据中往往还会包括专家证人和证词。证据调查的阶段还包括开示证据的程序——初始证据开示（initial disclosures），用于双方交换案件的基本信息，使双方对案件有基本的了解。

1.1.2.2　权利要求解释

开庭前另一重要程序是权利要求保护范围的界定，这是专利诉讼的争议焦点所在，其对判决结果具有决定性作用。1995 年 Markman 案确定了一个原则，即权利要求的解释及权利要求保护范围的界定是一个需要法官决定的法律问题，而非需要陪审团决定的事实问题。因此，权利要求解释听证会（claim construction hearing）亦称为 Markman 听证会。法院举行 Markman 听证会，从权利要求本身、说明书、审查历史、专业书籍以及专家证言等来对权利要求进行解释。双方在该环节会提供证据从而争取对自己有利的解释方式。通过一系列证据收集、筛选以及界定权利要求保护范围的过程后，双方均充分了解了对方掌握的证据，这些证据通常足以让双方预料到判决结果。因此，该环节后，大多数案件的原被告倾向于通过调解结束案件。据统计，90% 以上的专利案件可以在庭审前程序完成后达成和解❶，不会进入判决阶段。

1.1.2.3　简易判决

简易判决，亦称即决判决，法官可以不经开庭审理而直接对全部或部分案件作出实体性、有约束力的判决。虽然简易判决的作出并没有经过完全的庭审过程，但简易判决具有与适用普通程序作出的判决完全相同的法律效力。因此，在双方对重要事实达成共识时，通常通过简易判决的方式结案，可以避免案件进入复杂且昂贵的庭审程序，节省更多的时间、精力及金钱。即使法官仅就部分案件事实作出简易判决，也能够起到"精简庭审过程"的作用。

简易判决是非常有利的工具，尤其是对被控侵权人。当事人可以寻找对方法律问题上的弱点，利用简易判决取得胜诉或达到精简庭审过程的效果。通常，即使是部分胜诉也能促成对动议提起方有利的和解。❷

1.1.3　法庭审理流程

1.1.3.1　庭审

无法通过简易判决结案的案件，会进入庭审。庭审通常包括开庭陈述、双方举证以及总结陈述三个部分。在美国，由陪审团就其在庭审过程中得到的证据、双方辩论的理由及法官作出的陪审团指示进行陪审团合议，然后通过不记名投票的方式作出裁决。

1.1.3.2　依据法律判决

在庭审过程中，一方举证结束后或者法官将案件交给陪审团进行裁决前，另一方可以要求法官直接作出判决，如果法官认定一个合理的陪审团不可能会找到足够的证据以支持举证方的主张，那么法官可以直接作出判决，而不需要陪审团裁决。每年进入庭审的专利诉讼中，有超过50%的案件是由陪审团审理的，陪审团审理与法官审理的差异在于：在维护专利的有效性方面，陪审团裁决原告专利有效的比例远远高过法官，另外，在涉及他国当事人的案件时，陪审团往往会受到爱国主义情结的影响。❸ 因此，外国当事人作为被告出现时，多有避免陪审团审理的意愿。在陪审团作出裁决后，法官可以作出最终判决，或根据当事人的动议，举行新的庭审或依法律作出判决。对最终判决不服者，可以上诉至美国联邦巡回上诉法院。

---

❶ 吕薇. 创新驱动发展与知识产权制度 [M]. 北京：中国发展出版社，2014.

❷ 国家知识产权局专利局专利审查协作江苏中心. 移动通信领域美国知识产权诉讼研究 [M]. 北京：知识产权出版社，2018.

❸ 吴军辉，杨建成. 美国专利诉讼中的陪审团 [J]. 法律适用，2007（7）：89 – 91.

1.2　美国专利侵权诉讼结果的救济方式

若法院判定一项可实施的专利有效并且遭受侵权行为时，根据美国专利法第283条"对诉讼有管辖权的各法院，为防止专利权益受到危害，依据衡平原则及法院认为合理的条件，发布禁令"和第284条"根据有利于原告的证据显示，应判给原告足以补偿所受侵害的赔偿金，其数额不得低于侵权人实施发明所需的合理许可费，以及法院所定之利息及诉讼费用的总和"的规定，专利权人有权获得禁止继续侵权的禁令和金钱损害赔偿。

1.2.1　损害赔偿

金钱损害赔偿通常包括利益损失、跌价损失、合理许可费、整体市场价值规则、专利标志等。值得注意的是，在存在故意侵权时，出于惩罚恶意行为的目的，法官可以判罚增加损害赔偿，以不超过3倍赔偿额为上限。此外，在实际诉讼中，包括专利权人在专利申请过程中的不诚信行为以及侵权人故意侵权在内的特殊情况下，法院可以要求败诉方偿付胜诉方合理的律师费。❶

1.2.2　禁令

损害赔偿往往只能针对已经过去的侵权行为进行救济，然而，基于合理的理由能够相信，未来仍旧可能发生侵权行为，禁令则是针对这种未来侵害行为的救济方式。禁令是很重要的一种救济方式，强制性的禁令往往比金钱性质的损害赔偿更为有用，因为禁令能够补充损害赔偿的不充分性。❷ 原告在初步判决时以及最终判决时均有可能获得禁令救济。

初步判决时核发的是临时禁令，其本质上是一种保全制度。由于专利诉讼过程长，可能会耗费数年，因此临时禁令的颁发与否会对原告、被告以及公众利益产生巨大影响。法院在判断是否需要发布临时禁令时需要考量以下四个原则：①合理的胜诉的可能性；②拒绝核发禁令是否会对专利权人造成不可弥补的损失；③衡量双方当事人之间的损害；④公众利益。❸ 最终判决时，胜诉的专利权人可以要求法院颁布永久禁令，从而永久禁止侵权人将来从事侵权行为。永久禁令的核发同样需要考虑四个原则：①专利权人遭受了不可弥补的损失；②法律所提供的救济措施（如金钱赔偿）不足以

---

❶ 易继明. 美国专利法 [M]. 北京：知识产权出版社，2013.
❷ 和育东. 美国专利侵权的禁令救济 [J]. 环球法律评论，2009（5）：124 – 133.
❸ 906 F. 2d 679.

赔偿专利权人的损失；③衡量双方当事人的困难后颁布永久禁令是合适的；④公众利益。❶ 法院基于以上方面的考量，可以允许颁布永久禁令。一旦被判处永久禁令，被告的产品将在专利有效期限内完全退出市场。

---

❶ 547 U. S. 388.

第2章 美国医疗器械领域专利诉讼特点

本书医疗器械诉讼案件来自于美国法律卷宗的官方 PACER 数据库❶、RECAP 数据库❷、美国专利商标局（USPTO，以下简称"PTO"）官方网站❸以及商用数据库 RPX❹和 Westlaw❺。

2.1 美国医疗器械专利诉讼整体概况

2.1.1 诉讼量趋势

由于美国在知识产权立法和司法先例的完备性、审判程序的系统性、证据规则的规范性以及执行的力度等诸多方面的发展较为成熟，同时在众多专利诉讼经验丰富的律师的推动以及诉讼胜诉后的赔偿金、市场等巨大获利诱惑下，专利诉讼已经成为美国法律诉讼中一个重要领域。根据 LEX Machina 发布的美国专利诉讼报告❻，如图 1-2-1 所示，2010 年，美国专利诉讼数量为 2801 件。2011 年开始，专利诉讼量飞速增长，2013 年和 2015 年分别达到 6133 件和 5833 件。日益增多的案件给法院带来了审判压力，同时非运营主体（NPE）❼对专利诉讼的滥用也备受诟病，为解决上述问题，2012 年，美国专利法修正案中双方专利复审（Inter Partes Review，IPR）程序的启动为专利纠纷提供了诉讼以外的解决方式；此外，美国专利保险制度的成熟也使得专利纠纷逐渐从庭审判决走向专利保险等市场机制；2014 年，Alice Corp. 诉 CLS Bank 案❽使得在计算机上实现的方法在专利的确权过程中变得不那么容易；另外，为了减少"专利流氓"的出现，美国于 2015 年 12 月颁布新诉讼标准——废除《联邦民事诉讼规则》第 84条，确立了专利侵权案件诉讼标准采用更高的合理性标准（heightened plausibility stand-

---

❶ https：//www.pacer.gov.

❷ https：//www.courtlistener.com/recap.

❸ https：//www.uspto.gov.

❹ https：//insight.rpxcorp.com/.

❺ https：//www.westlaw.com/.

❻ LEX Machina. 2019 年度美国专利诉讼报告 ［R/OL］.（2020 - 04 - 13）［2020 - 10 - 27］. www.worldip.cn/uploadfile/2019/0325/20190325101909834.pdf.

❼ Non - Practicing Entities，指拥有专利权但本身并不实施专利技术的主体。

❽ 573 U.S. 208，134 S. Ct. 2347（2014）.

ards），使得美国专利诉讼案件出现大幅度减少❶。上述因素持续发挥影响，2016 年开始，诉讼量逐年下降，2017 年 TC Heartland 案❷确立被告住所地原则，即仅能在被告居住地提起诉讼，这使 NPE 的起诉门槛进一步提高，2019 年美国专利诉讼量下降至 3588 件，为 2012 年以来的最低点。

图 1 - 2 - 1　2009 ~ 2019 年美国专利诉讼量趋势

数据来源：Lex Machina。

医疗器械领域专利依存度高，涉及专利数量众多，一件产品例如呼吸机可能具有成百上千个专利，且核心专利技术壁垒高，难以绕开，因此竞争对手互相起诉对方专利侵权，希望给对方技术的更新换代设置障碍。与此同时，随着医疗器械行业技术的不断完善，全球医疗器械市场需求逐渐扩大，2016 年全球医疗器械市场规模为 3985 亿美元，而美国医疗器械行业销售收入在全球占比达 38.8%。❸作为全球医疗器械市场最大的国家，在技术更新、市场更迭的过程中，专利诉讼成为重要的硝烟场。1998 ~ 2017 年，医疗器械案件数量在美国全部专利侵权案件中排名第六，侵权赔偿中位数排名第二，仅次于医药生物领域。❹ 图 1 - 2 - 2 示出了 2000 年以来医疗器械领域在美专利诉讼基本情况。

如图 1 - 2 - 2 所示，2000 年至 2019 年 12 月间累计提起 2131 件医疗器械领域专利诉讼。2003 年开始，美国医疗器械总产值以 10% 左右的比例迅速增长。与此同时，随着美国医疗器械市场需求的增长，世界各国竞争者进入美国寻找商机，美国医疗器械领域的贸易顺差逐步扭转为贸易逆差，其中，美国从德国、英国的进口额增长了一倍。此外，得益于 1994 年《北美自由贸易协定》（NAFTA）的生效，加拿大、墨西哥等国

---

❶ PWC. 2017 Patent Litigation Study Change on the horizon？［EB/OL］.［2020 - 10 - 27］. www. pwc. com/us/forensics.

❷ 581 U. S.，1517（2017）.

❸ 中商产业研究院. 2017 年全球医疗器械市场分析：市场规模将突破 4000 亿美元大关［EB/OL］.（2017 - 11 - 03）［2020 - 04 - 18］. http://www. askci. com/news/chanye/20171103/140714111094. shtml.

❹ PWC. 2018 patent litigation study［EB/OL］.［2020 - 10 - 27］. https://www. pwc. com/us/en/forensic - services/publications/assets/2018 - pwc - patent - litigation - study. pdf.

对美国出口额也增长迅速。迅猛的产业发展势头、巨大的市场缺口和激烈的外来竞争都导致了相关利益纠纷的相应增多，进而造成相关专利诉讼量的上升。2003～2007年，美国医疗器械领域专利诉讼量迅速增长，从16件增长至139件。进入2008年，全球经济危机爆发，制造业整体不景气，且欧洲多国采取的财政紧缩措施导致美国医疗器械出口锐减；作为世界上最大的医疗器械进出口国，美国的医疗器械产业因此遭受挫折，企业暂时不再将医疗器械的诉讼竞争作为市场策略重心，2008～2010年相关的专利诉讼量有小幅下降。

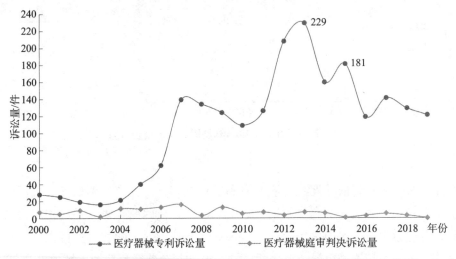

图1-2-2　2000～2019年医疗器械领域专利诉讼量[1]及判决数量趋势

随着全球经济复苏，2011年医疗器械领域专利诉讼量再次恢复快速增长，2013年达到峰值229件；但从2014年开始，诉讼数量呈现明显跌落的趋势，2016年的诉讼数量跌至119件，跌幅接近50%。这一变化和同时期美国专利诉讼量的整体趋势基本一致，主要是由于双方复审程序（Inter Porte Reexamination，IPR）的建立、专利保险制度的成熟、2015年12月颁布的新诉讼标准等因素的影响。然而也应当注意到，该时期针对美国医疗器械产业的特定经济政策也是造成该领域专利诉讼减少的重要原因之一。2012年，美国国会通过了针对医疗器械征收2.3%销售税的法案，并于2013年1月正式实施[2]，这一政策大大加重了医疗器械产业的成本负担。此外，2012年开始，美国两大医保公司Medicare和Medraid下调部分医疗检查项目的医保报销比例并缩窄医保范围，降低了医院采购新设备和更新换代的积极性。以上政策对医疗器械产业发展造成冲击，美敦力（Medtronic）首当其冲，2012年即宣布裁减1000个工作岗位，波士顿科学（Boston Sci-

---

❶　数据来源：RPX商用数据库（https：//insight. rpxcorp. com/lits/mks）市场类群（market sectors）分类，medical子项。

❷　美国正式废除医疗器械消费税［EB/OL］.［2019-12-25］. https：//www. medsci. cn/article/show_article. do? id=8e14185246cd.

entific）紧随其后，同样发布了裁减 1000 个工作岗位的计划，雅培、圣犹达医疗、史赛克（Stryker）、Zimmer 等大型企业也相继做出了相应的裁员举措。❶ 2015 年 6 月，美国联邦最高法院投票通过支持奥巴马的医改法案，再次巩固了其医改政策。这一系列举措导致美国医疗器械专利诉讼在该时期的跌幅相比专利诉讼的整体跌幅更为明显。

2017 年，特朗普正式履职美国总统；5 月，国会众议院通过了取消"奥巴马医保"的法案；同年底，国会宣布暂停医疗器械销售税政策，这对于医疗器械市场无疑是重大利好，因此医疗器械领域的诉讼数量也在 2017 年出现小幅回升。不过，在美国专利诉讼量继续大幅下滑的整体趋势下，医疗器械领域 2018～2019 年诉讼数量整体仍然保持下滑的趋势。

2.1.2　涉诉国家

作为全球最大的医疗器械市场，美国不仅拥有世界上大多数著名医疗器械公司，例如美敦力、波士顿科学、强生医疗（Johnson & Johnson）、通用医疗（GE Healthcare Technologies）、史赛克等，而且其多样的创新平台和充足的人才储备也促使了大批科技型医疗器械中小企业诞生。为了抢占市场、狙击对手、垄断技术，美国大型企业之间，以及大型企业与新兴的小规模企业之间围绕各种医疗器械产品产生了多种纠纷。如图 1 - 2 - 3 所示，2000 年以来的医疗器械领域在美专利诉讼中，有 1596 件完全发生在美国主体之间。

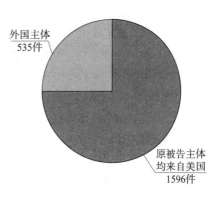

图 1 - 2 - 3　2002 年以来美国医疗器械领域涉诉主体来源国分布

此外，得益于美国庞大的市场规模和充足的消费能力以及制造能力，各国医疗器械企业始终保持着在美投资和销售的巨大热情。进口产品和美国国内产品之间以及进口产品之间的竞争持续存在。企业对市场份额的争夺蔓延至为其技术保驾护航的专利领地，使得专利诉讼成为一个没有硝烟的国际战场。如图 1 - 2 - 3 所示，来自其他国家的主体参与了 535 件诉讼，接近医疗器械专利诉讼总量的 1/4。

如图 1 - 2 - 4 所示，国外企业在美诉讼量与美国医疗器械整体诉讼量变化趋势一致。此外，由于各国企业的实力、医疗器械发展水平、出口美国贸易量的不同，因此在美国涉及的诉讼量各不相同，且涉诉身份（原/被告）呈现出明显差异。参见表 1 - 2 - 1，涉诉数量排在前列的国家既包括德国、英国、荷兰、丹麦和瑞士等医疗器械产业相对发达，且多年来在全球医疗器械贸易中出口额排名靠前的欧洲国家，也包括日本、中国

---

❶　SHERMAN. 美国开征医疗器械销售税 [N]. 医药经济报，2013 - 01 - 14.

这样的亚洲医疗器械大国，以及与美国贸易密切的加拿大和澳大利亚等。其中，德国企业参与的医疗器械诉讼数量为 129 件❶，大幅领先于其他各国；日本则是除德国外唯一涉诉超过 60 件的国家；中国共涉及 16 件专利诉讼案件，总量仅为日本的约 1/3，这与中国医疗器械产业起步相对较晚有关。

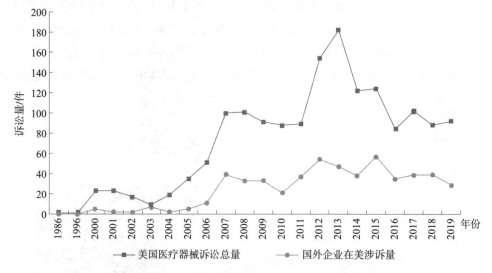

图 1 - 2 - 4 医疗器械领域国外企业在美专利涉诉量趋势

理论上，专利权人在其权利已经受到或者可能受到侵犯时，可以在各专利权授予国分别进行诉讼。但现实是，在本土之外进行诉讼意味着更多的风险、更高的费用和更大的不确定性。因此，国外企业更多的是以被告的身份被动地参与到美国专利诉讼之中。但是，也有部分国家的企业，例如德国、澳大利亚和荷兰，更多的是主动发起攻击，以原告的身份出现在美国专利诉讼中。

表 1 - 2 - 1 各国主体在美专利涉诉排名及涉诉身份（医疗器械领域）

外国主体涉诉数量排名	原告/件	被告/件	原告/被告比
德国	66	63	1.05
日本	17	47	0.36
英国	20	27	0.74
加拿大	19	18	1.06
瑞士	11	25	0.44
丹麦	12	21	0.57
荷兰	13	15	0.87
澳大利亚	19	5	3.80
……	……	……	……
中国	3	13	0.23

❶ 含 1 件原告被告均为德国企业的案例。

2.1.3 涉诉企业

专利纠纷既是市场竞争的表现形式之一，也是市场竞争中无法避免的。为了抢占市场、驱逐对手、获取巨额赔偿，相对高校和个人，美国企业对于专利诉讼这一手段运用更为娴熟，成为美国医疗器械专利诉讼的主要参与者。如图1-2-5所示，在美专利涉诉数量排在前十位的主体均为以强生、美敦力、波士顿科学为代表的美国企业。

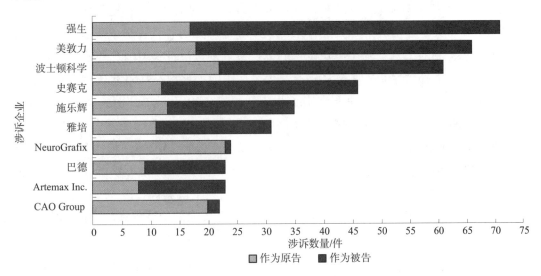

图1-2-5 医疗器械美国专利讼诉主要参与企业涉诉数量

就专利纠纷的集中度而言，医疗器械领域并不突出。如图1-2-5所示，涉诉数量前十名的美国主体，总计参与了402件医疗器械专利诉讼，仅占医疗器械领域总量的18.9%，涉诉案件最多的强生卷入了71件专利诉讼纠纷，随后的美敦力和波士顿科学的专利诉讼也有60余件之多。这与通信领域中行业寡头动辄涉及几百件专利纠纷存在较大差异。可见，有别于通信等领域，医疗器械领域的专利纠纷并不集中于个别大型企业，而是呈现出百家争鸣、广泛参与的局面。

在上述排名前十位的美国涉诉主体中，除了第七位和第十位，其余多为全球知名的美国医疗企业，排名第七位的涉诉主体属于NPE，排在第十位的则是一家小型研发型企业，后文将对这些企业作详细介绍。并且除了这两家企业之外，其余八家涉诉企业均多是以被告身份参与诉讼。可见，在如此复杂、激烈的专利战场上，抵抗诉讼攻击并不仅是"弱者"的修炼，也是大型企业的需求。这些都能够从侧面反映出美国医疗器械专利丛林的茂密和艰险。

2.1.3.1 涉诉典型企业

涉诉量位居前三的分别是强生、美敦力和波士顿科学，涉诉量分别为71件、66件和 61 件。史赛克以 46 件的涉诉量紧随其后，施乐辉、雅培、巴德的涉诉量则在 23 ～ 35 件之间。上述七家企业均为医疗器械领域的全球知名企业。

1）企业简介

强生是全球最具综合性、业务分布范围广的医疗健康企业之一，波士顿科学、美敦力在心脏介入等领域代表着技术创新的前沿，史赛克则是骨科医疗器械企业。

强生成立于 1886 年，业务涉及制药、医疗器材及消费品三大领域。总部位于美国新泽西州新布仑兹维克市，在全球 60 个国家/地区拥有 260 多家运营公司，全球员工约 14 万人，2019 年全球营收达 821 亿美元。强生 2016 年的销售收入高达 720 亿美元，医疗器械业务单元是强生的第二大经济来源，该业务单元的收入占强生总收入的 36%，其盈利占总盈利的 23%。强生医疗设备的销售额更多是来自于美国之外的地区。2017 年的上半年，海外医疗器械收入为 67 亿美元，而美国本土收入为 63 亿美元。需要提及的是，并购给强生医疗器械业务带来了收入的提高。2017 年 2 月份，公司完成了对 Abbott Lab 的医用光学业务的收购。2018 年实现总收入 815.82 亿美元，相比 2017 年增长 6.7%。研发总投入 107.75 亿美元，占收入比重的 13.2%，相比 2017 年增长 1.7%。2019 年，强生医疗器械总营收达 259.63 亿美元，同比下跌了 3.8%。其主要原因在于强生继续重组医疗器械部门，进行了两项资产剥离：以 28 亿美元的价格将其先进的消毒产品业务出售给 Fortive，并以 21 亿美元的价格出售旗下的 Lifecan 血糖监测子公司 Platinum Equity。2019 年，公司在研发方面的投资为 114 亿美元，在并购方面的投资为 58 亿美元。在过去五年中推出的新产品销售额约占 2019 年销售额的 25%。

波士顿科学于 1979 年 6 月成立，总部位于美国马萨诸塞州马尔伯勒市，以技术创新作为宗旨，宣称"为生命而创新，致力于创新医疗解决方案"。1980 年，公司研发出世界第一台埋藏式心律转复除颤器（ICD），并将心律失常的治疗作为自己的核心研发方向和拳头产业之一，于 2008 年实现皮下 ICD 的上市，2017 年成为全球唯一获得美国食品药品监督管理局（FDA）/原国家食品药品监督管理总局（CFDA）认证的 ICD 产品制造商。波士顿科学在北美、欧洲和亚洲都有自己的创新研发中心，并且在全球建立了九所创新培训学院，为产品和流程提供多学科的培训项目，加强自己的科研人才储备。公司每年的研发投入都超过营收的 10%（2017 年研发投入达到 9.2 亿美元，年营业收入约为 90.5 亿美元），目前在全球拥有超过 16000 项专利，是全球研发投入最大的医疗器械公司和全球医疗技术行业创新领导者之一。2006 年，波士顿科学和雅培联合收购佳腾公司，这是公司历史上规模最大的并购，巩固了波士顿科学在心血管医疗领域的全球领先地位。目前波士顿科学的主营业务为心脏介入、内窥镜介入和外周及肿瘤介入等。❶

---

❶ http：//www.bostonscientific.cn.

美敦力创立于 1949 年，与苹果、微软等著名企业相似，其也是从一间小车库中诞生的"巨无霸"，从一家医疗器械修理店一路发展壮大成为目前全球整体规模最大的几家医疗技术公司之一。❶ 在技术创新方面，美敦力同样走在行业前列。1957 年，其研发出世界第一台便携式体外心脏起搏器，3 年后又制造出世界第一台可植入式心脏起搏系统，这在心脏传导阻滞等心脏疾病的治疗史上是里程碑式的事件，美敦力也从此成为全球起搏技术领域的领导者。❷ 目前，美敦力在心脏起搏器、植入式除颤器、心脏支架、心脏瓣膜等领域拥有大量的核心技术；不过站在专利数量的角度，美敦力要逊于波士顿科学一筹，目前在全球拥有 4600 件专利。❸ 公司发展方面，美敦力于 2015 年 1 月完成可称为医疗技术行业有史以来最大的一笔收购行为——以约 500 亿美元的价格将柯惠（Covidien）公司收入旗下，使得当年财政年度的销售额比上年同期增长了 19.1%。2017 年，美敦力的年销售额已达到 297.1 亿美元。目前，美敦力在全世界拥有 84000 多名员工，业务遍及 160 多个国家和地区。

史赛克创立于 1941 年，历史比美敦力更为悠久，总部位于美国密歇根州。史赛克目前是世界最大的骨科产品生产商，在全球拥有 14 个生产研发及销售分部，并在外科手术器械、整形、神经和脊柱等多领域具有较强的技术创新实力。1983 年发明并制造了全世界第一套电池动力骨锯骨钻——OP90，此后相继推出 System 2000、System 4，目前已发展到第五代电池动力骨锯、骨钻——System 5。1997 年，史赛克正式向全世界发布了其划时代的产品：TPS—全功能微型骨科动力系统，首次将微电脑技术引入骨科动力设备，领导了业界发展的一次技术飞跃。2017 年，史赛克的全球销售额超过 120 亿美元，拥有 33000 多名员工以及 6500 多件专利。❹ 由于业绩良好，史赛克分别被美国著名的《财富》杂志及 *Business Week* 评为财富 500 强公司及全美 50 大医疗公司之一。

2）涉诉情况

涉诉量排在前列的大型企业中，波士顿科学的被告/原告比约为 1.77，明显低于强生和美敦力（二者分别为 3.18 和 2.67）。需要注意的是，波士顿科学无论从创立时间、公司规模、市场规模等都不及美敦力和强生，但其高比例的研发成本投入和其超大规模专利拥有量恰恰保证了其在高层级、大面积的专利战中拥有相对主动的优势地位。图 1-2-6 列出了强生、美敦力和波士顿科学历年来的涉诉情况。可以看到，作为原告，美敦力 2006~2012 年期间集中主动发起多项诉讼，而波士顿科学主动提起诉讼的时间则相对分散。

---

❶ 并购成就美敦力全球医械"老大"地位［N］. 医药经济报，2015-10-21（05）.
❷ 美敦力 以研发加速本土化发展［N］. 经济日报，2009-07-09（015）.
❸ http：//www. medtronic. com/cn-zh/index. html.
❹ http：//www. stryker. com.

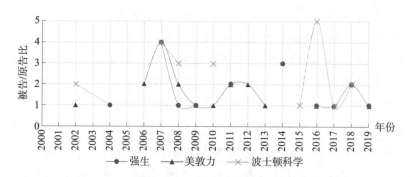

图 1 - 2 - 6　医疗器械领域美国知识产权诉讼主要涉诉主体作为原告的诉讼趋势

相对而言，施乐辉、雅培、巴德等三家大型企业在攻防比例方面表现得更加平衡，其被告/原告比均低于 1.8。如前所述，专利诉讼的主要目的之一是抢占市场以及阻碍对手技术创新。而上述美国大型跨国企业在技术上经常存在交叉，且企业规模相当，导致企业之间的交战具有一定程度的集中性。

2.1.3.2　NPE 及其他

1）NPE 企业 NureoGrafix

NPE，也常被称为"非实施实体"，是专利纠纷中的一个特殊群体。它们并不进行实体产品的生产、制造和销售，客观上避免了被诉专利侵权的可能；同时，它们通过技术研发、专利转让等手段获得专利权，并借此发起专利的许可谈判、诉讼等，以收取专利许可费或侵权损害赔偿金等作为主要的盈利手段。❶ 从理论上说，任何有市场价值的专利领域，都可能存在 NPE 的身影。美国医疗器械专利领域也不例外，涉诉数量排在第七位的 NureoGrafix 就是一个代表。

该公司位于美国加利福尼亚州，在其官网上明确介绍自己是一家"技术知识产权"公司，为"临床实体"提供相关信息技术、数据传输和技术转移服务。官网上并没有实体产品的栏目，而是专门、详细地介绍了它们的核心专利 US5560360 的相关信息，包括往年诉讼中涉及的该专利的权利要求解释等。❷ 可见，NureoGrafix 明确展示了自己实质上的"产品"就是专利本身。这件专利的原拥有者是华盛顿大学，并非由 NureoGrafix 自主研发；它主要涉及神经组织成像设备，利用神经细胞的核磁共振成像原理进行疾病诊断。

在笔者的统计样本中，NureoGrafix 确实仅依靠 US5560360 专利这一件武器，在 2010 ~ 2015 年期间，集中向 11 位被告发起了 23 件诉讼，这些被告不仅包括制造企业，还包括圣路易斯大学等高校。鉴于 US5560360 专利是一件涉及医学影像诊断设备的专

---

❶ 杨铁军. 产业专利分析报告（第 12 册）［M］. 北京：知识产权出版社，2013.

❷ http://www.neurografix.com.

利，因此 NureoGrafix 优先选择该领域的企业进行攻击，日本企业是它的主要攻击对象，东芝被诉 6 次，日立被诉 2 次。此外，德国施乐辉被诉 2 次，西门子也有 1 次被攻击的记录。

2）小型企业 CAO group

CAO Group 于 2000 年成立于美国犹他州，是一家年轻的医疗器械公司，主要生产、研发 LED 治疗光线和二极管激光器产品，应用于牙科领域。创立这家企业的是一位曹姓华人，他在犹他州大学获得了材料科学与工程博士学位。曹博士和他的科研团队将技术创新作为公司发展的生命线，不到 20 年的时间里他们就已经获得了超过 160 件专利和 12 项产品，并拥有独立的品牌和经销商渠道。在公司官网的醒目位置，展示了所有这些专利的"全家福"照片。❶

虽然公司规模不大，然而靠着这些通过自主研发形成的高质量的专利权，CAO Group 参与维权与竞争的频次很高。在 2009、2012 ~ 2018 年这 8 年中，每年都有 CAO Group 的起诉记录，首次起诉距离公司创立不到 10 年的时间。其 20 件诉讼的被告中既包括登士柏这样的美国大型企业，也包括 1 家德国和 1 家英国企业。2 件诉讼的原告既包括专业的牙科领域的企业 Discus Dental LLC，也包括宝洁这样的跨领域大型公司。

2.1.4　受理法院

美国法院系统包括联邦法院系统和州法院系统，专利法属于联邦法，故专利纠纷通常由联邦法院管辖，联邦法院系统受理诉讼的机构为各州的地区法院。每个州根据其实际辖区的面积大小，可包括一个或多个地区法院，例如加利福尼亚州就有北区、中区、南区和东区共 4 个地区法院。此外，联邦法院系统还包括其他几种专门处理特定事务的联邦地区法院，例如处理政府侵犯知识产权等案件的联邦诉讼法院等。❷ 虽然地区法院受理起诉与否会受到管辖权等美国法律法规的约束，但通常认为在起诉主体对法院的选择、法院判决是否有利于专利权人方面，美国各个地区法院会表现出较为明显的倾向性差异。❸ 同样，在医疗器械领域，专利诉讼也呈现出了与法院相关的较为鲜明的特点。

2.1.4.1　受理法院概况

如图 1 - 2 - 7 所示，受理医疗器械领域专利诉讼的地区法院呈现出明显的集中性。在 78 个地区法院受理的 2131 件专利诉讼中，受理量排名前五的地区法院累计受理 920 件案件，占总量的 43.2%。其中，受理量最高的特拉华州地区法院（D. Delaware）占

---

❶ http：//www.caogroup.com.
❷ 陈维国. 美国专利诉讼：规则、判例与实务［M］. 北京：知识产权出版社，2014.
❸ 马秀山. 特拉华州：美国的公司州——访特拉华州的律师事务所并在地区法院听审有感［J］. 中国发明与专利，2005（11）：87.

比 15.5%，达到 330 件；而受理量排名第二和第三位的分别是加利福尼亚州中区法院（C. D. California）和得克萨斯州东区法院（E. D. Texas），数量分别为 197 件和 155 件。其中受理量排在第一、第三位的特拉华州地区法院和得克萨斯州东区法院，也是近年来美国审理判决专利诉讼案件最多的两个地区法院。❶

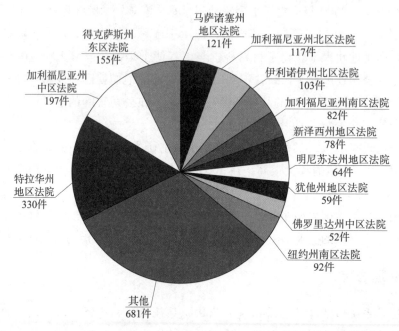

图 1-2-7 2000 年以来美国各个地区法院受理医疗器械领域专利诉讼案件的数量分布

特拉华州位于美国东北部，虽然这个州的辖区面积很小（在美国各州中排名倒数第二），但它对企业的吸引力非常突出，美国 500 强企业大多数在这里注册，被称为美国的"公司州"；由于注册地带来的管辖权原因，该州的知识产权类诉讼案件审理历史较长，审理量较大，且地区法院一审判决被巡回法院维持的比例相当高。❷

得克萨斯州东区法院拥有丰富的专利诉讼案件处理经验，且其陪审团大都是科技企业员工，深知专利权的重要性，对专利权侵权方比较严格，在该法院的专利侵权诉讼原告胜诉率在美国各法院中排名第一位，是专利权人发起诉讼时所青睐的法院。❸然而，受 T. C. Heartland 一案的影响，该法院不再是专利诉讼的首选地，2018 年，其案件量明显落后于特拉华州地区法院。❹

此外，美国本土主要有 3 个州以医疗器械产业发达而著称，即位于美国西部的加

---

❶❸ PWC. 2017 Patent Litigation Study Change on the horizon? [EB/OL]. [2020-10-27]. www.pwc.com/us/forensics.

❷ 马秀山. 特拉华州：美国的公司州——访特拉华州的律师事务所并在地区法院听审有感 [J]. 中国发明与专利，2005 (11)：87.

❹ LEX Machina. 2018 美国专利诉讼报告 [R/OL]. 黎邈，王莎，崔静思，等，译. [2020-04-18]. www.worldip.cn/uploadfile/2019/0325/20190325101909834.pdf.

利福尼亚州、位于美国中部的明尼苏达州和位于美国东部的马萨诸塞州。相应地，加利福尼亚州中区法院、马萨诸塞州地区法院（D. Massachusetts）、加利福尼亚州北区法院（N. D. California）在医疗器械专利诉讼受理数量排名中均位列前五位。同时，以医疗器械作为支柱产业的明尼苏达州，其地区法院的医疗器械诉讼受理量为 64 件，排名第九位。

　　由于公司注册地、各个法院法官的经验、对原被告的倾向性、陪审团的立场以及赔偿额的判罚力度各不相同，诉讼地的选择对最终审判结果也会产生影响，因此部分企业在专利诉讼法院的选择上体现出明显的倾向性。以波士顿科学、史赛克和 Ivera Medical 为例，波士顿科学的 22 件起诉中有 12 件向特拉华州地区法院发起；Ivera Medical 发起的 17 件诉讼中有 11 件选择了加利福尼亚州南区法院（S. D. California）；而史赛克分别在新泽西州地区法院（D. New Jersey）和密歇根州西区法院（W. D. Michigan）发起了 11 件起诉中的 6 件和 4 件。非大型企业主体的法院选择倾向性也较为明显。NeuroGrafix、CAO Group 分别倾向于选择马萨诸塞州地区法院（发起 23 件诉讼中的 12 件）和犹他州地区法院（D. Utah，发起 20 件诉讼中的 14 件）。

2.1.4.2　医疗器械专利诉讼庭审比例

　　如前所述，庭审、判决，是专利侵权诉讼的最后阶段，然而，并不是所有诉讼都会持续到最后阶段。在美国，一旦卷入专利侵权诉讼，就意味着加入了一场耗时耗资的"马拉松"项目。如果诉讼经历了庭审和最终判决，甚至上诉阶段，法院诉讼的时间会持续数年甚至十多年，根据案件标的的不同，其全部诉讼费用可在 80 万 ~ 500 万美元之间，且近年来诉讼费用更有逐年水涨船高之势。❶ 在巨大的时间和金钱耗费下，无论是出于对时间与金钱成本的考量，还是出于市场、竞争策略的博弈，只要当事双方能够达成一致，也就没有继续"斗争"的必要了。因此美国的大部分专利诉讼案件并不会到达庭审阶段，而是通过其他的替代性方式（庭外和解，包括达成许可、转让、质押等协议）得以解决。据统计只有 4.2% 的美国专利纠纷案件走到庭审阶段❷，医疗器械领域的专利诉讼也不例外。

　　由表 1 - 2 - 2 所示，在医疗器械领域案件量超过 50 件的 12 个地区法院中，进入庭审阶段的比例基本不超过 6%。而在受理量达到 100 件的 6 个地区法院当中，最少走到庭审的是伊利诺伊州北区法院（N. D. Illinois）与得克萨斯州东区法院，而涉诉双方"对峙到底"比例最高的是马萨诸塞州地区法院。

---

❶ 诸敏刚. 海外专利实务手册：美国卷［M］. 北京：知识产权出版社，2013.
❷ WeIP 知产生态圈. 美国专利诉讼程序（一）——流程与时间成本［EB/OL］.（2018 - 02 - 02）［2020 - 04 - 30］. https：//dy. 163. com/article/D9Q7BIOR0517A3D6. html.

医疗器械领域美国知识产权诉讼案例精解

表 1－2－2　2000 年以来医疗器械领域专利诉讼受理数量在 50 件以上的美国各个地区法院情况

地区法院	诉讼受理数量*	受理诉讼的一审判决数量**	走到庭审阶段的比例***
特拉华州地区法院	330	12	3.64%
加利福尼亚州中区法院	197	11	5.58%
得克萨斯州东区法院	155	4	2.58%
马萨诸塞州地区法院	121	11	9.09%
加利福尼亚州北区法院	117	6	5.13%
伊利诺伊州北区法院	103	2	1.94%
纽约州南区法院	92	2	2.17%
加利福尼亚州南区法院	82	2	2.44%
新泽西州地区法院	78	0	0.00%
明尼苏达州地区法院	64	1	1.56%
犹他州地区法院	59	4	6.78%
佛罗里达州中区法院	52	0	0.00%

＊数据来源：RPX。

＊＊数据来源：Westlaw。

＊＊＊由于 2 个数据库针对医疗器械收录的数据存在差异，该比例存在一定误差。

2.1.5　庭审特点

正如前述，仅有很少比例的专利诉讼能够完整经历司法过程，持续到庭审阶段。而走到该阶段的诉讼纠纷，往往牵涉到更加重大、广泛、复杂的市场策略或利益纠纷。从某种角度上来说，正因为其"稀有性"，走到庭审阶段的涉诉专利可视为高市场价值专利；也正因为其"完整性"，这样的医疗器械专利诉讼案件可作为该领域诉讼案件的重要代表，值得进行重点、深入分析。

由于 2000 年以后的庭审诉讼不足 200 件，样本量较少，因此课题组对庭审案件进行统计分析时补充引入了 1868～2000 年的数据❶，使得统计样本更丰富、统计结果的代表性更高。

2.1.5.1　庭审的涉诉专利及标的物

1868 年以来，医疗器械领域经过庭审判决的案件量共计 261 件❷。如图 1－2－8 所

---

❶　数据来源：Westlaw。

❷　一审案件及其上诉案件合并计为 1 件。

示，涉诉专利的保护类型及标的物以产品为主，案件量占比约 91%，这与产品权利要求相对于方法工艺更易确权的天然属性有关。如图 1 - 2 - 9 所示，就涉诉标的涉及的技术领域而言，关于生理参数测量的诉讼最多，为 37 件，包括了血糖仪、血样采集装置、心电检测仪器、阻抗测量仪器等多个技术分支，其次为关于骨科植入物、假体、假肢的诉讼，共 34 件，其涉及骨板、螺钉

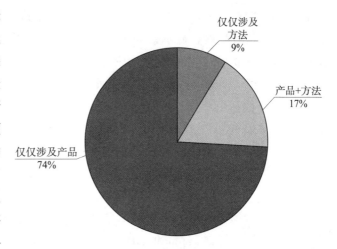

图 1 - 2 - 8　1868 年以来美国医疗器械领域庭审诉讼中被诉标的物类型

等门类。这两个领域的技术发展相对成熟、配件廉价、仿冒门槛较低，相应的原被告企业较为分散。案件量位于第二梯队的有导管、外科手术器械、医学影像设备、支架、牙科设备、注射设备以及眼科设备，案件量基本为 10~20 件之间。值得注意的是医学影像设备，其技术门槛高，制造成本可观，从事研发和制造的企业相对比较集中，因此相关诉讼也呈现出一定的集中趋势，涉诉的医学影像设备大多为图像识别与处理领域（12 件，占 2/3）。同时，影像设备的技术发展较晚，该类型标的物的庭审记录从 1995 年才开始出现，且该案件也是有案可查的美国首件涉及磁共振成像（MRI）方法的诉讼（902 F. Supp. 330）；法院最终判决被告通用电气承担 1.7 亿美元的赔偿金额，可见开拓性发明专利在市场竞争和资源配置中所拥有的强大影响力。

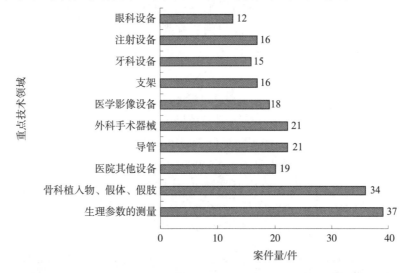

图 1 - 2 - 9　医疗器械领域庭审诉讼中被诉标的涉及的重点技术领域

此外，支架的庭审数量也值得关注。支架同样属于研发门槛较高的产品，且市场价值可观，根据统计报告显示，早在 1997 年，一个裸金属支架的价格就高达 1600 美元，且其市场规模已高达 45 亿美元；但支架又比较容易被仿制，1997～2014 年，强生、波士顿科学、美敦力等几家大型企业纷纷对支架的设计推陈出新，在该领域"寸土必争"并企图利用专利诉讼来削弱竞争对手的实力，因此，支架在大型企业专利战的决胜阶段（庭审）中登场次数比较频繁。

值得注意的是，来自美敦力、波士顿科学、雅培与强生的合计 20 件涉及支架的庭审案件的审理平均时长均在 7 年以上，涉诉总金额超出 20 亿美元。其中，波士顿科学与美敦力、强生之间还发生过长达 12 年之久的"马拉松"式诉讼，代表着几大跨国企业之间在该领域博弈的激烈。而这一系列重量级诉讼战引发了市场资源的重新配置，例如强生旗下的子公司 Cordis 于 2011 年停止生产心血管支架，2015 年该公司在官网宣布全面退出心脑血管支架领域❶，并同时声明，公司专利和品牌"被侵犯"，未经许可的竞争削弱了公司的支架定价地位、销售业绩和市场份额。可见核心专利对企业生存与发展具有深远影响。

2.1.5.2　庭审案件判决结果

通常情况下，专利诉讼的基本判决结果应包含是否被侵权。为方便统计，笔者按照专利权人的侵权主张全部得到法院判决支持、部分得到支持和全部没有得到支持，将侵权判决结果相对应地划分为：不侵权、部分侵权和全部侵权。

此外，专利诉讼的受理法院具有对专利权是否无效进行审理的权限，这是英美国家的专利司法体系不同于中国的重要特点。❷ 被告的抗辩方式常常包括主张原告的专利权无效。由于一旦专利被法院判决无效，专利权人提出的侵权主张也就失去了基础。因此，判决结果对于无效主张的审理结果也是本节判决结果分析的重要组成部分。类似地，笔者按照提出人的无效主张全部得到法院判决支持、部分得到支持和全部没有得到支持，将专利有效性判决结果相对应地划分为：全部无效、部分无效和有效。

1）侵权判决结果

在最终给出侵权判决结果的案件中，地区法院一审判决侵权（包括部分侵权和全部侵权）比例为 51%。相较而言，最终判决结果中，判决侵权比例为 46.7%，低于地区法院一审结果，而全部侵权的比例明显低于一审判决。

不同地区法院的判决结果也具有一定的倾向性。如表 1－2－3 所示，医疗器械庭审量前三大法院中，特拉华州地区法院明显倾向于支持专利权人的侵权主张，侵权判决比例高达 66.7%，这从另一个角度印证了该州对企业诉讼主体的吸引力。

——————————

❶　19 亿美金出售 Cordis 强生退出心血管支架领域［EB/OL］.（2015－03－05）［2020－04－18］. http：//m－mip. 39. net/drug/mipso 4586077. html.

❷　杨志敏. 专利权保护范围研究：专利权行使与对抗的理论和实践［M］. 成都：四川大学出版社，2013.

而马萨诸塞州地区法院、加利福尼亚州中区法院判决侵权的比例分别为 32.1% 和 47.6%。

表 1 - 2 - 3 三个主要地区法院医疗器械领域侵权判决结果情况 单位：件

地区法院	不侵权	部分侵权	全部侵权
马萨诸塞州地区法院	19	4	5
特拉华州地区法院	9	7	11
加利福尼亚州中区法院	11	5	5

值得注意的是，加利福尼亚州北区法院只对其审理的 13 件侵权诉讼中的 2 件作出了侵权判决，侵权判决比例极低，该法院较为明显地表现出不支持专利权人的判决倾向，这和 Bijal - Vakil 简报资料显示的结果一致❶；同时，加利福尼亚州北区法院判决的上诉比例排在所有地区法院的第四位。在伊利诺伊州北区法院可查实的 12 件判决中，一审判决侵权的数量达到 8 件，比例很高，同时如前述，该法院的上诉比例在所有法院中排在第一位。

2）专利有效性判决结果

当事方提出专利无效主张，且具有有效性问题庭审记录的诉讼共有 146 件，占庭审案件总数的 56%。可见，专利无效主张的提出是医疗器械庭审中涉嫌侵权方的常用策略之一。如图 1 - 2 - 10 所示，其中地区法院一审判决无效（包括部分无效和全部无效）的案件比例为 37.0%，有 17.8% 的无效主张全部得到了地区法院的支持。而最终判决无效（包括部分无效和全部无效）的案件比例为 39.8%，相比地区法院一审结果整体基本持平，略有增加；全部无效的比例为 15.1%，相比一审则略有下降。

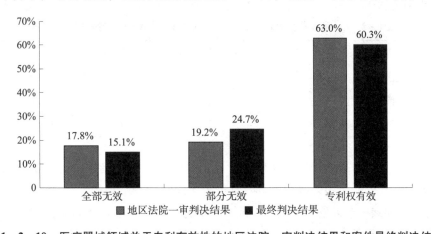

图 1 - 2 - 10 医疗器械领域关于专利有效性的地区法院一审判决结果和案件最终判决结果

---

❶ 第 11 届伟凯年度春季法律研讨会 BijalVakil 简报数据显示，2012～2016 年加利福尼亚州北区法院判决案件中，专利权人只有 26% 的胜诉概率。

表1-2-4列出了马萨诸塞州地区法院、特拉华州地区法院、加利福尼亚州中区法院可查实的关于有效性的判决结果情况：

表1-2-4　三个主要地区法院医疗器械领域有效性判决结果　　　　单位：件

地区法院	全部无效	部分无效	有效
马萨诸塞州地区法院	3	4	9
特拉华州地区法院	2	5	11
加利福尼亚州中区法院	1	1	9

在上述三大庭审法院中，最终判决专利有效的案件均占了多数，其中加利福尼亚州中区法院维持专利有效的比例相对较高，其可查实的11件关于无效的判决中，有9件的无效主张完全没有得到法官的支持。

2.1.5.3　庭审案件上诉情况

美国联邦法院系统共包括三级法院，分别是地区法院、联邦巡回上诉法院和联邦最高法院，后两级法院分别负责处理对上一级法院判决提出的上诉。❶分析上诉情况则可以一窥地区法院的审理效能、判决准确性和双方整体的诉讼策略。

如表1-2-5所示，261件庭审案件中，除了一件被告为美国政府的案件由联邦诉讼法院审理，其余260件经由地区法院审理的案件中，有185件的当事人提起了上诉，上诉率为71.2%。这说明地区法院的一次审理结果难以让多数当事人信服，也反映了当事双方在市场、利益、策略方面广泛而深入的交锋与博弈。上诉案件中，原告提起上诉的比例为40%，高于被告上诉比例（34.6%），此外交叉上诉比例为25.3%。

表1-2-5　医疗器械领域案件审理级别情况（经地区法院一审的案件）

审理级别	案件数量/件	占比
地区法院	71	27.3%
联邦巡回上诉法院	185	71.2%
联邦最高法院	4	1.5%

表1-2-6给出了关于地区法院医疗器械领域侵权判决结果的上诉情况，针对地区法院关于侵权的判决结果提起上诉，且可查实最终判决结果的案件样本量为166件，其中有41件的判决结果发生了变化，改判比例为24.7%。其中上诉法院对一审不侵权判决的改判比例较低，地区法院判决侵权的案件中约34.1%的判决结果发生了变化，而不侵权判决结果只有15.5%被改变。

---

❶ 陈维国. 美国专利诉讼：规则、判例与实务［M］. 北京：知识产权出版社，2014.

表 1 - 2 - 6 医疗器械领域对于地区法院侵权判决结果的上诉情况

地区法院判决结果	样本数	改判侵权/件	改判部分侵权/件	改判不侵权/件	改判比例
不侵权	84	8	5	—	15.5%
部分侵权	26	3	—	6	34.6%
全部侵权	56	—	6	13	33.9%

此外，表 1 - 2 - 7 给出了医疗器械领域关于地区法院无效判决结果的上诉情况，针对地区法院关于无效的判决改判的比例为 31.7%，和侵权判决改判比例基本相同。其中，一审全部无效的判决中有 50% 发生了变化。

表 1 - 2 - 7 医疗器械领域对于地区法院无效判决结果的上诉情况

地区法院判决结果	样本数	改判全部无效/件	改判部分无效/件	改判有效/件	改判比例
全部无效	20	—	4	6	50.0%
部分无效	21	1	—	2	14.3%
有效	61	5	7	—	19.7%

2.1.5.4 国外主体在美涉诉案件的庭审情况

国外主体在美诉讼案件中经历了庭审的案件共 33 件，在全部庭审案件中占比 12.6%，其中，原告包括外国主体的诉讼仅有 2 件，其余 31 件均属于美国主体为原告的案件。由于在国外诉讼难度大、成本高，且在审理过程中倾向于尽快达成和解，因此在医疗器械领域外国主体发起诉讼并走到庭审的案件屈指可数。

图 1 - 2 - 11 示出了医疗器械领域国外主体在美涉诉量庭审诉讼的审理级别情况，如图所示，德国在美诉讼案中经过庭审的数量最多，为 8 件，其次为日本，共 6 件。国外主体涉诉案件的上诉比例为 66%，低于整体上诉率 74%。其中德国、英国庭审案件全部上诉，这一定程度上反映了这些涉诉主体与竞争对手的纠缠更加深入、持久。

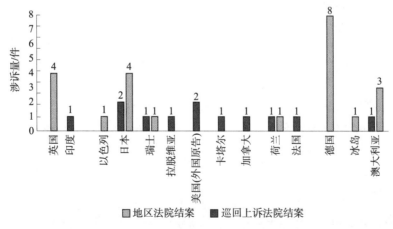

图 1 - 2 - 11 医疗器械领域国外主体在美涉诉量及审理级别

在美国本土发起诉讼最终到达庭审的 2 个外国原告，其中之一为新加坡企业 AngioScore 公司，其在 2012 年诉美国 TriReme Medical 公司侵犯了其一件涉及支架的专利权，最终地区法院判决侵权不成立（50 F. Supp. 3d 1276），即原告诉讼失败。另一件则是荷兰知名企业皇家飞利浦公司诉美国佐尔医疗公司侵犯了多件涉及心脏除颤器的专利权；这场诉讼战从 2011 年开始持续了 5 年，最终双方各有损失，被告被判存在部分帮助侵权行为，而原告的部分专利权被判无效（656 Fed. Appx. 504）。

相较而言，美国主体对外国主体发起攻击的目的则更为多样化。在 31 件案件中，不仅有 27 件涉及侵权，还有 4 件为确权之诉。分别为波士顿科学诉法国施耐德（983 F. Supp. 245）、史赛克诉英国 Tranquil Prospects 两件（288 F. Supp. 2d 939，482 F. Supp. 2d 1045）以及 Biomedical Polymers 诉印度 Evergreen Industries 公司（976 F. Supp. 98），前三件诉讼结果均为美方企业不侵权，且 Tranquil Prospects 涉诉的两件专利均被判决无效，可算是美国企业在国内市场方面的技术预警性和排他性的代表性案件。

在 27 件涉及侵权的诉讼中，15 件最终判决不侵权，占比 56%，外国企业在 20 件诉讼中对涉诉专利发起了无效挑战，占比 74%，这明显高于医疗器械专利诉讼无效主张的整体提出率（57%）；然而最终被成功无效的专利仅有 6 件，占比 22%，略低于法院对无效主张的整体支持率（30%）。

2.1.6　救济情况

若法院认定权利人的实体权利受到侵害，则会在法律范围内判处一定的补救措施来消除、补偿损失，即救济。侵权行为的救济包括金钱损害赔偿和禁止继续侵权的禁令，❶当法院认为赔偿的金额足以使得侵权人停止侵权行为时，则可以不再对其施加禁令。❷专利诉讼的救济主要是为了补偿对专利权的侵害；但也存在个别案例，法院认定专利权人存在例如不正当竞争等不当行为，从而对专利权人进行处罚。

2.1.6.1　对专利权人的救济

1）金钱损害赔偿

根据美国专利法的规定，法院应当要求侵权人补偿专利权人由于侵权行为所受到的损失。损害赔偿额度通常根据合理的许可费、利润损失、利息、律师费用和为惩罚恶意行为而增加的赔偿等因素来计算。需要注意的是，当被判罚故意侵权时，判赔额可以达到原有合理性赔偿的 3 倍。

在有判决结果的庭审判决案件中，医疗器械专利侵权案件的最低判赔额为 41.33

❶　陈维国. 美国专利诉讼：规则、判例与实务［M］. 北京：知识产权出版社，2014.
❷　张玲，金松. 美国专利侵权永久禁令制度及其启示［J］. 知识产权，2012（11）：86 - 94.

美元（142 F. Supp. 426, 1937 年），最高判赔额为爱德华生命科学诉美敦力的案件（699 F. 3d 1305）中，虽然一审禁令判决被二审推翻，但美敦力合计被判罚了超过 8 亿美元的罚金，有 7 件案件的判罚均超过 1000 万美元。值得注意的是，大多数的经济惩罚均发生在诸如美敦力、波士顿科学、雅培、通用等大型企业之中。

在判赔额过亿美元的案件中（如表 1-2-8 所示），比较引人注目的是强生诉波士顿科学与美敦力案（194 F. Supp. 2d 323，以下简称"子案 1"）和波士顿科学诉强生案（511 F. 3d 1157，以下简称"子案 2"），均涉及心脏支架专利，且审理过程均超过 5 年。在子案 1 中，强生获得近 6 亿美元赔偿的判决；波士顿科学对该结果不服，就该损害赔偿提出新的起诉（子案 2），要求重审对损害赔偿的判决，并就自身拥有的专利反诉强生侵权，要求判决针对利息以及起诉后销售的赔偿；法院认为关于赔偿的问题应当等到关于有效性及是否侵权作出最终论断后方可进行一并计算，以免拖延诉讼，因而交由上诉法院进行裁决，最终判决由波士顿科学支付 702 811 854 美元，这是比子案 1 更高的金额。而其他的过亿赔偿涉及医学影像、除颤器、心脑血管支架、骨科植入物等高价值Ⅲ类医疗器械，其中 1 件通用作为被告涉及核磁共振成像设备的判赔额为 1.28 亿的开拓性发明案件（902 F. Supp. 330），可以想见其在市场上占有极高的资源配置地位和预期的可观利润。

表 1-2-8　医疗器械领域涉及过亿美元判赔额案例列表

编号	案例号	原告	被告	最终判赔额	标的物
1	699 F. 3d 1305	爱德华生命科学	美敦力	逾 8.5 亿美元	骨科假体
2	194 F. Supp. 2d 323	强生	美敦力 & 波士顿科学	近 6 亿美元	支架
3	511 F. 3d 1157	波士顿科学	强生	7 亿美元	支架
4	483 F. Supp. 2d 734	心脏起搏器公司	雅培	1.4 亿美元	除颤仪
5	902 F. Supp. 330	FONAR 公司	通用	1.28 亿美元	MRI 方法与装置

尽管医疗器械领域判赔数额高昂，但是原告为个人的案件判赔额普遍不高，中位数在 10 万美元以下，样本内的个人起诉案件中判赔额度最高纪录为 413 万美元，这一较低数额的判决可能也与法院无须考虑实体企业"损失的利润"有关（872 F. 3d 1275）。

金钱的判罚通常对被告造成最直接的冲击，尤其是大金额的判罚。但是一审被判决金钱损害赔偿后，并不意味着终局。在涉及判赔额的案件中，有部分案件在上诉后判赔金额会下降，甚至会认定被告不侵权而全部否决一审判赔金额（如表 1-2-9 所示）。其中最具颠覆性的案件为 Bruce N. SAFFRAN M. D 诉强生的一款支架产品侵权（712 F. 3d 549），一审法院判决了高达 5 亿美元的损害赔偿金，但在强生上诉后一审结论被完全推翻。在该案件上诉过程中，强生利用权利要求中的功能性限定受到说明书解释的制约而成功翻盘。此外，也有案件在上诉后，涉及故意侵权被判罚的金钱赔偿相对一审增加的案件，例如史赛克诉 Davol 案（10 F. Supp. 2d 841，判赔额达 327 万美元）和巴德医疗诉美敦力案（140 F. Supp. 2d 346，判赔额达 239 万美元）。

表 1 - 2 - 9　医疗器械领域地区法院判赔额被完全推翻案例列表

编号	案件号	原告	被告	标的物	推翻情况	抗辩策略	案件情况
1	712 F. 3d 549	Bruce N. SAFFRAN M. D	强生	支架	一审判罚 5 亿美元，上诉法院推翻一审结论	无效抗辩（显而易见性），不侵权抗辩	个人指控强生故意侵权，上诉审理中确定权利要求受到功能性限定制约，法院判决被告不侵权，其中，美敦力作为第三方涉案
2	453 Fed. Appx. 977	施乐辉	艾里德克斯	交叉韧带手术装置	一审判罚 471 万美元，上诉后判罚金额为 0	侵权	地区法院审理时，陪审团给出的判赔额为 4 713 000 美元，上诉法院认为被诉产品不包含某一特征因此被告不构成侵权
3	575 F. 3d 1312	Exergen 公司	沃尔玛	红外体温计	一审判罚 250 万美元，上诉后判罚金额为 0	侵权 + 无效	地区法院经陪审团审理，认为故意侵权成立，赔偿额超过 250 万美元，上诉后巡回法院认为不侵权，部分专利被认定无效
4	998 F. 2d 992	Mentor 公司	Coloplast 公司	男用避孕套	一审判罚 25 万美元，上诉后判罚金额为 0	不侵权 + 无效	上诉法院基于禁反言原则认为被告不侵权

2）禁令

如第 1 章 1.2.2 节所述，损害赔偿往往只能针对已经发生的侵权行为进行救济，"禁令"则是针对未来侵权行为的救济方式。专利权人可以要求法院颁布临时禁令和永久禁令两种。前者是在诉讼过程中、诉讼结果确定之前颁发的禁止侵权行为的禁令，后者则是在法院认定被告侵权后作出的，禁止侵权人将来继续从事侵权行为的禁令。❶

---

❶ 陈维国. 美国专利诉讼：规则、判例与实务［M］. 北京：知识产权出版社，2014.

从涉诉标的物来看，"骨科植入物、假体、假肢类"产品的禁令判决最多，为6件，其次为眼科设备和医院设备。这与这些标的物易于被仿制、判决禁令更有利于保护专利权人、促进公平竞争、减少市场乱象有关。具体见表1-2-10。

表1-2-10 医疗器械领域判决禁令案件涉诉标的物分类

一审禁令判决标的物	案件数量/件
除颤器	1
骨科植入物、假体、假肢	6
光声疗	1
呼吸装置	1
起搏器	1
外科手术器械	1
牙科设备	1
眼科设备	3
医院设备	3
诊断设备	2
支架	1
注射设备	2
总计	23

禁令救济和损害赔偿救济之间并没有必然的联系，如果法院认为其中一种救济方式足以补偿专利权人，则会选择其中最适当的一种方式。例如，在爱德华生命科学诉美敦力的案件（699 F. 3d 1305）中，虽然一审禁令判决被二审推翻，但美敦力合计被判罚了超过8亿美元的罚金，也许法庭认为这样一份"罚单"足以使其停止侵权行为，因而无须追加禁令。但如果侵权行为的性质较为恶劣，或者专利权人遭受了较为严重的损害，则法院有可能同时判罚金钱赔偿和禁令，例如，在史赛克诉Davol的案例（10 F. Supp. 2d 841）中，地区法院一审判决被告故意侵权，并承担相应的赔偿数额；但被告无视地区法院判决，继续出售侵权产品；在原告请求下，地区法院判决永久禁令，并增加了赔偿金数额。被告转而发售经过刻意修改后的产品，并提起上诉。巡回上诉法院审理后认定被告的行为构成对法院判决的蔑视，维持了地区法院判决。

值得注意的是，并不是所有的专利权人在诉讼中都优先争取获得金钱赔偿。在Wesley Jessen诉大型跨国企业博士伦（Bausch & Lomb）侵权的案例（209 F. Supp. 2d 348）中，原告在诉讼请求中仅提出了判决禁令和故意侵权的要求，并未要求赔偿，主要原因是Wesley Jessen并没有将涉及隐形眼镜材料的专利权商业化，故侵权行为在客观上未造成商业损失。最终法院认定侵权行为成立，判决了永久禁令。法官在判决书中表述，判决禁令的重要原因是原告没有要求损害赔偿，因而缺乏除禁令以外的其他侵权救济手段。事实上，这样的判决足以给被告带来巨额损失，因为前期博士伦已经投入了高达六千多万美元的研发资金和长期的时间成本。

2.1.6.2　对非专利权人的救济

专利权从某种角度上，可以理解为一定程度和范围内的垄断权，但对于市场占有率高且生命周期较长的医疗器械产品，专利权人也可能因不合法的市场垄断行为而侵犯竞争对手的权益。例如，157 F. 3d 1340 案就是一起专利权人作为原告方，反而被法院判处向被告方进行损害赔偿救济的案例。该案中，巴德公司向竞争对手 M3 SYSTEMS 公司发起侵权诉讼，要求法院认定巴德公司的一项涉及眼科设备的专利权被 M3 SYSTEMS 侵犯。M3 SYSTEMS 反诉巴德公司有垄断和欺诈行为，主要理由是巴德公司通过再颁专利的修改，增加了限定相关设备中"枪头"组件的独立权利要求，新产品的结构改变导致现有技术中的"枪头"（被告生产的产品）不能用于原有器械，导致被告损失了利润和市场。一审和上诉法院都支持了 M3 SYSTEMS 的反诉主张，认定巴德公司的行为构成不正当竞争，最终判决巴德公司赔偿 M3 SYSTEMS 76 万美元。

此外，专利权人在专利申请使用过程和专利诉讼过程中的不当行为，也可能导致法院判处救济。例如 3M 公司诉 Research Medical 公司的案例（679 F. Supp. 1037）中，一审和上诉法院均认为 3M 公司在专利申请过程中存在隐瞒现有技术的不诚信行为，在专利使用过程中又存在拒绝许可的不公平行为，法院在判决专利无效的同时要求原告承担被告的律师费。再如 MarcTec 公司诉强生的案例（638 F. Supp. 2d 987），原告被法院认定具有恶意诉讼行为而被判罚 468.3 万美元赔偿，包括对被告支付的律师费等损失的补偿。

2.2　德国和日本在美医疗器械专利诉讼整体情况

如前所述，在美医疗器械专利诉讼涉及的国外主体中，德国和日本的涉诉数量位居首列，二者涉诉数量合计占美国涉外诉讼总量的近 40%。全球范围内，德、日医疗制造业实力仅次于美国，二者不但均是世界排名前列的医疗器械出口国，也是美国医疗器械市场多年来进口额最大的两个国家。❶ 因此，本节将对德国和日本的涉诉情况进行统计和分析。

2.2.1　德国

提起德国制造业，人们通常想起的是汽车和机械领域，实际上德国在医疗器械领域同样是全球的领头羊。德国医疗器械市场规模曾长期位列世界第二，在 2016 年，其仍然占据世界第三的位置，仅次于美国和日本。欧洲市场中，德国的份额是法国的 2

---

❶ 蒙志莹，蔡天智. 美国医疗器械产业发展现状及启示 [J]. 中国医疗器械信息，2008，14（1）：51-54.

倍、英国的 3 倍。❶ 德国医疗器械产业中虽然也不乏诸如西门子（Siemens）、贝朗医疗
（B. Braun）和费森尤斯（Fresenius）等大型企业，但是大部分主体都是中小型企业，
整体发展均衡且较为迅速，截至 2015 年，德国大约有 1200 家医疗器械制造商和超过
13 万名员工，创造了 276 亿欧元的销售额。在诊断图像、牙科产品和光学技术方面，
德国占据产业优势地位。❷ 德国国内市场蓬勃发展，同时出口市场对德国公司来说也极
为重要——2017 年，医疗器械企业约 2/3 的销售额来自外国市场，达到 191 亿欧元。❸
近年来，德国的医疗器械出口方向仍主要是欧洲市场，而流向美国的产品占比约 1/5。
作为美国医疗器械市场上最重要的外来竞争者之一，在美诉讼风险也是德国企业面临
的问题。

2.2.1.1　专利诉讼量趋势

图 1 - 2 - 12 列出 2000～2019 年德国医疗器械企业在美涉诉情况。2000 年以来，
德国企业参与的医疗器械领域专利诉讼合计 128 件。2006 年之前，每年仅有 1～2 家德
国企业卷入专利诉讼纠纷中，这一时期，诉讼争端很少。随着德国对美出口的日益增
多以及德国企业在美投资热情的高涨，专利诉讼作为市场竞争的重要武器被频频使用。
到 2009～2016 年间，涉及德国企业的专利诉讼量达到高峰，每年的诉讼量均在 10 件左
右波动。

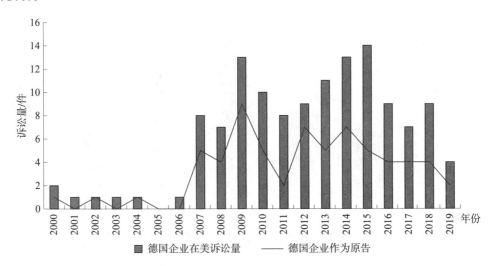

图 1 - 2 - 12　2009～2019 年德国医疗器械企业在美专利诉讼情况

---

❶❷　US International Trade Administration. 2016 Top Markets Report Medical Devices Country Case Study, Germany
［R/OL］．［2020 - 05 - 11］．www. trade. gov/topmarkets.

❸　GTAI. The Medical Technology Industry in Germany ［EB/OL］．［2020 - 09 - 09］．https：//www. gtai. de/re-
source/blob/64014/4261b68732baf69954784839b03f4be7/industry - overview - medical - technology - en - data. pdf.

2.2.1.2 诉讼参与身份（原/被告）

如前所述，在美诉讼的外国主体中，绝大部分以被告的身份被卷入其中。然而德国属于例外，其主要以原告的身份参与这些诉讼。如图 1 - 2 - 12 所示，2000 ~ 2006 年，仅发生了 7 件诉讼，其中 3 件由德国企业主动发起，2007 年以来，诉讼量迅速增加，德国企业在"防守"和"进攻"的角色中不断更替，但整体而言仍以进攻为主。但 2011 年、2013 年以及 2015 ~ 2016 年，德国主体频繁被攻击，被攻击数量甚至超过了发起诉讼的数量。

2.2.1.3 涉诉主要企业

如图 1 - 2 - 13 所示，在美涉诉次数位列前五名的德国企业为西门子、贝朗医疗、卡尔史托斯（Karl Storz）、西诺德牙科●（Sirona Dental Systems）和蔡司（Zeiss），共涉诉 50 件，仅占到涉及德国诉讼总量的 39%，其中数量最多的西门子仅涉诉 12 件。可见，仅从涉诉数量的角度看，德国在美国的专利诉讼并非仅仅局限于大型企业，其中也不乏小型企业的身影，这种多方参与的局面从某种角度上印证了德国医疗器械产业的整体实力较为均衡。

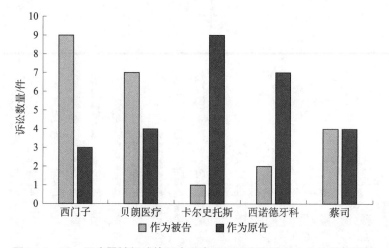

图 1 - 2 - 13　医疗器械领域德国在美专利诉讼主要涉诉企业及其涉诉量

其中涉诉数量最多的西门子公司有 9 件作为被告涉诉，除一件由飞利浦公司发起外，其他则由小型企业或高校发起。卡尔史托斯与西诺德牙科则几乎全部以原告的身份主动发起了共计 16 件诉讼。另外，从 2013 年开始，德国越来越多的中小型企业，如 Endo Pharmaceuticals Holdings 等，也陆续加入到美国的医疗器械专利诉讼战中，且同样大多作为原告向美国企业展开专利诉讼攻势。

● 该公司已于 2016 年与美国公司登士柏（DENTSPLY International）合并为登士柏西诺德。

2.2.1.4 涉诉领域

德国在多个领域拥有高质量的医疗器械产品，特别是医学影像设备、牙科设备和光学技术方面，其中美国市场尤为青睐其核磁共振、X 射线和内窥镜等高端影像设备，因此上述产品也成为德国企业在美专利诉讼涉及最多的品类。图 1 - 2 - 14 示出了医疗器械领域德国主体在美专利诉讼涉诉标的物概况，其中数量最高的医学影像设备占比约 24%。然而，如前所述，德国医疗器械产业的大部分主体均为中小型企业，产品线丰富，且整体发展均衡，因此，德国企业涉诉的产品种类相当丰富，呈现出"多点开花"的态势，除了医学影像设备和牙科设备外，外科手术器械、诊断设备及方法、植入物及假体假肢、注射设备等也是涉诉较多的产品，可见其优势产品门类之多、涉猎范围之广。

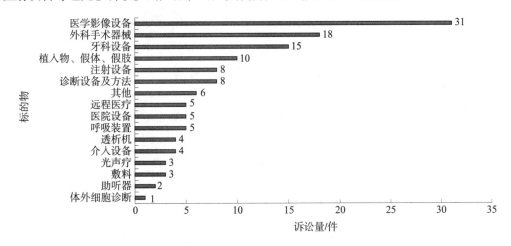

图 1 - 2 - 14 医疗器械领域德国主体在美专利诉讼涉诉标的物情况

由于不同产品的相关企业实力有所不同，因此在美专利诉讼过程中的角色也呈现出各自的特点。表 1 - 2 - 11 示出了各标的物的专利诉讼争端中德国企业所承担的角色。在医学影像设备这样一个技术高端、价值高昂的领域的专利战场上，德国企业有近一半案件作为被告，涉诉对象集中在大型企业当中，包括莱卡、蔡司、西门子等；特别是在涉及西门子的 12 件案件中，有 6 件关于医学影像设备。另外，在牙科设备和外科手术器械领域，仅有西诺德牙科和卡尔史托斯两家大型企业，其中西诺德牙科的涉诉产品主要为牙科磨具、牙科植入物等，而卡尔史托斯的涉诉产品有 1/3 为外科手术器械，相比医学影像设备，他们以主动进攻的原告身份居多。

表 1 - 2 - 11 医疗器械领域各涉诉标的物中德国原告涉诉数量占比

德国标的物	涉诉数量/件	德国原告/件	原告占比
呼吸装置	5	4	80%
远程医疗	5	4	80%
介入设备	4	3	75%

德国标的物	涉诉数量/件	德国原告/件	原告占比
外科手术器械	18	11	61%
医院设备	5	3	60%
医学影像设备	31	17	55%
植入物、假体、假肢	10	5	50%
诊断设备及方法	8	4	50%

2.2.1.5 庭审结果

如前所述,考虑时间和金钱成本以及对案件结果的可预期性,绝大多数案件会在庭审前和解,仅有少部分争议大、价值高的案件会持续到庭审,尤其是外国主体,在异地作战的艰难情况下,持续到庭审的案件更是屈指可数,仅 33 件。作为主要的外国涉诉主体,德国医疗器械领域主体有 8 件庭审案件记录,在外国主体中位居首位。德国企业不仅数量多,也拥有足以支持上诉时间与经济开销成本的雄厚实力,在走到庭审阶段的高市场价值专利技术方面,德国主体在与美国主体的较量里也丝毫不落下风,因此在庭审中的表现也相对优异,通过多种抗辩策略的选择,例如发起确权之诉(2件)、提出无效主张抗辩(3件)等,这 8 件诉讼中仅有 1 件被判侵权成立。可见德国企业在产品的规避设计、诉讼的应对等方面具有丰富的经验。

2.2.2 日本

众所周知,老龄化是近年来困扰日本的问题之一,从 20 世纪 70 年代开始的四十几年间,65 岁以上老龄人口比率从 7% 上升至超过 24%。老龄化的到来促使日本的医疗器械市场蓬勃发展,日本已于近年超越德国,跃居成为世界第二大医疗器械市场,仅次于美国。早在 2012 年,日本医疗器械产业的市场份额就达到约 320 亿美元[1],到 2015 年,已占到近 10% 的世界市场份额。[2] 但日本的医疗器械贸易长期处在逆差状态,非常依赖于国外进口,特别是大部分高端技术产品仍来源于美国的生产企业,且日本医疗器械企业中,中小企业占大多数,特别是内资企业中注册资本不到 600 万元的企业占到了总数的 60% 以上。但在日本的医疗器械领域中,医学影像设备一枝独秀,涌现出了如尼普洛(Nipro)、奥林巴斯(Olympus)、东芝(Toshiba)等著名企业。上述企业在开拓美国市场的过程中,也不可避免地遭遇了专利诉讼。

---

[1] Research and Markets:预测 2017 年全球医疗器械市场份额达到 150 亿美元 [EB/OL]. (2015 - 04 - 14) [2020 - 04 - 20]. http://www.199it.com/archives/339702.html.

[2] 数据来源:欧盟医疗器械委员会、中商产业研究院。

2.2.2.1　专利诉讼量趋势

图 1-2-15 列出了 2000～2019 年日本医疗器械企业在美专利涉诉情况。2000 年以来，日本企业参与的医疗器械领域专利诉讼合计 64 件。2000～2006 年，日本企业在美诉讼仅 5 件（主要涉及光声治疗设备、心内植入泵、牙科设备以及医学影像设备），诉讼争端很少。然而，值得注意的是，在相对被动和经验较为匮乏的情况下，在 2000 年涉诉的光声疗设备侵权案（CV:3:00-md-01319）中，美国竞争对手向日本尼德克公司发起了 337 调查，最终以尼德克的胜利而告终。2007 年，日本医疗器械企业与美国企业之间的争端加剧，当年一共发生了 10 件专利侵权诉讼，不过，日本和美国原告基本一致，并且，涉诉产品也并未特别集中于某一特定的医疗分支之中，医学影像设备、外科手术器械、植入物及假体假肢等产品兼而有之，随后诉讼量进入平稳期。2015～2017 年，日本企业再次陷入诉讼困境，3 年来经历诉讼 21 件，且全部以被告的身份出现。

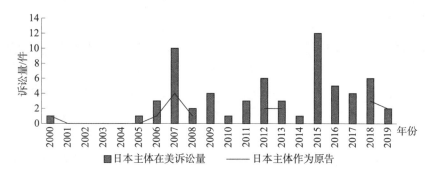

图 1-2-15　2000～2019 年日本医疗器械企业在美专利涉诉情况

2.2.2.2　诉讼参与身份（原/被告）

就诉讼参与身份而言，日本主体的被告/原告比为 2.8，即主要以被告的身份卷入医疗器械诉讼，这和德国主体强势“进攻”的情况形成鲜明对比。特别是在 2014～2017 年间发生的 22 件涉日诉讼，全部属于日本企业被起诉的案件（参见图 1-2-15），本书第一部分第 4 章第 2 节中将就日本在该期间内整体的专利布局情况，以及其反映出来的日本的医疗设备行业特点进行详细分析。

2.2.2.3　涉诉企业

就涉诉企业而言，如图 1-2-16 所示，奥林巴斯、富士胶片、泰尔茂、东芝、希森美康、尼康与日立等大型日企涉诉数量较多，合计 38 件，占全部涉日诉讼的 59%。可见，在美国医疗器械专利战场，相较于德国涉诉主体分散的局面，日本涉诉的企业更为集中。

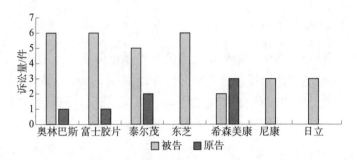

图 1-2-16　2000~2019 年医疗器械领域日本在美专利诉讼主要涉诉企业及涉诉量

上述日本大型企业，在美国基本处于防守的地位，只有希森美康、富士胶片、泰尔茂和奥林巴斯累计以原告身份合计发起过 7 件诉讼，其余 31 件则全是作为被告被卷入诉讼中（图 1-2-16）。可以说，近年来日本医疗器械企业在美国的专利战中，基本处在被动防守的下风位置。

2.2.2.4　涉诉领域

据日本厚生劳动省的数据，日本在诊断器材领域拥有技术优势，出口额是进口额的 1.7 倍左右，而在诊断器材中，又以医学影像设备领域的技术实力最为雄厚。[1] 日本企业医学影像设备的出口额多年来均排名世界第一，且出口的最主要方向即为美国；以 2007 年为例，日本出口到美国的医学影像设备市场份额就达到排在第二的荷兰 3 倍之多，可见其在该核心优势技术方面对美国本土市场的冲击力是不容小觑的。另外，日本在心脏起搏器、心血管介入器械方面几乎没有出口，这也加剧了其涉诉产品的集中性。[2] 因此，日本所出口的医学影像设备成为其在美国市场上遭受攻击最严重的标靶。图 1-2-17 分别示出了日本总体涉诉专利标的物的概况。日本医学影像设备在美

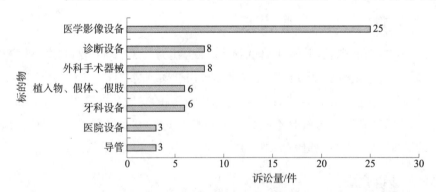

图 1-2-17　2000~2019 年医疗器械领域日本主体在美专利诉讼涉诉标的物

---

❶ 弗锐达医疗器械咨询机构. 日本医疗行业深度研究报告 [R/OL]. [2015-07-20]. http：//www. fre-damd. com/jpal/4942. html.

❷ 蔡天智. 世界医疗器械贸易发展趋势 [J]. 中国医疗器械信息，2012，(12)：35-39.

涉诉共计 25 件，占日本医疗器械全部 64 件专利诉讼案件的 39%，成为日本在美涉诉的"重灾区"。且其集中出现在 2014～2018 年间（合计 20 件），全部为被告。

2.2.2.5 庭审结果

作为主要的外国涉诉主体，日本主体庭审案件记录为 6 件，排名第二。庭审中仅有 1 件被判侵权成立，还有 1 件审理未决。日本虽然在诉讼整体情况上处于守势，但或许因为走到庭审阶段的专利标的物以其技术较为领先的诊断设备（激光仪、监测仪、血氧计等）为主，因此能够获得较理想的判决结果。

从诉讼数据整体来看，德国主体与日本主体在诉讼总量上的排名体现了其本身医疗设备的全球技术创新地位，不过，德国与日本所体现出来的特点却各有不同，德国企业作为原告与被告的分布整体较为平均，而日本企业却大多以被告的身份出现，这可能与德国在医疗设备方面的专利布局较早或较为完备有关。就企业的类型和集中性而言，德国的涉诉企业类型相比日本而言也较为平均，大型企业与中小型企业兼而有之，而日本则有接近一半的企业为诸如东芝、日立等医疗影像分支的大型企业。就涉诉标的物而言，德国主体在诸如骨科植入物、呼吸机等精密设备以及远程电子医疗方面的涉诉标的物较多，而日本主体接近一半的标的物为医学影像设备。最后，就庭审结果而言，德国与日本企业在专利侵权诉讼中均占据了优势地位。

2.3 中国在美医疗器械专利诉讼整体情况

虽然起步和发展较晚，但是随着相关政策的实施和日益增长的健康需求，中国医疗器械产业在近年来一直保持快速增长的势头。作为产业的后起之秀，中国已经成为世界主要的医疗器械市场之一。同时医疗器械制造行业规模以上企业数量从 2011 年的 821 家发展到 2016 年的 1226 家，行业规模以上企业销售收入则由 2011 年的 1300 多亿元翻倍，达到 2016 年的 2600 多亿元。❶ 在国内市场壮大的同时，医疗器械出口额也不断攀升，据海关统计数据，2017 年，中国医疗器械出口总额达到 217.03 亿美元，同比上涨 5.84%，创历史新高。其中，美国为中国医疗器械第一出口大国，出口额为 58.38 亿美元，同比增长 5.84%，远超第二大出口对象日本的 14.78 亿美元。

随着中美贸易摩擦的升级，美国政府宣布对中国的部分产品加征关税。课题组通过对美国对中国加征关税的医疗器械产品进行分类（参见表 1-2-12），发现在美国加税医疗器械产品名单中，共计 54 类医疗器械产品，涉及高端设备的有医学影像设备、先进治疗设备、植介入耗材等 23 类产品，占据了半壁江山，尤其是其中涉及了 15 类医

---

❶ 智研咨询集团. 2017～2023 年中国医疗器械行业分析及市场深度调查报告 [R/OL]. (2017-04-14) [2020-04-18]. www.chyxx.com/research/201704/512048.html.

学影像设备，几乎将所有的医学影像设备囊括在内。近几年，在高端医疗器械领域中，国产超声、监护等影像设备领域涌现了深圳迈瑞、开立、上海联影等高科技企业，在国际市场的影响力也逐渐显现。然而除了上述几大类高性能医疗器械产品之外，一些普通医用耗材和中低端医疗设备也在拟征税清单列。表1-2-13是2017年中国医疗器械出口额排名前十的产品，目前中国出口的医疗器械产品仍以低值耗材、中低端产品为主，这些产品也基本在拟加征关税清单里。而上述产业对原材料和劳动力等低成本要素依赖很大，尤其是近几年，中国医疗器械企业竞争越发激烈，在出口环节，低价竞争问题日趋严重，依靠降价拉动出口额增长。2013~2017年，出口单价逐年下降。市场对于产品价格极为敏感，在这种情势下，加征25%的税将对依靠价格取胜的中小企业产生严重影响。

表1-2-12 美国对中国加征关税的医疗器械产品分类

医学影像设备	1. 心电图仪；2. 心电图仪的印刷电路组件；3. 除印刷电路组件以外的其他心电图仪配件；4. 超声诊断仪；5. 医学、外科用磁共振成像诊断仪；6. 医用闪烁电子诊断设备；7. X光检查造影剂、诊断试剂；8. 功能探索性检查用电子诊断装置和部件；9. 基于X射线的计算机断层扫描装置；10. 牙科用X射线测量仪；11. 其他医疗、外科或兽医用X射线应用设备；12. 除医用、外科、牙科或兽医以外的X射线仪器；13. 医用、外科手术、牙科或兽医用的α、β、γ射线设备；14. 除医用、外科手术、牙科或兽医用以外的α、β、γ射线设备；15. X射线发生器
牙科	1. 牙科钻孔机；2. 牙钻；3. 牙科用仪器及配件；4. 塑料人造牙及其零配件；5. 塑料的牙科配件及其附件；6. 除塑料外的牙科配件及其零件和附件；7. 牙科粘固剂及其他牙科填充料
手术器械类	1. 医疗用外科缝合肠线、缝合材料、伤口缝合用组织黏合剂以及可吸收止血剂；2. 医用缝合针和管状金属针头；3. 电外科手术器械和附件，除了体外冲击波碎石机及其零配件；4. 矫形或骨折用器械及其零配件
治疗类	1. 除颤仪；2. 用于除颤仪的印刷电路组件；3. 臭氧治疗器、氧气治疗器、人工呼吸器等；4. 助听器
诊断监护设备	1. 可直接读数的液体温度计；2. 病人监护系统；3. 心理功能测试设备；4. 电子医疗仪器及其零配件
植介入耗材	1. 人工关节及其配件；2. 其他人造的人体部分及其零配件；3. 心脏起搏器；4. 导管、插管及类似产品和零部件
体外诊断	1. 血型试剂；2. 疟疾诊断试剂盒；3. 抗血清或其他血液成分；4. 免疫产品，纯的，未采取标准计量或零售包装；5. 免疫产品，混合的，不按剂量计量或包装零售销售；6. 免疫产品，按剂量计量或包装零售销售；7. 以激素或杀精剂为基本成分的避孕制剂；8. 医疗用凝胶制剂

其他	1. 手术或实验室灭菌器；2. 用于医疗、外科、牙科或兽医的紫外线或红外线装置及其配件；3. 带或不带针的注射器及其零件和附件；4. 眼科用仪器及其零件和附件；5. 医疗、外科、牙科或兽医用的镜子和反射镜以及零部件；6. 医疗、外科、牙科或兽医用光学仪器以及零部件；7. 医疗、外科、牙科或兽医用的麻醉仪器以及零部件；8. 医疗、外科、牙科或兽医用科学仪器以及零部件

表 1 - 2 - 13　2017 年中国医疗器械出口额排名前十的产品

序号	商品名称	出口额/亿美元	同比/%	占比/%
1	按摩器具	22.92	9.58	10.57
2	矫正视力、保护眼睛或其他用途的眼镜、挡风镜或类似品	13.08	2.67	6.03
3	注射器、针、导管、插管及类似品	12.45	4.6	5.74
4	化纤制一次性或医用无纺织物服装（编码改变无同比数据）	8.1	—	3.68
5	药棉、纱布、绷带	7.69	0.63	3.54
6	其他钢铁制卫生器具（包括零件）	7.52	11.55	3.47
7	注射器（不论装有什么）	6.84	9.83	3.15
8	不锈钢制洗涤槽及脸盆的卫生器具	6.51	8.15	3.00
9	臭氧治疗器、氧气治疗器、喷雾治疗器、人工呼吸器及其他治疗用呼吸器具	5.92	24.37	2.73
10	编号 9022 所列其他设备及零件（包括高压发生器、控制板及控制台、荧光屏等）	5.63	5.01	2.59

数据来源：中国医疗器械行业协会。

对于中国医疗器械产品来说，产品的科技含量越高、市场的不可替代性越强，则在中美贸易摩擦中受到的损失就越少，抗压能力就越强。然而课题组对 2016 年出口额排名前五的中国企业出口美国的产品和专利数量进行了统计分析（参见表 1 - 2 - 14），在出口额排名前五的中国企业中，除了迈瑞的出口产品为超声仪、监护仪等中高端影像设备外，其他四家如枝江奥美、稳健医疗、绍兴振德医用敷料有限公司和江苏健尔康医用敷料有限公司的出口产品均为敷料、纱布等低端产品，且除了深圳迈瑞在美国进行了 558 件专利布局外，其他四家企业基本在美国没有专利保驾护航。2020 年初，新型冠状病毒肺炎疫情暴发，中国率先在与病毒对抗中获取阶段性胜利，但全球其他国家仍然深陷疫情泥沼。在这场生死之战里，疫情诊断阶段的试剂盒、耳温枪和 CT，治疗阶段的呼吸机、体外膜肺氧合（ECMO）、监护仪等医疗器械显得尤为重要。在中国率先复工复产后,上述医疗器械企业也迎来出口高峰。在这种情况下,如果没有对出口美国所面临的法律风险有清醒的认识的话,开拓美国市场时遭遇的专利诉讼则可能成为企业发展的绊脚石。

表1-2-14 出口额排名前五的中国医疗器械企业的专利数量及出口产品概况 单位:件

企业	中国专利数	美国专利数(含并购企业)	出口产品
迈瑞	3205	558	超声仪、监护仪等
枝江奥美	30	0	无纺布、纱布片
稳健医疗	192	2	纱布、口罩等
绍兴振德医用敷料有限公司	100	0	敷料
江苏健尔康医用敷料有限公司	81	0	敷料

就目前诉讼概况而言,中国在美参与诉讼次数相对较少,图1-2-18 示出了2000~2019年医疗器械领域中国企业在美专利诉讼情况[1],其中2019年未发现中国医疗器械企业涉入美国专利诉讼。进入21世纪以来,大部分中国医疗器械企业还仅仅依靠低技术、低利润的产品获利,以2000~2012年中国出口美国的医疗器械总额为例,一次性耗材(包括绷带、敷料、外科手套等)出口额占据了其所有出口医疗器械产品的30%~40%[2],是中国对美出口量最大的医疗设备;因此,2012年以前,仅有零星几件涉及牙科等低技术医疗设备的案件出现。然而,随着中国医用监护诊断类技术的发展,中高端技术产品出口量逐渐增加,从2013年开始,出口形势发生了转变。美国国际贸易委员会报告显示,治疗设备整机产品和诊断设备整机的出口额开始接近一次性耗材的出口额;而到了2016年,治疗设备整机产品已经超过一次性耗材,成为中国出口额最大的产品[3],这引起了美国诸多高端医疗器械制造商的警觉。因而,2012年开始,中国卷入诸如血氧计、超声仪等高科技医疗产品的诉讼。2013年集中发生了5件诉讼,是5个不同的中国公司被诉案件。虽然从诉讼数量的角度,中国医疗器械企业尚未成为美国企业在本土市场的主要竞争对手,但随着中国企业实力的增强,越来越多的中国企业将会面临专利诉讼风险。

就涉诉集中度而言,中国企业的涉诉数量并不集中,其中,最高的迈瑞涉诉3件,怡和嘉业和Vident公司各涉诉2件。这主要是因为目前中国出口企业相对技术实力不强、企业规模不大,因此并没有某个企业或者某种产品被集中攻击。相信随着中国高科技技术研发的进步,中国涉诉产品的数量和类型有可能在未来还会发生较大的转变。

---

❶ 本节中国诉讼案例统计未包括我国的台湾和香港地区。
❷ 相关数据自 https://dataweb.usitc.gov 网站获取。
❸ TORSEKAR M P. China's Changing Medical Device Exports [J]. Journal of International Commerce and Economics, 2018 (1).

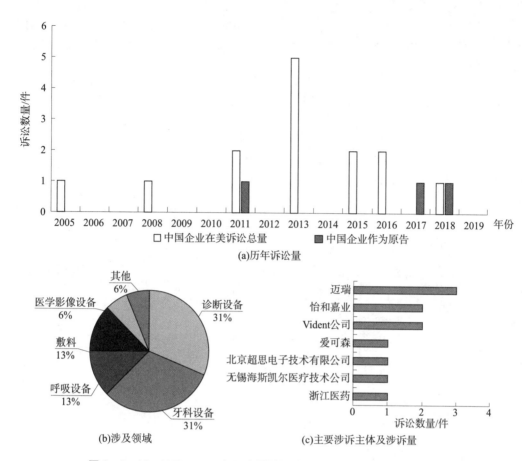

图 1-2-18　2000～2019 年医疗器械领域中国企业在美专利诉讼情况

从表 1-2-15 的涉诉身份来看，只有无锡海斯凯尔医疗技术公司、北京超思电子技术有限公司和浙江医药均是以原告身份发起诉讼，其余企业则全部为被告。除美国企业外，其他国家的企业也开始利用在美国进行诉讼这一手段来阻击中国企业，抢占市场份额，例如乐普医疗和天堰科技分别被日本和挪威的企业起诉。

表 1-2-15　2000～2018 年美国医疗器械专利诉讼中国涉诉详情一览

案件号	涉诉年份	涉诉中国企业名称	涉诉中国企业身份	涉诉专利标的物	涉诉对手企业名称
1:18-cv-00825	2018	北京超思电子技术有限公司	原告	脉搏血氧计	Contec Medical Systems USA Inc. 等
1:17-cv-11242	2017	无锡海斯凯尔医疗技术公司	原告	弹性超声成像装置	爱可森医疗（Echosens SA）等
1:17-cv-02082	2017	惠齿	被告	牙科清洗器	洁碧
3:16-cv-00900	2016	怡和嘉业	被告	呼吸机中的湿度保持器	瑞思迈

续表

案件号	涉诉年份	涉诉中国企业名称	涉诉中国企业身份	涉诉专利标的物	涉诉对手企业名称
8:16 - cv - 01925	2016	埃蒙迪材料科技股份	被告	牙科托架	奥美科
2:15 - cv - 00457	2015	迈瑞	被告	脉搏血氧计	Masimo
2:15 - cv - 06900	2015	迈瑞	被告	脉搏血氧计	Masimo
1:13 - cv - 00056	2013	杭州新亚齿科	被告	牙科清洗泵	TP Orthodontics, Inc.
3:13 - cv - 00847 - JRS	2013	爱宝乐空气净化器	被告	卫生垫	Gabbay
3:13 - cv - 00927 - PGS - LHG	2013	乐普医疗	被告	止血球	泰尔茂（日本）
3:13 - cv - 01246 - CAB - JLB	2013	怡和嘉业	被告	呼吸机	瑞思迈
8:13 - cv - 02914 - SDM - AEP	2013	天堰科技	被告	呼吸模拟教具	Laerdal Medical Corp.（挪威）等
8:12 - cv - 02206 - CJC - DFM	2012	迈瑞	被告	脉搏血氧计	Masimo
1:11 - cv - 00587 - RWR	2011	浙江医药	原告	辅酶	KANEKA CORPORATION
2:08 - cv - 02109 - GPS - AJW	2008	Vident 公司	被告	牙釉上色工具	3M
0:05 - cv - 01875 - ADM - JSM	2005	Vident 公司	被告	牙釉上色工具	3M

在上述中国企业涉诉案件中，其中以迈瑞和美国血氧仪 Masimo 公司（以下简称"Masimo"）之间的专利战较为著名。2013 年 1 月，Masimo 在加利福尼亚州中部地区法院对迈瑞发起专利侵权和违约的诉讼，并要求天价赔偿。在此过程中，迈瑞一直寻求与 Masimo 的和解，同时为了对 Masimo 施压并反制，2015 年 2 月，迈瑞在中国起诉 Masimo 不正当竞争，并将 Masimo 在中国的销售方之一科曼列为第二被告。2015 年 11 月，Masimo 与迈瑞达成和解协议。协议约定：迈瑞将支付 Masimo 2500 万美元，同意从 Masimo 购买所有的脉搏血氧仪技术组件提供给迈瑞在美国和加拿大的监护仪产品，并向深圳市中级人民法院递交国内诉讼撤诉申请，法院已裁定准予撤诉，至此，长达 3 年的迈瑞&Masimo 专利诉讼纠纷落下帷幕。近年来，迈瑞将美国作为重要市场，在近期中美贸易争端中，其将不免受到影响。在这种情况下，更应警惕在美国可能遭遇的诉讼风险。

第3章　美国医疗器械领域
专利诉讼中的侵权及抗辩

如前所述，在医疗器械领域 261 件庭审案件中，被地区法院判决部分或全部侵权的比例达到 50.4%，即使经过巡回上诉法院的再次审理，最终被判决侵权的案件比例仍达 47%。侵权与否的判决将对原被告双方尤其是被告产生巨大影响。因此，在审理的过程中，围绕侵权与否的各种抗辩和争议成为专利诉讼案件的焦点，抗辩策略的恰当与否将很大程度上影响最终的判决结果。

在专利诉讼中，被控侵权人并没有义务证明自己不侵权，但是为了能够赢得诉讼，被控侵权人通常会采用一种或者多种抗辩方式来证明自己不侵权，或者没有侵权责任。对于专利诉讼的抗辩方式，从总体上可以分为两种：成文法规定的抗辩和衡平法规定的抗辩。

成文法中的不侵权抗辩，是指被侵权人主张被指控的行为并不构成法律规定的侵权行为，是实践中使用最为广泛的抗辩理由，在任何一个专利侵权诉讼中，被控侵权人几乎都会提出这种抗辩。美国法典第 35 篇第 271 条规定了直接侵权、诱导侵权、帮助侵权、新药申请的专利侵权、提供侵权产品部件到境外、境外实施方法专利侵权等侵权行为。以直接侵权为例，美国法典第 35 篇第 271 条（a）款规定了直接侵权，根据该条款，任何人未经专利权人许可，在专利有效期内，在美国境内制造、使用、邀约销售、销售受专利保护的发明或进口受专利保护的发明，均属于侵犯专利权的行为。如果被控侵权产品或方法不包含专利要求保护的权利要求中的某一个要素，被控侵权产品或方法则不侵犯该权利要求。因此，在诉讼中，最为常用的不侵权抗辩就是证明被控侵权产品或方法不包含权利要求中的某一个要素。

除不侵权抗辩外，根据美国法典第 35 篇第 282 条中的相关规定，成文法的抗辩还包括：①没有侵权责任，或专利不可执行；②专利或原告指控的权利要求因不符合法典第 35 篇第二部分对可专利性要求的规定而无效；③专利或原告指控的权利要求因不符合法典第 35 篇第 112 条或第 251 条的要求而无效；④该法规定的其他理由。

除此之外，美国法院在审理专利侵权诉讼中，根据衡平法的原理，通过判例的形式对专利权进行了进一步的限定。衡平法原理下的抗辩理由主要包括不诚信行为、专利权人懈怠、禁反言、专利权滥用以及专利权用尽原则等。

上述抗辩方式适用于所有领域，而医疗器械作为与人类生命健康息息相关的一个领域，其在抗辩方式上也有特殊的规定。医疗领域的抗辩方式如图 1 - 3 - 1 所示。在医疗器械领域的专利诉讼案件中，还会使用医疗器械领域中所特有的抗辩方式，如 Bolar 例外侵权豁免的抗辩方式以及医疗方法的专利侵权豁免的抗辩方式。

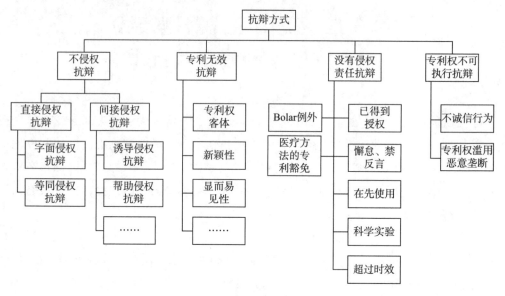

图 1 – 3 – 1　医疗器械领域抗辩方式

3.1　权利要求解释

权利要求解释是侵权判定的第一步，权利要求解释的目的，在于确认专利的保护范围。只有清晰地界定专利的保护范围，才能基于此判定被控侵权物或行为是否落入专利保护范围。

以直接侵权为例，其可以分为字面侵权和等同侵权。字面侵权要求被诉产品或方法包含权利要求中限定的所有技术特征。而等同侵权则可将权利要求的保护范围扩展至其字面范围以外的等同的特征，即如果被诉产品或方法中虽然没有包含权利要求中限定的所有技术特征，但是对于缺少的技术特征存在与之等同的特征，则可以构成等同侵权。是否构成直接侵权的争议通常在于涉诉产品或方法是否包含某一特征，或某一特征是否属于等同特征。当法院给出权利要求解释，事实上就给出了上述问题的答案，双方的胜败也就基本确定。可以说，权利要求解释对侵权判断的最终结果起着至关重要的作用。

3.1.1　权利要求解释的依据

在诉讼中，双方当事人都会从最有利于自身的角度出发，提出适合自己的权利要求解释。法院可以举办专门的 Markman 听证会来解释权利要求，也可以在庭审中由法官来解释权利要求。经过诸多判例的经验积累，法院在解释权利要求时通常会考虑以下因素：权利要求语言、说明书、审查历史等专利本身的内在证据，以及字典、百科全书、专家证词、现有技术等专利以外的外在证据。

2014年6月25日，加利福尼亚州北区法院对 AngioScore Inc. v. TriReme Medical Inc 案（50 F. Supp. 3d 1276）作出判决，法院基于权利要求本身的语言、说明书及附图的记载、专利的审查历史等因素对权利要求中所涉争议术语进行了解释，并裁定不构成字面侵权，该案的简要介绍如下。

【案例号】50 F. Supp. 3d 1276

【原告】AngioScore Inc.

【被告】TriReme Medical Inc.、Eitan Konstantino 等

【涉案专利】美国专利 US7691119B2

【案件背景】

原告 AngioScore 系生产和销售血管成形术设备的公司，被告 Eitan Konstantino 曾在 AngioScore 工作，后来离职创立了自己的公司 TriReme，开始生产和销售一种名为"Chocolate"的血管成形术设备。

原告 AngioScore 向 Eitan Konstantino、其公司 TriReme，及与其公司相关的 Quattro Vascular Pte（以下简称"Quattro"）和 QT Vascular（以下简称"QTV"）的法人实体提出专利侵权诉讼，声称 TriReme 生产和销售的"Chocolate"血管成形术设备侵犯了 AngioScore 的 US7691119B2 专利。

【争议焦点】

US7691119B2 专利有9项权利要求，其权利要求1如下：

"一种血管成形术球囊导管，包括：

导管轴，其承载具有近端部和远端部的可充气/可放气球囊；和

不可展开的可径向扩张的支架，包括设置在球囊上方的海波管并且包括近端部；远端部；以及至少三个纵向对齐、径向间隔的支柱，其中每个支柱从近端部延伸到远端部，并且在径向扩张之前具有一个或多个弯曲，所述弯曲允许支柱纵向扩张以适应在球囊表面膨胀时支架的径向扩张；其中，海波管的远端部附接到导管轴的远端部，并且管的近端部附接到导管轴的近端部，并且支架由具有记忆的材料制成，使得支架在球囊收缩时，径向塌陷并且支柱纵向缩短。"

诉讼双方对 US7691119B2 专利的独立权利要求1中的三个术语"端部"（end）、"纵向扩张"（longitudinal expansion）和"附接"（attached）的解释存在争议，因此本案的关键就在于对上述三个争议术语的合理解释。

【权利要求解释】

法院结合权利要求、说明书、审查历史等对三个有争议的术语进行了权利要求

解释。

1）依据权利要求语言和说明书对术语进行解释

（1）"端部"

关于"端部"的争议点见表 1-3-1。

表 1-3-1　关于"端部"的争议点

术　语	AngioScore 提出的解释	被告提出的解释	法院的解释
不可展开的可径向扩张的支架，包括设置在球囊上方的海波管并且包括近端部；远端部；以及至少三个纵向对齐、径向间隔的支柱，其中每个支柱从近端部延伸到远端部	"从支架的离外科医生最近的端部区域延伸到支架的离外科医生最远的端部区域"	普遍的和通常的含义	"支架、导管轴和球囊连接处的设备部分"

原告主张：AngioScore 主张"端部"是指"从支架的离外科医生最近的端部区域延伸到支架的离外科医生最远的端部区域"，其观点主要基于专利说明书中的语言，该专利说明书描述了专利设备的独特弯曲位于支柱端部。

被告主张：被告 TriReme 则认为，"端部"一词具有其普通的和通常的含义。

法院观点：法院拒绝采用任何一方的观点，法院认为，在权利要求 1 的有争议的段落中，本领域普通技术人员应将"端部"理解为"支架、导管轴和球囊连接处的设备部分"。

专利权利要求中的词语通常被赋予对于本领域普通技术人员而言具有的"普通的和通常的含义"。[1]"重要的是，本领域普通技术人员被认为是，不仅在争议术语出现的权利要求中，而且在包括说明书在内的整个专利的上下文中，解读权利要求术语"。

依据上述原则，法院首先依据权利要求书对"端部"进行了解释。权利要求 1 描述了一种血管成形术球囊导管，其由两个基本元件组成：导管轴和不可展开的径向可扩张支架。对于导管轴，该专利仅将其描述为"携带具有近端部和远端部的可充气/可放气球囊"。对于支架，该专利陈述了支架包括"设置在球囊上的海波管"并且具有"近端部、远端部和至少三个……支柱，其中每个支柱从近端部延伸到远端部……"，该段还陈述了"海波管的远端部附接到导管轴的远端部，并且该管的近端部附接到导管轴的近端部……"。有争议的术语"端部"出现在权利要求描述支架的部分，具体来说，描述了支架具有三个支柱，从支架的一端延伸到另一端，因此，这里讨论的"端部"是指支架的"端部"。

在一项权利要求中使用的词语可以阐明使用相同词语的不同的权利要求。因此，

---

[1]　415 F. 3d 1303.

法院还依据其他权利要求中的语言来理解有争议术语的含义。除了权利要求 1 之外，唯一提到"端部"的权利要求是权利要求 8。权利要求 8 限定：根据权利要求 1 所述的血管成形术球囊，其中所述支架的支柱通过连接器在所述近端部和远端部中间彼此连接，所述连接器包括弯曲部，所述弯曲部允许所述连接器纵向扩张以适应所述球囊的径向扩张。根据权利要求 8，说明书中的 U 形圆周连接器显然是在支柱的"近端部和远端部"之间的某处连接支柱，权利要求 8 提到的支柱的近端部和远端部并没有提供额外的线索指示支架端部起始于何处。

出于此处阐述的限制目的而阅读权利要求语言，最多可以确定术语"端部"是指 US7691119B2 专利设备的两个基本元件连接在一起的部分。权利要求 1 首先描述了具有两个端部的导管轴，然后描述了具有两个端部的支架，最后公开了导管轴和支架在它们相应的端部彼此连接。根据权利要求语言确定支架的端部是连接到导管轴的相应部分的部分。

"说明书始终与权利要求解释的分析高度相关。通常，它是决定性的；它是有争议的术语含义的唯一最佳指南"。因此，法院继续审查专利说明书。专利说明书描述了支架具有"近端部 3、远端部 4，以及两者之间的、具有径向和纵向弯曲图案的 3 ~ 12 个支柱或线 5 的任何地方"。这句话将支柱定位在支架的近端部和远端部之间，这暗示两方面的内容，一方面，支柱的一部分包含独特的正弦弯曲，另一方面，说明支架的"端部"位置。如果被接受，这将有力地反驳原告 AngioScore 提出的解释，因为该解释将支架的"端部"与支柱的弯曲混为一谈。

说明书还记载了："如图 1 ~ 图 4 所示，线性、纵向对齐的 4 个支柱 5 的每一个端部具有一正弦弯曲 6，当球囊 1 膨胀时，该正弦弯曲 6 允许激光切割的海波管纵向膨胀"，这也是 AngioScore 在进行解释时主要的说明书依据。然而根据上述记载，正弦弯曲 6 是位于"支柱"的端部，而不是像 AngioScore 暗示的那样，位于"支架"的端部。AngioScore 指出，说明书中关于术语"端部"的其他相关记载，如球囊的端部指的是球囊近端和远端的颈部以佐证其对于权利要求 1 中"端部的释义"。AngioScore 立场的漏洞在于，权利要求 1 区分支架的组成部分，使得支柱的端部未必是支架的端部，专利记载了支柱位于支架的端部之间并且连接支架的端部，因此，支柱的端部不同于支架的端部，支柱的端部形成支架的一部分，专利说明书不支持将支柱的弯曲等同于支架的端部。

另外，说明书附图也支持上述结论。如图 1 - 3 - 2 所示，支架 2 具有近端部 3、远端部 4 和支柱 5。说明书记载了"线性、纵向对齐的 4 个支柱 5 的每一个端部具有一正弦弯曲 6"，从图中可以看出，弯曲部分位于支柱 5 中，而不是支架 2 中，支柱是支架的一部分。根据该附图可以再次明确"端部"是指海波管的端部，其中支柱尾部、导管轴和支架彼此附连。因此，支架的"端部"是支架、导管轴和球囊连接处的部分。法院的解释，与专利的权利要求、说明书记载和附图一致。最终，法院认为，本领域普通技术人员应将"端部"理解为"支架、导管轴和球囊连接处的设备部分"。

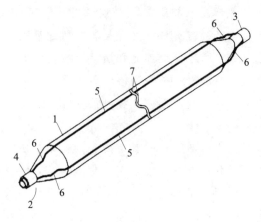

Figure A

图 1 - 3 - 2　US7691119B2 专利说明书附图 A 示出的支架结构

（2）"纵向扩张"

关于"纵向扩张"的争议点如表 1 - 3 - 2 所示。

表 1 - 3 - 2　关于"纵向扩张"的争议点

术　语	AngioScore 提出的解释	被告提出的解释	法院的解释
每个支柱……具有一个或多个弯曲，所述弯曲允许支柱纵向扩张以适应在球囊表面膨胀时支架的径向扩张	"支柱的伸长减少了支柱的初始弯曲"	"沿着导管轴线的支柱长度增长"	"通过矫直重塑"

原告主张： AngioScore 认为术语"纵向扩张"是指"支柱的伸长减少了支柱的初始弯曲"。

被告主张： 被告 TriReme 则认为其是指"沿着导管轴线的支柱长度增长"。

法院观点： 基于与"端部"解释同样的原则，法院将"纵向扩张"解释为"通过矫直重塑"。

2. 依据审查历史对权利要求进行解释

审查历史包括专利审查过程中 PTO 颁发的文件和申请人提交的文件等。审查历史可以表明 PTO 和发明人是如何理解该发明的，例如，在申请过程中，为了获得专利授权，发明人会"以一种清楚地限定发明特征的方式克服基于现有技术的拒绝理由"，这种限定无疑会限制权利要求的范围。为了防止权利要求被解释为"以一种方式获得授权，并以不同的方式反对被控侵权者"，提出了审查历史禁反言原则，其"通过'阻止专利权人重获在审查期间明确无误地放弃的权利要求解释的特定含义'的方式'保护公众对审查期间作出的明确陈述的信赖'"。

关于"附接"的争议点如表1-3-3所示。

表1-3-3　关于"附接"的争议点

术　语	AngioScore 提出的解释	被告提出的解释	法院的解释
海波管的远端部附接到导管轴的远端部，并且海波管的近端部附接到导管轴的近端部	"直接或间接地附接"	"直接固定于"	普通的和通常的含义

说明书中记载了"海波管的远端部4黏附到球囊的远端颈部或导管轴的远端部，并且海波管的近端部3或者附接到球囊的近端颈部或者附接到导管轴的近端部。支柱5可以附接到球囊1的工作区域，以帮助海波管在球囊膨胀和收缩时与球囊保持在一起，并且可以使用黏合剂（例如氰基丙烯酸酯黏合剂）将支柱向下固定到球囊的不同点上。球囊和激光切割海波管所附接的导管轴可以具有2.5F至8F的直径，远端部可以是锥形的并且直径略小于近端部"。

原告主张： AngioScore认为基于权利要求书和说明书的记载，海波管的端部可能黏附或附接到相应的"球囊颈部"或导管轴的相应端部，"本领域技术人员可以理解，海波管的端部不需要直接附接到导管轴上，并且可以例如通过球囊的腿部附接，将球囊近端部的非扩张部分和球囊可膨胀部分的远端部附接在导管轴上"。

被告主张： 被告认为，权利要求和说明书仅公开了一种附着方法，即黏附，而黏附需要两个表面之间的直接接触。

在双方争议过程中，双方当事人以审查历史为基础提出了他们对"附接"的解释。

被告称，US7691119B2专利的发明人在审查期间放弃了除直接附接之外的其他附接方式以克服基于现有技术US6053913专利结合US6106548专利的驳回理由。被告援引审查弃权原则缩小了US7691119B2专利的保护范围，即海波管的端部仅通过部件"直接固定于"其他部件的方式"附接"到导管轴上。

在本案的审查历史中，US7691119B2专利的审查员以其相对于US6053913专利和US6106548专利不具有非显而易见性为由拒绝了US7691119B2专利的早期申请，审查员认为，US6053913专利公开了一种"支架，其近端部和远端部适于附接到球囊导管的轴上……"。在答复上述审查意见时，专利权人认为US7691119B2专利与US6053913专利不同，US6053913专利公开了一种支架，该支架在近端部处附接到球囊，并且在远侧，漂浮在球囊上或直接附接到其表面。专利权人辩称其支架"适于附接到球囊导管的轴的近端部和远端部"，这种附接在附图中示出，例如在说明书附图A中，近端部3和远端部4适于放置在导管轴上。相反，US6053913专利清楚地表明支架漂浮或以某种方式附接到球囊并且没有附接到导管轴上，而且在球囊远端部之前终止。与US6053913专利的目的相反，该发明的目的是提供一种可以放置在各种球囊导管上的夹持结构，该结构不是要附着在球囊表面上,而是具有用于将该结构附接到导管轴上的装置。相比之下,US6053913 专利描述的是一种电极结构,该电极结构旨在以某种方式在球囊上形成或紧贴在球囊上,并且没有教导或暗示永远不直接附接到导管轴,特别是在远端部。在后来的沟通中,专利权人辩称:审查员能够理解,在球囊的近侧和远侧上直接附接于导管轴将有助于确保当球囊扩张和收缩时支架在球囊上的正确对准。

被告辩称,通过这些陈述,发明人放弃了支架和导管轴之间的除了直接的表面到表面的附接之外的任何其他附接。被告的解释("直接固定于")主要建立在审查期间专利权人所作的陈述的基础上,被告认为这些陈述触发了审查历史禁反言原则的适用。

AngioScore 回应说,被告误读了审查历史,并且,权利要求语言和说明书都没有要求将海波管端部直接面对面连接到导管轴的端部。

法院观点:法院同意 AngioScore 的说法,但法院拒绝采用 AngioScore 建议的"直接或间接地附接",而是将"附接"解释为其普通的和通常的含义。

法院认为,专利权人的陈述没有达到明确和无误地否定间接附接的程度。相反,这些陈述使 US7691119B2 专利与 US6053913 专利形成对比,前者需要将球囊的两端附接到导管轴,而后者仅需要在一端附接。专利权人使用"直接"一词并未明确或无误地否定除表面到表面附接之外的所有形式的附接,相反,专利权人否定附接发生在球囊两端以外的某处。至多,专利审查历史在这一点上是模棱两可的,不能支持审查历史禁反言原则的适用。因此,AngioScore 有权获得权利要求术语"附接"的全部范围。同时,法院同样拒绝采用 AngioScore 提出的"直接或间接地附接"的解释,而是给"附接"一词赋予其普通的和通常的含义。

在该案中,法院结合权利要求本身的语言、说明书语言和审查历史等内在证据对权利要求中的有争议术语"端部""纵向扩张""附接"等进行了解释。除了专利的内在证据之外,法院在解释权利要求时还须另外考虑专利的外在证据。例如字典,字典可以帮助法院了解背景技术,是解释权利要求中词语的有用工具。再例如专家证言,专家证言可以帮助理解背景技术、解释发明如何工作、了解相同领域中的技术专家如何理解发明或相关词语等,因此,可以辅助法院解释权利要求。

3.1.2 特殊词汇的解释——功能性限定

美国法典第 35 篇第 112 条(f)款规定了"手段加功能"限定,也就是所谓的功能性限定。该条款规定"对于一项组合的权利要求的一项特征而言,可以以执行某特定功能的手段或步骤的方式描述,而不必描述实现该功能的结构、材料或过程",其中条款的第 2 项规定了采用这种描述方式的权利要求"应当被解释为包含说明书中所述及的具体对应结构、材料、行为,或其等同物"。

美国联邦巡回上诉法院审理的 Utah Medical Products Inc. v. Clinical Innovations

Associates Inc. 案（79 F. Supp. 2d 1290）是功能性限定的典型案例，该案的简要介绍如下。

【案例号】79 F. Supp. 2d 1290

【原告】Utah Medical Products Inc.

【被告】Clinical Innovations Associates Inc.、William Wallace 博士、Christopher Cutler 博士、Steven Smith

【涉案专利】美国专利 US4966161

【案件背景】

本案的原告和被告历史关联错综复杂，原告 Utah Medical（以下简称"Utah"）是一家设计和制造医疗产品的上市公司，其产品包括官内导管。被告 Wallace 和 Cutler 曾加入 Utah，担任过多个职务，最终两人分别担任 Utah 的首席执行官和研发副总裁。在 Utah 期间，Wallace 和 Cutler 发明并开发了几种产品。Utah 获得了多项 Wallace 和 Cutler 发明的专利，其中包括本案中涉及的 US4966161 专利对应的子宫内导管。

其后，Wallace 在 Utah 的职业生涯出现了危机，其因涉嫌违反证券法和逃税而被联邦地方法院起诉。受到这些指控后不久，Utah 的董事会决定让 Wallace 临时休假，并任命 Cutler 担任代理总裁。最终，Utah 任命 Kevin Cornwall 永久替代 Wallace 作为公司总裁，并终止了 Wallace 与 Utah 的职业关系，同时要求 Wallace 清理他的办公室，并要求 Cutler 确保 Wallace 没有搬走任何商业秘密或内部文件。Cornwall 上任后不久，Wallace 的审判结束，其被陪审团判处无罪释放。

在 Wallace 与 Utah 的职业关系终止后，Wallace 成立了 Clinical Innovations Associates（以下简称"Clinical"）公司。Cutler 以及曾在 Utah 担任高级研究和设计工程师的 Steven Smith 也离开了 Utah 并开始在 Clinical 工作。Clinical 的第一批产品之一是该公司的"Clearview"子宫操纵器，用于定位子宫以方便腹腔镜外科手术，随后 Clinical 开始销售"Koala"官内导管。

"Koala"导管与 Utah 的"Intran Plus"导管构成直接竞争。Utah 声称 Wallace 从 Utah 获取了专利信息，且"Koala"导管正在摧毁 Utah。基于此，Utah 提起了针对 Clinical 及 Wallace 等人的诉讼，声称"Koala"侵犯了"Intran Ⅱ"的 US4966161 专利技术。

【争议焦点】

US4966161 专利中涉及功能性限定的权利要求 33 如下：

"33. 一种用于连续测量由子宫内的羊水施加的子宫内流体压力的装置，包括：

用于插入所述子宫以便检测所述流体压力的导管，所述导管包括沿所述导管的内壁形成的圆柱形管，以形成在所述导管的内部长度的大部分内延伸的第一内腔，所述第一内腔在其远端处终止于与所述导管的远端相距选定的距离，使得在所述导管的内部空间的至少一部分中形成腔室,所述导管的内部空间由所述第一内腔的远端和所述导管的远端之间的空间限定,所述腔室限定第一容积,并且所述第一内腔限定第二容积,所述导管还包括在所述圆柱形管和所述导管的内壁之间的剩余空间中形成的第二内腔,所述第二内腔沿着所述第一内腔的长度共同延伸,所述第二内腔在其远端被密封以防止所述腔室和所述第二内腔之间流体连通,所述导管还包括在所述导管的所述远端处形成的第一多个孔,以提供所述羊水和所述腔室之间的流体连通,所述导管还包括穿过所述导管形成的第二多个孔,以提供所述羊水和所述第二内腔之间的流体连通;

压阻式半导体压力传感器,包括压力隔膜,用于响应施加在所述隔膜一侧的子宫内流体压力而发生偏转;

连接器装置,用于将所述压力传感器容纳在其中并在所述传感器和电缆之间提供电气连接,所述连接器装置包括用于将所述隔膜的相对侧连续通气至大气压的装置,并且所述连接器装置还包括用于选择性定位在第一和第二位置之间的阀装置,使得当所述阀装置处于所述第一位置时,所述隔膜的所述一侧通过所述连接器装置排气至大气压,并且当所述阀装置处于所述第二位置时,所述隔膜的所述一侧与通过所述第一内腔连通的子宫内的流体压力流体连通,并且所述连接器装置还包括流体端口,羊水通过所述流体端口注入并通过所述流体端口从所述第二内腔排出羊水样本,并且其中,从所述流体端口到所述第二内腔的流体连通由穿过所述导管在邻近所述流体端口的位置处形成的孔提供。"

双方对 US4966161 专利的权利要求 33 中"阀装置"的解释存在争议,权利要求 33 中具体限定了"阀装置,使得当所述阀装置处于所述第一位置时,所述隔膜的所述一侧通过所述连接器装置排气至大气压,并且当所述阀装置处于所述第二位置时,所述隔膜的所述一侧与通过所述第一内腔连通的子宫内的流体压力流体连通",其中的"阀装置"采用的"means for…"描述方式属于手段加功能限定的内容。

"对于一项组合的权利要求的一项特征而言,可以以执行某特定功能的手段或步骤的方式描述,而不必描述实现该功能的结构、材料或过程。其应当被解释为包含说明书中所述及的具体对应结构、材料、行为,或其等同物。"

"Koala"导管中,壳体内的气动连接器与压力传感器和导管机械连接,具有与权利要求 33 中"阀装置"相同的功能。当"Koala"导管未连接时,气动连接器基本上处于第一位置,允许隔膜与外部空气接触;当"Koala"导管连接时,由于与流体压力接触,气动连接器处于第二位置。US4966161 专利中的"阀装置"与"Koala"导管中的"气动连接器"无疑起着相同的功能。

原告认为,即使未发现字面侵权,但"Koala"导管也依据等同原则侵权。"Koala"导管中的"气动连接器"与 US4966161 专利中的"阀装置"没有实质性区别。

被告则辩称,"气动连接器"与"阀装置"结构不相同也不等同,正确解释

US4966161 专利后可以发现，"Koala" 导管不具有 US4966161 专利权利要求的所有必要要素，因此主张不侵权。

【权利要求解释】

为了在等同原则下认定侵权，法院必须确定被告装置是否以与获得专利的装置的要素大致相同的方式执行大致相同的整体功能以获得大致相同的整体结果，或者替代要素发挥的作用与要求保护的要素是否实质上不同。在确定是否发生侵权之前，法院必须先解释权利要求，而 "means for…" 的功能性限定则为权利要求保护范围的清晰界定带来了难度。

法院通过阅读专利说明书确定相应的结构是否由满足 "阀装置" 的文字定义。US4966161 专利的说明书记载了 "阀装置包括一个滑阀，该滑阀安置在壳体中形成的通道内……滑阀在其上端有一个旋钮，允许滑阀在通道内来回移动"。此外，滑阀被指定为具有 "与通道的圆形形状相对的大致正方形的横截面形状……"。法院将权利要求 33 中的 "阀装置" 解释为覆盖说明书中描述为实现权利要求记载的目的的结构的等同结构。

尽管 "Koala" 导管的气动连接器具有与权利要求 33 中的 "阀装置" 相同的功能，但气动连接器与 US4966161 专利的说明书中描述的结构既不相同也不等同。气动连接器不是上端具有旋钮以允许阀在通道内来回移动的滑阀。为了实现定位在第一位置或第二位置之间的功能，气动连接器必须被断开而不是被滑动。如果要根据美国专利法第 112 条的规定，将气动连接器认为是说明书中结构的等同结构，气动连接器必须只存在 "对结构没有任何意义的非实质性的变化……"。而气动连接器的结构与 US4966161 专利说明书中描述的结构明显不同，驱动方式也不同，必须依赖断开气动连接器的方式获得与 US4966161 专利中沿着通道移动的相同功能。并且，"Koala" 导管的设计是在不包含 US4966161 专利说明书中记载的例如滑阀和滑阀上端的旋钮这样的特征的情况下实现两个位置之间切换。因此，这两个装置在结构上既不相同也不等同，"Koala" 导管没有落入权利要求的保护范围。

由此可见，通过 "手段加功能" 限定方式撰写的权利要求并不能将其范围扩展至能够实现该功能的所有方式，而仅能覆盖说明书中记载的具体结构、材料、行为及其等同物所包含的范围，因此在进行侵权抗辩时针对 "手段加功能" 限定方式撰写的权利要求需要仔细分析，无须盲目对其作出扩大化解释。

3.2　字面侵权

美国法典第 35 篇第 271 条 （a） 款规定了 "当在被控设备中找到权利要求中记载的所有要素时，就存在对权利要求的字面侵权。如果被控设备中缺失权利要求中的任一要素，则从法律上讲不构成字面侵权"。

判断专利侵权通常包括两个分析步骤：首先，法院对权利要求进行合理的解释；其次，将被诉侵权的产品或方法与权利要求进行对比。

前一节已经详细解释了进行权利要求解释的相关原则，并给出了具体判例以进一步阐述法院进行权利要求解释的实际操作。在权利要求被正确解释之后，进行将被诉产品或方法与权利要求所限定的各技术特征进行对比以判定是否侵权的步骤，该步骤的侵权判定分为两类情形：字面侵权（literal infringement）和等同侵权（infringement under the doctrine of equivalents）。字面侵权要求被诉产品或方法包含权利要求中限定的所有技术特征。

对于字面侵权与否的判断，其主要争议通常都聚焦在权利要求的解释上，权利要求的各特征被恰当地解释后，是否字面侵权通常也就不言而喻了，因此在进行字面侵权抗辩时双方对于权利要求的解释往往寸土必争。前述 Utah Medical Products Inc. v. Clinical Innovations Associates Inc. 案的诉讼过程中，原告 Utah 与被告 Clinical 针对权利要求中多个特征的解释进行了激烈的争论，这些特征的解释直接关系着判决结果。

例如，对于权利要求 1 中的技术特征"第一腔室"，原告将其宽泛地解释为"只是一个容纳羊水的区域"，从而该区域中的羊水相当于权利要求 1 中的技术特征"液柱"，以试图将其保护范围囊括被诉的产品，而被告则通过结合权利要求上下文的内在证据以及词典中对于词语"柱"的定义，明确"液柱"必须填充第一腔室的内部并且被第一腔室的圆柱形侧壁约束，从而彻底与被诉产品区分开来，使得法院否定了原告针对该特征的字面侵权主张。

而针对权利要求 33 中限定的特征"沿所述导管的内壁形成的圆柱形管，以形成在所述导管的内部长度的大部分内延伸的第一内腔"则又是另一个局面，被告试图将"沿内壁形成"解释为参照说明书附图中描述的第一内腔是位于一管体的刚性的物理的圆柱形结构内部的空腔，该管体是物理连接到内部导管壁的管体，而原告则指出在对权利要求进行解释时不得将说明书的内容代入至权利要求中，而应针对权利要求本身的记载，并通过词典对于词语"沿"的定义，即"通过，在其上，在旁边，或平行于某物的长度或方向；从一端到另一端"证明，"沿内壁形成"并不需要第一管腔附接到导管的内壁上，从而认为被诉产品中存在"第一内腔"，该主张得到了法院的支持。再例如在前述关于"阀装置"的解释中，法院认为并不能将其范围扩展至能够实现该功能的所有方式，而仅能覆盖说明书中记载的具体结构、材料、行为及其等同物所包含的范围。

该案中最终被告 Clinical 通过对权利要求的合理解释证明了被诉产品并没有构成侵权。

3.3　等同侵权

即使被诉产品或者方法不构成字面侵权，还存在其构成侵权的可能性，如等同侵权。等同原则将权利要求的保护范围扩展到了字面范围之外的等同的特征，即如果被诉产品或方法中虽然没有包含权利要求中限定的所有技术特征，但是对于缺少的技术特征存在与之等同的特征，则可以构成等同侵权。等同侵权为专利权人提供了合适的专利保护范围，使其不必局限于权利要求字面的含义。美国专利法创始之初，仅存在字面侵权，后来法院逐渐意识到字面侵权过度地限制了权利要求的保护范围，这会造成专利价值的减损并且滋长侵权。为了更为合理地对专利权进行保护，等同原则应运而生。

等同原则适用于权利要求中所限定的具体的技术特征，而非权利要求整体。在判定是否构成等同侵权时，法院常规采用的两种方法分别为"功能－方式－结果"三部曲判断方法，以及"非显著不同"检测方法。

就前者而言，如果被诉产品或者方法中的某特征与权利要求中的某特征之间满足：

（1）实现大体上相同的功能（perform substantially the same function）；

（2）采用大体上相同的方式（in substantially the same way）；

（3）得到大体上相同的结果（accomplish substantially the same result）。

即两者间符合"功能－方式－结果"三部曲判断方法，那么可以认为两者之间具有等同性，被诉产品或方法可能涉及等同侵权。

就后者而言，"非显著不同"检测方法同样是法院的很多判例中经常采用的方法。在应用该方法时，如果被诉产品或方法的特征与权利要求中的特征之间不存在实质上的差异，那么可以认为两者之间具有等同性，被诉产品或方法可能涉及等同侵权。❶

值得一提的是，虽然字面侵权和等同侵权中均提及了"等同"的概念，但是它们之间是存在区别的。例如，Utah Medical Product Inc. v. Clinical Innovations Associates Inc. 案中涉及针对美国法典第 35 篇第 112 条（f）款规定的"手段加功能"限定，其"应当被解释为包含说明书中所述及的具体对应结构、材料、行为，或其等同物"，需要指出的是，该概念中虽然出现了"等同"的概念，然而其针对的是字面侵权，而非等同侵权。

事实上，第 112 条（f）款中的"等同物"与判断是否等同侵权的"等同原则"的差异主要在于两点：一是判断是否等同的时间节点不同，二是两者关于功能的要求不同。由于第 112 条（f）款是对权利要求的解释作出的规范，权利要求解释的保护范围应当自专利申请之时即成为一确定的范围，因此，"等同物"的概念仅包含专利申请之时所能确定的等同结构，而等同侵权的"等同原则"则还可包含在专利申请之后，随

---

❶　520 U. S. 17.

着科学技术的发展被本领域普通技术人员所得知的等同结构。另外，判断是否属于"等同物"需要两者实现完全相同的功能，而"等同原则"仅需要实质上类似的功能即可。

3.3.1 等同原则的适用

如果被诉侵权的产品或方法不包含每一个限定的要素，但是对于所欠缺的要素，被诉侵权的产品或方法具有与其等同的特征，则构成等同侵权。

在 SciMed Life Systems Inc. v. Advanced Cardiovascular Systems Inc. 案（242 F. 3d 1337）中，双方争论的焦点在于：被诉产品的"并列管腔"结构能否基于等同原则被认定为等同于原告专利中的"同轴管腔"结构。该案例简析如下。

【案例号】242 F. 3d 1337

【原告】SciMed Life Systems Inc.（科学医疗生命系统公司，以下简称"SciMed"）

【被告】Advanced Cardiovascular Systems Inc.（先进心血管系统公司，以下简称"ACS"）

【涉案专利】美国专利 US5156594、US5217482、US5395334（这三个专利在下文中统称为"Keith 专利"）

【案件背景】

SciMed 拥有作为系列申请的三项专利，其均涉及一种具有同轴管腔结构的、用于血管扩张的球囊导管。SciMed 认为其竞争对手 ACS 的产品"Elipse"导管和"Multilink"导管具有与其权利要求限定中相同或等同的结构，因而向法院提起诉讼，主张该两款导管的生产及销售商 ACS 侵犯其专利权。

【争议焦点】

US5156594 专利的权利要求 19 限定如下：

"19. 一种细长的扩张导管，该导管可以沿导丝滑动，该导丝可以延伸至超过导管的远端，其中导丝容纳在导管的导丝腔中，导丝从导丝腔的远端开口延伸至导丝腔的近端开口，该近端开口设置在导管的一部分中，该部分与导管的近端部分较远地间隔开，该扩张导管包括可膨胀的球囊，以及与导丝腔分开的延伸穿过导管的膨胀腔，其特征在于：

导管近端的第一轴部分由相对刚性的金属管限定；

第二轴部分设置在第一轴部分的远侧，第二轴部分比第一轴部分相对更具柔性；和

设置在第一轴部分和第二轴部分之间的过渡部分，过渡部分包括过渡构件，过渡构件包括尺寸逐渐减小的金属元件，过渡构件邻近导丝腔近侧开口延伸，并且过渡构件具有向远端方向上逐渐减小的刚度，以在第一轴部分和第二轴部分之间提供相对平滑的过渡。"

Keith 专利中声称的导管包含两个管腔。第一腔，即导丝腔 52，用于通过导丝以便将导管通过患者的动脉引导到达动脉狭窄的部位。第二腔是膨胀腔 62，它延伸通过导管的所有部分并终止于球囊的连接。通过迫使流体进入膨胀腔来使球囊膨胀，球囊的膨胀使得动脉狭窄的组织得到扩张，从而减轻该处的狭窄程度。结合图 1 - 3 - 3 可知，在 Keith 专利所述的发明中，导丝腔仅存在于导管的远端（导管插入患者体内时导管的前端）部分中，并不是在导管的整个长度延伸，且在远端处与膨胀腔呈"同轴"结构。在使用过程中，导丝不会从导管的近端（即更靠近外科医生的端部）处进入导管，而是从更靠近导管的远端的位置处进入。

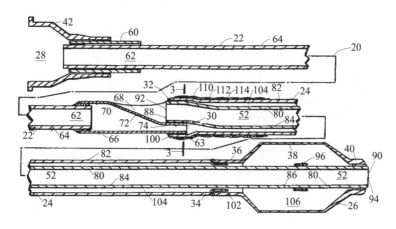

图 1 - 3 - 3　US5156594 专利说明书附图 2

而被诉产品"Elipse"导管和"Multilink"导管中导丝腔和膨胀腔为"并列管腔"，即导丝腔和膨胀腔均在整个导管的长度上延伸。

本案争论的焦点便在于，"并列管腔"结构能否基于等同原则被认定为等同于原告专利中的"同轴管腔"结构。

原告主张：原告采用宽泛的含义来解读等同原则的"功能 - 方式 - 结果"三部曲判断方法。即"任何经皮腔内冠状动脉成形式（PTCA）手术的理想结果都是通过球囊的径向膨胀来扩张血管的闭塞性狭窄，使血液可以更自由地流向心脏。只要远端轴比近端轴更柔韧，它就可以穿过冠状动脉到达病变处，在导丝的帮助下，无论远端轴中的腔的构造如何，都可以实现这一结果。并且，只要第二轴部分具有膨胀腔，无论其布置成同轴还是非同轴构造，膨胀流体都可以到达球囊并使球囊扩张。导丝腔和膨胀腔是否同轴排列并不重要，都能够得到大体上相同的效果"。

被告主张：被告则认为，由于原告已经在其说明书中放弃涉及如被告产品的范围，因此不能够应用等同原则重新获得该范围而主张权利。

【等同侵权的判断】

地区法院从涉案 Keith 专利的说明书入手，确定了相关事实。说明书中明确记载："本发明的所有实施例的基本套管结构在此考虑和公开——内芯管……外套管形成膨胀通过内芯管和外套管之间的主轴的管腔",即 Keith 专利中导管的结构为"同轴管腔结构"。说明书中还特别放弃了非同轴管腔结构:"虽然已经提出了用于这种缩短的导丝管腔扩张导管的几种结构,但是这些结构具有几个缺点。这种导管是一件式聚乙烯导管,在其远端区域附近具有双腔结构。通常,这种导管具有大于必要的轴尺寸并且其远端区域的硬度会超出期望的硬度,包括承载扩张球囊的那些部分。"

地区法院认为,鉴于说明书对可选的导管结构的实施例的明确放弃,以及对先前双腔(即并排或非同轴)结构的明确区分,能够得出结论,同轴管腔结构是对其的必要限定。同轴管腔结构在说明书中所记载的相关具体描述是"基本套管结构用于本文所考虑和公开的本发明的所有实施例……",即发明人 SciMed 明确地将所要求保护的发明的所有实施例限定为同轴结构。毫无疑问,本领域技术人员将得出结论,SciMed 仅设想了专利中教导的导管设计,即包含两个同轴布置的管腔。

依据前文所述的"功能-方式-结果"三部曲判断方法以及"非显著不同"检测方法。地区法院认为,同轴和并列管腔结构之间的差异是实质性的,合理的陪审团也不可能获得相反的结论。Keith 专利的说明书中也认为同轴结构是确定导管功效的几个因素之一。相反,SciMed 对三部曲判断方法的宽泛的分析忽略了判例 Ethicon❶ 所教导的要考虑的要素,即差异是否是非实质性的。另外,明显可以得出,被诉产品不满足"非显著不同"检测方法。

基于此,地区法院作出判决,认为被诉产品与涉案专利之间存在实质性的差异,因而不构成对涉案专利的等同侵权。

在地区法院作出不侵权判决后,原告 SciMed 对此不服,认为地区法院将说明书中的限制代入了权利要求中,随后就权利要求的解释和等同侵权的判决提起上诉。

在权利要求解释上,联邦巡回上诉法院认可了地区法院的认定,即认为说明书明确放弃了双腔结构并将所主张的权利要求的范围限定为具有环形充气腔的同轴管腔结构的导管,即专利权利要求仅限于具有同轴腔的导管,而不能被解读出具有双管腔或并列管腔配置的导管。

联邦巡回上诉法院认为,Keith 专利的说明书涉及的现有技术的导管,也即使用双腔配置,并认为它们具有"大于必要的轴尺寸"并且在其远端区域"更硬"的缺点,双腔配置的缺点与 SciMed 的证人和文件的证据一致。SciMed 注意到同轴管腔配置在增加导管的灵活性及其跟踪冠状动脉系统的能力方面具有优势,并且在说明书中也已经明确地放弃了双腔配置的导管。专利权人在说明书中将同轴腔配置明确为"本发明的所有实施例"中导管使用的配置。联邦巡回上诉法院援引 Dolly 判例❷指出,在特别提出、批评并放弃了双腔配置的导管的情况下,专利权人不能援引等同原则来要求获得对已经明确排除在权利要求之外的结构保护。

---

❶ 149 F. 3d 1309.

❷ 16 F. 3d 394.

联邦巡回上诉法院援引 Moore 判例❶及 Eastman 判例❷认为，被从权利要求中排除的结构不能够适用于等同原则，无论这种排除是明确的还是暗示的；通过明确排除某些主题的方式定义权利要求，或者专利隐含地放弃了被排除的主题，能够禁止专利权人基于等同原则来主张侵权。

同时上诉法院援引 Sage 判例❸及 Ethicon 判例❹指出，权利要求的范围被限定为明显且必然地排除了与权利要求中所述的结构特征相反的结构特征，故不同的结构不能通过等同原则纳入专利保护范围。其还援引 Warner 判例❺，指出等同原则不能以完全损害权利要求本身的限定的方式使用。

在这方面，对于不适用等同原则而言，本案甚至比援引案例更有说服力。Keith 专利中的每个实施例都放弃了双腔结构，专利权人认为双腔结构明显不如该发明中使用的同轴腔结构。这种明确的放弃使得上述案件的原则更为适用，即不允许专利权人在不破坏专利公示功能的情况下，基于等同原则重新获得在专利中明确放弃的主题。正如法院在援引的 Sage 判例时所观察到的那样，专利权人有机会以明确双腔导管以及同轴腔导管均属于该发明范围的方式起草专利，但专利权人并未这样做，从而使得竞争对手和公众得出合理的专利权人并不寻求对双腔导管的保护的结论。在这种情况下，联邦巡回上诉法院有理由得出结论，认为被诉产品对 Keith 专利不构成等同侵权。

因此，联邦巡回上诉法院维持了地区法院的判决。

该案中，法院援引了多个判例，对等同侵权的适用作了详细分析，具体内容可参见本节的附录部分，以供读者参考。

3.3.2　等同原则的程序抗辩

除了 SciMed 案中提及的适用等同原则时所需考虑的法理上的因素外，程序上也存在一些适用等同原则时可能遭受的限制。法院制定专利诉讼守则，以指导法官和双方的当事人如何更为有效地进行专利诉讼。虽然这些地区性的守则仅在程序上对双方的行为进行规定，但是违反这些程序上的规则往往会直接导致当事方主体权利的丧失，而这可能会带来严重的后果。

在 3.1.1 节提到的 AngioScore Inc. v. TriReme Medical Inc. 案，就是一个最好的例子。在该案中，被告充分利用了等同原则和专利地方规则，从程序上抗辩原告的等同侵权主张，具体如下。

---

❶　229 F. 3d 1091.
❷　114 F. 3d 1547.
❸　126 F. 3d 1420.
❹　149 F. 3d 1309.
❺　520 U. S. 17.

（1）未主张等同侵权

原告 AngioScore 在其侵权论述中列出了 US7691119B2 专利的"纵向扩张"侵权诉求，该论述披露了 AngioScore 关于"Chocolate"的结构如何字面侵权 US7691119B2 专利的相关限定的理论。但是 AngioScore 在上述论述中并没有披露等同原则，没有让被告注意到其认为"Chocolate"侵权"纵向扩张"的原因。

被告抓住了这一漏洞，称 AngioScore 不能依据等同原则主张侵权"纵向扩张"，因为"AngioScore 甚至没有在其侵权论述中根据对于该限定的等同原则指控侵权行为"。

专利地方规则要求尽早披露侵权原告的侵权理论，以让被告清楚地了解原告认为被控装置侵权的原因。因此，法院同意被告观点，得出结论，AngioScore 的侵权论述并未涉及等同侵权，因此被禁止主张适用等同原则证明"Chocolate"侵犯了 US7691119B2 专利要求保护的支架"在径向扩张之前具有一个或多个弯曲，该弯曲允许支柱纵向扩张，以适应球囊膨胀时支架的径向扩张"。

（2）未提供详细证词和关联论证

原告 AngioScore 认为"Chocolate"对 US7691119B2 专利的限定构成字面侵权和等同侵权。"Chocolate"球囊导管的海波管在其近端和远端处附接到导管轴，US7691119B2 专利权利要求的每个限定都被"Chocolate"球囊导管字面呈现。然而，就被告声称的某些权利要求要素不存在而言，AngioScore 认为，根据等同原则"Chocolate"球囊导管也可以满足任何"缺失"的权利要求要素。特别是，被告的每个支柱的两端没有附接到导管轴的论点是非显著性的差异。

被告辩称，AngioScore 不能引用等同原则，因为其未能在侵权论述中提供"详细证词和关联论证"。

地区法院认为，虽然 AngioScore 在侵权论述中披露了"附接"特征被等同侵权，但其披露仅仅是对等同原则的结论性叙述，并没有提供为什么 AngioScore 认为"Chocolate"的附接方式与 US7691119B2 专利等同。

地区法院援引 Creagri 判例❶，指出原告必须"指明被告的产品以何种方式构成了等同侵权，'或者完全放弃争论'"；援引 Rambus 判例❷，指出原告"不能简单地陈述等同原则……没有逐个元素地具体分析为什么在等同原则下存在侵权的理论"；援引 Shared Memory Graphics 判例❸，指出侵权争议必须"向被告提供合理的通知，告知原告有合理的机会证明侵权的理由"。

此外，美国加利福尼亚州北区法院的专利诉讼联邦地区法院规则第 3－1 条（e）款也要求原告在其初始披露中声明"是否声称的每个权利要求的每个限定都被被控装置所谓的字面呈现或基于等同原则的呈现"。需要说明的是，"专利地方规则"不要求

---

❶ 11－CV－06635－LHK－PSG.

❷ C－05－00334 RMW.

❸ 812 F. Supp. 2d.

任何特定的用词，也不要求数量。相反，它们需要上下文关联地、逐个元素地说明为什么会主张等同原则，即必须将被告的所谓侵权产品的特定要素映射到原告的权利要求解释中。关于"附接"，AngioScore 没有披露任何此类信息，只是对"非显著性差异"的一种结论性指控，缺少关于为什么差异是非显著性的解释。原告仅仅通过结论性陈述等同原则适用于某个特定限制，不满足该专利诉讼联邦地区法院规则第 3 – 1 条（e）款规定的披露义务。由于 AngioScore 没有以使被告足够清楚的程度披露其应用等同原则的基础，因此，法院在有限的范围内许可被告的非侵权的简易判决动议，该有限的范围是指禁止 AngioScore 依赖等同原则确立有争议的"附接"限定的侵权判决。

这个案例在某种程度上告诫我们程序合法的重要性。企业应诉时不妨仔细查阅对方所提请或修改的诉状，特别是侵权指控和无效指控部分，看其是否准确且全面。若原告并未提出相关指控，则无法使用新提出的指控来主张侵权，因而可能会给被告带来翻盘的契机。

3.3.3　审查历史禁反言

审查历史禁反言原则（prosecution history estoppel），又称禁止反悔原则，为源于英美法系国家的一般契约理论，是指专利权人如果在专利审批，包括专利申请的审查过程或者专利授权后的无效、异议及再审程序过程中，为了满足法定授权要求而对权利要求的范围进行了限缩，则在主张专利权时，不得将通过该限缩而放弃的内容纳入专利权的保护范围。在美国，禁止反悔原则的适用要求专利权人对权利要求的限缩必须是以书面方式进行的，并记录在官方的审查档案中，因此称为审查历史禁反言。

在司法实践中，审查历史禁反言一般是作为对等同原则的限制性规则来适用的。其宗旨在于防止专利权人采取出尔反尔的策略，即在审查过程中为了容易地获得专利权而对专利保护的范围进行各种限制性的修改或解释，或者强调某个技术特征的重要性，在授权之后的侵权诉讼中又试图取消这些限缩或者声称该技术特征可有可无，以应用等同原则来覆盖被控侵权物。审查历史禁反言是对等同原则中过宽或过滥地扩大权利要求保护范围的一种限制，是平衡权利人和社会公众利益的一种重要制度。

在专利侵权抗辩中，被告经常会利用审查历史禁反言这一原则进行抗辩，试图将自己的涉诉产品排除至原告的专利权保护范围之外。例如 2019 年 11 月 22 日美国联邦巡回上诉法院判决的 Pharma Tech Solutions Inc. v. LifeScan Inc. 案（942 F. 3d 1372），该案充分体现了审查历史禁反言在专利侵权抗辩中的应用，该案的简要介绍如下：

【案例号】942 F. 3d 1372

【原告】Pharma Tech Solutions Inc、Decision IT Corp.

【被告】LifeScan Inc、LifeScan Scotland Ltd、Johnson and Johnson

【涉案专利】 美国专利 US6153069、US6413411

【案件背景】

被告 LifeScan 是血糖监测系统市场的知名公司,其为强生的子公司,涉嫌侵权的产品是该公司的 OneTouch Ultra 血糖监测系统。

原告 2016 年 3 月 14 日就此案提起诉讼,声称被告对其专利构成侵权。

【争议焦点】

原告声称被告产品等同侵权其两项血糖监测试纸专利。

被告提出了驳回动议,理由在于原告违反了审查历史禁反言原则。

其中在 US6153069 专利审查过程中,申请人进行了如下修改❶:

"e) 用于在施加所述电势之后的第一预定时间测量通过所述样品的第一 Cottrell 电流读数并获得通过所述样品的至少一个附加的 Cottrell 电流读数的装置,所述至少一个附加的 Cottrell 电流读数发生在在所述第一预定时间之后的第二预定时间,

f) 用于将所述第一 Cottrell 电流读数转换为第一分析物浓度测量,并将所述至少一个附加的 Cottrell 电流读数转换为附加分析物浓度测量,以及将所述第一分析物浓度测量值与所述附加分析物浓度测量值线性比较的装置……"

在该修改后申请人还进行了细微的修改,后该专利被授权。

【审查历史禁反言适用判断】

被告基于审查历史禁反言原则,提出了两点抗辩意见,具体如下:

(1) 基于修改的审查历史禁反言

被告认为,当申请人在对 US6153069 专利进行修改时,其增加了从 Cottrell 电流读数到分析物浓度测量值的转换以及这些浓度测量值比较的描述,表示原告排除了那些比较 Cottrell 电流读数而不是比较分析物浓度的保护范围,而被告的诉讼产品正是比较 Cottrell 电流读数而没有比较分析物浓度。

原告反驳,认为进行专利修改的真正目的是要对多个测量值进行线性比较,并不是要排除掉与比较分析物浓度作用类似的比较 Cottrell 电流读数这样的方式。

法院认为,原告针对 US6153069 专利的修改中,将其权利要求从简单地测量通过两个电极的 Cottrell 电流改为要求将 Cottrell 电流读数转换为分析物浓度测量值并比较测量值,这代表了原告放弃了这两个权利要求之间的所有范围。在专利审查历史中,审查员给出的现有技术专利比较了两个 Cottrell 电流,但在进行比较之前并未将这些电流转换为分析物浓度测量值,可以推测原告针对现有技术的修改是为了将其专利申请与现有技术区分开来,因此其排除了相应的范围。

(2) 基于意见陈述的审查历史禁反言

被告指出,原告在专利审查过程中,提交的意见陈述中记载了"现有技术同样也

---

❶ 下划线部分为申请人新增加的内容。

没有公开使用本发明要求的手段来比较从第一次测量得出的浓度和至少一个从一次测量得出的额外浓度以验证结果"，以及"White（审查员引用的现有技术）的操作在以下方面不同于本发明：首先，在本发明中，将两个不同的 Cottrell 电流读数转换为第一和第二分析物浓度测量值；此外，在本发明中，将基于第一电流读数和第二电流读数的第一分析物浓度和第二分析物浓度彼此进行比较，以确认它们在彼此的规定百分比内"。

根据上述意见陈述，法院认为，申请人对于 US6153069 专利的修改与分析物浓度测量值的比较密切相关，认为原告专利权人已经放弃了涉及被告涉诉产品在内的专利保护范围。一旦禁反言限定了专利的范围，专利权人可能无法在侵权诉讼中针对落入禁反言范围中的权利要求的要素或者在某些被诉主体方面主张等同原则。❶

【判决结果】

地区法院在判决（348 F. Supp. 3d 1076）中支持了被告的观点，裁定被告并未构成侵权。原告提起了上诉，而联邦巡回上诉法院支持地区法院的意见，维持了原判决。

从 Pharma 案不难得出，审查历史禁反言原则无疑是抗辩等同侵权的利器，然而并非所有案件都适用该抗辩策略，因为，适用审查历史禁反言有一个实质要件，即专利权人对专利权利要求保护范围的实质性限缩或放弃。在应用审查历史禁反言原则时，需要辨别审查历史中的修改是引起禁反言的"缩小修改"还是不会引起禁反言的"修饰性修改"。❷

在 3.1.1 节提到的 AngioScore Inc. v. TriReme Medical Inc. 案及 3.3.1 节的 SciMed Life Systems Inc. v. Advanced Cardiovascular Systems Inc. 案中，涉及审查历史禁反言的抗辩失败，充分体现了这一实质要件的必要性。

在 AngioScore Inc. v. TriReme Medical Inc. 案中，被告争辩原告 AngioScore Inc. 不能主张等同原则，因为在审查历史中存在缩小性修改。在审查员对 US7691119B2 专利根据现有技术驳回之后，专利权人以各种方式修改了权利要求，成为 US7691119B2 专利最终的权利要求1，包括将"连接"一词替换为"从……延伸"。被告辩称，用"从……延伸"代替"连接"引入了"缩小权利要求范围"的"特定结构限定"。

法院不同意上述观点，首先，对于已经包含一个结构限定——支柱从支架的一端延伸到另一端的权利要求，该修改没有引入新的结构限定。其次，"从……延伸"的概念并不比"连接"的概念明显狭窄。虽然修改已经发生，但未能证明修改缩小了权利要求范围，或者增加了新的限定或权利要求术语。法院驳回了被告关于不侵犯 US7691119B2 专利关于"每个支柱均从近端延伸到……"的简易判决动议。

在 SciMed Life Systems Inc.（以下简称"SciMed"）v. Aducinced Cardiovascular Sys-

---

❶　54 F. 3d 1570.

❷　535 U. S. , at 736 – 37, 122 S. Ct. 1831.

tems Inc.（以下简称"ACS"）案中，被告 ACS 辩称，审查历史禁反言适用于阻止 SciMed 在 Keith 专利颁布后重新获得对非同轴管腔导管结构的保护。ACS 认为，该禁反言应当适用于 Keith 专利的说明书描述以及法院关于权利要求的解释。

在反对意见中，原告 SciMed 指出，ACS 关于审查历史禁反言的争论没有任何依据。SciMed 认为，在审查历史中从未提及同轴和非同轴管腔结构之间是否有明确区别，并进一步辩称，说明书中也没有明确区分同轴和非同轴结构。

最终，法院认为双方的禁反言论点没有定论。在审查历史本身中没有明确的迹象表明 Keith 专利明确放弃了非同轴管腔结构作为可专利性的条件。虽然法院同样清楚的是，Keith 专利在说明书中作出了区分，但仅凭这一点并不构成禁反言。因此，法院并未作出存在禁反言的简易判决，并且开始针对双方当事人关于等同侵权的论点进行审理。

专利诉讼案件中，专利本身对案件结果的影响在其撰写时即开始：在权利要求或说明书中进行了特定的限制而明确排除的技术方案，在主张权利时不能再以等同原则纳入专利权的保护范围；在说明书中公开了实施方案，但在专利审批过程中并没有将其纳入或试图纳入权利要求的保护范围，则专利申请被授权后，专利权人主张专利权时不能试图通过等同原则将其重新纳入权利要求的保护范围；在专利审批过程中，为了满足法定授权要求而对权利要求的范围进行了限缩，则在主张专利权时，不得将通过该限缩而放弃的内容纳入专利权的保护范围。这些原则与等同原则相互制衡、相辅相成，从而保持专利权人和公众之间的利益平衡。这些原则不仅可以指导在美专利申请的撰写及意见陈述，也能成为专利诉讼中抗辩等同原则的利器。

附录　相关判例

本部分对等同侵权方面的重要判例进行了详细罗列。

1. Warner Jenkinson 案

在 Warner Jenkinson Co. v. Hilton Davis Chem. Co 一案❶中，联邦最高法院批准了联邦巡回专利案件的移审，以解释等同原则。Warner Jenkinson 的专利是用于从食品和药物染料中去除杂质的超滤工艺。现有技术教导了一种称为"盐析"的更为昂贵的方法来纯化染料。为了区分现有的过滤专利，即在 pH 高于 9.0 并且最佳 pH 在 11.0 和 13.0 之间的水溶液操作，该案中的专利权人将"在约 6.0 至 9.0 的 pH 下"限定添加到说明书和权利要求书中。涉嫌侵权的超滤过程无可争议地在 5.0 的 pH 条件下运行。陪审团根据等同原则判决被告侵权。

联邦巡回上诉法院全体法官维持了初审法院的关于等同原则的判决，认为"任何

❶　520 U. S. 17（1997）.

本领域技术人员当知道在 pH 为 5 时能够进行超滤的情况下，能够认为 pH 在约 6 至 9 时，膜能够以大体上相同的方式，实现大体上相同的功能，并且获得大体上相同的结果"。虽然联邦巡回上诉法院采用"三部曲"（triple identity，功能－方式－结果）判断方法来得出结论，但它强调"权利要求和被诉产品或流程之间的差异的实质性是等同原则下的最终问题"。换句话说，"根据等同原则发现侵权行为需要证明权利要求和被诉产品或流程之间存在非显著不同"。在其分析中同时使用"三部曲"判断方法和非显著不同检测方法时，法官在联邦巡回上诉法院倾向于仅在一项测试中适用等同原则而另一项不适用的决定之间形成一条中间道路。

联邦最高法院推翻了联邦巡回上诉法院的判决，并借此机会指示了等同原则中出现的几个问题。最值得注意的是，法院讨论了等同原则的"三部曲"判断方法和非显著不同检测方法以及"等同原则下所需考虑的语言框架"，并且基本上认可了两种检测方法的使用情况。具体是这么记载的"似乎有一个实质性的一致意见，虽然'三部曲'判断方法可能适合于分析机械设备，但它往往为分析其他产品或过程提供了一个糟糕的框架。另一方面，非显著不同检测方法对可能由什么导致任何给定的差异的'非实质性'则几乎没有提供任何额外的指导"。法院似乎认为区别是语义问题，并敦促联邦巡回上诉法院使用它的专业知识，根据所针对的案件的特定情况进行最合适的检测。

联邦最高法院在原文中这样强调"我们认为，所使用的特定语言框架并不比检测方法的质询更重要：被诉产品或方法是否包含与专利的每个要求保护的要素相同或等同的要素，不同的情况下可能需要不同的语言框架，具体取决于其具体事实。关注个别因素以及警惕避免等同原则完全消除任何此类因素，应当能够大大减少使用语言的不精确性。因此，对具体专利权利要求中每个要素所起的作用的分析，将解答替代要素是否与所要求保护的要素的功能、方式和结果相匹配，或者替代要素是否起到与所要求保护的要素实质上不同的作用的疑问。以这些限定原则为背景，我们认为没有任何必要进一步或者更细化地管理联邦巡回上诉法院在分析等同原则时对特定词语的选择"。

Warner Jenkinson 案还谈到了法官和陪审团在主张等同原则时各自的角色。其判决书中的相关记载为"适用等同原则时的各种法律限制，应由法院决定，不管是在部分简易判决动议中确定，或在举证结束时的依据法律判决动议中确定，又或是在陪审团裁决后确定。因此，根据不同案件的特定事实，如果适用审查历史禁反言或等同原则完全破坏特定的权利要求的相关要素，则应由法院作出部分或完整判决，因为不会有任何进一步需要陪审团进行裁决的重大问题。"

虽然 Warner Jenkinson 案并不要求进行逐一要素的对应分析，但很明显，在分析被诉产品能否适用等同原则时，权利要求的每项限定必须考虑单独权重。等同原则不适用明确从权利要求范围中排除的部分。

2. Dolly 案

在 Dolly Inc. v. Spalding & Evenflo Companies Inc. ❶ 一案中，地区法院认为在等同原则下，由稳定精确的结构组件构成的权利要求不会被另一个稳定精确的结构侵犯权利，原因是缺少单独的结构性的限定。相关判决书中的记载为"地区法院因无视权利要求 16 的具体限定而犯了错误。虽然由座椅、靠背和侧板组装的被诉产品本身就是一个稳定精确的结构，但相关的 US4854638 专利权利要求并未要求保护靠背和座椅。而被诉产品包括这样的结构"。Dolly 接着讨论了权利要求的限定与等同原则之间的相互作用。"应用等同原则不能忽视权利要求的限定……根据等同原则，如果缺失某限定（包括其等同物），被诉产品和要求保护的发明将不能以基本相同的方式工作" [参见 Valmont Indus. v. Reinke Mfg.，983 F. 2d 1039，1043 n. 2 （Fed. Cir. 1993）]。因此，Dolly 认为，在发现同轴管腔结构的清楚明确的限定的情况下，应当排除对其应用等同原则。

3. Vehicular Technologies 案

在 Vehicular Technologies Corp. v. Titan Wheel Int'l. ❷ 一案中，联邦巡回上诉法院确认，通过从说明书中解读出的被诉产品所缺失的限定不能适用等同原则。相关记载为"如果在特定权利要求语言的背景下，权利要求限定一个作用，那么不能实现该作用或实现截然不同的作用的被诉产品则不会在等同原则下侵犯其专利权。关于明确的功能是否已被现有的权利要求限定出来，需要检查该专利中权利要求及专利的说明书中相应的解释 [参见 Applied Materials Inc. v. Advanced Semiconductor Materials Am. Inc.，98 F. 3d 1563，1574 （Fed. Cir. 1996）]。

4. Ethicon 案

在 Ethicon Endo – Surgery v. United States Surgical Co. （USSC）❸ 一案中，联邦巡回上诉法院提供了针对等同原则的有用的法律分析，并提供了此案所能够适用的类似的环境。在 Ethicon 案中，要求保护的发明是一种用于外科线性切割吻合器的锁定机构。锁定机构的放置与纵向钉槽相关，该锁定机构在钉盒空的时候防止击发装置操作。Ethicon 注意到上述 Dolly 案中已经指出，等同原则不能忽视权利要求的具体限定，并且 Weiner v. NEC Electronics Inc. ❹ 案中指出等同原则不能重新获得明确排除在权利要求范围之外的结构，以及 Sage Products Inc. v. Devon Industries Inc. ❺ 案中指出"等同原则不授予专利权人可以无视权利要求的任何限定"，但 Ethicon 案在对两项具体专利权利要求的详细分析中进一步发展了这些解释。

---

❶ 16 F. 3d 394 （Fed. Cir. 1994）.
❷ 141 F. 3d 1084 （Fed. Cir. 1998）.
❸ 149 F. 3d 1309 （Fed. Cir. 1998）.
❹ 102 F. 3d 534，541 （Fed. Cir. 1996）.
❺ 126 F. 3d 1420.

最终，法院维持不侵权（字面侵权和等同侵权）的简易判决，其为每项裁决提供的解释在这里具有指导意义。权利要求 6 要求锁定机构"连接"到纵向钉槽。被诉产品的锁定机构位于一次性装载单元的远端，与纵向钉槽相距一定距离。专利权人提供的证据表明，无论是位于装载单元的远端还是连接到纵向钉槽，该锁定机构将执行相同的功能，并且本领域技术人员会认为所要求保护的结构和被诉的结构是可互换的。法院驳回了对 Dolly、Weiner 和 Sage 等案件的机械解读，认为这可能使等同侵权成为字面侵权分析的重演。尽管如此，法院认为，权利要求 6 在位置上的区别使得陪审团无法合理地基于等同原则确认侵权行为。具体记载如下："地区法院确定 USSC 的锁定位置甚至不接近纵向钉槽。相反，它位于一次性装载单元的远端，靠近吻合器的后部。因为吻合器的后部与纵向钉槽相对，所以陪审团不会合理地判定 USSC 锁定机构实质上'连接到所述纵向钉槽'"。法院处理了一个关于等同原则的争论，其认为权利要求 6 的语言规定的"在钉仓中"的锁定机构被 USSC 的产品侵权了。然而，该产品的锁定机构位于击发装置上，与钉仓相对。在仔细考虑每项关于等同原则的争论后，法院驳回了关于权利要求 6 的所有非显著不同性的争论。

与权利要求 6 不同，权利要求 24 仅宽泛地记载了锁定机构的相对位置。法院认为陪审团应当能够得出关于等同原则的结论，因而否决了关于针对该权利要求的简易判决动议。法院得出结论的方法基本类似于其在权利要求 6 的分析中采用的方法。在权利要求 24 中，吻合器锁定机构可以通过所要求保护的推动器组件"移动"，然而这样的方式在被诉产品中并不能达成，因为在"吻合器击发"时限制器和阻挡件之间没有接触。被承认的是，在被诉产品中，吻合器与阻挡件的最后一次实际接触的距离仅为几毫米，并且可能是几千分之一秒。然而，法院认为这些差异不足以阻止陪审团应用等同原则。具体的原文为"这是程度上的细微差别，而不是明确的、实质性的差异或类别差异，就像本案中权利要求 6 的情况一样"。

Ethicon 案在几个方面都具有指导意义。首先，法院不应将权利要求解释中清楚的限定视为等同原则本身，陪审团必须再次审视在要求保护的发明与被诉实施方案之间发现非显著不同的可能性。其次，法院将拒绝差别很小的情况下的简易判决动议。因此 Warner Jenkinson 案被陪审团合理地认定为"微不足道的差异"。最后，原告提供的功能等同性和互换性的声明性证词可以为驳回简易判决动议提供依据（正如它对 Ethicon 案中权利要求 24 所做的那样），但当被诉主体存在显著不同时（甚至权利要求的限定并不明确，如 Ethicon 案的权利要求 6），该依据的存在并不能够阻止进行简易判决动议。基于这样的思想，法院在 ACS 议案中保留了上述记录。

5. Moore 案

Moore U. S. A. Inc. v. Standard Register Co.❶ 案中，法院审理了的权利要求所保护

---

❶　229 F. 3d 1091，56 USPQ2d 1225（Fed. Cir. 2000）.

的是一种邮件类型的商业表格，其中纵向条状黏合剂延伸了表格的纵向边缘的"大部分长度"。专利权人认为，被诉表格中纵向条状黏合剂延伸了表格纵向边缘的一小部分长度，因而基于等同原则，被告侵犯了原告的专利权。法院否定了这一论点，认为"它无视逻辑，认为少数这种与多数截然相反的限定，是与权利要求中的多数的限定完全不同的，而且没有合理的陪审团会认为是相反的。类似的案件 Eastman Kodak Co. v. Goodyear Tire & Rubber Co. ❶ 中，该专利的权利要求保护的是一种特殊物质在高温及在惰性气体环境下结晶的过程。专利权人认为，使用"热空气"而不是"惰性气体环境"的被诉过程基于等同原则侵犯其专利权。法院驳回了这一论点，解释说"权利要求的语言特别从权利要求的范围中排除了反应性气体，例如'加热空气'"，因此被诉过程不会基于等同原则侵犯其专利权。

6. Sage 案

Sage Products Inc. v. Devon Industries Inc. ❷ 案中，权利要求涉及一种注射器处理容器，其在容器主体的顶部具有细长槽和"在所述槽上延伸的第一收缩部"。虽然这些限定在被诉产品上没有真正体现，但专利权人认为该产品基于等同原则侵犯专利权。法院否定了这一论点，并指出：原告的专利权定义了一个相对简单的结构。权利要求中并未记载任何关于该技术的复杂性、细化的语言、现有技术的任何后续变化、后来开发的技术，因此就该方面而言权利要求的限定是模糊的……如果原告期望获得对于能够实现与其权利要求记载的容器类似的功能的任何容器的广泛的专利保护，它本可以在权利要求中限定较少的结构性限定……在有明确的机会获得更宽泛的权利要求却并未这样做的专利权人与广大公众之间，对权利要求结构中这种可预见的变动寻求保护失败的情况所付出的成本，必须由专利权人承担。因此，法院确定，因为权利要求的范围被限定为明显且必然地排除了与权利要求中所述的结构特征相反的结构特征，故不同的结构不能通过等同原则纳入专利保护范围 [参见 Ethicon Endo – Surgery Inc. v. US Surgical Corp. , 149 F. 3d 1309, 1317, 47 USPQ2d 1272, 1277 (Fed. Cir. 1998)]。

7. Athletic Alternatives 案

Athletic Alternatives Inc. v. Prince Manufacturing Inc. ❸ 案中，法院解释了一项针对用绳子串起网球拍的系统的权利要求。法院认为该权利要求的穿线系统使至少三个展开的球拍间具有不同的偏移距离。在以这种方式解释了这一权利要求之后，法院认为，基于等同原则，"正确解释的权利要求不会与只有两个偏移距离的球拍等同"，即双距离展开的系统"特别排除在权利要求的保护范围之外。"（引自 16 F. 3d at 400, 29 USPQ2d at 1771）。另见 Zodiac Pool Care Inc. v. Hoffinger Indus. Inc. , 206 F. 3d 1408,

---

❶ 114 F. 3d 1547, 42 USPQ2d 1737 (Fed. Cir. 1997).

❷ 126 F. 3d 1420, 44 USPQ2d 1103 (Fed. Cir. 1997).

❸ 73 F. 3d 1573, 37 USPQ2d 1365 (Fed. Cir. 1996).

1416，54 USPQ2d 1141，1147（Fed. Cir. 2000）（合理的陪审团不会认为延伸到磁盘外围边缘的磁盘止动结构等同于同一磁盘"基本上向内"的磁盘止动结构）。

下述案例阐述了这样的原则，即等同原则不能以完全损害权利要求本身的限定的方式使用。参见 Warner Jenkinson Co. v. Hilton Davis Chem. Co. 案［520 U. S. 17，29 – 30，117 S. Ct. 1040，137 L. Ed. 2d 146（1997）］和 Athletic Alternatives Inc. v. Prince Manufacturing Inc. 案（73 F. 3d at 1582，37 USPQ2d at 1373）（"特定排除"原则是"'所有限定'规则的必然结果"）。因此，如果专利的权利要求所要求保护的装置必须是"非金属的"，则专利权人不能在金属装置等同于非金属装置的基础上对金属装置主张侵权。此案中不能使用等同原则的原因可以解释为，"非金属"对于权利要求的限定是属于对公众明确的、有约束力的声明，"金属"装置被明确排除在保护范围之外。不允许弱化"非金属"对权利要求产品的限定作用，或者不能无视对公众明确的、具有约束力的"金属结构"从权利要求产品中排除的声明。正如法院在 Sage 案中明确表示的那样，在该专利明确排除了这种结构的情况下，应当限制对这种结构应用等同原则，不管这种排除是明确的还是暗示的。

现对 SciMed 案中涉及的判例进行总结，得出应用等同原则时所需要注意的事项见表1。

表1　应用等同原则注意事项

编号	应用等同原则应当考虑	相关判例（案卷号见翻译部分）
1	等同原则判断方式： （1）"三部曲"（功能 – 方式 – 结果）的判断方法 （2）"非显著不同"的检测方法 （3）权利要求的具体限定	Warner Jenkinson 案（联邦最高法院）
2	当权利要求已经清楚明确限定的情况下，不应适用等同原则	Dolly 案
3	专利权人不能因等同原则而无视权利要求中的任何限定	Sage 案
4	被诉产品所缺失的限定不能适用等同原则	Vehicular Technologies 案
5	等同原则不适用明确从权利要求范围中排除的结构	Weiner 案、Eastman Kodak 案
6	等同原则不适用暗示从权利要求范围中排除的结构	Moore 案
7	已知的专利要素替代品的可互换性可用于评估非显著不同；等同原则下的侵权分析不仅仅是字面侵权分析的重复，而是必须再次审视陪审团在要求保护的发明与被诉实施方案之间发现非显著不同的可能性	Ethicon 案

续表

编号	应用等同原则应当考虑	相关判例（案卷号见翻译部分）
8	在有明确的机会获得更宽泛的权利要求保护却并未这样做的专利权人与广大公众之间，对权利要求结构中这种可预见的变动寻求保护失败的情况所付出的成本，必须由专利权人承担	Sage 案

SciMed 案主要适用于上述提及的第 5 种情况，地区和联邦巡回上诉法院均支持被告的由于原告已经在其说明书中放弃涉及如被告产品的范围，则不能够应用等同原则重新获得该范围从而主张权利的观点，被告最终被判决不侵权。除此之外，SciMed 案也给出了上述切入点，使得在被诉等同侵权时能够有的放矢，尝试以此为抓手，进行不侵权抗辩。

3.4　故意侵权

美国法典第 35 篇第 284 条规定，法院在作出有利于请求人的裁决后，应该判给请求人足以补偿其所受侵害的赔偿金，但无论如何，不得少于侵权人使用该项发明应该支付的合理使用费，以及法院所确定的利息和诉讼费用。不论由陪审团还是由法院决定，法院都有权将损害赔偿金额增加到原决定或评估的金额的 3 倍。即美国专利法对于专利侵权损害赔偿的方式规定了两种：第一种是补偿性赔偿，赔偿的依据是专利权人实际的经济损失和专利许可使用费。第二种是惩罚性赔偿，用于对实施故意侵权的行为人进行惩戒与遏制。而故意侵权是惩罚性赔偿的适用前提。事实上，惩罚性赔偿的标准并不是一成不变的，而是随着时间的推移和社会的变化而不断变化的，经历了从刻板的"至少 3 倍""等于 3 倍"到自由裁量的"最高不超过 3 倍"的过程。

在美国的司法制度下，陪审团决定案件的事实问题，法官决定法律的适用问题。就专利侵权案件而言，是否构成故意侵权属于事实问题，由陪审团来决定；而是否施于惩罚性赔偿以及赔偿多少属于法律适用问题，由法官来决定。❶

3.4.1　故意侵权判罚

美国专利法中明文规定了惩罚性赔偿，但对其适用条件却未有过多提及。因此，在司法实践中，通常以判例的形式确立惩罚性赔偿中"故意"的认定标准。而该认定标准也随着时间的推移与社会的演变经历了一系列的变化。

---

❶　张慧霞. 美国专利侵权惩罚性赔偿标准的新发展 [J]. 知识产权，2016，(9)：104－109.

1983 年的 Underwater Devices 案❶确立了"注意义务"标准。当事人如知道他人专利权的存在，便负有适当注意的积极义务（包括但不限于向法律顾问咨询意见以确保实施行为的合法性）。然而"注意义务"标准逐渐发展成为，若被告不能提交律师意见，法院则可以此作出不利推断，推断被告故意侵权，即所谓的不利推断规则，如 1986 年的 Kloster 案❷。不利推断规则无疑扩大了故意侵权与惩罚性赔偿的认定范围。

针对"注意义务"存在的弊端，2007 年，美国联邦巡回上诉法院针对 Seagate 案❸作出判决，针对故意侵权的认定，否定了此前确立的"注意义务"标准，并提出了"客观鲁莽行为"标准。在该标准下，认定故意侵权分为两个步骤：首先，专利权人提供证据证明侵权人实施被控侵权行为的客观可能性；其次，专利权人需提供证据证明侵权者的主观故意状态。以原告的举证责任，替换了之前的"不利推断规则"。

"客观鲁莽行为"标准适用了很长一段时间，直到 2016 年美国联邦最高法院对 Halo Electronics 案❹及史赛克案❺作出判决，推翻"客观鲁莽行为"标准，创立了故意侵权认定的全新判例。Seagate 案确立的"客观鲁莽行为"标准过于加重了原告的举证责任，从而可能导致最恶意的侵权者借助这些规定逃脱惩罚性赔偿的制裁。因此，联邦最高法院在判决中强调了三点：①取消"客观鲁莽行为"标准，将重点放在侵权人的主观恶劣行为认定方面；②专利权人的举证门槛从"清晰的、具有说服力的证据"规则降低为传统的"优势证据"规则；③采用简单的"自由裁量权滥用"审查标准，要求联邦巡回上诉法院更多地尊重地方法院是否给予惩罚性赔偿的自由裁量权。

下文将结合具体案例介绍上述判断标准或规则在医疗器械诉讼中的应用。如史赛克案（891 F. Supp. 751）是"注意义务"标准在"故意"认定中的应用，该案的概述如下。

【案例号】891 F. Supp. 751

【原告】史赛克、Osteonics Corporation

【被告】Intermedics Orthopedics Inc. 、Marli Medical Supplies Inc.

【涉案专利】

本案涉及美国 US4888023A 专利。该专利涉及杆式股骨假体，具有远侧末端，其在远侧末端的外周表面上具有抗固定的饰面，使得远侧末端在假体植入时和使用期间保持与股骨脱开。远侧末端可选择性地移除和更换，以便能够在假体的连接柄和远侧末端中选择尺寸组合，以便更容易地装配适当假体的近侧部分和远侧部分。具体结构见

---

❶　717 F. 2d 1380，1390；219 USPD 569.

❷　793 F. 2d 1565.

❸　497 F. 3d 1360.

❹　136 S. Ct. 1923，195 L. Ed. 2d 278.

❺　14 – 1520，782 F. 3d 649.

图 1 - 3 - 4。

【案件背景】

原告 Osteonics 是史赛克公司的子公司，从事髋关节和膝关节植入物的研究、开发、设计、制造、推广和销售等业务。Osteonics 制造并销售被称为 Omniflex 的股骨假体，其是 US4888023A 专利对应的商业实体。

被告 Intermedics Orthopaedics 公司制造并向医疗和矫形行业提供被称为 APR Ⅱ 的股骨假体，APR Ⅱ 的第二代产品是 APR Ⅱ - T。

原告史赛克和 Osteonics 公司（以下统称为原告，或"Osteonics"），由于被告 Intermedics 及其分销商 Marli Medical Supplies 公司（以下统称为被告，或"Intermedics"）制造和销售 APR Ⅱ 以及 APR Ⅱ - T，向其提起了专利侵权诉讼，诉称被告的行为构成了对 US4888023A 专利的权利要求 8、10 和 12 的字面侵权和故意侵权。

被告否认了字面侵权和故意侵权的指控，还断言，在现有技术的基础上因为权利要求的不明确性，US4888023A 专利是无效的。

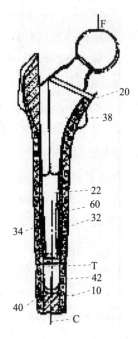

图 1 - 3 - 4　US4888023A 专利说明书附图

【故意侵权的审理】

Intermedics 认为，即使其侵权了 US4888023A 专利，也并没有故意侵权，理由在于：①没有复制专利，②依赖于专利律师 John Merkling 的咨询意见，Intermedics 形成了一种没有侵犯专利权的真诚信念。

关于是否复制专利的问题，法院已经确定，被告公司的专家 Dorr 博士和 Intermedics 在开发 APR Ⅱ 及其远侧套管时确实复制了 US4888023A 专利或 Omniflex 商业实体中提出的想法或设计。

关于律师咨询意见的问题，Intermedics 声称"在接到原告的侵权指控通知后，Intermedics 要求其母公司雇用的注册专利律师 John Merkling……研究专利和指控，并向公司提供建议……律师意见已报告给 Intermedics，而 Intermedics 又合理地考虑并依据该意见行事……考虑到整体情况，被告的行为非常合理，当然不构成故意性的指控。"Merkling 是一名专利律师，熟悉专利法，他的工作是替 Intermedics 处理专利有关法律事务并提出意见，他代表 Intermedics 就故意侵权问题作证。

Robert E. Paulson 以原告专利律师的身份致信 Intermedics 的总裁 Nicholas Cindrich。在信中，Paulson 向 Cindrich 通报了 US4888023A 专利，表明 Osteonics 认为 APR Ⅱ 侵犯了 US4888023A 专利权，并随附了 US4888023A 专利的副本。Paulson 在信的结尾要求 Intermedics 停止和终止任何进一步的侵权行为，并估算了 Intermedics 的所有侵权已销

售额。

　　Merkling 回信 Paulson，声称他正在考察专利并要求提供"认为被侵权的专利权利要求"。此后，Merkling 进行了调查并"收集了事实证据"，并且整理了有争议的 US4888023A 专利的相关信息和 APR Ⅱ 的图纸、蓝图。并且，Merkling 还进行了现有技术检索，得知了 Whiteside 的髋关节系统。随后 Merkling 出具了一份意见，并在一封信中回应了 Paulson，他在信中表示，"我已经得出结论，APR Ⅱ 系统并未侵权 US4888023A 专利权。我还得出结论认为，该专利的权利要求相对于审查员未曾考虑的现有技术无效，无论是单独使用该现有技术，还是与迄今为止审查员已经考虑过的现有技术相结合。"

　　然而，被告在对原告的调查请求的补充答复中承认，在原告律师通知之前 Merkling 就看到了关于 US4888023A 专利的资料，包括附图。尽管他对 US4888023A 专利有所了解，但是 Merkling 没有对 APR Ⅱ 是否可能侵权进行任何调查，也没有阻止 APR Ⅱ 的全国发布。

　　关于侵权和故意问题的直接证据以 Intermedics 的产品开发部经理 J. D. Webb 在推出 APR Ⅱ 的一年前写给其专利律师 Russe Ⅱ J. Egan 的一封信的形式出现。信中附有一份 Osteonics 的宣传册，展示了 Omniflex 的前身 Omnifit，其带有远侧套管，并标有美国专利申请。因此，自 APR Ⅱ 发布前一年，被告就知道原告有一个带有远侧末端的竞争性髋关节植入物，正在等待专利授权公布。此外，被告的专利律师 Egan 曾给名为 John McKinney 的收件人发出一封信（原告证据编号 1066），信息提及了这一信息，要求检索"股骨植入物和模块化套管"，并附上竞争对手宣传册的副本。

　　基于这些证据，法院认为，被告 Intermedics 已得知原告正在申请专利并且获得了专利权。因此，被告有义务采取合理的谨慎措施来确定它是否会侵犯 US4888023A 专利权。但是，被告不仅无视自己的专利律师要求检索类似技术的要求，而且也未能寻求有法律效力的法律建议并进行专利检索。重要的是，在 APR Ⅱ 推出的时候，被告已经知道具有模块化远侧末端的 Omniflex 髋关节植入物的存在，还以模块化远侧末端作为被告产品的特色，忽略了这个明显的专利问题，并推进了新产品，试图挽救其在髋关节植入物市场上的地位恶化。

　　法院此前已确定，Omniflex 的专利化为 APR Ⅱ 的侵权发展提供了动力，这一发现与故意性问题密切相关。除此之外，Intermedics 面临的激烈市场压力和商业销售紧迫性也与故意性问题密切相关。

　　根据整体情况，法院认定原告 Osteonics 通过明确和令人信服的证据证明被告 Intermedics：①故意复制 US4888023A 专利和 Omniflex 商业实体的概念和设计；②知晓 US4888023A 专利的存在，但没有调查专利的范围或寻求有法律效力的律师的咨询意见，以便其可以形成 US4888023A 专利无效或者 Intermedics 在全国推出 APR Ⅱ 的行为并不侵权的真诚信念；③在推出 APR Ⅱ 时并没有形成 US4888023A 专利无效或者 Intermedics 的 APR Ⅱ 不侵权的真诚信念；④在诉讼过程中，继续故意无视 Osteonics 的专利权。因此，Intermedics 的行为构成故意，并且故意侵权 US4888023A 专利。

【案件判决】

US4888023A 专利的权利要求 8、10 和 12 被被告字面侵权和等同侵权，并构成故意侵权，且 US4888023A 专利有效、可执行。

原告有权获得的损失增量利润总计 23 421 076 美元，以及利息 2 927 908 美元，总损失赔偿金为 26 348 984 美元。此外，原告有权通过双倍赔偿金来增加其损害赔偿，因此，总赔偿金为 52 697 968 美元。最后，原告有权获得合理的律师费，以及针对进一步侵权的永久性禁令救济。

在该案中，尽管在接到原告的"警告信"后，被告声称其咨询了律师意见并依据该意见行事。但实际上，在此之前，被告就已经得知了原告拥有的专利权，在这种情况下，被告没有尽到"注意义务"，不仅没有采纳其律师的意见对现有技术进行检索，并且在全国发布 APR Ⅱ 产品之前，也没有寻求有法律效力的律师咨询意见。更重要的是，由于面临激烈的市场压力，被告在明知有巨大的侵权风险的情况下依旧选择忽略这一明显的专利问题，并推出了新产品 APR Ⅱ，试图挽救其在髋关节植入物上的市场地位。基于被告的上述行为，法庭合理地判定被告侵权行为存在恶意性，判决被告构成故意侵权。

3.4.2 故意侵权抗辩

如前所述，在故意侵权的认定中，侵权方是否尽到了"注意义务"是重要的依据之一。而在实际操作中，故意侵权更通常地被认为是事实调查的问题，因而在是否构成故意侵权的判定上，法院更着重于侵权方是否有"主观和行为上的故意性"，具体个案有所不同，被告应当针对性地进行抗辩。

3.4.2.1 咨询律师意见

咨询律师意见，是"注意义务"的直观体现。因此，故意侵权的抗辩中，被告常用的一种方式是：向法庭出示事先所咨询的相关律师意见，以证明自己是依赖于律师所给出的意见书来进行后续的行为的，已经满足了法律规定的"注意义务"，不构成故意侵权。

然而，并非所有的律师意见均能证明被控侵权人满足了"注意义务"，律师意见的适格性和完整性是事实认定的关键。律师意见是否具备证明其适格性和完整性的考虑因素，包括律师意见的来源、形式、主体、材料、专业性、内容、受众等。

在 2019 年审理的 Acantha LLC v. DePuy Synthes Sales Inc. 一案❶中，原告针对被告发起了侵权诉讼，并要求判决被告故意侵权，被告则给出了一系列的抗辩理由，其中包括通过律师意见试图摆脱故意侵权的嫌疑，该案的简要介绍如下。

【案例号】406 F. Supp. 3d 742

【原告】Acantha LLC

【被告】Depuy Synthes Sales Inc. 和 Depuy Synthes Products Inc.

【涉案专利】USRE43008、US6261291

【案件概述】

原告是 USRE43008 和 US6261291 专利的专利权人，其对被告发起侵权诉讼，声称被告的 Vectra 以及 Zero‑P VA 产品对其专利构成侵权，其中 Vectra 涉及颈椎手术使用的颈椎前路钢板，Zero‑P VA 涉及用于颈椎前路的独立椎间盘产品。

本案经过了陪审团审理，陪审团裁决被告的产品对 USRE43008 专利构成侵权，并且其侵权属于故意，被告应赔付损害赔偿 8248560 美元。在庭审中被告要求依据法律进行判决，认为自己不构成侵权。

法院经审理后，认为被告构成字面侵权，此后被告争辩其不构成故意侵权。

被告认为陪审团裁定故意侵权的证据不充分，要证明故意侵权，当事人必须通过大量证据证明被指控的侵权人"已经知道侵权风险，或者显然应该知道该风险"。被告认为，其基于两份独立的外部律师意见，形成了对 USRE43008 专利不构成侵权的真诚信念，这两份意见书包含了大约 70 页的分析和意见，并给出了认为被告的产品没有侵犯 USRE43008 专利的专利权的意见。

而原告则认为，被告事实上并未将这些意见在公司中进行公开，虽然被告的证人给出的证词说："在发布产品之前先获得并依据律师的意见是一种惯例"，然而被告公司雇员中的证人中并没有人真正阅读过该意见或者可以证明该意见的内容，这些证人声称他们的行为只是依据公司的意见。

法院认为，虽然被告可以争辩说，工程师和开发人员因为相信内部律师会对这些意见进行审查和分析，所以他们自己不会阅读意见书，然而被告也没有提供其内部律师或者其他可能的人已经阅读过该意见的任何证据或证词。陪审团基于这些事实，认为被告属于故意侵权是合理的。

最终，法院并没有推翻陪审团关于故意侵权的裁定，而是支持了陪审团的裁定。

该案中，原告虽然试图通过独立的外部律师意见排除自身的故意侵权嫌疑，然而因律师意见受众有限，并未为工程师、开发人员、内部律师或其他相关人等所知，而

---

❶　406 F. Supp. 3d 742

最终遭受了惩罚性赔偿。

Schneider 案（852 F. Supp. 813）则是被告通过律师意见证明了自己是非故意侵权而抗辩成功的正面案例。

【案例号】852 F. Supp. 813

【原告】Schneider（Europe）Ag 和 Schneider（USA）Inc.

【被告】Scimed Life Systems Inc.

【涉案专利】

本案涉及美国专利 US4762129A 及其复审专利 US4762129B1。上述专利涉及用于扩张冠状血管狭窄的扩张导管，包括能够通过管注射流体而扩张的球囊。管横向偏离于一段柔性管，通过该柔性管，在球囊中形成用于导丝的通道。通过简化沿导丝的导管引导，便于更换另一个导管。其具体结构见图 1 - 3 - 5。

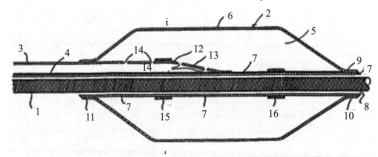

图 1 - 3 - 5　US4762129 中用于扩张冠状血管狭窄的扩张导管

【案件背景】

原告 Schneider（Europe）Ag 是 US4762129A 专利和复审专利 US4762129B1 的专利权人，原告 Schneider（USA）Inc. 是 US4762129A 专利和复审专利 US4762129B1 的被许可人（以下简称"原告"或者"Schneider"）。原告向被告 SciMed Life Systems Inc.（以下简称"被告"或者"SciMed"）提起诉讼，声称被告制造、使用和销售其 EXPRESS™ 和 RALLY™ 扩张导管的行为，故意侵犯了 US4762129A 专利的专利权。

【法律基础】

在 2016 年美国联邦最高法院强调降低专利权人的举证门槛以前，原告一直承担着通过明确和令人信服的证据证明故意性的责任。故意性是一个事实问题，它是根据对整体情况的考虑来确定的。众所周知，潜在的侵权人在实际注意到他人的专利权时，"有必要谨慎行事以确定他是否侵权"。

如果 SciMed 真诚地相信 US4762129A 专利和复审专利 US4762129B1 的权利要求无效或未被侵权，则不存在故意性。如果 SciMed 依赖的律师咨询意见能够证明 SciMed 真诚地相信权利要求无效或未被侵权，这将是表明 SciMed 不构成故意侵权的有力证据。但是，如果律师意见缺乏相应的适格性和完整性，仅包含结论性陈述，则它们不构成

"在此基础上可以建立无效性的真诚信赖"的权威性意见。

【故意侵权的审理】

基于 SciMed 涉嫌故意侵权，Schneider 要求增加赔偿金。在仔细考虑了记录之后，法院得出结论：原告未能履行证明故意性的责任。

记录表明，SciMed 在推出 EXPRESS™ 之前收到了几份来自 Kinney & Lange 知识产权律所的书面以及口头意见。根据律师的咨询意见，SciMed 合理地相信 US4762129A 专利无效，并且无法通过复审程序。

Schneider 声称 SciMed 提供的专利律师 Young 先生的意见书是"结论性的"因而不可靠。法院认为，Schneider 的上述观点没有根据。推出 EXPRESS™ 之前，在律师意见书中，Young 先生分析并报告了复审程序，表明他认为 US4762129A 专利无效，并且不会重新公布。

Young 先生的意见书足够透彻，足以向 SciMed 灌输合理的信念以使其相信法院可能合理地认定专利无效或不可执行。尤其是考虑到 US4762129A 专利的德国同族专利被无效等其他因素。在整体情况下，"一个合理的人会谨慎行事……相信法院可能会认定专利权无效或未被侵犯"。

法院因此得出结论，基于整体情况，SciMed 的侵权行为被称为"故意"是不公平的。

该案中，律师基于专利权的有效性及包含审批历史的材料作出了适格的咨询意见，SciMed 真诚地相信 US4762129A 专利无效，虽然侵权认定难以免除，但通过提供有法律效力的律师咨询意见，SciMed 避免了故意侵权指控，成功地免于 2 倍甚至 3 倍的惩罚性赔偿，挽回了经济损失。

3.4.2.2 规避设计

为了避免构成故意侵权的指控，除了通过证明自身已经履行了法律规定的"注意义务"以排除风险外，还可以通过其他方式证明自身不具有故意的主观意图。例如 Biomet 案（828 F. Supp. 1570）中，被告向法庭证明自身虽然知晓原告的专利存在，但是已经作出了通过规避设计以避免构成侵权的尝试，以此对故意侵权进行抗辩。该案简析如下。

【案例号】 828 F. Supp. 1570

【原告】 Pedro A. Ramos M. D.

【被告】 Biomet Inc.

【涉案专利】

本案涉及美国 US4380090 专利。该专利涉及一种髋关节假体，由内部和外部构成的支承插入件、锁定环和股骨球部件组成。在组装时，外髋臼杯装配到髋臼中，内部支承插入件放置在外髋臼杯内，股骨球部件装配在内部支承插入件内，并且外部支承插入件装配在股骨球部件上，锁定环抵靠外支承插入件并将髋关节的部件保持在一起，从而完成髋关节的组装。

【案件背景】

US4380090专利涉及一种髋关节假体，在该专利授权公布之前，应被告Biomet的请求，并且在Biomet保证该公司没有针对双极髋关节假体进行研究、开发、制造或者生产行为的基础上，Ramos博士向Biomet的技术事务副总裁透露了他已经获得批准的髋关节假体的专利申请和设计。随后，Biomet致信Ramos博士，表示其"将在接下来的几周内审查和讨论你的通用髋关节假体的发展"，表示了该公司"持续感兴趣"，并写道："我们的专利律师团对该专利进行考察后，要求我们向他们提供您所使用的所有现有技术的参考文件的历史记录和副本"。Ramos博士给Biomet邮寄了其"所使用的所有参考资料"，以及已公布的US4380090专利的副本。Biomet的回信中写道，该专利和参考资料已转给其专利律师，并要求提供"申请文件历史记录，包括提交的申请副本、专利局发布的审查意见以及您的律师Barnett先生提交的答复"。Ramos博士发送了这些文件，其后Biomet再也没有与Ramos博士或其律师联系。

在获得了US4380090专利的副本以及相关的参考资料后，Biomet聘请了Tony Fleming，Tony Fleming证实，他之前没有设计过髋关节假体，在接收聘请后设计了双极髋关节假体。

Biomet的双极髋关节假体由外髋臼杯、一体式支承插入件、锁定环和股骨球组件组成。在组装时，外髋臼杯装配到髋臼中，一体式支承插入件放置在外髋臼杯内，股骨球部件装配在支承插入件内，锁紧环抵靠支承插入件并将髋关节的部件保持在一起。

【案例判决】

原告Ramos博士起诉Biomet侵犯了US4380090专利的权利要求1和3。在经过全面的审理后，地区法院认为，被告Biomet的双极髋关节假体是否字面包含了权利要求1和3的特征可能存在争议，但可以毫无疑问确定地是，被告Biomet的双极髋关节假体是这些权利要求要求保护的发明的等同物。最终地区法院裁定，被告的假体在字面上和在等同原则下均侵犯了US4380090专利权。

对于故意侵权，地区法院注意到Biomet与Ramos博士的关系，并且Biomet未能提出证据证明其在开始侵权活动之前有依赖符合条件的律师建议，最终认为Biomet对US4380090专利构成故意侵权。法庭计算出的基础赔偿金为1 938 159.36美元，而由于故意侵权需要向被告赔付3倍的赔偿金，即5 814 478.08美元。

被告不服，提出上诉。联邦巡回上诉法院对地区法院的故意侵权的判决进行了复审，认为地区法院审判标准存在明显错误。当"潜在的侵权人实际上已经注意到他人的专利权时，其有义务谨慎行事，以确定其是否侵权"❶。虽然潜在侵权人的义务通常包括在侵权或继续侵权之前获得合格的法律意见，但缺乏法律意见本身并不一定构成"故意"。

无可争议的是，Biomet 已经知晓了 Ramos 博士的专利。Biomet 承认，在制造髋关节假体之前，他们并没有寻求任何法律意见，但 Biomet 认为其相信公司已经设计了一种非侵权产品。虽然联邦巡回上诉法院维持了地方法院的侵权判决，但侵权行为并不是字面侵权而只是等同侵权。地区法院作出故意侵权的判决，部分原因可能是基于其对 Biomet 的产品设备对 US4380090 专利构成字面侵权的明显错误的认定。

专利制度的立法本意并不是不鼓励"围绕"专利产品进行规避设计，尽管这经常会导致一些密切的问题和相互矛盾的政策考虑因素的出现。联邦巡回上诉法院认为在侵权人已经作出了合理的努力来避免专利侵权时，只有在极其恶劣的情况下才能给予惩罚性赔偿。Biomet 所做的规避设计中能够反映出这种尝试，虽然其规避设计不足以避免构成等同侵权，但联邦巡回上诉法院认为 Biomet 应当免于故意侵权的指控，以及随之而来的损害赔偿。因此，联邦巡回上诉法院撤销地区法院对于故意侵权的判决。

3.4.2.3　专利权方的举证责任

除了上述案件所提示的、同样也是专利诉讼中最常规的也最有力的抗辩故意侵权指控的方式外，即使被告方并未执行上述"注意义务"，也还存在成功抗辩的可能性，而不应主动地放弃抗辩。在 Seagate 判例❷确立的"故意"认定标准中，基于谁主张谁举证的原则，专利权方需要证明：①客观上存在高度侵权风险；②被诉方知晓或应当知晓侵权风险的存在。当原告并未给出有力证据证明被告的故意行为时，被告可以据此争辩，以避免故意侵权的最坏后果。例如，Masimo 案（147 Fed. Appx. 158）中，被告 Nellcor 被指控为故意侵权，但原告所给出的证据都仅为推测性质，并且原告对被告恶意复制该专利的行为的指控并未提供任何证据，被告无法提供律师意见的事实并不能用来证明被告构成了故意侵权。该案简析如下。

【案例号】147 Fed. Appx. 158

【原告】Masimo 公司

【被告】Mallinckrodt Inc.（以下简称"Mallinckrodt"）和 Nellcor Puritan Bennett Inc.（以下简称"Nellcor"）

【涉案专利】

本案涉及美国专利 US5769785A、US6206830A、US6263222A 和 US6157850A。上述

---

❶　717 F. 2d 1380, 1389, 219 USPQ 569, 576

❷　497 F. 3d 1360

专利涉及运动耐受脉搏血氧仪，通过自适应滤波器算法消除患者的运动对氧饱和度测量的影响。参见图 1-3-6。

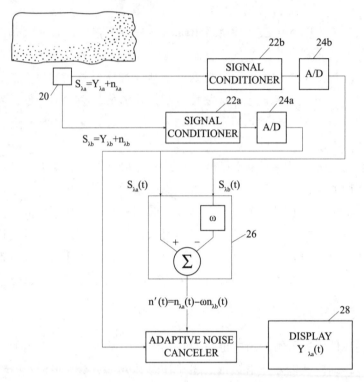

图 1-3-6 US5769785A 专利说明书附图 4

【案件背景】

发明人 Joe Kiani 和 Mohamed Diab 合作通过使用特定的滤波算法来解决脉搏血氧仪领域中遇到的"运动问题"。针对这样研究，他们提交了多项专利申请，产生了多项公开专利，其中包括本案中涉及的 4 项专利，基于这些专利技术，他们在加利福尼亚州 Mission Viejo 成立了一家名为 Masimo 的小型私营公司。

在专利申请期间，Kiani 会见了被告 Nellcor 的两名代表，David Swedlow 博士和 Tom Yorkey 博士，讨论过这种运动耐受技术。Masimo 最初计划将其技术出售或许可给 Nellcor 等大型跨国企业医疗设备公司。Kiani 向 Nellcor 分享了一个运动耐受脉搏血氧仪原型的"黑匣子"演示，但没有透露其内部工作原理。

此后，双方当事人开始进行商业讨论。Nellcor 向 Masimo 公司提供了原始数据，以便在 Masimo 的运动耐受脉搏血氧仪原型中进行测试，作为交换，Masimo 向 Nellcor 提供了测试结果。Masimo 还向 Nellcor 提供了 PCT 申请的副本，该申请与早期关于运动耐受技术的一项专利申请相关。次年，Nellcor 中断了与 Masimo 的讨论，解释说它改变了策略并决定自己制造和销售其运动耐受技术。此后，Masimo 在美国推出了 SET0 技术。

在 Masimo 推出 SET0 技术的一年后，Nellcor 在其先前上市的 N-395 脉冲血氧仪中引入了一种新的运动耐受技术，称为 O4 算法。此后，Nellcor 推出了新版本的 O4 算法，称为 O5 和 O5CI 算法。Nellcor 的脉冲血氧仪结合 O4、O5 和 O5CI 算法，是本案的被控产品。

随即，原告 Masimo 在美国加利福尼亚州中区法院向被告 Mallinckrodt 公司和 Nellcor 公司提起专利侵权诉讼，声称 Nellcor 通过制造和销售其 O4、O5 和 O5CI 型脉冲血氧计的行为故意侵犯了 Masimo 的专利权。Nellcor 反诉 Masimo，声称 Masimo 制造和销售采用信号提取技术（SET0）的脉搏血氧仪系列的行为侵犯了 Nellcor 的美国专利 USRE36000 的专利权。Nellcor 还声称 Masimo 主张的专利因可预期、显而易见、不明确、缺乏书面说明以及由于不诚信行为而不可执行等理由而无效。

陪审团在故意侵权和有效性方面支持了 Masimo。双方当事人提出审判后动议，试图推翻陪审团的裁决。针对这些动议，地区法院推翻了陪审团裁定 US5769785A 专利被侵权的裁决，维持了陪审团的关于 US6263222A 和 US6157850A 专利并非无效和被侵权的裁决，推翻了陪审团对故意性的裁定。针对 US6206830A 专利，地区法院维持了陪审团的关于其并非无效并且被侵权的裁决，推翻了陪审团对故意性的裁定。

Masimo 针对地区法院作出的 US5769785A 专利不被侵权、Nellcor 并没有故意侵犯 US6263222A 和 US6157850A 专利权、驳回关于 US6263222A 和 US6157850A 专利的永久禁令的司法裁决提起了上诉，同时 Masimo 还对地区法院对 US6206830A 专利不可执行的判决提出上诉。Nellcor 针对地区法院的维持陪审团对 US6263222A 专利被侵权和 US6263222A 和 US6157850A 专利有效的司法裁决提起交叉上诉。

【故意侵权的审理】

争议焦点在于，地区法院是否错误地推翻了陪审团对 US6263222A、US6157850A 和 US6206830A 专利的故意侵权裁决。

1）地区法院观点

首先，Masimo 未能提供明确且令人信服的证据，使得陪审团可以得出如下结论或推断：Nellcor 知道 US6263222A、US6157850A 和 US6206830A 专利的存在，并且在没有关于专利无效和/或不被侵权的真诚信念的情况下继续进行侵权活动。上述三项专利是在 Masimo 指控 Nellcor 之前很短的时间内公布的，Nellcor 能够得知上述三项专利的可能性较低。仅根据 Masimo 提供的 Yorkey 编写的 Masimo 的专利摘要，Nellcor 作出的 Masimo 有 5 项专利的通知，以及 Kiani 与 Nellcor 之间的讨论等证据，并不能推断出 Nellcor 一定知道涉诉的专利。

其次，Masimo 没有提供任何证据使得陪审团可以推断 Nellcor 是恶意行事。在 Masimo 提起诉讼之前，Nellcor 没有意识到原告所声称的专利。随后，Nellcor 寻求律师的咨询建议来准备抗辩，Nellcor 在与律师协商后，试图通过声称 US6263222A、US6157850A 和 US6206830A 专利无效和/或未被侵权来保护自己免受 Masimo 的侵权指控，鉴于 Nellcor 通过这种方式在之前与 Masimo 进行过的诉讼（Masimo I 诉讼）中获得的成功，这些抗辩方式是合理的。

最后，对于 Masimo 关于 Nellcor 复制其专利技术的论点，该论点取决于 Kiani 的证词，Kiani 表示他与 Nellcor 就 Masimo 的技术进行了多次会面。然而，Kiani 没有证明他告诉了 Nellcor 有关专利的特征，陪审团仅根据 Kiani 与 Nellcor 会面的事实不能推断 Nellcor 进行了复制。

2）原告主张

原告认为地区法院错误地推翻了陪审团的关于 Nellcor 故意侵权 US6263222A、US6157850A 和 US6206830A 专利的裁决。首先，Nellcor 定期监控专利文献并了解 Masimo 的专利。例如，Nellcor 的前技术开发总监 Ross Flewelling 博士提供了一份关于 Masimo 的情报文件，该文件查明了 Masimo 的已公布和已授权的专利。其次，Nellcor 有渠道和动机复制 Masimo 的发明。事实上，Kiani 会见了 Nellcor 的人员，Swedlow 和 Yorkey，并讨论了在脉搏血氧仪中使用自适应滤波器来解决运动问题的想法。并且 Kiani 早年间就向 Nellcor 展示了其专利的原型，并允许 Swedlow 对其进行测试。此后，Masimo 进一步声明其向 Nellcor 提供了 PCT 申请的副本，该申请公开了 US6263222A、US6157850A 和 US6206830A 专利中所要求保护的发明。再次，Nellcor 的诉讼后行为并不能证明其具有非故意的真诚信念。虽然 Nellcor 的前董事长作证说她相信现在的诉讼会像 Masimo I 诉讼一样对 Nellcor 有利，但是，Masimo 强调，她承认她不明白 Masimo I 的判决是如何与 US6263222A、US6206830A 和 US6157850A 专利相关的。最后，Nellcor 在被 Masimo 起诉专利侵权后，没有就其产品是否侵权或所涉及的专利是否有效获得法律咨询意见，根据 Nellcor 确保其"产品不侵犯任何其他公司的专利"的长期政策，Masimo 声称这种错失特别令人震惊。

3）被告主张

被告认为，首先，Masimo 只是推测 Nellcor 知道所声称的专利，Masimo 并没有提供任何具体证据表明 Nellcor 实际上拥有这些专利的副本。其次，Nellcor 在本次诉讼中重申在 Masimo I 诉讼中提出的抗辩理由，并非缺乏诚意。此外，缺乏律师咨询意见并不表示一定要对故意性进行不利的推断。Nellcor 坚持认为，地区法院正确地推翻了陪审团对 US6263222A、US6206830A 和 US6157850A 专利侵权的故意性调查。

4）联邦巡回上诉法院观点

联邦巡回上诉法院支持 Nellcor，认为 Masimo 没有提供足够的证据来支持陪审团对故意性的裁决。

首先，故意性是一个事实问题，必须从整体情况中确定，并通过明确且令人信服的证据证明。正如 Nellcor 所说，Masimo 没有找到任何具体的证据，使得合理的陪审团可以发现 Nellcor 肯定知道 US6263222A、US6206830A 和 US6157850A 专利。例如，Nellcor 定期监控专利文献，并不意味着 Nellcor 即自动地知晓了涉诉专利。事实上，正如地区法院所指出的，Nellcor 不太可能知道 US6263222A 专利，因为它在 Masimo 向

Nellcor 提起侵权诉讼前一天才公开。

其次，Masimo 同样没有提供任何证据证明合理的陪审团可以发现 Nellcor 复制了 Masimo 的发明，Masimo 提供的试图证明抄袭行为的以下证据仅是出于推理的角度：①Kiani 与 Nellcor 的人员会面；②Nellcor 寻求保持其作为脉搏血氧仪市场技术领导者的地位；③Nellcor 知道 Masimo 开发了最先进的技术。尽管 Nellcor 希望保持在脉搏血氧仪市场的领导地位，但这并不能证明存在抄袭行为，而只是证明了企业的竞争性，所有顶级市场参与者都希望在竞争中保持领先地位，这个目标并不意味着所有这些参与者都会抄袭竞争对手的发明以保持领先优势。另外，Kiani 与 Nellcor 的会面并不会暴露专利技术，虽然 Kiani 向 Nellcor 展示了其专利的原型，但不允许 Nellcor 拆卸或检查其内部工作原理，Nellcor 也无法查阅创建原型时使用的工程图或软件代码。

最后，Masimo 没有提供任何证据证明 Nellcor 在被 Masimo 起诉后故意或鲁莽地无视涉案专利。与 Masimo 的论点相反，法律咨询意见的缺乏并不能影响 Nellcor。在 Knorr–Bremse 案❶中，法院专门讨论了当被控侵权人未获得法律建议时对故意性作出不利推论是否适当的问题，并否定了这个问题。因此，地区法院认为的没有合理的陪审团可以发现 Nellcor 故意侵权了 US6263222A、US6206830A 或 US6157850A 专利的判断是正确的。

最终，联邦巡回上诉法院的结论是，地区法院以彻底和合理的观点正确地推翻了陪审团的 Nellcor 故意侵权 US6263222A 和 US6157850A 专利的裁决，Nellcor 不构成故意侵权。

3.4.2.4　抗辩理由是否客观且合理

在进行故意侵权抗辩时，能否让法院相信自己的抗辩方式是客观且合理的，对于最终的判决结果会产生很大的影响。在 2019 年上诉审结的 Barry v. 美敦力案（230 F. Supp. 3d 630；914 F. 3d 1310）中，原告对被告提起了侵权诉讼，要求判决被告构成故意诱导侵权，被告美敦力在关于故意侵权的抗辩中，尝试让法院相信自己的抗辩方式是客观且合理的，然而最终并没有成功，该案的简要介绍如下。

【案例号】230 F. Supp. 3d 630；914 F. 3d 1310
【原告】Mark Barry
【被告】美敦力
【涉案专利】US7670358、US8361121
【案件概述】
原告 Mark Barry 博士是涉案专利的专利权人，专利所涉及的技术为"改善脊柱畸

❶ 383 F. 3d at 1345

形情况下对准椎骨的系统和方法",原告针对被告美敦力提起了专利侵权诉讼,声称被告对其构成故意诱导侵权。陪审团裁定被告故意诱导侵权成立,美敦力提请依法律判决的动议。法院批准了该动议。

法院通过审理认为,被告美敦力构成诱导侵权。要证明被告诱导侵权成立,专利权人必须以大量证据证明:①存在直接侵权基础;②被诉侵权者在知情的情况下诱导他人实施侵权,并具有鼓励他人侵权的特定意图。

关于侵权是否具有故意性,被告提出了以下几点抗辩理由:没有证据证明存在直接侵权、没有证据证明存在诱导行为,以及声称涉案专利无效。此外,被告还声称,即使被告致使他人对某项有效的专利构成了侵权,原告也不能证明被告是以主观故意的方式实施的该行为。

然而法院认为,有足够的证据支撑陪审团作出被告属于故意侵权的裁定。有明确的证据证明被告美敦力早在2010年3月即已经知晓原告的专利的存在。

被告声称,其有"极强的理由"使自己相信涉诉的专利是无效的。然而,从法律的角度来看,没有证据能够证明被告美敦力在得知涉案专利时相信该专利是无效的。例如,没有证据表明美敦力在2010年3月知晓该专利时,对该专利的有效性进行过任何调查。另外,美敦力的几位证人,在反复试图解释美敦力为什么在收到包含有关涉案专利的详细专利侵权预警的信息后选择忽略这一事件上的前后矛盾,导致证词的可信度降低。证据表明,美敦力公司的员工在本案的整个相关时期内可能一直都在保存原告的知识产权的相关文件,这些证据使得美敦力的抗辩理由没有说服力。

如果美敦力存在这样一份文件,其包含的信息表明美敦力真诚地相信原告的专利是无效的文件,那么这可能会争取到陪审团对于自己的抗辩理由的支持。然而,假设存在这样的证据,美敦力却没有将其提交给陪审团,这种行为以及疏漏显然不合常理,陪审团可以据此认为美敦力存在故意的不当行为。

因此,被告美敦力在本案中所提出的关于其侵权行为是非故意的抗辩理由没有任何证据的支撑,并且明显与事实相悖,其抗辩理由没有客观上的合理性,最终法院认定其故意诱导侵权成立。

而Pitt案(561 Fed. Appx. 934)则是成功抗辩的正面案例,被告Varian在上诉过程中通过证明抗辩的客观性合理性,成功地推翻了故意侵权的一审判决。该案简析如下。

【案例号】561 Fed. Appx. 934

【原告】University of Pittsburgh of the Commonwealth System of Higher Education(以下简称"Pitt")

【被告】Varian Medical Systems Inc.(以下简称"Varian")

【涉案专利】

本案涉及美国专利 US5727554，原告 Pitt 是 US5727554 专利（治疗/诊断过程中响应患者移动的装置）的专利权受让人。该专利的目的是通过在治疗过程中减少对健康组织的损伤，改善放射治疗效果。该发明通过将放射治疗束与患者的运动同步来减少对健康组织的损害。根据该发明，放射治疗束可以与患者的呼吸同步，例如，使得仅当在治疗范围内时对肿瘤进行照射。换句话说，辐射光束将与患者的呼吸同步地进行打开和关闭。

US5727554 专利大体上描述了使用天然或人造的"基准"来检测患者运动的方法。天然的基准可以是病人的皮肤上的疤痕或色素痣。人造的基准可以是附连到患者的皮肤上的在低光条件下的具有高反射性的表面结构。根据该专利的说明，使用至少一个基准是该发明实施的必要条件，而更优选地是使用多个基准。通过患者运动检测器跟踪这些基准，从而提供患者的运动信息，使得系统与这些运动进行同步。

本次审理过程中最相关的权利要求是第 20、第 22、第 38 项，其中独立权利要求 20 引用如下：

"20. 响应被定位在病人定位装置上的病人运动的设备，所述设备包括：

产生代表所述病人图像的数字图像信号的摄像装置；以及

处理装置，包括从所述数字图像信号确定所述病人的运动，包括与所述病人呼吸相关的运动的装置，和产生与所述病人呼吸相关的所述运动同步的选通信号从而促使所述射束产生装置与病人呼吸同步的选通装置。"

【涉诉产品】

Varian 制造和销售了用于放射治疗和诊断的设备和软件，具体为实时定位管理呼吸门控系统［Real – Time Position Management（RPM）Respiratory Gating System，以下简称"RPM 系统"］。Varian 的 RPM 系统是一种监测和跟踪病人在治疗期间的呼吸运动的视频系统，系统采用红外跟踪摄像头、红外环形照明器，以及用于测量病人的呼吸模式和运动范围的反光标记。患者的运动在工作站监视器上以波形进行显示。RPM 系统可以生成用于与患者的运动同步地切换辐射治疗束开启和关闭的控制信号。

RPM 系统包括在一个塑料底座上的多个反射标记形成的一个标记块，在放疗期间，该标记块被放置在位于摄像头成像范围内的患者身体上，随着患者的呼吸进行运动。RPM 系统跟踪标记块的移动，并以振幅形式显示该运动。在放疗期间，RPM 系统向线性加速器发送选通信号来基于病人的运动启动或停止辐射束。

RPM 系统被设计为与 Varian 的 Clinac 及 Trilogy 放射治疗设备联合使用。RPM 系统可以单独购买或者与 Clinac 或 Trilogy 设备组合购买。Clinac 加速器是用来提供对患者进行放射治疗的医用直线加速器。Trilogy 系统是一个产品套件，其中包括一个 Clinac iX 型直线加速器。Clinac 直线加速器包括多个部件，其中之一是一个光束发生器。Clinac 及 Trilogy 设备可以与 RPM 系统结合使用，也可以单独购买使用。2005 年和 2006

年，RPM 系统是与 Trilogy 设备捆绑销售的，其他时候仅仅作为一个选购件。

【案件概述】

原告 Pitt 主张被告 Varian 侵犯了其 US5727554 专利的多项权利要求。在对 US5727554 专利的多个术语进行解释后，地区法院进行了部分简易判决，审判结果如下：①Varian 的 RPM 系统侵犯了独立权利要求第 20 项以及从属权利要求第 21、第 25、第 26 以及第 36 项；②与 RPM 系统组合的 Clinac 或 Trilogy 设备侵犯了权利要求第 22 及第 38 项；③Varian 在客观上很可能构成对 US5727554 专利的侵犯时仍然实施了侵权行为。也就是说，满足关于故意性要求中的客观条件。

地区法院随后举行了三次审判，同一批陪审团主持了故意性侵权的审判、随后的损害赔偿审判及最终的有效性审判。在各阶段 Pitt 均获得了胜诉，陪审团决定 Pitt 应获得的赔偿金额达到约 3400 万美元。在地区法院对于判决后销售额、故意侵权和判决前利息进行计算后，判决 Pitt 获得的赔偿总额为 101 431 292 美元。地区法院还判决 Pitt 获得的律师费用为 9 200 000 美元。

被告对判决不服，并提起上诉。

【对是否故意侵权的审理焦点】

地区法院确定被告是否属于故意侵权是依据 Seagate 判例❶确立的两步调查法进行的。第一步，专利权人必须通过明确和令人信服的证据表明侵权人不顾客观上存在侵犯有效专利权的高可能性而仍然实施行为。第二步，在满足客观性门槛的标准之后，专利权人还必须表明这种客观存在的风险是已知的或者明显的，侵权人应当已经知晓。

在简易判决阶段，地区法院认为，Pitt 已经通过明确和令人信服的证据、根据法律证明被告达到了故意侵权的标准，具体地，地区法院认为 Varian 的不侵权抗辩和无效性抗辩均是客观上不合理的。

（1）被告观点

在上诉中，Varian 争论，其不侵权抗辩（主要是依据对权利要求第 20 项的解释的争议）和无效性抗辩（基于现有技术芬兰 Peltola 专利）的方式是客观合理的。

Varian 的专家 Dr. Martin J. Murphy（以下简称"Murphy 博士"）作证说，Pitt 关于 Peltola 专利的摄像头滤光器仅仅能够透过激光是对该专利单一的语句不正确的解读。根据 Murphy 博士的意见，摄像头滤光器能够允许某一特定波长的光通过，例如激光波长，然而由于激光波长位于可见光波长范围内，因此至少患者的模糊的图像自然也能够通过滤光器而显示在显示器上。并且，即使当显示器被配置为主要显示激光线时，相机也能够获取患者的模糊图像。Murphy 博士也解释道，尽管存在这样一种可能性，即采用一特定形式的滤光器放置在摄像头前能够防止患者的图像光穿过，然而这种较小的可能性并不足以证明 Varian 依据 Peltola 专利进行的专利无效性抗辩在客观上是没

---

❶ 497 F. 3d 1360, 1371

有根据的。

（2）原告观点

作为支持地区法院进行上述判决的一方，Pitt 主张，Murphy 博士承认了由于 Peltola 专利中解释了摄像头滤光器的工作使得显示器仅显示激光线，因此并没有公开权利要求第 20 项限定的"获取患者图像"的特征。

（3）联邦巡回上诉法院观点

对于依据权利要求第 20 项解释的不侵权抗辩，由于联邦巡回上诉法院已经驳回了 Varian 关于权利要求第 20 项的解释提出的异议，因此联邦巡回上诉法院认为没有必要确定地区法院针对 Varian 的不侵权抗辩方式是否是不合理的判决错误。

对于基于芬兰 Peltola 专利的无效性抗辩，联邦巡回上诉法院认为，地区法院审理过程中的证词表明，Varian 的无效性抗辩虽然没有成功，但也并不是客观上不合理的。在庭审时，双方当事人唯一的争论点在于 Peltola 专利中的摄像头是否真的"生成表示患者图像的数字图像信号"，在 Peltola 专利的权利要求第 20 项中，其公开了摄像头"具有一滤光器 8，其仅允许激光波长通过，使得连接至摄像头的显示器仅显示光线 5"。地区法院并没有明确解释为什么 Varian 依据 Peltola 专利进行的专利无效性抗辩在客观上是不合理的。基于调查的高真实性以及 Murphy 博士关于 Peltola 专利是否公开了权利要求第 20 项的限定的令人信服的观点，地区法院在未经解释的情况下作出的 Varian 的无效性抗辩方式在客观上不合理的判决是不恰当的。因此，联邦巡回上诉法院撤销了地区法院关于 Varian 故意侵犯 US5727554 专利的判决。

该案在地区法院审理时，由于地区法院认为，被告 Varian 的不侵权抗辩和无效性抗辩均是客观上不合理的，被告属于不顾客观上存在侵犯有效专利权的高可能性而仍然实施行为，被判处故意侵权成立。而被告在上诉时，通过证人证明原告对现有技术即 Peltola 专利的摄像头滤光器仅仅能够透过激光的解释过于狭窄，即 Peltola 专利的摄像头存在通过部分可见光的可能性，当显示器被配置为主要显示激光线时，相机也能够获取患者的模糊图像。因此被告对于专利无效的抗辩并不属于在客观上不合理的情况。从而，联邦巡回上诉法院撤销了地区法院关于 Varian 属于故意侵权的判决。被告专利无效抗辩虽然没有成功，但是成功地规避了被判处为故意侵权的结果，降低了自身的赔偿金额。

3.4.2.5　专利无效或不构成侵权

在已经被法院判定侵权、面临可能进一步被判故意侵权的情况下，翻盘的可能仍然存在。在 2014 年审结的 Tyco 案（936 F. Supp. 2d 30；774 F. 3d 968）中，一审时，在庭审前的简易判决中，地区法院即裁定被告 Ethicon 侵权，在随后的法庭审理中，地区法院仍然坚持侵权判决。Ethicon 构成侵权已成定局，一旦故意侵权再判成立，Ethicon

将接到数以亿计的罚单。然而，被告 Ethicon 意识到否定涉案专利的有效性是最佳的抗辩之策，便以此为突破，在地区法院的审理中，不仅使大部分的涉案权利要求宣告无效，同时，通过明确且令人信服的证据向法庭证明了己方一直保持着不侵权和相关专利权无效的真诚信念，从而否定了侵权的故意性。由于地区法院仍然判决部分权利要求有效并判处 Ethicon 支付为数不少的赔偿金，Ethicon 就此提出上诉。在联邦巡回上诉法院的审理过程中，Ethicon 继续使用专利无效抗辩策略，否定了全部涉案权利要求的有效性。即使当事人针对某项专利存在侵权甚至故意侵权的行为，然而若是涉案专利无效的话，任何赔偿便是无源之水、无本之木了。利用专利无效抗辩策略，Ethicon 在此次诉讼中获得了最终的胜利。该案具体审理过程如下。

【案例号】936 F. Supp. 2d 30；774 F. 3d 968

【原告】Tyco Healthcare Group LP、United States Surgical Corporation

【被告】Ethicon Endo – Surgery Inc.

【涉案专利】

本案涉及美国专利 US6468286、US6063050 以及 US6682544。上述三项涉案专利涉及超声外科手术设备，该设备在外科手术中利用超声能量切割和凝结血管。例如图 1 – 3 – 7 所示的 US6063050 的超声外科手术设备，其一端包括静止的和可移动的手柄，另一端包括带有在管结构内的管的轴，夹具和弯曲的刀片位于轴的远端，夹具通过双凸轮机构像钳子一样在刀片上打开和关闭。上述三项专利整体上相似，但 US6063050 专利披露了一种带有"弯曲"刀片表面的切割钳，而 US6468286 和 US6682544 专利公开了一种在远端方向上向下和向外弯曲的切割钳。

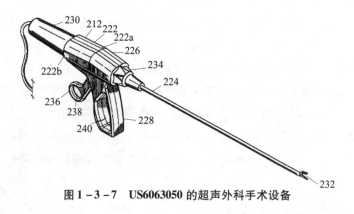

图 1 – 3 – 7　US6063050 的超声外科手术设备

【涉诉产品】

原告 Tyco 声称，被告 Ethicon 的 Harmonic Scalpel 产品、Harmonic ACE 产品、Harmonic WAVE 产品以及所有在腹腔镜和开放式手术过程中使用的超声切割和凝结手术设备，侵权了 US6063050 专利的权利要求 10～12、US6468286 专利的权利要求 8～14 以及 US6682544 专利的权利要求 1～3、6、8～13、16、18、23～25。

【现有技术】

为了否定涉案专利的有效性，被告 Ethicon 提出如下现有技术：①Ethicon 开发的超声外科手术设备的原型（以下简称"Ethicon 原型"）；②美国专利 US5322055；③EP0503662。

（1）US5322055 和 Ethicon 原型

1993 年，Ultracision 公司将一种与所要求保护的发明相似的超声外科手术设备进行了商业化，该设备包括一个轴，可穿过直径为 10 毫米的套管针。1994 年，Ultracision 获得了该发明的专利权，即 US5322055。如图 1 - 3 - 8 所示，US5322055 描述了笔直的和弯曲的刀片夹具，并进一步公开了使用弯曲的刀片的好处是"有利于以不便的接近角度处理组织"。随后，Ultracision 公司修改了专利设备的设计，使其可以通过直径为 5 毫米的套管针，因为较窄的套管针可通过最小化切口部位的尺寸来提高手术效率。

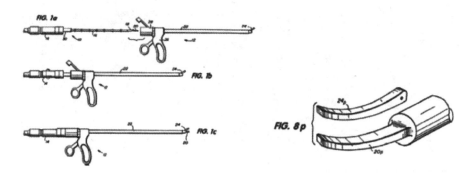

图 1 - 3 - 8　US5322055 的说明书附图

在 Ethicon 收购 Ultracision 之后，Ethicon 致力于完善修改后的设计以实现商业化。如图 1 - 3 - 9 所示，Ethicon 于 1996 年 11 月完成了该设计，即 Ethicon 原型。到 1996 年 12 月，Ethicon 原型采用单针和槽设计，可以成功地切割和凝结组织。随后，Ethicon 试图增加刀片尺寸以便该设备可以切割和密封较大的血管，并修改了夹具以使用两个针和两个插槽来容纳较大的刀片。从 1997 年 8 月到 12 月，随着刀片尺寸的增加以及针和槽的增加，Ethicon 原型成功地切割并密封了大型血管。

（2）EP0503662

于 1992 年申请的 EP0503662 公开了一种"在手术器械中用于颌骨结构的接近装置"，该装置采用一对凸轮构件和凸轮槽来打开和闭合钳口。在一个实施例中，如图 1 - 3 - 10 所示，EP0503662 记载了"连接到活动钳口结构的销钉在凸轮板上的平行对角线槽中滑动"，EP0503662 进一步公开了钳口结构可用于许多外科目的，包括"压板、抓紧器、解剖器、切割器、测量器、吻合器等"。

【案例概述】

2010 年 1 月 14 日，原告 Tyco 提起针对被告 Ethicon 的诉讼，指控 Ethicon 的超声切割和凝结手术设备侵权其 US6063050 专利的权利要求 1、5 和 9 ~ 12，US6468286 专利的权利要求 1、6 ~ 15 以及 US6682544 专利的权利要求 1 ~ 3、6、8 ~ 13、16、18 和 23 ~ 25。同时，Tyco 声称 Ethicon 无视其侵权通知以及法庭在简易判决中的侵权裁决，坚持实施侵权行为，属于故意侵权，并要求 3 倍赔偿。

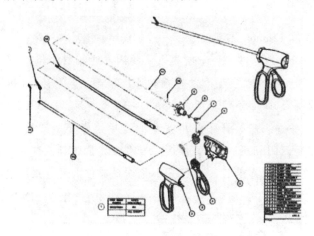

图 1 - 3 - 9   Ethicon 的原型设计图

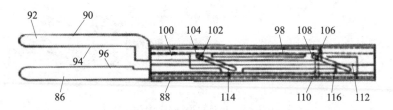

图 1 - 3 - 10   EP0503662 在手术器械中用于颌骨结构的接近装置

被告 Ethicon 在随后的答辩书中进行了不侵权抗辩和无效抗辩，声称 US6063050、US6468286 以及 US6682544 专利的权利要求因未遵守美国法典第 35 篇第 102、第 103 和第 112 条中规定的一项或多项可专利性条件而无效。

地区法院依次对侵权问题、无效问题以及赔偿问题进行了审理和判决。关于侵权问题，地区法院根据简易判决书裁定，Ethicon 的被控装置侵权某些主张的权利要求。不过，法院当时并未作出最终判决。在之后的庭审过程中，双方的争议焦点集中在被控装置是否包含凸轮机构。经过庭审，法院认为，原告已经通过大量证据证明被控装置中所包含的机构是凸轮机构。此外，被告未提供 US6063050 专利中有关"密封环"的权利要求 10 的不侵权证据，或 US6468286 专利中有关"耦合"和"转环"构件的权利要求 10 ~ 13 的不侵权证据，或 US6682544 专利的涉及弯曲刀片表面的权利要求 6 和 8 的不侵权证据。因此，地区法院最终认定被控 CS、LCS 和 ACE 产品包含 US6063050 专利的权利要求 10、11 和 12 的所有部件，US6468286 专利的权利要求 8 ~ 14 的所有部件，以及 US6682544 专利的权利要求 1 ~ 3、6、8、9 ~ 13、16、18 和 23 ~ 25 的所有部件，这些权利要求被侵权，并且 WAVE 18S 侵权 US6682544 专利的权利要求 1 ~ 3、9、

13、16 和 25。

　　关于无效问题，法院裁定，在 Tyco 的概念提出日期 1997 年 1 月之前，Ethicon 就构思出了该原型，并努力在其于 1997 年 10 月提交涵盖该原型的专利申请时进行了有力的简化以使其可实施，并且此后并未放弃、禁止或隐瞒。因此，法院得出结论认为，Ethicon 原型构成了第 102 条（g）款中的现有技术，根据第 102 条（g）款，Ethicon 原型使 26 项主张的权利要求可被预期。但是，法院仍然认为，在 Tyco 将其发明付诸实践之前，Ethicon 并未进行使其原型可实施的简化，在 Tyco 发明之时，该原型尚不为人所知，因此，该原型不能作为第 103 条中的现有技术。法院随后裁定，基于现有技术 US5322055 和 EP0503662，其余的权利要求，即弯曲刀片权利要求和双重凸轮权利要求（US6063050 专利的权利要求 11 和 12，US6468286 专利的权利要求 15，US6682544 专利的权利要求 3、6 和 8）将不是显而易见的。

　　由于地区法院裁定弯曲刀片权利要求和双重凸轮权利要求均有效，因此判决 Ethicon 赔偿 Tyco 合理使用费以及判决前利息共计 1.76 亿美元。关于故意侵权，法庭认为，证据表明 Ethicon 始终保持不侵权和涉案专利无效的真诚信念，Tyco 的故意侵权诉求不能满足 Seagate 案确立的客观标准，Ethicon 不构成故意侵权（详见下文中故意侵权的审理部分）。

　　随后，Ethicon 对地区法院的裁决提起上诉，涉及 US6063050、US6468286 以及 US6682544 专利的特定权利要求根据第 103 条不是显而易见的，而 Tyco 则对地区法院的裁决提出交叉上诉，涉及其余权利要求根据第 102 条（g）款是可被预期的。

　　联邦巡回上诉法院支持地区法院的如下裁决，根据第 102 条（g）款，所主张的权利要求中有 26 项无效。但是，联邦巡回上诉法院推翻了地区法院关于第 103 条的现有技术的判决，认为 Ethicon 原型构成第 103 条中的现有技术，基于此，弯曲刀片权利要求和双重凸轮权利要求根据第 103 条是显而易见的（详见下文中案例判决部分），因此取消 Tyco 的损害赔偿裁决。

【故意侵权的审理】

　　由 Seagate 判例确立的标准"专利权人必须通过明确且令人信服的证据证明故意侵权"，联邦巡回上诉法院要求原告提供表明"客观鲁莽"标准的证据，也就是说，原告必须证明"尽管客观上很可能构成对有效专利的侵权，但被告仍采取了行动"。如果满足了这一"客观标准"，原告还必须证明"该客观定义的风险（由侵权程序中产生的记录确定）或已为人们所知，或已为被控侵权者所知"。

　　关于"客观"，证据表明 Ethicon 于 1995 年收购了 Ultracision，并且自 1995 年起，Ethicon 一直在致力于开发一种 5 毫米超声外科手术设备，用于切割和凝结组织。自 2002 年 US6468286 专利授权以来，Ethicon 一直根据第 102 条（g）款和第 103 条主张其不侵权和无效抗辩。强生公司内部法律顾问 Verne Kreger 作证说，他很快注意到了 US6468286 专利授权，并建议强生公司研究与开发部负责人应征询外部法律顾问的意见以确定 US6468286 专利是否无效，或者 LCSC – 5 是否侵权。

Kreger 先生作证说，"他很快就可以解决所有与凸轮有关的权利要求……我真正要关注的是 US6063050 和 US6468286 专利的权利要求 1"。他进一步回忆说，"基于 Davison 专利和我所谈到的参考文献的组合，我们认定 US6063050 和 US6468286 专利的权利要求 1 是显而易见的"。他作证说，凭借自己对无效、Ethicon 设备不侵权以及对 US6063050 和 US6468286 专利的"初步"意见，Ethicon 启动了与 U. S. Surgical 公司的许可谈判。然后，直到 2004 年 1 月谈判结束为止，这时 Kreger "开始正式化并整理所有参考文献"，以表达他对显而易见性的观点。Kreger 先生承认，他从外部律师那里征求的无效意见不包括基于 Ethicon 原型进行第 102 条（g）款抗辩，但他"已为公司提供建议……我们有可能在 Ethicon 原型的基础上进行第 102 条（g）款的抗辩，……我对 U. S. Surgical 的最早优先日期有预期"。

外部律师提交了关于侵权和无效的意见，Kreger 先生将该意见汇编进日期为 2004 年 6 月 9 日的摘要文件。在此摘要中，引用了 1996 年 5 月 17 日的 Ultracision 原型图纸，并且标注了"Ethicon 的 EndoSurgery 至少可能影响那些标有'Y'的权利要求的有效性，因为 EndoSurgery 是要求保护主题的首次发明。表面上，EndoSurgery 基于 1996 年 5 月 17 日这一 Ultracision 图纸的日期有争论，该日期早于 U. S. Surgical 的最早存档日期 1998 年 10 月 4 日"。

Kreger 先生的总结表明，关于 US6468286 专利，Ethicon 已获得几乎所有权利要求的第 103 条无效意见（以 Davison 专利 US5322055 和 Robinson 专利 US5332412 为现有技术参考），以及不侵权权利要求 4、8 ~ 14、17 ~ 18 和 20 的外部意见。对于 US6682544 专利，外部法律顾问提供了针对所有权利要求的第 103 条意见（以 Davison 专利、Robinson 专利和 EP0503662 为现有技术参考），以及针对所有权利要求的不侵权意见。对于 US6063050，针对除权利要求 2 之外的所有权利要求具有第 103 条意见（以 Davison 专利，Robinson 专利，EP0640315、EP0503662 专利等为现有技术参考），以及不侵权除权利要求 5 ~ 6 和 8 ~ 10 之外的权利要求。

根据 Seagate 案的客观标准，"对侵权主张的合理辩护和可信的无效论点都表明，当事人的行为在客观上不构成对有效专利侵权的可能性很高"❶。

记录显示，长期以来，Ethicon 的工程师和内部法律顾问以及外部法律顾问一直保持其不侵权立场，尤其是对凸轮权利要求。如有关侵权的部分所述，关于凸轮权利要求的侵权问题是一个事实。尽管法院得出结论认为，原告已经证明被控设备极有可能侵权了凸轮权利要求，但根据审理记录，Tyco 并未以明确和令人信服的证据证明尽管其产品客观上很可能侵权涉案专利的凸轮权利要求，Ethicon 仍然采取行动。此外，如上文所述，Ethicon 的无效抗辩不仅仅是"可信"的程度。

---

❶ 260 Fed. Appx. 284，291.

没有证据表明被告只是简单地采取了任意、无原则的不侵权立场。显然，Tyco 和 Ethicon 都在同一时间表内进行各自的研究和开发。Ethicon 于 1995 年购买了 Ultracision，其特定目的是制造一种与 Davison LSC – 10 设备一样有效的超声波外科手术设备，但该设备可以装入 5 毫米的套管针，并在 1998 年之前继续开发其原型设备。确实，在 1995 年购买 Ultracision 时，Ethicon 可能已经获得了可信的第 102 条（g）款辩护，因为被告随后的几年测试和开发原型机的时间与 Tyco 提交专利申请的时间非常接近。Tyco 无法通过清晰而令人信服的证据来证明 Seagate 案的客观标准，因为为了改进 Ultracision 和 Ethicon 原型以及创建 LCS – K5 和 B5 设备，Ethicon 多年来持续进行的动物实验和开发工作证明了合理防卫，因此缺乏故意性。

关于显而易见性抗辩，尽管法院驳回了 Ethicon 的第 103 条立场，但基于 Davison 专利，被告的辩护是客观且合理的。确实，Davison 专利对所主张的专利有效性提出了可信的挑战，导致原告也无法通过明确而有说服力的故意侵权证据来满足自身的举证责任。因此，法院认为，Tyco 的故意侵权诉求并未满足 Seagate 案的客观要求。

【案例判决】

在地区法院的审理过程中，Ethicon 通过无效抗辩否定了 26 项涉案权利要求的有效性，同时，证明了侵权行为的非故意性。但是，地区法院并没有认可 Ethicon 的第 103 条无效抗辩，对此，Ethicon 提起上诉。

联邦巡回上诉法院认为，地区法院认为根据第 103 条的规定、Ethicon 原型不能视为现有技术的结论是错误的，并且错误地认为弯曲刀片权利要求和双重凸轮权利要求并不是显而易见的。

根据 Kimberly – Clark 案❶，Tyco 主张，Ethicon 原型不能作为第 102 条（g）款的现有技术使用，因为在 Tyco 的优先日期之前，Ethicon 没有进行用于实践的简化。Tyco 认为，没有事先进行用于实践的简化对问题具有影响力，但又指出，根据 In re Clemens 案❷，如果"在申请人创造发明时，发明对申请人和技术领域均不可知"，则第 102 条（g）款的现有技术不能成为第 103 条的现有技术，因为这样做会"建立根据隐藏的现有技术来衡量申请人贡献的可专利性标准"。

当出于可预期性分析的目的不要求 Ethicon 原型事先进行用于实践的简化，而出于显而易见性分析的目的要求事先进行简化时，地区法院就误入了歧途。第 102 条（g）款明文规定，只要发明人能够证明他（她）首次构想了发明，并且在随后努力对其进行可实践的简化，则无须事先对它进行简化。在此，地区法院已经裁定 Ethicon 原型满足第 102 条（g）款的规定。在 Kimberly – Clark 案中，法院认为通过事先进行用于实践的简化而确定的现有技术可以构成第 103 条的现有技术。但是，上述观点并不通过在先的构思以及随后的努力简化实践排除发明满足第 103 条的要求，在 Kimberly – Clark

---

❶ 745 F. 2d 1437.

❷ 622 F. 2d 1029, 1039 – 40.

案中根本没有讨论该问题。因此，联邦巡回上诉法院认为，第102条（g）款和第103条都不会将事先是否进行用于实践的简化作为判断第102条（g）款的现有技术能否构成第103条的现有技术的唯一途径。

此外，第102条（g）款和第103条的明文规定并不包含要求第102条（g）款的在先发明是"本领域已知的"，或者在专利权人发明时必须构成第103条的现有技术。如果在 In re Clemens 案中法院将此类要求插入到第102条（g）款中，则法院将在 E. I. du Pont 案❶的判决书中停止使用上述要求。法院意识到 In re Clemens 案中的担忧，即不应以"隐藏"的现有技术来衡量申请人的贡献，因为这可能对"专利法旨在激发的创新精神"造成不利影响。但是，正如法院在 E. I. du Pont 案中所认识的那样，第102条（g）款中关于在实践简化后不应当放弃、抑制或隐藏在先发明的要求，"在某种程度上减轻了第102条（g）款现有技术的'隐藏'属性"。

第102条（g）款中的这一特定要求充分鼓励了公开披露，这符合专利法的意图。此外，第103条的规定本身也为这一结论提供了进一步的支持。例如，当第102条（g）款的现有技术不能构成出于显而易见性分析目的的现有技术时，第103条（c）款创建了一个例外（尽管此处不适用），该例外的存在强烈表明法规本身考虑了第102条（g）款中的现有技术可能构成第103条中的现有技术。因此，如果不符合法定例外，则第102条（g）款的现有技术可以作为第103条的现有技术。鉴于已经确定 Ethicon 原型构成第102条（g）款的现有技术，根据第103条的规定，地区法院也应当将 Ethicon 原型视为显而易见性分析目的的现有技术。

基于此，根据第103条，弯曲刀片权利要求无效，因为根据 US5322055 专利，用弯曲的刀片代替 Ethicon 原型的直刀片对普通技术人员来说是显而易见的。同时，双重凸轮权利要求也无效，因为对于普通技术人员来说，用 EP0503662 专利的双重凸轮机构修改 Ethicon 原型的单一凸轮机构是显而易见的。

该案的涉诉双方实力相当，涉诉产品亦是高价值的外科手术设备，被控侵权方一旦被判故意侵权，成倍的赔偿金无疑将对企业造成重创。在已然被判侵权的情况下，被告并没有自乱阵脚，而是充分运用无效抗辩，利用自身研发的原型机和其他现有技术，同时否定了涉案权利要求的有效性和侵权行为的故意性，获得了最终的胜诉。

Tyco 案中，被告通过对涉案专利的成功无效逆转了最初可能被判决故意侵权的结果，而 Regents 案的审理中，被告同样处于可能被判决故意侵权的境地，且更加不利的是，法院认为被告的行为确实存在主观的故意性，然而被告成功地证明自己的行为并没有对涉案专利构成侵权，因此是否主观故意也就无从说起了。该案具体解析如下。

---

❶ 849 F. 2d 1430，1437.

【案例号】 530 F. Supp. 846

【原告】 The Regents of the University of California（以下简称"Regents"）、Wright Manufacturing Company（以下简称"Wright"）

【被告】 Howmedica Inc.（以下简称"Howmedica"）

【涉案专利】

本案涉及美国专利 US3869731（该专利下称"Waugh 专利"）。从 1975 年 3 月 11 日授权公布以来，原告 Regents 一直是该专利的专利权人，该专利涉及一种替换膝关节的铰接两件式假体。

【案件背景】

原告 Wright 公司是田纳西州的一家公司。通过 1973 年 8 月 3 日签订的书面协议，原告 Regents 授予 Wright 在美国境内制造、使用和销售 Waugh 专利中描述和权利要求要求保护的发明的独占许可，从那时起一直到现在 Wright 仍然具有该许可。

Wright 一直致力于制造和销售包括膝关节假体在内的整形外科设备，尤其是一直致力于制造编号 1301 和 1302 的膝关节假体，这两个假体体现了 Waugh 专利的发明方案。

UCI 是加州大学欧文分校（University of California at Irvine）的首字母缩写。Waugh 专利是由 UCI 的四名整形外科医生研发的。发明者是 Theodore Waugh、Richard Smith、Caesar Orofino 和 Sanford Anzel。UCI 是 Wright 在将基于 Waugh 专利发明而制造、广告和销售的膝关节假体（以下称为"UCI 膝关节"）首次引入市场时采用的商标。

被告 Howmedica 公司是特拉华州的一家公司，在新泽西州设有主要营业点。从 20 世纪 30 年代初到现在，该公司制造了各种膝关节假体。此后，这几名外科医生联系 Wright 进行研发的援助。Wright 在制作图纸和模型以及承担专利的申请工作时投入了时间和费用。Wright 承担这些任务是期望获得独占的专利许可，事实上该公司也已获得了独占许可。

Wright 与这几名外科医生合作，生产了用死亡的人体和机器测试过的膝关节假体原型。到 1971 年底，外科医生们已经准备好在活着的病人身上测试膝关节假体。

首次在活着的人体中植入 UCI 膝关节假体的时间是在 1972 年 1 月 12 日（本案的关键日期是 1972 年 2 月 14 日，这是 Waugh 专利申请提交日期前不超过一年的最后日期）。

在关键日期 1972 年 2 月 14 日之前，Wright 并没有出于任何目的出售 UCI 膝关节，仅为了实验目的而植入，即在关键日期之前 UCI 膝关节的所有用途都是实验性的和非商业性的，并且是由发明人进行的。

Howmedica 也对膝盖假肢产生了兴趣，并持续到现在，该公司决定生产一种版本的 UCI 膝关节，因为该公司认为 UCI 膝关节的设计用于在保留十字韧带的同时提供屈曲和伸展，因此认为其能够被市场接受。

Waugh 博士对 Wright 失去了兴趣，他觉得如果膝关节能够有任何进一步的研发工作，他很乐意与 Howmedica 而不是 Wright 一起进行。Waugh 博士在他的办公室向 Howmedica 展示了目前的 UCI 膝关节，并对目前的 UCI 膝关节表示不满意。Waugh 博士与 Howmedica 讨论了对 UCI 膝关节作出的变化，包括尺寸的变化。Howmedica 试图通过与 Waugh 博士的合作改进 UCI 膝关节，而 Waugh 博士也希望能够制作出一种比他自己发明的 UCI 膝关节更好的膝关节。Waugh 博士在 1976 年发表了一篇文章，他在该文章中指出，UCI 膝关节需要再次手术的失败率在 10% 到 20% 不等。

双方关于膝关节进行了信件、会议讨论等沟通。这些讨论涉及对膝关节的结构变化，以改善固定和防止翘曲，并包括膝关节的新尺寸。1973 年，Howmedica 在 Waugh 博士的指导下继续在 Howmedica 工厂进行膝关节的研发。Howmedica 获得了一个 Wright 制造 UCI 膝关节，其员工对其进行了包括尺寸在内的彻底分析。经过 Howmedica 以及作为 Howmedica 顾问的骨科协会的几位成员的评估，Howmedica 于 1973 年研发出了修改设计后的 6439 号膝关节以与 Wright 设计的膝关节进行竞争。Howmedica 花了超过 75 个工时来开发 6439 膝关节假体的工程设计，耗费了超过 200 个小时开发必要的工具来制造在同期工程报告中确定的假体。

在开发自己的假体设备时，Howmedica 寻求与 Wright 谈判许可协议。在与 Waugh 博士会面之前，Howmedica 并不知晓专利申请的存在以及与 Waugh 博士与 Wright 的许可协议。在会面期间，Howmedica 意识到了这些问题。针对这一信息，Howmedica 决定同时进行寻求许可协议和产品开发。Howmedica 没有对 Waugh 博士作出任何虚假陈述或影响他研发他不想研发的产品。

事实上，Howmedica 确实尝试过从 Wright 那寻求许可，但未能与之达成协议。1973 年 10 月，Howmedica 的 Keller 先生和 Bennett 先生访问了孟菲斯市的 Rylee 先生讨论了此事。Rylee 先生提出的条件是，除非许可协议能够保护 Wright 的研发投资和预期形成专利垄断，以足以保证 Wright 在该市场的销售，Wright 才同意签订协议。本质上来讲，如果再许可意味着该公司的销售人员需要与比 Howmedica 更强大的营销组织进行竞争，Rylee 先生并不愿意进行再许可。

Howmedica 则通过 Keller 先生告诉 Rylee 先生，Howmedica 将以 UCI 膝关节的仿制物进入市场。如果 UCI 膝关节的专利被授权公布，Wright 将被迫提起诉讼，而一旦 Wright 提起诉讼，Howmedica 会将案件在审理阶段维持数年，这时间足以让 Howmedica 通过继续出售其 UCI 膝盖的仿制物来保护其市场地位，直到下一代膝关节假体出现为止。Keller 先生告诉 Rylee 先生，他认为 Wright 没有足够的财力来维持这场法律斗争。

Howmedica 随后制造和出售了膝关节假体，即 6439 膝关节，最初称为 Howmedica Vittalium Irvine 全膝关节假体，与 Wright UCI 膝关节基本类似，Howmedica 于 1974 年 1 月首次在得克萨斯州达拉斯市召开的美国骨科外科医生学会的年会上展示了其 Howmedica Vitallium Irvine 全膝关节假体。Howmedica 在其促销文案中使用了"Irvine"

一词。Wright 之前曾以 UCI 为商标推销其 UCI 膝关节，该商标代表加州大学欧文（Irvine）分校。

Wright 在美国得克萨斯州北区法院提起了诉讼，并获得了一项临时限制令，禁止 Howmedica 使用 "Irvine" 一词进一步传播促销文案。

Howmedica 还仿制了四种用于植入膝盖的器械，这些器械由 Wright 的 Rylee 先生设计并获得了专利。事实上，在推广其器械时，Howmedica 直接展示了 Wright 实际制造的器械照片。

Howmedica 还复制了膝关节股骨组件中央固定鳍的孔。Wright 随后在 UCI 膝关节中移除了这些孔，因为 Wright 认为这些孔不是必要的，之后 Howmedica 也从 6439 膝关节中移除了这些孔。

Rylee 先生在上述在得克萨斯州达拉斯市召开的会议上与 Keller 先生谈过，并提醒他关于 Waugh 专利申请的未决期限。Keller 先生再次表示，Howmedica 打算销售其膝关节假体，无论有没有专利许可。

当 Wright 在达拉斯的会议召开期间起诉 Howmedica 时，Wright 肯定地告知了 Waugh 专利申请的存在。

Howmedica 在被禁止使用 "Irvine" 一词推广和销售其全膝关节假体后，将其全膝关节假体的名称限制为 Howmedica 6439 全膝关节假体。Howmedica 获得了仅针对该器械的许可，并且各方特别保留了强制执行随后公布的专利权的权利。

本诉讼所涉及的专利，Waugh 专利，于 1975 年 3 月 11 日授权公布。1975 年 5 月 13 日，Howmedica 开始意识到 Waugh 专利的公布。

在知晓 Waugh 专利公布和 Wright 于 1975 年 5 月要求停止侵权之后，Howmedica 仍然继续生产和销售 Howmedica 6439 全膝关节，直到 1980 年 1 月。6439 膝关节从 1980 年 1 月的 Howmedica 目录中删除，其 1979 年的销售量不足 100 件。

【案例判决】

通过上述分析，本案中法院已经认定被诉的 Howmedica 6439 全膝关节假体是故意基本上仿制 Wright 的 UCI 膝关节设计的，因此一旦侵权成立，其自然构成故意侵权。此时被告采取的抗辩策略为，将争议重点落在了被诉产品与专利权利要求限定的并不一致，其并没有构成侵权。

通过检查和比较各个膝关节假体的工程图纸和生产图纸，检查和比较各个膝关节假体，以及作为证人在本案中作证的工程师的证词，两者之间具有以下差异：

（1）6439 全膝关节假体只使用了两个半径，并且其中不存在不断减小半径的连续变化曲线，即 6439 全膝关节假体没有无限数量的曲线。

（2）上部铰接表面中没有沿着部件的 C 形平面的 C 形槽。

（3）上部托盘表面上的两个凹形轨道，这两个凹形轨道都不是 C 形的，也没有均匀的横截面形状，并且在整个长度上具有浅的深度。

（4）6439 膝盖在每个横截面中都没有形成恒定横截面圆的一部分的曲线。

Waugh 专利已经被确定为是有效的，法院接下来审议了原告关于被告通过制造 6439 膝关节假体非法侵犯 Waugh 专利权的主张。通过优势证据证明侵权的责任在于原告。侵权标准不是该专利描述的实施例是否被侵犯，而是该专利的权利要求是否被侵犯。本案中，Wright 指控 Howmedica 侵犯了其专利的权利要求 1、2 和 3。

原告首先主张 Howmedica 的膝关节假体字面上落入了 Waugh 专利的权利要求的范围。要确立侵权行为，专利权利要求中的每个要素都必须包含在被诉产品中。

然而，文档记录和证词证据没有证明 Howmedica 膝关节具有专利权利要求中所述的所有必要要素。其股骨假体的髁部不包含"不断减小半径的连续变化曲线"，Howmedica 胫骨部件也没有"在其上表面上的呈 C 形面的凹槽"。两个铰接面都不是"均匀的横截面形状"也不是"在整个长度上具有浅的深度"。由于 Waugh 专利的这些限定没有包含在涉嫌侵权的 Howmedica 膝关节中，因此被告并没有对该专利的权利要求构成字面侵权。

原告还认为，即使被诉产品没有构成字面侵权，其也会构成等同侵权。

等同原则保护专利权人避免受到那些仅在名称、形式或形状上与专利发明不同的装置的侵权。因此，与专利权利要求的字面范围的微小偏差将不能躲避专利保护的范围。

但是，在某些情况下，等同原则需要被进行限制。例如，专利申请时的审查历史表明，专利权人已经放弃了部分主张，或者为了回应专利局的反对而修改、缩小或以其他方式限制了他的主张。如果申请人同意专利局的要求以获得专利权，则此类同意作为部分放弃声明，并且申请人此后将受其约束。因此，审查历史禁反言原则排除了专利持有人后来重新获得 PTO 放弃的范围以确保申请获得批准。

被告 Howmedica 主张，通过审查历史禁反言原则能够证明其没有对 Waugh 专利构成侵权。在审查相关证据后，法院认定原告确实向 PTO 提出了某些陈述，现在原告应当受到这些陈述的约束。这些陈述实际上限制了专利的范围，并且由于这些限制，法院认定被告的膝关节假体不属于侵权设备。

为了获得各个权利要求的授权，发明人在权利要求的要素中限定了某些技术特征。例如，发明人在关于股骨部件的权利要求中增加了髁的形状可以被定义为"从组件的前部到后部不断减小半径的连续变化曲线"。另外，胫骨部件的可获得专利权依赖于其包含的"其上表面的 C 形曲线"和"连续弯曲的横截面形状"，以便将该装置与现有技术区分开。这些在申请基于现有技术被驳回后而提出的关键主张，使得原告的专利的权利要求的保护范围被限定至不足以认为被诉产品能够基于字面或等同原则发现侵权行为。

因此，即使被诉侵权的产品与原告的专利的权利要求等同，法院也不能认定其构成侵权。对于原告提出要求律师费的赔偿，该条款规定"在特殊情况下"适用此判决。

原告提出该申请是基于指控被告的侵权是故意的。然而，虽然被告的行为是故意的，但由于发现其不构成侵权，因此行为是否故意本身变得无关紧要。因此，由于应当谨慎判赔律师费，并且因为该案件不属于美国法典第 35 篇第 285 条意义上的"特殊情况"，法院认定原告无权获得诉讼费或律师费的赔偿。

该案中专利发明人与原告和被告的关系错综复杂，通过被案件背景的审理，法院事实上已经支持了被告的行为确实存在恶意，被诉的 Howmedica 6439 全膝关节假体是故意仿制 Wright 的 UCI 膝关节设计的，因此一旦侵权成立，其自然构成故意侵权。而此时被告选择了正确的抗辩策略，意识到专利诉讼的关键还是是否构成侵权，对原告的专利进行深入的研究，基于审查历史禁反言原则判决其产品不能够被基于等同原则而判决侵犯原告的专利权，获得了最终的胜诉。

从本质上来说，专利诉讼的实质依然是利益，是否故意侵权为的还是最终的赔偿金。上述案例均告诉我们，在无力回天的情况下，应当尽量避免故意侵权。抗辩的方式多种多样，不幸涉诉的一方可以根据实际的情况来进行针对性的抗辩。实在无法规避故意侵权的情况下，对于不合理的赔偿要求还是应当据理力争，以求准确计算合理的侵权赔偿金额。例如 Pitt 案中，陪审团判决将在 2002 年 6 月 16 日至 2011 年 3 月 31 日之间销售的与 RPM 系统组合的 Clinac 及 Trilogy 设备的销售额的 1.5% 作为合理的专利使用费。但联邦巡回上诉法院认为必须排除掉在再审的专利证书颁发之前销售的与 RPM 系统组合的 Clinac 及 Trilogy 设备的销售额。此外，被告销售的产品涉及单独的 RPM 系统以及与 RPM 系统捆绑销售的 Clinac 和 Trilogy 设备，法院认为对于这两类设备的损害赔偿应区分对待。由于侵权专利对于 Clinac 和 Trilogy 设备中除了 RPM 系统以外的其他部分并没有作出贡献，因此其赔偿的专利技术使用费率应少于单独的 RPM 系统。最终法院判决被告赔偿 RPM 系统的销售额的 10.5% 以及和 RPM 系统捆绑销售的 Clinac 或 Trilogy 设备的销售额的 1.5% 作为技术使用费。因此，从降低损害赔偿额度方面下功夫同样能够降低诉讼影响。

3.5 Bolar 例外

3.5.1 Bolar 例外的由来

医疗器械在使用时将直接或间接作用于人体，这一特殊性对医疗器械的安全性、有效性等提出了特别高的要求。在美国，出于对以上问题的考虑，所有医疗器械在上市前均需要接受 FDA 的严格监管。这种监管催生出了医疗器械领域侵权诉讼案件中的一种特殊的抗辩方式——Bolar 例外。

具体来说，根据风险等级的差异和所需要管理程度的不同，FDA 将医疗器械分为三类（Ⅰ、Ⅱ、Ⅲ）进行上市前管理，其中Ⅲ类风险等级最高，FDA 审批时间最长（一般需要至少 240 天）。同时，除了在提交 FDA 审查后由于审批所需的时间外，国会确定部分医疗器械的"监管审查期限"还包括自在提交审批前、对涉及该器械的人进行的临床试验开始的日期起，直至该器械的申请被提交的日期止的期限（美国法典第 26 篇第 360e 条）。其中 10%～15% 的Ⅱ类医疗器械在申请上市前许可（510K）及全部Ⅲ类医疗器械在申请上市前许可（PMA）时，都必须提交上述临床试验资料，经过审批许可后，才能够进入美国市场。

然而，过长的审批时间是一把双刃剑，会带来一系列的问题：

一方面，美国专利法认定的专利保护期限是自专利授权之日起的 17 年保护期限或者自专利申请之日起的 20 年保护期限中较长的期限（适用于 1995 年 6 月 8 日之前申请、之后授权的案件）；或者是自专利申请日起的 20 年保护期限（适用于 1995 年 6 月 8 日之后申请的案件）。然而，由于专利权的独占性，医疗器械企业通常在相关技术基本成熟后立即申请专利以占得先机，随后仍需花费数年时间以尝试进行器械的实验及生产；同时，在进入市场前、为获取 FDA 最终批准也需耗费相当长的时间，而这些时间会占据相当长一部分专利保护期限。在专利相关的医疗器械进入市场开始盈利时，其专利保护期限可能不到十年，甚至仅剩数年，这种专利保护期限实质上的缩短无疑损害了专利权方的利益。

另一方面，根据美国专利法规定，在专利保护期限内，未经专利权人同意，除特殊情形外，制造、使用、销售、许诺销售或进口受专利保护的发明，均属于侵权行为。非许可的医疗器械厂商只有在专利保护期限到期后才能使用专利技术研发、制造产品来参与市场竞争。然而，专利保护期限到期后，其他厂商在上市前同样需要获得 FDA 的监管许可，并同样需要相当长的审批时间。在这段时期内，虽然专利保护期限已经截止，但是专利权方依旧享有市场上的"垄断"地位，导致专利保护期限的实质上的变相延长，上述专利保护期限的变相延长明显损害了其他厂商和公众的利益。

因此，需要在专利权人和其他公众之间寻求利益平衡。

同样的矛盾首先在药品领域受到关注，药品在上市前所需要经过的 FDA 监管程序甚至更为严格，因而最早是在药品领域期望寻求突破，以解决这一矛盾。1983 年，该领域的"Bolar 案"为解决这种利益间的平衡关系提供了突破口。具体地，1983 年的 Roche 公司诉 Bolar 公司案中，Roche 公司拥有安眠药盐酸氟西泮的专利权，Bolar 公司是一家仿制药制造商，为了能够尽早上市安眠药盐酸氟西泮的仿制品，Bolar 公司在该产品专利期届满前（1984 年 1 月 17 日），从国外进口 5kg 盐酸氟西泮，并进行制剂学、稳定性和生物等效性等向美国 FDA 申请上市前许可所需的研究，进而被 Roche 公司起诉侵犯专利权。❶ 该起诉讼案中，地区法院支持 Bolar 公司，认为其行为属于联邦法律

---

❶ Roche Products Inc. v. Bolar Pharmaceutical Co. Inc. （T33 F. 2d 858）.

规定的实验例外情况，但是联邦巡回上诉法院认为 Bolar 公司的行为带有商业目的，不能适用于实验例外，Bolar 公司最终被判侵权。Bolar 公司的败诉引发了美国仿制药制造商的强烈不满，他们积极向国会施压，以求通过修改法律的方式解决上述利益集团间的矛盾。

出于平衡利益双方的考虑，1984 年，众议员 Hatch 和参议员 Waxman 联合提出的《药品价格竞争与专利期补偿法的 1984 年修正法》（又称《韦克斯曼法案》，*Hatch - Waxman Act*）获得了国会的通过。该法案针对专利药品在审批过程中所损失的时间进行了延长，同时还提出促进仿制药的研发上市的 202 条款，该 202 条款也被编入美国法典第 35 篇第 271 条（e）款第（1）项，其中规定："仅仅与为了满足规范药品的制造、使用或销售的联邦法律的规定而研发和提供信息合理相关的制造、使用或者销售专利发明（除了新的动物药品或者兽医生物产品（如《联邦食品、药品和化妆品法》和 1913 年 3 月 4 日法中所使用的术语））不构成侵权行为"。第 271 条（e）款第（1）项的中英文对照如表 1 - 3 - 4 所示。

表 1 - 3 - 4　第 271 条（e）款第（1）项的中英文对照

35 U. S. C.　§ 271（e）（1）	美国法典第 35 篇第 271 条（e）款第（1）项
It shall not be an act of infringement to make, use, or sell a patented invention (other than a new animal drug or veterinary biological product (as those terms are used in the Federal Food, Drug, and Cosmetic Act and the Act of March 4, 1913)) solely for uses reasonably related to the development and submission of information under a Federal law which regulates the manufacture, use, or sale of drugs.	仅仅与为了满足规范药品的制造、使用或销售的联邦法律的规定而研发和提供信息合理相关的制造、使用或者销售专利发明（除了新的动物药品或者兽医生物产品（如《联邦食品、药品和化妆品法》和 1913 年 3 月 4 日法中所使用的术语））不构成侵权行为。

根据第 271 条（e）款第（1）项的规定，Bolar 公司的行为将不侵犯专利权，属于专利侵权的例外情况，也就是说，在专利期内进行临床试验等药品注册审批要求的试验研究，不构成侵权。由于第 271 条（e）款第（1）项的建立源自上述 Bolar 案，因此其又被称为"Bolar 例外"。❶

可见，Bolar 例外制度的产生为解决上述利益集团间的矛盾开辟了新思路。药品领域的侵权诉讼案促进了 Bolar 例外的产生，Bolar 例外在产生之初也仅用于药品领域的侵权诉讼。那么，对于同样存在上述矛盾的医疗器械领域，Bolar 例外是否仍然能够适用呢？

---

❶ 韦贵红. 药品专利保护与公共健康 [M]. 北京：知识产权出版社，2013.

3.5.2 Bolar 例外在医疗器械领域的发展

3.5.2.1 Bolar 例外首次适用于医疗器械（礼来案——110 S. Ct. 2683）

1990 年，在礼来公司（Eli Lilly and Co.）诉美敦力的专利侵权案中，对 Bolar 例外是否适用于医疗器械领域进行了详细解读。在该案中，礼来公司是心室除颤器设备的专利权人。为了获得 FDA 的上市前许可，尽可能早地抢占心室除颤器的商业市场，美敦力在礼来公司的专利有效期内就着手开始了对该设备的试验活动，礼来公司据此对美敦力提起了专利侵权诉讼。地区法院支持礼来公司，认为 Bolar 例外只适用于药品领域。而联邦巡回上诉法院则推翻了地区法院的判决，最终联邦最高法院维持巡回法院的判决，从第 271 条（e）款第（1）项的法律措辞、立法目的等方面分析了 Bolar 例外是否应该被扩展适用到医疗器械领域，并且最终得到了肯定的答案，这也是美国联邦最高法院首次明确将 Bolar 例外的适用范围扩大到医疗器械领域。该案具体简析如下。

【案例号】110 S. Ct. 2683

【原告】礼来公司

【被告】美敦力

【涉案专利】

本案涉及美国专利 USRE27757E 和 US3942536B1。上述专利涉及对不正常工作的心脏进行自动除颤的装置和方法（如图 1 - 3 - 11 所示），其能够连续监测心脏的功能，并且在心脏功能异常时对异常心脏施加一足够电压的电击，如果在给定的时间间隔后，心脏仍然没有能够恢复正常功能，则再次施加电击，通过上述自动除颤的手段来维持心脏的正常活动。

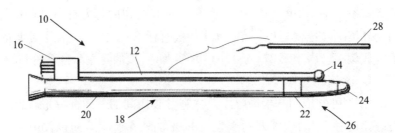

图 1 - 3 - 11 US3942536 中对不正常工作的心脏进行自动除颤的装置

【案情概述】

为禁止应诉人美敦力测试和销售相关医疗器械，上诉人礼来公司依据其所拥有的两项专利向美敦力公司提起侵权诉讼。

美敦力的主要观点是：根据美国法典第 35 篇第 271 条（e）款第（1）项的规定，为了获得由《联邦食品、药品和化妆品法》（FDCA）规定的设备的上市前许可而研发并向政府提供必要信息，可以作为不侵权的例外，因此，美敦力认为己方可以豁免侵权责任。

地区法院认为：上述第271条（e）款第（1）项仅适用于药品，而不适用于医疗器械，并且在陪审团审理后，颁发了支持礼来公司的判决，判定美敦力侵权。

然而此案到此并没有结束，美敦力在接到不利于己方的地区法院判决之后，随即提起了上诉。联邦巡回上诉法院推翻了地区法院的判决，认为如果美敦力的行为是为了获取FDCA规定的监管许可，则基于第271条（e）款第（1）项的规定不构成侵权，并且发回地区法院重审。

由于此案是Bolar例外是否适用于医疗器械的首个判例，必将产生深远的影响，该案受到了联邦最高法院的关注，其诉讼公文向联邦最高法院的移送命令最终被其接受。

【联邦最高法院观点】

经过审理，联邦最高法院给出了如下总体结论："确立第271条（e）款第（1）项的1984年法❶的法律框架支持美敦力的解释，"也就是说，联邦最高法院最终支持美敦力，判决美敦力并不构成侵权行为。

具体来说，1984年法是被设计用来弥补17年标准专利期的两种不期望的缺陷，这些缺陷是特定产品获得市场监管许可的需求引起的：①专利权人作为实施主体在专利保护期的早期为了取得许可而不能获得任何经济收益；②因为竞争者必须要等到专利期满才能提请监管程序，所以专利保护期会被实际延长到竞争的发明获得许可为止。1984年法的第202条通过增补第271条（e）款第（1）项来解决后一个缺陷，而该法的第201条通过增补美国法典第35篇第156条来解决前一个缺陷，第156条为要接收监管许可程序的发明设置了一个延长的专利保护期。

礼来公司的观点实质上是允许医疗器械或其他FDCA规定的非药产品的专利权人获得第201条规定的专利保护期延长的好处，而不必承担第202条规定的不侵权的不利条件，这显然是不合理的。

另外，第271条（e）款第（2）项和第271条（e）款第（4）项虽然仅仅针对关于药品的特定类型的专利侵权设置和提供法律救济，但这并非暗示第271条（e）款第（1）项就只能适用于药品。

最终，联邦最高法院判决被控侵权人利用专利发明产生并提供信息以用于获取FDCA所规定的医疗器械的上市前许可并不构成侵权。

【法条释义】 联邦最高法院及诉讼双方对于第271条（e）款第（1）项的解释

1）从法律措辞方面解释

联邦最高法院解释第271条（e）款第（1）项的主要立脚点是：该条款中的措辞

---

❶ 在1984年，美国国会制定了《药品价格竞争和专利保护期的1984年修正法》，简称"1984年法"。

"专利发明"应该被定义成包括所有发明,而不只是与药品相关的发明。

本案辩论的焦点是:礼来公司将法律措辞"用于规范药品制造、使用或销售的联邦法律"中的"联邦法律"一词解释为仅指那些规范药品的联邦法律的单独法条,而应诉人美敦力将其解释为是指任何一部完整的法律,这当然也包括 FDCA,而该法律中至少部分条款涉及规范药品。如果礼来公司是正确的,第271条(e)款第(1)项将仅覆盖被 FDCA 的例如第505条(即修订后的美国法典第21篇第355条)管理上市前许可的新药,那么,美敦力在管理医疗器械的上市前许可的美国法典第21篇第360条(e)款的规定下提交信息的行为将不属于不侵权的用途。

单从字面上来说,就"联邦法律"一词,美敦力的解释似乎更为可取。"联邦法律"可以用来指代一个单独的法律章节——比如,《行政程序法》中的司法审查条款(美国法典第5篇第706条)是"联邦法律"。然而,该措辞也可以用于指代一部完整的法律——比如宪法规定"每一项经过参众两院审核通过的法案在成为一部法律前,都应当提交给美国总统"(美国宪法第1章第7条第2行);再比如美国法典规定:"无论何时一部法案……要成为一部法律或者生效,该法案都必须立刻报送给美国总统的档案保管员"(美国法典第1篇第106a条)。并且,后一种用法可能更为常见。

第271条(e)款第(1)项记载的是"关于药品制造、使用或销售的联邦法律",认为其指代的是个别条款是合理的,但是措辞"规范药品制造、使用或销售的联邦法律"更适于被理解为指代整部法律。在第271条(e)款第(1)项中,紧接在词语"联邦法律"之前的部分"基于联邦法律的规定研发和提供信息"也同样更适于指代整部法律,如果要指代单独的章节而不是整部法律,那么上述之前的部分更适合写成"依照联邦法律的规定研发和提供信息",或者也可以写成"按照联邦法律的规定"。最后,或许也是最有说服力的一点,1984年法的第202条[也就是确立第271条(e)款第(1)项的法条]使用了"法律"这个词汇的广义内涵,理由如下:在1984年法的章节中,当其要指代专门的法律条文而不是整部法律时,会采用如下的表达方式"基于法律条文规定的首次许可的产品的商业销售或者使用"美国法典第35篇第156条(a)款第(5)项(A)目。

从商业利益影响的角度来看,这个条款存在两个方面的争议。第一方面,该条款最核心的争议不是存在于药品许可的申请和装置许可的申请之间,而是存在于有关药品的专利和有关装置的专利之间。如果仅仅包含前一种专利,那么会有无穷多更清晰和更简单的表达方法,以至于不能使人相信上诉人礼来公司所提出的复杂解释是可被选用的。比如说,该条款可以被解读为"仅仅与为了满足约束制造、使用或销售的联邦法律的需求而研发和提供信息合理相关的制造、使用或者销售专利药品发明不构成侵权行为"。即使是这样,上诉人所争辩"专利药品"或"药品发明"(或者大概为"专利药品发明")仍然会"潜在地不清楚",因为不清楚其所覆盖的仅仅是药品产品的专利，还是药品组分的专利，抑或是药品用途的专利。然而，考虑到这一点，将构成语句对象的措辞扩展为"关于药物产品，药物组分或药物用途的专利发明"，会比通过仅仅限定规定向 FDCA 提供信息的法律的方式更加清晰和自然。

第二方面，必须承认，当条款被解读为应诉人所提出的说法时，有点难以理解为什么任何人都想这么去解读它。为什么不侵权的标准是整部法律，而不是如争论中的、规范药品的专用法条？第一种回答是，这是一种国会所认识到的相关条款的简写方式，而上述相关条款恰巧都被包括在规范药品的法律之中。但是，要承认的是，所有的相关条款不外乎存在于两部法律中 [FDCA 和《公共健康服务法》(PHSA)]，所以这样的简写也并不是很节省时间。唯一的解释是，国会预见到应当囊括未来将会出现的监管－申报要求，这些要求并未包含在目前的 FDCA 或 PHSA 中，但必然会（或可能会）被包含在将来出现的其他规范药品的法律中。

因此，就目前的文本而言，联邦最高法院主张将条款更合理地解读为联邦巡回上诉法院所决定的那样，即，"规范药品制造、使用或销售的联邦法律"更适于被理解为指代整部用于规范的法律。

2）从立法目的方面解释

按照联邦法律的规定，一项专利"授予专利权人、他的继承人或者受让人的期限为 17 年，……这项权利可以禁止他人在美国境内制造、使用或销售该发明"（美国法典第 35 篇第 154 条）。排他的情况另有规定："任何人在专利保护期内未经许可在美国境内制造、使用或销售任何专利发明，都构成专利侵权" [第 271 条 (a) 款]。

双方当事人同意，1984 年法被设计出来用于应对 17 年标准专利期的两种不期望的缺陷，这些缺陷是由特定的产品必须获得市场监管许可而引起的。

第一种缺陷是，与特定产品有关的专利权人作为实施主体在专利保护期的早期不能获得任何经济收益。当一个发明人的内心产生一个潜在有用的发现时，他通常会通过立即申请专利的方式保护该发现。因此，如果与该发现有关的产品因为需要实体检验和监管许可而不能够市场化时，即使他不能够从其发明中获得任何利益，他的专利保护期的"时钟"也会不停转动。

第二种缺陷发生在专利保护期的另外一端。在 1984 年，联邦巡回上诉法院判决在专利保护期内制造、使用或销售一个专利发明构成侵权行为，参见第 271 条 (a) 款，即使其目的仅在于为获取监管许可而进行试验和研发必要信息。由于那些打算和专利权人竞争的对手必须要等到专利期满才能开始行动，专利权人的垄断期会被事实上延长到竞争者获得监管许可为止。换句话说，美国专利法和上市监管许可需求的共同作用把专利保护期有效延长了。

1984 年法试图消除专利保护期两端存在的缺陷。针对第一种缺陷，该法的第 201 条为特定产品的专利建立了一个专利保护延长期，专利保护延长期对于为了满足上市许可所导致的专利期损失进行了补偿。符合条件的产品描述如下：①术语"产品"的意思为：a. 人类的药物产品；b. FDCA 监管的任何医疗器械、食品添加剂，或者色素添加剂。②术语"人类的药物产品"的意思是新药、抗生素药物，或者人类生物制品（正如 FDCA 和 PHSA 中所使用的术语）的活性组分，包括活性组分的任何盐或酯，如一个单体或者与其他活性组分相结合［美国法典第 35 篇第 156 条（f）款］。

针对第二种缺陷，通过该法的第 202 条进行解决。该第 202 条被增补到禁止专利侵权的条款中，即美国法典第 35 篇第 271 条，其中，本案目前有争议的部分是"仅仅与为了满足规范药品的制造、使用或销售的联邦法律的规定而研发和提供信息合理相关的制造、使用或者销售专利发明不构成侵权行为"［第 271 条（e）款第（1）项］。该部分允许竞争者在专利期满之前，进行必要的额外侵权行为去获得监管许可。

如果按照礼来公司的解释，可能出现一种相对罕见的情况，那就是专利权人可以获得第 201 条规定的专利保护期延长的好处，而不必受到第 202 条规定的不侵权条款对其的限制，与之相对，其他人会只遭受专利保护期延长的损害而不能享受到不侵权的好处。国会设立 Bolar 例外和专利保护延长期的初衷应当是消除由于获得监管许可带来的双重缺陷——专利权人保护期开始时的不利情况会被专利保护延长期补偿，而非专利权人在专利权保护的末期的利益会由 Bolar 例外来保护。但是如果国会设立 1984 年法的目的是仅仅针对药品产品解决这种矛盾，而对于第 201 条中指明的其他产品并不适用，这样针对其他产品而言不仅不能消除反而明显地加重 17 年专利保护期的缺陷，显然是不合理的，目前没有明确的证据来说服大家国会会这样做。

除上述事实理由之外，还有文字上的暗示，第 201 条和第 202 条的含义通常是互补的。比如，第 202 条排除了"新的动物药品或者兽医生物产品（如 FDCA 和 1913 年 3 月 4 日法中所使用的术语）"。虽然新的动物药品和兽医生物产品也会受制于 FDCA ［参见美国法典第 21 篇第 360 条（b）款（新的动物药品）］和 1913 年 3 月 4 日法［参见美国法典第 21 篇第 151、第 154 条（兽医生物产品）］规定的上市监管注册和许可——上述两部法律都是"用于规范药品制造、使用或销售的联邦法律"——并且这两种产品都不被包括在第 201 条规定的专利保护期延长的范畴内，所以它们也被第 202 条所排除。由于所有的产品——医疗器械、食品添加剂、色素添加剂、新药、抗生素药物和人类生物制品——都受制于 FDCA 的不同条款［参见美国法典第 21 篇第 360 条（e）款（医疗器械）；第 348 条（食品添加剂）；第 376 条（色素添加剂）；第 355 条（新药）；第 357 条（抗生素药物）］或者 PHSA ［参见美国法典第 42 篇第 262 条（人类生物制品）］规定的上市前许可，适用于第 201 条规定的专利保护期延长的所有产品都受制于第 202 条。并且，受制于 FDCA 和 1913 年 3 月 4 日法规定的上市前许可的产品——新的动物药品和兽医生物产品——不适用于第 201 条规定的专利保护期延长，因此也被第 202 条所排除。

另外，关于第 271 条（e）款第（2）项和第（4）项对解释第 271 条（e）款第（1）项的影响，联邦最高法院及诉讼双方的观点如下：

礼来公司认为"对第 271 条（e）款第（1）项进行宽泛解释的争辩理由被对应的第 271 条（e）款第（2）项和第（4）项所反驳"。后者规定："在用于专利保护药品或专利保护药品用途的 FDCA 的第 505 条（j）款或者第 505 条（b）款第（2）项描述的规定下提交申请，如果提交该申请的目的是获得该法规定的许可以在专利期满前商业制造、使用或者销售专利保护药品或专利保护药品的用途，那么提交该申请构成侵权行为"；"（A）法院应当裁定，涉及侵权的药品的许可生效日期不得早于被侵权专利的届满日期，（B）可针对侵权人颁发禁令救济，以防止商业制造、使用或销售被许可的药品，和（C）当商业生产、使用或销售被许可的药物已经发生时，可以裁定侵权人赔偿损失或其他金钱救济。（A）、（B）和（C）目所规定的法律救济是法院针对侵权行为所仅能准许的救济手段，但法院可根据第 285 条的规定授予律师费赔偿"。

礼来公司指出，美国法典第 35 篇第 271 条（e）款第（2）项、第（4）项专门授予药品专利持有者针对侵权行为的各种救济手段，为专利权人提供保护。如果国会打算将第 271 条（e）款第（1）项的侵权例外用于其他产品专利的持有者，那么现有的其他专利持有者也应该已经被授予了上述保护，而事实上，除了药品专利持有者之外，目前并没有其他的专利持有者被授予了上述保护。

然而，联邦最高法院认为事实并非如此。上述法条是因为一种非常受限的技术目的而定义的一种新的（或者说人造的）侵权行为，这种侵权行为只与特定药品申请有关。这并不影响将第 271 条（e）款第（1）项的解释扩大到药品以外的其他产品。

在该案之前，未曾出现过将 Bolar 例外适用到医疗器械领域的先例。而在该案中，面对原告礼来公司的侵权控告，被告美敦力首次提出利用 Bolar 例外进行不侵权抗辩。虽然该案的前期走向有所反复，但是，联邦最高法院经过审理给出了最终判决，宣告医疗器械适用于 Bolar 例外。联邦最高法院给出上述结论的理由主要在于，法律措辞方面，第 271 条（e）款第（1）项中的措辞"专利发明"应该被定义成包括所有发明，而不只是与药品相关的发明，并且条款中的措辞"联邦法律"应该被理解为任何一部涉及规范药品条款的完整法律，而不是仅指规范药品的联邦法律的单独法条；立法目的方面，1984 年法是被设计用来弥补 17 年标准专利期的两种不期望的缺陷，如果允许医疗器械或其他 FDCA 规定的非药产品的专利权人获得 1984 年法第 201 条规定的专利保护期延长的好处，而不必承担第 202 条规定的不侵权的不利条件显然是不合理的，基于第 201 条和第 202 条的互补性，医疗器械的专利权人既然已经享受了第 201 条的"好处"，自然应该承担第 202 条的"不利条件"，即他人在医疗器械发明专利有效期内进行为了获得上市前许可的试验活动，应该依据 Bolar 例外而被豁免侵权。该案是明确将 Bolar 例外适用到医疗器械领域的首个判例，为医疗器械领域的侵权诉讼提供了一种新的并且高效有力的肯定性抗辩策略，具有里程碑式的意义。

3.5.2.2 Bolar 例外明确适用于 Ⅲ 类医疗器械（Baxter 案——798 F. Supp. 612）

尽管美国联邦最高法院对礼来案的判决表明了 Bolar 例外能够适用于医疗器械，然而其并未对涉及的医疗器械类型作出更为细节化的限制。而基于医疗器械直接或间接作用于人体的特殊性，在美国，所有类型的医疗器械（Ⅰ、Ⅱ、Ⅲ三类❶）在上市前均需要接受 FDA 的监管，具体根据风险等级差异，这三类医疗器械所需要经历的审批期限长短各异。礼来案中涉及的标的物是心室除颤器，属于 Ⅲ 类医疗器械，联邦最高法院已明确认定其能够适用 Bolar 例外。但是，对于 Ⅰ、Ⅱ 类医疗器械，Bolar 例外是否适用，联邦最高法院并没有给出明确的结论。

1992 年的 Baxter 案与上述问题密切相关。Baxter 公司多年来花费大量的人力物力研究有关血液中细菌存在和浓度的信息方面的技术，将该技术列为机密信息并且限制相关知情人员对该技术的使用及披露。Baxter 的前雇员 Swenson 知晓该技术秘密，Baxter 声称 Swenson 被被告 AVL 公司聘用的意图和目的是挪用 Baxter 的机密信息，并将该信息用于增强 AVL 的商业优势，以便 AVL 可以在医疗诊断设备领域开发相关装置以进入市场与 Baxter 展开竞争。此外，AVL 还将从该雇员处获知的该技术申请获得专利（即涉案专利）。基于这样的事实，原告 Baxter 向法院提起诉讼，主张被告的专利权无效，同时认为其行为应当基于 Bolar 例外而豁免侵权责任。在该专利侵权案的判决中，法院对上

---

❶ FDA 对医疗器械实行分类管理，根据风险等级和管理程度把医疗器械分成三类（Ⅰ、Ⅱ、Ⅲ）进行上市前管理，Ⅲ类风险等级最高。FDA 对每一种医疗器械都明确规定其产品分类和管理要求，目前 FDA 的医疗器械产品目录中共有 1700 多种。任何一种医疗器械想要进入美国市场，必须首先弄清其所属的产品分类和管理要求。

Ⅰ类产品为"普通管理"（General Controls）产品，是指风险小或无风险的产品，如医用手套、压舌板、手动手术器械等，这类产品约占全部医疗器械的 30%。FDA 对这些产品大多豁免上市前许可程序，一般情况下，生产企业向 FDA 提交表明其符合 GMP 的证明并进行登记后，产品即可上市销售。

Ⅱ类产品为"普通＋特殊管理"（General & Special Controls）产品，其管理是在"普通管理"的基础上，还要通过实施标准管理或特殊管理，以保证产品的质量和安全有效性，这类产品约占全部医疗器械的 62%。FDA 只对少量的 Ⅱ 类产品豁免上市前许可程序，其余大多数产品均要进行上市前许可［510K，510K 是指通过对拟上市产品与已上市产品在安全性和有效性方面进行比较，在得出实质性等同（Substantial Equivalence）结论的前提下，进而获得拟上市产品可以合法销售的上市前通告的一条法规路径，约需 90 天］。生产企业须在产品上市前 90 天向 FDA 提出申请，通过 510K 审查后，产品才能够上市销售。

Ⅲ类产品为"上市前许可管理"（Pre-market Approval, PMA，约需 240 天）产品，是指具有较高风险或危害性，或是支持或维护生命的产品，例如人工心脏瓣膜、心脏起搏器、人工晶体、人工血管等，这类产品约占全部医疗器械的 8%。FDA 对此类产品采用上市前许可制度，生产企业在产品上市前必须向 FDA 提交 PMA 申请书及相关资料，证明产品质量符合要求，在临床使用中安全有效。FDA 在收到 PMA 申请后 45 天内通知生产企业是否对此申请立案审查，并在 180 天（不包括生产企业重新补充资料的时间）内对接受的申请作出是否许可的决定，只有当 FDA 作出许可申请的决定后，该产品才能上市销售。

述问题给出了较窄的解释，即 Bolar 例外仅适用于Ⅲ类医疗器械。

【案例号】798 F. Supp. 612

【原告】Baxter Diagnostics Inc.（以下简称"Baxter"）

【被告】AVL Scientific Corp、Frank J. Swenson、AVL Medical Instruments、A. G. Intervention

【涉案专利】

本案涉及美国再颁专利 USRE31879E，该专利涉及一种对血液样本中的气体浓度进行测量的装置和方法（如图 1 - 3 - 12 所示），其通过单色入射光束、光传输表面、漫射膜、标记物质等的设置，产生能够反映样本中气体浓度的具有不同颜色特性的结果光束。

【争议焦点】

原告 Baxter 认为使用 AVL 专利技术的血培养医疗器械的实验仅用于评估该仪器，其用于生成数据以提供获得监管许可的可行性。因此据美国法典第 35 篇第 271 条（e）款第（1）项应当免除其侵权责任，也即不构成对涉案专利的侵权行为，并且涉案专利的专利权应当归属于原告。

被告 AVL 认为涉案 USRE31879E 专利是其自主开发的具有商业价值的传感器技术。AVL 认为原告 Baxter 使用该专利涉及的确定血液中细菌存在和浓度的技术的行为故意侵犯了 USRE31879E 专利，并且 Baxter 开发的任何可能涉及确定血液中细菌的存在和浓度的保密信息都是这种侵权使用的结果。原告 Baxter 的设备充其量只能是Ⅰ类医疗器械，并且认为美国法典第 35 篇第 271 条（e）款第

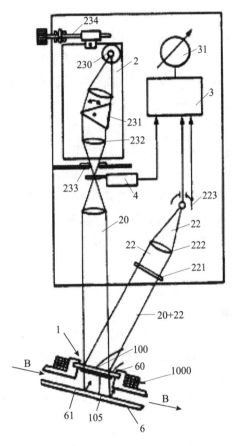

图 1 - 3 - 12　USRE31879E 中对血液样本中的气体浓度进行测量的装置

（1）项仅适用于Ⅲ类医疗器械。因此，原告不能凭借上述条款而豁免侵权责任。

可见，双方争议焦点在于原告的侵权行为是否应当是 Bolar 例外规定的能够侵权豁免的情况。

【法院判决】

法院经过审理后发现，Baxter 的企业法律顾问兼助理部长 Michael Bucklo 在给 AVL

的信中承认使用了 AVL 专利技术。此外，Baxter 一直在试验和开发的一种"血培养"仪器和方法，其利用光学传感器来确定血液中细菌的存在和浓度，其中的一个实验光学传感器采用了 AVL 专利技术，也即存在侵权事实。基于这样的侵权事实，该案涉案产品能否成为医疗器械的 Bolar 例外的适用范围成为法院审理重点。

法院认为：首先，礼来案中，联邦最高法院认为美国法典第 35 篇第 271 条（e）款第（1）项适用于医疗器械的必要条件是国会已根据美国法典第 35 篇第 156 条（f）款对医疗器械进行专利期限延期。如果只有Ⅲ类医疗器械才能获得专利期延长，那么根据最高法院在礼来案中的理由，美国法典第 35 篇第 271 条（e）款第（1）项只能用于豁免与Ⅲ类医疗器械上市前许可数据开发有关的侵权使用。因此，是否所有类型的医疗器械均被提供专利期限延期是值得关注的重要因素。

随后，关注专利期限延长的相关法律条款。根据第 156 条（f）款第（1）项（B）目，符合专利期延长条件的产品包括"任何受《联邦食品、药品和化妆品法》管理的医疗器械"。依据美国法典第 35 篇第 156 条（a）款第（4）项，这种医疗器械必须"在其商业营销或使用之前已经受到监管审查期限"，才有资格获得专利期限延期。直接参考美国法典第 21 篇第 360e 条可以发现，其详细说明了只有Ⅲ类医疗器械上市前必须经过"监管审查期限"的限制。医疗器械的"监管审查期限"为以下各项的总和：①根据美国法典第 21 篇第 360e 条，自对涉及该设备的人进行的临床实验开始的日期起，直至该器械的申请被提交的日期止的期限；②根据美国法典第 21 篇第 360e 条，自该器械的申请被提交的日期起，直至根据美国法典第 21 篇第 360e 条（f）款第（5）项的该申请在该法案下获得许可的日期止的期限；或者依据美国法典第 21 篇第 360e 条（f）款第（5）项自该器械的研发草案公布的日期起，直至依据美国法典第 21 篇第 360e 条（f）款第（6）项该器械被公告完成的日期止的期限。

最后，法院得出结论：由于只有Ⅲ类医疗器械必须经受必要的"监管审查期限"，因此国会仅旨在为Ⅲ类医疗器械提供专利期限延期。虽然Ⅰ类或Ⅱ类设备可能会受到某种有限的上市前通知形式的限制，但它们不受"专利期限延长"所需的"监管审查期"的约束。因此，与开发Ⅰ类或Ⅱ类医疗器械监管数据相关的侵权行为不受美国法典第 35 篇第 271 条（e）款第（1）项的保护。因此，Baxter 无权根据其所称的侵权行为因美国法典第 35 篇第 271 条（e）款第（1）项而要求豁免。换言之，被告的主张得到了法院支持。

除此之外，法院还就其他方面作出了相关判决：由于被告的代理律师和律所在其之前的事务中与原告存在实质上的客户关系，因而在本案中，基于加利福尼亚州的职业操守规则，被告的代理律师和律所应当被取消代理被告的资格；原告作为一家大型跨国企业公司，其侵权行为很难被认为是仅出于科学爱好，而更应该是有商业目的的行为，因而同样不适用于琐碎例外的情况。综上，原告侵权行为成立。

在该案之前，就适用于 Bolar 例外的具体的医疗器械类型而言，并没有明确结论。

本案中，从事医疗诊断设备的制造和销售的原告 Baxter 试图从拥有利用光学进行检测的医疗诊断器械的专利权的被告 AVL 手中夺取专利权，并且基于 Bolar 例外的条款，其使用专利相关技术的行为应当豁免侵权责任。被告则认为涉案专利是其自主开发的具有商业价值的传感器技术，在专利有效的前提下，原告 Baxter 使用该专利涉及的确定血液中细菌存在和浓度的技术的行为故意侵犯了 USRE31879E 专利权。被告还认为 Bolar 例外仅适用于Ⅲ类医疗器械，Baxter 的设备属于Ⅰ类医疗器械，因而不能凭借上述条款而豁免侵权责任。

法院最终判定专利权属于 AVL，并且 Baxter 的侵权行为成立。就适用于 Bolar 例外的具体的医疗器械类型的焦点问题，法院基于专利期延长与 Bolar 例外的关联性认定只有拥有专利期限延长的特权的医疗器械才能够适用于 Bolar 例外。由于只有Ⅲ类医疗器械必须经受必要的"监管审查期限"的约束，国会也仅旨在为Ⅲ类医疗器械提供专利期限延期，法院最终判决 Baxter 的涉诉器械不属于能够被豁免的Ⅲ类医疗器械，因而不能享受 Bolar 例外豁免。

该案的意义在于，将 Bolar 例外的适用范围明确划定到Ⅲ类医疗器械。

3.5.2.3 Bolar 例外适用于所有类型的医疗器械 [Abtox 案（131 F. 3d 1009）]

经过 Baxter 案，法院首次就 Bolar 例外适用的医疗器械范围作出了明确限定。然而，Baxter 案后，由于 Bolar 例外的抗辩方式在医疗器械类案件中被越来越多地采用，关于其具体适用的医疗器械范围越发引起诸多争议。其中一个呼声是既然所有类型的医疗器械在上市前均需要经历 FDA 规定的长短不一的"监管审查期限"，那么 Bolar 例外应当适用于所有需要经历审批过程的医疗器械。

Abtox 案则与上述争议密切相关。Abtox 拥有关于等离子体消毒包装的 US4321232B1 专利。Adir Jacob 和他所属的公司 Exitron 开发、制造并测试了关于该等离子灭菌技术的设备原型，随后根据资产购买协议，将该技术的相关专利及原型设备"出售"给 MDT 公司。MDT 公司医院部门副总裁 Max Hilkert 在致 MDT 环氧乙烷（EO）消毒系统（即上述原型设备）的用户和未来用户的公开信中表示，如果他们购买了 EO 消毒系统，MDT 将在获得 FDA 许可后向其提供等离子灭菌器。MDT 通过告知客户其等离子灭菌器很快就会在市场上出售，来诱导客户购买 MDT 现有设备。

Abtox 认为该技术和设备原型涉嫌侵犯其 US4321232B1 专利，此外，MDT 计划在 US4321232B1 专利到期之前销售 Abtox 的竞争产品的行为侵犯了 Abtox 的 US4321232B1 专利权，并且 MDT 拒绝在 Abtox 的专利权仍然有效的情况下，向 Abtox 和法院证明不会将其等离子灭菌器商品化或寻求 FDA 许可。基于 Adir Jacob 和他所属的公司 Exitron 的侵权行为以及 MDT 的销售行为，Abtox 认为其 US4321232B1 专利权受到侵犯，据此向法院提起诉讼，主张被告侵权并且不能基于 Bolar 例外要求侵权豁免。该案的判决

医疗器械领域美国知识产权诉讼案例精解

中，法院对 Bolar 例外在医疗器械领域的适用范围给出更为宽泛的解释，将 Bolar 例外在医疗器械领域的适用范围进一步扩大到所有类型的医疗器械。

【案例号】 131 F. 3d 1009
【原告】 Abtox Inc.
【被告】 Exitron Corporation、Adir Jacob、MDT Inc.
【涉案专利】

本案涉及美国专利 US4321232B1，该专利涉及一种等离子体消毒包装和程序（如图 1 - 3 - 13 所示），其使等离子体反应物通过包含待消毒物的具有多孔的包装，从而消毒待消毒物。

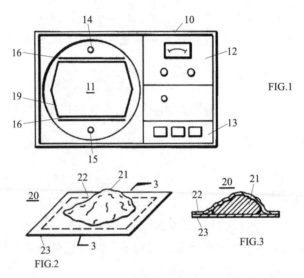

图 1 - 3 - 13　US4321232B1 中等离子体消毒包装

【争议焦点】

双方争议焦点在于原告的侵权行为是否应当是 Bolar 例外规定的能够侵权豁免的情况。

【原告观点】

①被告 MDT 涉嫌侵犯其 US4321232B1 专利；②被告使用 Abtox 专利技术的等离子灭菌器的医疗器械的实验目的是商业用途而非获得 FDA 监管许可，并且被告的产品不是Ⅲ类医疗器械，因而不应当依据第 271 条（e）款第（1）项被豁免。

【被告观点】

①基于其所持有的多项在先的专利所公开的内容，涉案的 US4321232B1 专利应当被无效；②被告的行为是为了提交 FDA 监管许可所需的数据，应当依据第 271 条（e）款第（1）项被免除其侵权责任。

【地区法院判决】

地区法院判决被告的侵权行为应当基于 Bolar 例外条款而被豁免侵权责任。

本案双方的争论焦点在于，被告 MDT 主张其等离子灭菌技术、设备以及使用、销售行为应当基于 Bolar 例外条款而被豁免侵权责任。与之相对的，原告持有相反观点的理由在于：①侵权行为与获得 FDA 批准无关——MDT 没有向 Abtox 或法院表明其将在 Abtox 的专利到期之前不再寻求该设备的商业许可，或其将原型等离子体灭菌器的当前使用限制在与获得 FDA 许可相关的目的；②涉案医疗器械类型不适用 Bolar 例外——作为所谓的 I 类或 II 类医疗器械，MDT 等离子体灭菌器不属于第 271 条（e）款第（1）项豁免的范围。

法院针对原告的意见进行逐项审理并作出判决。针对争议焦点①，法院认为第 271 条（e）款第（1）项规定：仅仅是为了与 FDA 许可程序合理相关的制造，使用或出售专利发明的行为不构成侵权。法院首先参考与之相关的判例，如 Chartex International PLC 案（1993 WL306169）中判决，在贸易展览会上展示产品并进行消费者反应研究属于第 271 条（e）款第（1）项；Intermedics 案（1993 WL 87405）中判决，海外销售和会议演示属于第 271 条（e）款第（1）项；Telectronics Pacing Systems 案（982 F. 2d 1520）中判决，会议论证属于第 271 条（e）款第（1）项，而向记者、分析师和投资者传播数据则不属于。

随后法院进一步调查关于被告 MDT 的具体行为，以判断是否能够相信其"使用"行为是为了"合理、客观地"的得到与 FDA 决定是否许可相关的各种信息。MDT 在设备上市之前必须将其等离子体灭菌设备提交给 FDA 许可，并且在 Jacob 的宣誓书中披露了，MDT 实际上一直在收集为实现获得许可的目标所需的资金和信息的事实，而关于这一点 Abtox 的所有反驳都是无力的。虽然相关判例没有明确指出申请人的何种行为可以视为是"密切和直接地"与获得 FDA 许可相关，从而有权获得第 271 条（e）款第（1）项的保护，但是法院关于该问题的共识是，国会赋予法院对当事人的行为作出一定程度的判断的自由裁量权。而在法院看来，MDT 的活动与 FDA 许可程序的"合理相关"程度并不比 Intermedics 案、Chartex International PLC 案和 Telectronics Pacing Systems 案中的各方行为的相关程度更低。

最终法院基于上述判例以及对"合理相关"的考量，认为虽然 MDT 的最终目的，甚至是所有的合理仿制的最终目的都是实现商业销售，然而其与为获得 FDA 批准并不矛盾，依旧是与之合理相关的、为了获得 FDA 批准的行为。也即作为 MDT 的"广泛的"商业或与之相关的行为，应当属于第 271 条（e）款第（1）项的豁免范围。

针对争议焦点②，法院不支持原告 Abtox 的关于"因为 MDT 等离子体灭菌机制可能被 FDA 视为 I 类或 II 类医疗器械，因而不适用 Bolar 例外"的观点。法院认为，虽然第 271 条（e）款第（1）项的立法目的是防止潜在的竞争对手不能够在专利有效期内拥有启动 FDA 审批的法律上的自由，然而第 271 条（e）款第（1）项并未区分 Ⅰ 类、Ⅱ 类以及 Ⅲ 类医疗器械。因此，法院判决 Abtox 的观点不存在支持其理论的任何权威，因而被告能够适用 Bolar 例外被豁免侵权责任。

【联邦巡回上诉法院判决】

地区法院的法官意识到，双方的上述矛盾焦点可能涉及法律的准绳问题，并且由于第 271 条（e）款第（1）项的新颖性和复杂性，本案存在重大争议。因此，地区法院的法官特别根据美国法典第 28 篇第 1292 条（b）款将该问题提请联邦巡回上诉法院进行再次审理。联邦巡回上诉法院最终支持地区法院的判决，同样认为被告的侵权行为应当基于 Bolar 例外条款而被豁免侵权责任。

联邦巡回上诉法院关注了相关法律条款释义、医疗器械划分规定以及法条就医疗器械的适用条件，具体如下：

美国法典第 35 卷第 271 条（e）款第（1）项规定："仅仅与为了满足规范药品的制造，使用或销售的联邦法律的规定而研发和提供信息合理相关的制造、使用或者销售专利发明不构成侵权行为。"

FDCA 以及美国法典第 21 篇第 301～第 395 条（1994）根据使用风险将医疗器械分为三类。没有不合理的疾病或伤害风险的设备被指定为 Ⅰ 类，并且只受"普通管理"的最低限度监管［美国法典第 21 篇第 360c 条（a）款第（1）项（A）目］。可能更有害的设备被指定为 Ⅱ 类，虽然它们可能在未经事先许可的情况下上市销售，但此类设备的制造商必须遵守"特殊管理"［第 360c 条（a）款第（1）项（B）目］。最后，"具有潜在不合理的疾病或伤害风险"的装置，或"声称或代表用于支持或维持人类生命或用于预防人类健康受损的重要用途的装置"被指定为 Ⅲ 类［第 360c 条（a）款（1）项（C）目］。Ⅲ 类医疗器械必须经过严格的上市前许可程序，Ⅰ 类和 Ⅱ 类医疗器械则适用简短的审批流程。

礼来案中，联邦最高法院作出了两个相关判决：①认为第 271 条（e）款第（1）项中的"联邦法律"应当被理解为："完整的法定监管法律"，而不仅仅是指与药物或兽医生物制品有关的单个部分或小节；②第 271 条（e）款第（1）项除药品和兽医生物制品外，还适用于医疗器械，其提出根据第 156 条有资格获得专利期限延长的所有产品均受第 271 条（e）款第（1）项的约束，因为所有这些产品都需要根据 FDCA 的各种规定进行上市前许可。Ⅲ 类医疗器械有资格根据第 156 条延长专利期限，因此对这些设备适用第 271 条（e）款第（1）项。

联邦巡回上诉法院发现，首次将医疗器械适用于 Bolar 例外的礼来案中的相关判决存在冲突。一方面，联邦最高法院将"联邦法律"一词解释为"完整的法定监管法律"，而不仅仅是指与药物或兽医生物制品有关的单个部分或小节。因此，法院普遍认为，第 271 条（e）款第（1）项适用于与 FDCA 规则合理相关的任何使用，当然包括第 Ⅱ 类医疗器械。

另一方面，联邦最高法院在法条具体适用时，认为有资格获得专利期限延长的所有产品均受第271条（e）款第（1）项的约束，换言之，不具有专利期限延长资格的Ⅱ类医疗器械不应被第271条（e）款第（1）项延伸覆盖，例如本案中所讨论的等离子体灭菌器。

虽然礼来案中同时存在"所有类别的医疗器械都属于第271条（e）款第（1）项的普通含义"以及"根据法院对法定对称性的较窄的解释，只有Ⅲ类医疗器械属于该部分"的相冲突的判决。最终，联邦巡回上诉法院的判决遵循了联邦最高法院的更宽泛的解释，即第271条（e）款第（1）项没有对不同的FDA类别的医疗器械或药物作出区分。此外，联邦巡回上诉法院明确接受了一项法定解释，"专利权人将获得第156条延期的优势，但不会遭受第271条（e）款第（1）项的弊端，而其他人则是不享有延期的优势然而需要承受这种弊端"。换句话说，联邦最高法院判定的法定对称性是优选的，但不是必需的。因此，联邦巡回上诉法院驳回了Abtox在此提出的论点，法院判决第271条（e）款第（1）项并不仅限于Ⅲ类医疗器械。

关于该条款的第二个争论是，第271条（e）款第（1）项仅针对"仅为与FDA许可合理相关的使用"豁免侵权行为。因此，联邦巡回上诉法院认为该法条并未考虑活动的潜在目的或伴随后果，只要该使用与FDA许可合理相关即可。换句话说，除了获得FDA许可，法定语言允许MDT基于其他目的使用其测试数据，参见Telectronics Pacing Systems案（982 F.2d 1520），举行会议并向投资者传播数据以进行商业目的的演示，同样属于侵权豁免的范围。即使对Abtox列举的所有事实进行判断，MDT的行为要么是非侵权的，要么与寻求FDA许可相关。

基于以上事实和联邦最高法院判例，联邦巡回上诉法院支持被告MDT的观点，维持地区法院判决，认为涉诉产品作为Ⅱ类医疗器械，同样能够依据Bolar例外条款豁免侵权责任。

在本案之前，Bolar例外的适用范围仅包括Ⅲ类医疗器械。本案中，Abtox起诉MDT侵犯其专利权，MDT则认为其行为是为了获得FDA许可，应当依据第271条（e）款第（1）项被豁免侵权，但Abtox认为MDT的被控产品不是Ⅲ类医疗器械并且MDT的侵权行为与为获得FDA许可不合理相关，故不应当根据上述条款豁免侵权。双方就何种类型的医疗器械能够适用Bolar例外进行了激烈的争辩。

经审理，地区法院判决，MDT的行为属于第271条（e）款第（1）项豁免的范围，原因在于该条款并未明确区分适用范围，被控产品也应当属于其所包含的医疗器械的广义范畴。本案被提交联邦巡回上诉法院进行进一步裁决，经审理，联邦巡回上诉法院维持地区法院的判决，即认为Ⅰ类、Ⅱ类医疗器械均属于第271条（e）款第（1）项的适用范围。理由为：在礼来案中，联邦最高法院作出了相冲突的裁定，认为虽然礼来案中同时存在"所有类别的医疗器械都属于第271条（e）款第（1）项的普通含义"以及"根据法院对法定对称性的较窄的解释，只有Ⅲ类医疗器械属于该部分"

的相冲突的判决，但是联邦巡回上诉法院判决必须遵循联邦最高法院的更宽泛的意见，即第271条（e）款第（1）项没有对不同的FDA类别的医疗器械或药物作出区分。因此，MDT的Ⅱ类医疗器械应当包括在第271条（e）款第（1）项的豁免范畴内，MDT不侵犯Abtox的专利权。

该案之后，Bolar例外广泛适用于所有类型的医疗器械。

3.5.2.4 关于Bolar例外中"合理相关"的宽泛解读［Intermedics案（775 F. Supp. 1269）和Telectronics Pacing Systems案（982 F. 2d 1520）］

通过以上三个判例，Bolar例外的适用范围逐步扩大到所有类型的医疗器械，这是从标的物类型的角度对Bolar例外的适用范围进行扩展。而从对法条的理解深度的角度，美国法院也通过判例的形式将Bolar例外的适用范围做了一定程度上的扩大。

在Intermedics Inc. 诉Ventritex Inc. 专利侵权案（775 F. Supp. 1269）中，地区法院对第271条（e）款第（1）项中的措辞"合理相关"作出了相对广义的解释，认为被控行为只要是为了研发和产生向FDA提交的数据，就符合条款中"合理相关"的要求，而不管被控行为是否可能存在商业目的。在该案中，原告Intermedics公司是可植入除颤器的专利权人，原告诉称被告Ventritex公司针对其植入式除颤器"Cadence"的一系列行为是侵权行为，而被告辩称上述一系列行为是按照FDA的要求对Cadence进行临床试验，以获得FDA的上市前许可，应该按照第271条（e）款第（1）项的规定豁免专利侵权责任，但原告认为被告还参与了与获得FDA许可不合理相关的各种活动，不符合第271条（e）款第（1）项规定的例外情形，对于原告具体指出的Cadence的制造、向美国医院销售Cadence、向国际经销商销售Cadence、在德国测试Cadence、TUV公司测试Cadence的编程器、在科学贸易展览上展示Cadence等六项行为，地区法院分别进行分析，并得出了支持被告的结论，即上述行为与获得FDA许可合理相关。该案宽泛地解读了"合理相关"，扩大了Bolar例外的适用范围。

【案例号】775 F. Supp. 1269

【原告】Intermedics Inc.

【被告】Ventritex Inc. 、Michael Sweeney、Benjamin Pless

【涉案专利】

本案涉及美国专利US4181133A，该专利涉及一种可编程心动过速调搏器（如图1-3-14所示），其在识别出心动过速时，向心脏传输一连串具有预定频率和数量的刺激脉冲，从而瓦解心动过速。

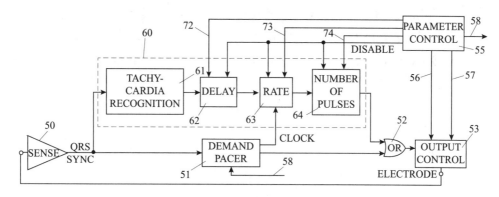

图1-3-14　US4181133A中可编程心动过速调搏器

【争议焦点】

原告观点：被告参与了与获得FDA许可无关的各种活动，这些活动并不满足"仅仅与为了满足规范药品的制造、使用或销售的联邦法律的规定而研发和提供信息合理相关的用途"。因此不能按照第271条（e）款第（1）项的规定豁免侵权责任，属于专利侵权行为。

被告观点：植入式除颤器"Cadence"是一种Ⅲ类设备，必须经过FDA的许可才能进行商业销售；Cadence目前正在进行FDA的上市前许可所要求的临床试验，按照第271条（e）款第（1）项的规定，应该豁免专利侵权责任。

【法院判决】

第271条（e）款第（1）项的用词，引导法院不应关注被控行为背后的可能"目的（purposes）"或"动机"，而是应关注被控行为实际的"用途（uses）"，并且不关注可能存在的或未来可能发生的附属行为，而是只关注可能不被该例外条款豁免的构成侵权的行为。

因此，对于本案，法院将只关注被告的可能被视为"侵权"但被第271条（e）款第（1）项豁免的行为，以及被告实际上已经参与的行为（而不是公司未来可能参与的行为）。对于上述实际参与的行为，法院不关注其潜在动机或可能带来的间接、连锁效应，而只关注上述行为是否"仅仅……与研发和向FDA提供信息合理相关"。如果是，被告将被该例外条款保护。但是，如果有任何实际的、非微不足道的用途与为FDA生成数据不合理相关，被告将不被该例外条款保护。

对于第271条（e）款第（1）项中使用的措辞"合理相关"应当进行如下理解：双方当事人都不清楚到底需要提供何种信息、进行何种量的实验，才能获得FDA的许可。因此，法院在判决当事人为满足FDA的要求而进行的侵权活动的性质和范围时，应给予当事人一定的自由。仅因该"用途"未能生成FDA感兴趣的信息或生成比为获得FDA许可所必需的更多的信息，而使一方失去侵权豁免权利显然是不合理的。相反，法院应该重点调查：对于被告一方的处境来说，是否可合理地预期讨论中的"用途"

将直接有助于生成在 FDA 决定是否许可产品的过程中相关的类型的信息。

基于上述原则，法院对被告的六项活动进行了分析：①制造数百个 Cadence；②向美国医院销售 Cadence；③向国际经销商销售 Cadence；④Cadence 的测试（特别是在德国进行的某些测试）；⑤TUV 公司测试 Cadence 的编程器；⑥在"贸易展"上展示 Cadence。最终法院认定上述六项活动均与为 FDA 生成数据合理相关，被告能够根据第 271 条（e）款第（1）项豁免侵权责任。

1）Cadence 的制造

关于实际生产 Cadence 这一事实，双方没有争议。大部分的 Cadence 是被用来为 FDA 生成数据，制造这一事实本身并不能剥夺被告的法定豁免权利。

2）向美国医院销售 Cadence

被告卖给美国医院的每一个 Cadence 都只用于临床试验，原告并没有提供任何证据，证明卖给医院的任何一个 Cadence 被用于除了临床试验该设备之外的任何其他用途。

原告强调，被告在向 FDA 提交上市前许可申请后，仍在继续向临床研究人员出售 Cadence。原告认为上述申请的备案证明被告已经积累了足够的数据，足以让 FDA 决定是否许可将 Cadence 用于一般商业销售。因此，根据原告的观点，向临床研究人员进行额外销售是不必要的，不能认为是仅仅与为获得 FDA 许可合理相关的用途。

相反，被告提出证据表明，尽管公司在上市前许可申请中付出了巨大的努力，但相当大比例的上市前许可申请文件不被 FDA 接受并归档，而是被送回公司进行更多的测试。此外，即使在接受归档后，仍有相当数量的用于上市前许可的申请被临时拒绝，因为 FDA 认为制造商没有就一个种类或另一个种类提交足够的信息。基于上述原因，被告认为，对于一家寻求 FDA 许可的公司来说，在最初提交上市前许可申请后，继续对该设备进行临床试验是明智的。

原告没有提出任何证据来反驳被告的主张。最终，法院得出结论：被告继续向临床研究人员销售 Cadence 与获得 FDA 许可是合理相关的。

3）向国际经销商销售 Cadence

被告根据分销协议向个别分销商出售了 Cadence，由于上述分销协议中出现了"市场份额标准"这一用语，并鼓励分销商推销 Cadence，原告认为这些销售并不是仅仅与为了获得 FDA 许可合理相关的用途。

对此，被告提供了有说服力的证据，证明市场份额语句中出现的"标准"字样属于过失错误，其后来被修改，以澄清不存在一般的商业销售或在获得 FDA 许可之前推销 Cadence。更重要的是，被告的证据表明，这些海外分销商只能将设备运送到海外的临床场所，出售给分销商的每一个 Cadence 随后都被转售给 FDA 批准的临床研究人员。

而原告并没有提出任何证据表明，这些分销商在被告与其外国临床研究人员之间以除了中间人之外的身份运作。原告也没有确定，向分销商销售的每一个 Cadence 没有立即被转售给临床研究人员。据此，法院得出结论：被告使用这些分销商与获得 FDA 许可合理相关。

4）在德国测试 Cadence

除了在国内测试 Cadence，原告认为被告还决定在德国对 Cadence 进行临床试验，因为被告已经形成了在德国商业销售 Cadence 的计划，并且原告相信除非产品在德国进行了临床试验，否则德国政府不会允许这样的销售。原告引用了被告负责监管事务的副总裁 Earl Canty 的证词，以支持其立场。原告还声称，使用海外研究人员比在国内进行临床试验昂贵得多，以被告的角度，一个合理的公司不会去使用花费更大的海外研究人员，除非该公司还打算获得商业销售设备的外国许可。

关于这一点，法院将调查的重点放在实际用途的证据。更具体地说，原告是否能举出证据，证明被告事实上确实在德国使用了 Cadence 来获得当地政府机构的许可，以将产品推向商业市场。

基于以下原因，法院得出结论：被告在德国的测试活动与生成向 FDA 提交的数据是合理相关的。

首先，FDA 允许提交在外国产生的临床数据，只要用于编纂该数据的程序符合 FDA 的要求。此外，尽管国外测试可能比国内测试更昂贵，但对于进行临床试验的制造商来说，利用现有的经验最丰富、最有地位的研究人员是合理的也是负责任的，即使其中一些研究人员在海外执业。被告的证据表明，他们在德国选用的临床研究人员 Klein 博士是这个领域最杰出的人物之一，对于被告来说，获得 Klein 博士的临床试验有助于生成 FDA 在决定是否批准上市前许可时考虑的数据是合理的。

更重要的是，每一个卖到德国的除颤器都是由临床研究人员植入被试者体内的，而这些临床试验产生的所有数据实际上都只提交给了 FDA。原告没有提供任何证据，证明被告向 FDA 以外的任何监管机构提交了试验数据，或实际上寻求其许可。

另外，原告暗示，被告将最初的上市前许可申请推迟到一些德国的数据能够被收集起来作为事后的合理化测试之后才提交给 FDA，被告进行上述测试是为了最终获得德国监管部门的许可。然而，原告并没有提出证据来支持这样一种推断。

5）TUV 公司测试 Cadence 的编程器

为了在德国的一个临床场所进行测试，德国机构要求被告将 Cadence 提交给一家德国公司——TUV Rheinland，以测试与 Cadence 相关的"编程器"中的电气系统的安全性。

原告声称，TUV 公司所做的测试结果从未提交给 FDA。

然而原告的上述论断存在两个根本的疑点。首先，原告没有证据表明 TUV 公司测试了 Cadence 本身。相反，证据表明，TUV 公司只测试了编程器，而这个测试的目的仅仅是向操作员保证编程器的电气安全。

其次，由于要获得进行临床试验的进口许可，必须获得 TUV 公司的安全认证，因

此获得该认证所需的 TUV 测试必须被认为与生成向 FDA 提交的数据合理相关。因此，即使该测试是针对 Cadence 本身，而不仅仅是针对其编程器，这种测试也必须被认定为与产生向 FDA 提交的临床数据合理相关。

关于该点，法院得出结论：TUV 公司的测试数据没有提交给 FDA，但这并不意味着 Cadence 的该用途与获得 FDA 许可不合理相关。

6) 在科学贸易展览上展示 Cadence

原告声称：①被告在各种科学贸易展览上展示了 Cadence；②这些用途如果不被豁免将构成侵权行为；③这些 Cadence 的用途并不与获得 FDA 许可合理相关。其中有两个主要问题：展示活动是否构成侵权行为和展示活动是否超出第 271 条第（e）款第（1）项的限制。

（1）关于展示活动是否构成侵权行为

原告认为在贸易展会上展示 Cadence 构成第 271 条（a）款规定的侵权行为，虽然被告为了动议的目的似乎也承认这一点，但是法院并不确信这些展示活动构成第 271 条（a）款规定的侵权行为。

法院认为：除非在贸易展会上的"整体情况"表明了"销售倾向"活动，这种活动导致或至少实质地接近被控设备的实际销售行为，否则不构成侵权行为。仅仅展示或显示一个被控产品，即使在一个很明显的商业环境中，也不构成第 271 条（a）款规定的侵权行为。

被告并不否认在各种医学会议上展示了 Cadence，尽管这些会议据称具有商业性质，但没有证据表明被告由于这些展示而卖出了哪怕一个 Cadence。相反，被告在展览会上显示的标志表明，Cadence 是一种"研究装置"，因此不能用于常规的商业销售。

原告也没有提供任何证据，证明被告在其展示 Cadence 的过程中请求销售协议。此外，Cadence 在能够进行常规的商业销售之前，FDA 必须许可该设备用于常规的商业销售，这种许可绝不是可预知的结论，FDA 需要多长时间才能作出决定也是非常不可预测的。考虑展示和显示 Cadence 的整体周边环境，并且假设原告未能在这些会议上找出任何销售或积极请求销售的行为，法院将认为被告展示和显示 Cadence 的活动不构成第 271 条（a）款规定的侵权行为，因此，不能成为被告没有资格获得第 271 条（e）款第（1）项规定的法定保护的依据。

（2）关于展示活动是否超出第 271 条（e）款第（1）项的限制

原告声称，被告在各种医学会议上展示了 Cadence，这至少在一定程度上是为了通过设备产生商业利益，该用途与获得 FDA 许可并不合理相关。

相反，被告声称他们参加了贸易展览并向潜在的临床研究人员展示了 Cadence，这显然与获得 FDA 许可合理相关。

在决定被告在贸易展览上的活动是否超出第 271 条（e）款第（1）项的限制时，法院需要解决三个问题。第一，是否至少被告的一些展示活动与生成向 FDA 提交的数据合理相关；第二，是否被告的一些展示活动与获得 FDA 许可并不合理相关；第三，证据是否能够表明任何这种可能并不"合理相关"的活动实际上都是微不足道的。

关于第一个问题，证据表明，至少有一些被告的展示活动与潜在的临床研究人员合理相关，因此，与生成向 FDA 提交的数据也合理相关。被告这样的制造商依靠医学界内的专业联系人来寻找研究人员。毫无疑问，很多有资格担任研究人员的博士会参加这些会议，这些会议为医疗器械制造商提供了一个绝佳的机会来培养相关医疗领域内的业务往来以及向潜在的研究人员介绍像 Cadence 这样的研究性设备。被告的证据表明，这些会议实际上是他们确定潜在临床研究人员的主要手段。因此，被告认为在贸易展会上展示 Cadence 将最终有助于生成向 FDA 提交的数据是合理的。

关于第二个问题，虽然原告并不否认展示活动在某种程度上与获得 FDA 许可合理相关，原告仍认为，被告在这些会议上对 Cadence 作出了额外的使用，而这些使用并不与为 FDA 生成数据合理相关，相反地，与提高 Cadence 的市场认知度相关。为了支持这一主张，原告提出证据表明：①被告在获得足够的研究人员之后，仍在国内和德国继续展示 Cadence，②被告至少在展会期间，在向被展示人员展示 Cadence 之前，并未使他们预先具有潜在研究人员的资格。法院认同上述两个事实指控，这些事实构成并不超出为了获得 FDA 对 Cadence 的商业销售许可合理相关的额外的"用途"。

关于第三个问题，额外的贸易展示用途是否微不足道。首先，原告声称的"额外用途"，是指被告在获得足够的潜在研究人员名单之后，继续展示 Cadence。对此，被告提供了证据，表明即使他们有一长串潜在的研究人员，他们也要继续努力找出那些可能成为临床研究人员的额外的、高素质的博士。被告不能确定 FDA 会不会再要求他们提供更多的数据。考虑到这个事实，以及 FDA 可能需要更多数据的不可预见性，被告想要在其列表中加入高素质的潜在研究人员显然是合理的。因此，部分特定的"额外用途"是与获得 FDA 对 Cadence 的许可合理相关的。

原告指出，被告在向被展示人员展示 Cadence 之前并未使他们预先具有潜在研究人员的资格，需要考虑这种所谓的不相关用途的潜在数量。

记录表明，被告不能确定，在医疗贸易展会上被展示了 Cadence 的所有人都有资格作为潜在的研究人员，因此，上述不相关的用途必须被视为是微不足道的，不能明显破坏通过第 271 条（e）款第（1）项寻求保护的利益。

虽然被告在未对人员类型进行区分的情况下向所有人展示了 Cadence，但没有证据表明，被告的上述行为严重侵犯了原告专利权人的利益，使其无法保留对此类设备在常规商业市场上的独占权。首先，没有任何证据表明，被告曾在任何一场贸易展览上试图出售 Cadence。其次，没有证据表明，这些展示活动售出了 Cadence。

至此，原告的申诉理由中还剩下的问题是，声称被告的产品在贸易展示活动中产生了常规的商业利益。虽然这可能是真的，但这种可能性与对专利保护的利益产生的实际损害之间存在巨大的差距。毫无疑问，在 Cadence 上市销售之前必须获得 FDA 的许可，该许可的审批过程可能需要数年时间，在此期间，被告的展示活动的任何残余影响可能会被稀释到无法察觉的程度。此外，随着 FDA 许可之前的时间的推移，那些对 Cadence 这样的产品感兴趣的人越来越有可能会因为贸易展览的展示而转向供应商，而不是被告。最后，证据并没有说明被告筛选程序的不足程度，有证据表明被告做了一些筛选，被告不经常进行筛选的情况尚不清楚。考虑到所有这些因素，仅能基于推断来确定被告的这种行为是否或在何种程度上对原告的受保护利益造成损害，换句话说，这里所讨论的行为所造成的任何损害都太过遥远和具有猜测性，因此不具有法律意义。

基于上面详细阐述的原因，法院判决被告有权获得第 271 条（e）款第（1）项的保护，豁免侵权责任。

在该案中，法院分别对被告的六项被指控行为进行了具体分析，得出了上述六项行为均与获得 FDA 许可合理相关的结论，被告有权获得第 271 条（e）款第（1）项的保护，可以豁免侵权责任。法院对该案的审理过程体现了对法律措辞"合理相关"的宽泛解读，不管被告的行为是否可能具有商业性质，只要是为了产生向 FDA 提交的数据，就符合该条款中"合理相关"的要求。除了该案之外，1992 年的 Telectronics Pacing Systems 公司诉 Ventritex 公司专利侵权案（982 F. 2d 1520）也涉及对条款中"合理相关"的解读。被告 Ventritex 公司在学术会议中展示了被控产品的临床试验数据，并且在会议上通过发布私募融资备忘录的形式寻找可能的投资方，原告认为被告的该行为与获得 FDA 许可并不相关，不能根据第 271 条（e）款第（1）项豁免侵权。上诉法院认为，因为投资方有义务寻找有资质的临床研究专家，帮助完成 FDA 要求的临床试验，因此，被告寻找投资方的行为符合"合理相关"的要求，而其他人看到私募融资备忘录则纯属巧合，最终被告胜诉，其行为不构成侵权。同样地，该案也放宽了对"合理相关"的解释。

3.5.2.5 Bolar 例外不能适用于不受 FDA 监管的标的物［Proveris Scientific 案（536 F. 3d 1256）］

从以上两个判例来看，美国法院对第 271 条（e）款第（1）项中的相关措辞进行了相对广义的解释，但是，从另外一个角度讲，对法律条款的宽泛解读，并不意味着法律条款的无限制适用。2007 年，Proveris Scientific 公司诉 Innova Systems 公司专利侵权案（536 F. 3d 1256）中，被告 Innova Systems 的侵权行为并不能被 Bolar 例外豁免，因为被控产品本身并不受 FDA 监管。在此案中，原告 Proveris Scientific 公司是喷雾数据系统采集装置的专利权人，被告 Innova Systems 公司生产并销售一种被称为光学喷雾分析仪（OSA）的设备，该设备测量用于鼻腔喷雾剂药物输送装置的喷雾剂的物理参数，OSA 设备本身并不受 FDA 监管，然而，它的使用与 FDA 监管许可所要求的数据提交相关。原告诉称被告的光学喷雾分析仪侵犯了其专利权，被告采用 Bolar 例外进行抗辩。被告认为其 OSA 设备仅向第三方进行商业销售，而第三方也仅用其来进行研发和向 FDA 提交数据，因此应该根据 Bolar 例外被豁免侵权，但是原告认为 OSA 设备与向 FDA 提交的数据并不"合理相关"，因为被告的侵权行为并非出于与 FDA 许可相关的研究目的，而是为了向从事此类研究的第三方进行商业销售。联邦巡回上诉法院认为，虽然 OSA 设备仅仅用来提供给第三方进行与 FDA 许可相关的试验，但是 OSA 设备以及原告的设备本身并不是需要 FDA 许可的设备，不存在专利有效期的变相延长，当然也就不能适用于 Bolar 例外。

最后，以时间顺序对 WESTLAW 中涉及医疗器械领域的 Bolar 例外相关侵权案件进行归纳总结，如表 1 - 3 - 5 所示。

表 1 - 3 - 5　涉及 Bolar 例外的庭审案例

时间	案例	参考案卷号	审理级别	相关判决
1990 年	Eli Lilly and Co. v. Medtronic Inc.	496U. S. 661	联邦最高法院	Bolar 例外首次适用于医疗器械
1991 年	Intermedics, Inc. v. Ventritex Inc.	775 F. Supp. 1269	联邦巡回上诉法院	Bolar 例外中关于"合理相关"的宽泛解读
1992 年	Baxter Diagnostics Inc. v. AVL Scientific Corp.	798 F. Supp. 612	地区法院	Bolar 例外明确适用于 Ⅲ 类医疗器械
1992 年	Telectronics Pacing Systems Inc. v. Ventritex Inc.	982 F. 2d 1520	联邦巡回上诉法院	Bolar 例外中关于"合理相关"的宽泛解读
1996 年	Baxter Diagnostics Inc. v. AVL Scientific Corp.	924 F. Supp. 994	地区法院	研发和测试单层测量血液中空气密度的光学传感器的行为适用于 Bolar 例外
1997 年	Abtox Inc. v. Exitron Corp.	122 F. 3d 1019	联邦巡回上诉法院	Bolar 例外适用于所有类型的医疗器械
2007 年	Proveris Scientific Corp. v. Innovasystems Inc.	536 F. 3d 1256	联邦巡回上诉法院	Bolar 例外不能适用于不受 FDA 监管的标的物

Bolar 例外制度源于美国，上述案例体现了 Bolar 例外制度在美国的发展。自 1984 年 Bolar 例外诞生直至现在，不论是法条适用对象的范围，还是法条具体术语的解读，均在漫长的实际诉讼过程中得到了不断的规范和完善。Bolar 例外为美国医疗器械领域内的诸多诉讼提供了法理依据，也在法律层面上为仿制医疗器械的发展扫除了障碍。

3.6 医疗方法专利的授权和抗辩

3.6.1 医疗方法专利的历史发展

医疗器械作为一种与人体高度相关的产品，其在专利保护方面具有相当特殊的一面。医疗器械的专利权人除了对产品本身进行专利保护外，还经常存在对于与器械相关的方法进行保护的需求。当这类方法涉及人体或动物体的诊断和治疗时，对其的专利保护变得较为复杂。在中国，出于人道主义的考虑和社会伦理的原因，医生在诊断和治疗过程中应当有选择各种方法和条件的自由，因此中国《专利法》规定，疾病的诊断和治疗方法无法获得授权，具体地，《专利法》第 25 条第 1 款第 (3) 项明确将疾病的诊断和治疗方法排除在可授予专利权的客体范围之外。与中国专利制度不同，现行的美国专利制度下，医疗方法可以获得专利权。

实际上，美国的专利制度对于医疗方法是否可以获得专利权保护也经历了漫长的历史变革。需要指出的是，美国的成文法中对于医疗方法是否可获得授权一直以来都没有明确的规定，既没有相关的法条进行肯定性的描述，也没有相关法条对其作出明确的排除，对于医疗方法的专利权的适格性问题的讨论是通过美国判例法发展的。

最早与医疗方法相关的判例可以追溯至 1862 年的 Morton 案❶，其中涉及一件专利 USPAT4848。该专利提出了一种将乙醚在外科手术中作为麻醉剂使用的方法，在此之前，人们已经知晓乙醚被人或动物体吸入肺内会对神经系统造成一种特殊的影响，这被认为是一种类似于中毒的症状，但是现有技术并未发现吸入乙醚后会变得对疼痛不敏感或者能对神经产生镇静作用，该专利将乙醚结合至外科手术，能够减轻病人在手术时的痛苦，使得外科医生在病人没有或较少挣扎的情况下进行手术。最终法院认为该专利无效，法院认为，乙醚作为一种已知的物质，本身并没有新颖性，其作为手术麻醉剂的使用方式本质上利用的是动物的天然属性，这个发现虽然可能是卓越以及有实际使用价值的，但是其不是可专利性的，具体地：

无论是通过多长时间、多么艰辛的努力，或者是为了实现多么有效的目的，这项发现最终是属于自然功能的发现。获得专利权需要包括更多的东西，必须要具有操作该方法的装置或者媒介的组合后才能授予专利权。动物的天然属性的应用，或者仅利用动物的天然属性实现的发明不属于发明中的必要组成部分，虽然其能够表明该发明是有用的，但却无法获得专利权。

可见，对于 Morton 案，法院虽然最终撤销了该专利，然而其给出的理由在如今看来是值得商榷的，乙醚作为手术麻醉剂在当今可以考虑通过已知产品的新用途发明获

---

❶ 17 F. Cas. 879（No. 9865）（S. D. N. Y. 1862）.

得专利保护，而当时却被撤销了专利权。

不论 Morton 案的判决在法理上是否准确，该案对后续案例的判决均提供了指导意义。之后，法院的通行做法均是基于该案的观点，认为医疗方法不应获得专利权。直至 1952 年的 Becton – Dickinson 案❶，该案中的专利涉及一种皮下注射器的注射方法，最终法院认定该专利权有效。事实上，该案在审理过程中的争议点并不是在医疗方法是否应该授权，而是针对专利权人在专利审理的过程中是否存在欺瞒 PTO 的行为。虽然该案本身对于医疗方法是否应该授权没有进行讨论，但是法官在判决书中强调了美国专利法的规定：

"任何人发明或发现了任何新的和有用的技术（包括方法）、机器（包括设备）……或其任何新的和有用的改进……在该发明或发现之前，未被本国他人知晓或使用，且未在本国或任何外国获得专利或记载在任何印刷出版物中，……可在支付法律规定的费用和其他正当程序后获得专利权"。❷

法院基于美国专利法的上述规定，认为该案中专利涉及的方法只要满足专利法的要求同样可以被授予专利权，并没有将医疗方法作为一种特例而特殊对待，最终认为该专利有效。该案作为第一件在侵权诉讼过程中将医疗方法认定为专利权有效的判例，改变了 Morton 案以来法院对于医疗方法的观点，促进了法院关于美国专利法保护客体的更深入的认知。

此后，PTO 开始对医疗方法专利进行授权，不过在这一时期专利权人获得医疗方法专利后很少对他人主张专利权而提起侵权诉讼、要求专利权使用费或其他赔偿等救济措施，而更多只是为了得到象征性的荣誉。然而，1995 年的 Pallin 案❸彻底改变了这一现状。在 Pallin 案中，原告 Samuel L. Pallin 是一名医生，其对被告 Jack A. Singer（同样是一名医生）以及 Hitchcock 诊所提起了专利侵权诉讼。原告的专利 US5080111，涉及一种白内障手术方法，法院经过审理后认定专利有效，虽然该案件在审理过程中的争议点与其他专利侵权案件相比并没有体现出特殊之处，其主要是针对被告提出的"专利相对于现有技术是显而易见的"抗辩方式进行审理，对医疗方法这一特殊类型并没有相关的讨论，然而客观上该案件造成了巨大的影响，引起了广泛的讨论。美国医疗协会对于给医疗和外科方法授予专利权的做法表达了强烈的谴责，认为将医疗方法授予专利权会导致医生为了考虑经济方面的因素而将病人的健康置于次要位置，会严重损害医学界的道德标准。而美国律师协会、美国知识产权法律协会、美国生物技术工业组织等则认为美国成文法没有任何条款禁止对医疗方法专利进行授权。实际上，对于医疗方法禁止授予专利权也会打击相关产业的发明人研发新技术的积极性，从而阻碍科学技术的进步。该案的最终结果是 1996 年法院又颁布了一项同意令，宣布原告

---

❶ 106 F. Supp. 665.

❷ 35 U. S. C. A. § 31, R. S. 4886.

❸ 36 U. S. P. Q. 2d 1050.

和被告之间达成的协议，即专利无效且被告没有侵权。虽然该案的审理结束了，但是其遗留了一个亟待解决的问题，即如果法院将来再面临类似的案件时仍然会处于两难的境地。

为了解决这一问题，1995年3月3日美国众议院提出了"医疗程序创新和可负担性提案"（H. R. 1127提案），该提案禁止签发大多数医疗方法专利，而不是通过对执行医疗方法的医生提供豁免权。该法案得到了医学界的支持，但是由于该提案的规定过于宽泛和不明确而受到专利律师和生物技术行业的反对。该提案的修正案（H. R. 3814提案），对签发医疗方法专利提出了更窄的标准，然而该修正案没有通过。

针对生物技术行业对于H. R. 1127提案的反对，参议院提出了一项针对医生豁免权的提案（S. 1334提案），以替代禁止签发医疗方法专利的提案，其中包括以下内容：

"对于在本小节生效日期当天或之后发布的任何专利，患者、医生或其他有执照的医疗保健从业者、与医生或执业医疗从业人员有专业关联的医疗保健实体，使用或诱导他人使用专利技术、方法或过程来执行外科医疗程序、进行外科手术或医学治疗或进行医学诊断的行为不应构成侵权。本部分不适用于从事商业制造、销售或许诺销售药品、医疗器械、工艺或产品的任何人使用或诱导使用此类专利技术、方法或工艺，或者受FDCA或PHSA管制的产品。"

医学界支持该项提案。一名代表包括美国医学协会的医学界广泛联盟的医生在众议院法院和知识产权小组委员会作证时说：

"H. R. 1127提案效仿了其他80多个禁止医疗方法专利的国家，虽然我们原则上支持这种对医疗方法不授予专利权的立法并且发现它与医学专业的道德标准最为一致，但我们也理解在哲学层面上对禁止授予专利权的反对意见，以及制定禁止广泛的包括药物、医疗器械、生物制品和工艺的使用方法的专利权实际会遇到的问题。参议院的S. 1334提案并不禁止医疗方法专利，而是免除患者、医生或其他医疗保健提供者使用医疗方法专利的侵权责任，该提案解决了这些问题。该侵权豁免提案与美国专利法第271条（e）款中的方法一致。基于这些原因，我们认为参议院的提案提供了更好的选择。"

S. 1334提案未能获得通过。另一项医生豁免提案（S. 2105提案）于1996年9月24日提出，虽然也没有通过，但其实质性条款被列入一周后在众议院通过的提案，即HR3610.6提案。参议员Frist对S. 2105提案中提出的条款的声明明确指出，他认为这些条款是针对"纯手术"专利方法的侵权诉讼的，而不同于生物技术、医疗器械和药品专利：

"当前已经确立了允许药品和医疗器械专利的正当性和重要性，但是对于不涉及药物或设备，而仅仅是手术或医疗技术的改进的医学创新专利申请的正当性仍然存在很大争议。我认为这些专利的正当性具有充分的理由。与医疗药物和设备的创新不同，纯手术的创新——例如发现更好的缝合伤口或固定骨折的方法——是不断进行的，无需明显大量的研究投资……我的提案将阻止对专业卫生人员针对所谓的纯医疗方法专利的侵权追责。但是，它绝不会改变有关生物技术、医疗器械、药物或其使用方法的可专利性。因此，这种有限的立法绝不会阻碍在这些医学领域进行的重要研究……我的提案覆盖的范围非常小，它只会阻止针对卫生专业人员或其附属设施的专利侵权执法，例如 Pallin 博士等纯方法专利，而不会以任何方式影响医疗器械、药物或其使用方法的可专利性。"

参议院于 1996 年 9 月 30 日通过了 HR3610.6 提案。

总统于同一日签署通过了该提案，美国国会于 1996 年 9 月修改了专利法即美国法典第 35 篇，增加了第 287 条（c）款的规定，即所谓的医生豁免条款。该条款的具体内容如表 1 - 3 - 6。

表 1 - 3 - 6　美国法典第 35 篇第 287 条（c）款

287（c）	英文原文	中文释义
（1）	With respect to a medical practitioner's performance of a medical activity that constitutes aninfringement under section 271（a）or（b）, the provisions of sections 281, 283, 284, and 285 shall not apply against the medical practitioner or against a related health care entity with respect to such medical activity.	专业医疗人员从事的医疗活动按照美国专利法第 287 条（a）款或者（b）款的规定构成侵权时，美国专利法第 281 条、第 283 条、第 284 条、第 285 条的规定不能用于对抗专业医疗人员或者对抗与该医疗活动相关的医疗保健实体。
（2）	For the purposes of this subsection:	就本款而言：
（2）（A）	the term "medical activity" means the performance of a medical or surgical procedure on a body, but shall not include（i）the use of a patented machine, manufacture, or composition of matter in violation of such patent,（ii）the practice of a patented use of a composition of matter in violation of such patent, or（iii）the practice of a process in violation of a biotechnology patent.	"医疗活动"是在身体上执行医疗的或者外科的程序。但是，其不包括：（i）侵犯机器、制品或者物质组合的专利权而使用受专利保护的上述机器、制品或者物质组合；（ii）侵犯物质组合的用途发明的专利权而使用该物质组合的受专利保护的用途；（iii）侵犯生物技术专利权而使用的一种方法。
（2）（B）	the term "medical practitioner" means any natural person who is licensed by a State to provide the medical activity described in subsection（c）（1）or who is acting under the direction of such person in the performance of the medical activity.	"专业医疗人员"是自然人，其必须拥有州颁发的许可证，该许可证准许其从事上述医疗活动。"专业医疗人员"也可以是在上述许可证持有人的指导下从事上述医疗活动的自然人。

续表

287（c）	英文原文	中文释义
（2）（C）	the term "related health care entity" shall mean an entity with which a medical practitioner has a professional affiliation under which the medical practitioner performs the medical activity, including but not limited to a nursing home, hospital, university, medical school, health maintenance organization, group medical practice, or a medical clinic.	"相关的医疗保健实体"是一个组织。上述专业医疗人员与该组织有职业从属关系，并在该组织内从事上述医疗活动。该组织包括但是不限于疗养院、医院、大学、医疗学校、健康维护组织、集体医疗机构、医疗门诊部。
（2）（D）	the term "professional affiliation" shall mean staff privileges, medical staff membership, employment or contractual relationship, partnership or ownership interest, academic appointment, or other affiliation under which a medical practitioner provides the medical activity on behalf of, or in association with, the health care entity.	"职业从属关系"是职员权限、医疗职员资格、雇佣或者合同关系、合伙或者所有者权益、学术职务或者其他从属关系。按照这些关系，上述专业医疗人员代表上述健康护理机构提供上述医疗活动，或者提供与上述健康护理机构有关的上述医疗活动。
（2）（E）	the term "body" shall mean a human body, organ or cadaver, or a nonhuman animal used in medical research or instruction directly relating to the treatment of humans.	"身体"是用于医疗研究、教学中的与人的治疗直接相关的人的身体、器官、死尸，或者非人类的动物。
（2）（F）	the term "patented use of a composition of matter" does not include a claim for a method of performing a medical or surgical procedure on a body that recites the use of a composition of matter where the use of that composition of matter does not directly contribute to achievement of the objective of the claimed method.	如果物质组合的使用并不能够对权利要求主张的方法的目标的实现提供直接帮助，"物质组合的受专利保护的用途"不包括使用该物质组合在身体上实施一个医疗或者外科程序的方法的权利要求。
（2）（G）	the term "State" shall mean any State or territory of the United States, the District of Columbia, and the Commonwealth of Puerto Rico.	"州"一词系指美国的任何州或者地区、哥伦比亚特区以及波多黎各共和国。

287（c）	英文原文	中文释义
（3）	This subsection does not apply to the activities of any person, or employee or agent of such person（regardless of whether such personis a tax exempt organization under section 501（c）of the Internal Revenue Code）, who is engaged in the commercial development, manufacture, sale, importation, or distribution of a machine, manufacture, or composition of matter or the provision of pharmacy or clinical laboratory services（other than clinical laboratory services provided in a physician's office）, where such activities are:	本条不适用于下列任何人或者其雇员或代理人的活动（无论该任何人是否为《国内税收法》第501条（c）款下的免税组织）：该任何人从事机器、制品、物质组合的商业化开发、生产、销售、进口、分发，或者提供药品、临床试验服务（不包括在医生办公室提供的临床试验服务）。上述活动是指：
（3）（A）	directly related to the commercial development, manufacture, sale, importation, or distribution of a machine, manufacture, or composition of matter or the provision of pharmacy or clinical laboratory services（other than clinical laboratory services provided in a physician's office）, and	与机器、制品、物质组合的商业化开发、生产、销售、进口、分发直接相关，或者与提供药品、临床试验服务（不包括在医生办公室提供的临床试验服务）直接相关，以及
（3）（B）	regulated under the Federal Food, Drug, and Cosmetic Act, the Public Health Service Act, or the Clinical Laboratories Improvement Act.	被《联邦食品、药品和化妆品法》《公共医疗卫生服务法》或《临床试验改进法》所管辖。
（4）	This subsection shall not apply to any patent issued based on an application which has an effective filing date before September 30, 1996.	本条不适用于基于在1996年9月30日之前提交的有效申请文件而签发的任何专利。

该条款的确立使得美国专利法最终明确了对于医疗方法的处理方式，即在对医疗方法授予专利权的同时剥夺专利权人对从事侵权的"医学活动"的医学工作者和相关健康护理人员所能采取的所有救济，包括金钱赔偿和禁令，通过这种授予专利权同时结合豁免权的方式维持了医生的人道主义和促进科学技术进步之间的平衡。

3.6.2　医疗豁免条款的法律适用

上文介绍了美国专利制度中对于医疗方法现行做法的由来，即专利权人可以通过在权利要求书中记载医疗方法获得专利权的保护，而医学工作者和相关健康护理人员则可以通过第 287 条（c）款规定的医生豁免条款对于侵权责任进行豁免。从具体的法条可以看出，第 287 条（c）款第（1）项是对侵权豁免责任的整体规定，第 287 条（c）款第（2）项则是对相关的名词的具体定义，第 287 条（c）款第（3）项则规定了不适用该豁免条款的特殊情形。

下文将通过具体案例对法条的实际适用情况进行介绍。

3.6.2.1 第 287 条（c）款第（2）项相关名词的理解 [Emtel 案（583 F. Supp. 2d 811）]

2008 年的 Emtel 案是第 287 条（c）款医生豁免条款颁布后在庭审中出现的首件采用该条款进行抗辩的案例。该案的原告 Emtel Inc.（以下简称"Emtel"）是涉案专利 US7129970B2 的专利权人，该案的被告 Lipidlabs Inc.、Specialists On Call Inc.、Tele-MedDox LLC 以及 Doctors Telehealth Network Inc.（以下统称"被告"）是多家视频会议网络连接提供商，原告对上述被告提起了侵权诉讼，指控其使用视频会议的方法侵犯了专利权人的专利权，该方法允许医生与远程医疗机构的医护人员以及患者进行沟通。

原告要求对被告进行侵权制裁，而被告则要求进行不侵权的简易判决以及要求驳回原告的诉讼请求。具体地，被告认为其执行该方法的过程属于第 287 条（c）款规定的医生豁免条款规定的范围，而法院在审理过程中，对第 287 条（c）款第（2）项中的名词"在身体上执行医疗的或者外科的程序"进行了剖析，从此案的判决可看出，法院对于"医疗活动是在身体上执行医疗的或者外科的程序"的理解实际上是比较宽泛的，"在身体上"并不要求该方法是直接对身体进行手术等需要物理接触的行为，而是要求医疗或外科"行为"指向或影响患者的身体。诊断医疗状况、向不同位置的不同医疗护理人员提供关于治疗护理人员患者的指示，以及帮助另一个护理人员治疗患者的医疗状况，同样属于针对患者身体或影响患者身体的"行为"。

此外，判决书还针对被告是否属于"相关的医疗保健实体"进行了审理，以及对专利权利要求的方法整体上是否是医疗方法进行了判断，认为被告属于"相关的医疗保健实体"，但是专利权利要求的方法虽然部分包含了部分医疗方法的步骤，但是整体上并不是一种医疗方法，该案不适用第 287 条（c）款的豁免条款。该案被告最终通过证明并没有单独的一个实体执行了 US7129970B2 专利的独立权利要求 1 或 4 中限定的所有步骤，因而不构成侵权。虽然最终被告并没有被判处侵权，然而该案中被告试图采用第 287 条（c）款的豁免条款进行抗辩以及法院否定被告这一尝试的具体分析过程，对于理解第 287 条（c）款第（2）项中的相关名词提供了很大的帮助，值得研究。

【案例号】583 F. Supp. 2d 811

【原告】Emtel

【被告】Lipidlabs Inc.、Specialists On Call Inc.、Tele - MedDox LLC 以及 Doctors

Telehealth Network Inc.

【涉案专利】

本案涉及美国专利 US7129970B2。该专利涉及一种视频会议系统，如图 1 - 3 - 15 所示，该商品会议系统包括急救中心移动车，其可以根据需要放置在急诊室或其他医疗机构中，以及一个视频摄像头，远程医疗的医生可选择性及独立地控制该视频摄像头和音频设备，从而使医生能够可视化地与急救中心移动车内的病人以及急诊人员沟通，检查该病人的身体状况，诊断和控制病人的治疗状况，以及在治疗前和治疗期间与病人交谈。

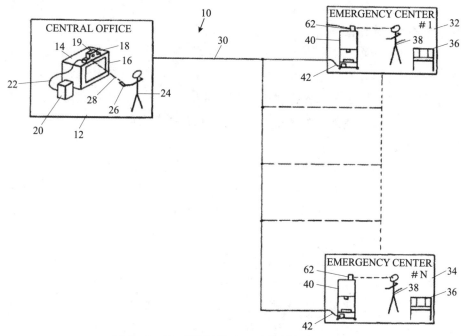

图 1 - 3 - 15　US7129970B2 中的视频会议系统

该专利包含 8 项权利要求，其中独立权利要求 1 如下：

"1. 一种利用包括多个附属医疗设施的系统提供医疗服务的商业方法，至少一个医生被安排在中央医疗视频会议站，第一患者和第一医疗护理人员被安排在所述多个附属医疗设施中的第一个附属医疗设施内，该方法包括以下步骤：

（a）在所述医疗视频会议站和所述多个附属医疗设施之间建立视频会议通信系统；

（b）选择所述多个附属医疗设施中的所述第一个附属医疗设施以主动接收来自所述医生的视频和音频通信；

（c）控制所述多个附属医疗设施中的所述第一个附属医疗设施的视频会议系统，以控制在所述中央医疗视频会议站接收从所述多个附属医疗设施中的所述第一个附属医疗设施发送的视频图像；

（d）由所述医生在所述中央医疗视频会议站诊断所述多个附属医疗设施中的所述

第一个附属医疗设施中的所述第一患者的医疗状况；

（e）由所述医生通过所述视频会议系统向所述第一医疗护理人员提供指令，以在所述多个附属医疗设施的所述第一个附属医疗设施中治疗所述第一患者；

（f）选择所述多个附属医疗设施中的第二个附属医疗设施以主动接收来自所述医生的视频和音频通信；

（g）在所述中央医疗视频会议站显示设置在所述多个附属急救护理设施的所述第二个中附属医疗设施的第二个患者的图像；

（h）控制所述多个附属医疗设施中的所述第二个附属医疗设施的视频会议系统，以控制在所述中央医疗视频会议站接收从所述多个附属医疗设施中的所述第二个附属医疗设施发送的所述图像；

（i）由所述医生在所述中央医疗视频会议站诊断所述第二患者的医疗状况；和

（j）由所述医生通过所述视频会议系统向设置在所述多个附属医疗设施中的所述第二个附属医疗设施中的第二医疗护理人员提供指令，以在诊断所述第一患者的所述医疗状况的同时治疗所述第二患者并向所述第一医疗护理人员提供指令。"

【案件背景】

本案涉及的是针对方法权利要求的侵权诉讼，其中包含多名被告，原告针对这些被告共同提供的"远程医疗支持服务"提起了诉讼。被告以视频会议网络连接的形式提供了这些"远程医疗支持服务"，并与医生或医生团体签订合同，这些医生或医生团体同意作为被告的独立承包人提供诊断和治疗服务。另外，被告还与远程医疗设备提供商签订合同，同意通过医生或医生团体提供外包的视频会议医疗服务。

涉诉的"远程医疗支持服务"包括以下内容：在特定区域从患者所在的远程医疗设施（例如医院或急诊室）接收医疗服务请求，通过合适的设备允许位于专门来响应医疗服务请求的区域内的医生与远程医疗设施之间建立并进行视频会议连接，并安排相应的医生通过视频会议响应来自远程医疗设施的请求。

被告 Tele–MedDox LLC 和 Doctors Telehealth Network Inc. 提供对计算机服务器的维护服务，这些服务器接收来自远程医疗设施的医疗服务请求，将医疗服务请求与当前处于空闲的相关专科医生进行匹配，并通过与相应的医生建立视频会议连接与远程医疗设施连接起来。医生通过服务器建立的视频会议连接与远程医疗设施通信。被告 Specialists On Call Inc. 则建立了一个免费呼叫中心并对其进行维护，通过该免费呼叫中心接收来自远程医疗设施的电话咨询请求，并使用专有的呼叫处理和信息收集协议来识别并联系相应的专科医生，以及在远程设施和医生之间建立视频会议网络连接。

被告与医生或医生团体签订的合同表明，这些医生或医生团体同意作为被告的独立承包人，其中被告提供商业、行政和技术支持以及必要的视频会议设备，医生或医生团体则同意通过被告的远程医疗网络提供医疗服务。合同将医生或医生团体确定为独立承包人，他们可以进行独立地诊断并且具有为患者提供具体医疗保健的自由决定权。

【争议焦点】

本案中，原告基于美国法典第35篇第281条的规定，即"专利权人可通过民事诉讼获得侵犯其专利权的补救措施"，要求对被告判处侵权并要求获得合适的侵权救济，而被告则认为，基于美国法典第35篇第287条（c）款的规定，它们应该被豁免于侵权，因为被诉的侵权行为涉及由"专业医疗人员"实施的"医疗活动"，并且它们属于"相关的医疗保健实体"，因此被告认为自身的行为符合第287条（c）款豁免条款的规定，从而请求法官作出不侵权的简易判决并驳回原告的诉讼请求。

本案审理过程中，法院首先强调了第287条（c）款第（2）项中对于部分术语"医疗活动""专业医疗人员""相关的医疗保健实体""身体""职业从属关系"的具体规定，具体参见3.6.1节中引用的第287条（c）款的内容。法院指出，确定本案是否适用第287条（c）款的争议焦点在于：

①被诉侵权的行为是否涉及"在身体上执行医疗的或者外科的程序"；

②鉴于附属医生作为独立承包商提供医疗服务，被告是否为"相关的医疗保健实体"；

③实施独立权利要求中描述的属于医疗活动的部分步骤是否"构成侵权"。

当事人和法院的具体观点如下。

1）被诉的侵权行为是否属于"在身体上执行医疗的或者外科的程序"

（1）被告观点

被告认为独立权利要求包含的下述内容属于"在身体上执行医疗的或者外科的程序"：权利要求1的步骤（d）——由所述医生在所述中央医疗视频会议站诊断所述多个附属医疗设施中的所述第一个附属医疗设施中的所述第一患者的医疗状况；权利要求1的步骤（j）——由所述医生通过所述视频会议系统向设置在所述多个附属医疗设施中的所述第二个附属医疗设施中的第二医疗护理人员提供指令，以在诊断所述第一患者的所述医疗状况的同时治疗所述第二患者并向所述第一医疗护理人员提供指令。

（2）原告观点

远程医疗机构实施的医疗行为——诊断疾病、向医护人员提供治疗病人的指导，或协助治疗某种疾病——不属于"在身体上执行医疗的或者外科的程序"。原告Emtel具体提出了4点意见，分别为：

①"诊断"不属于"医疗的或者外科的程序"，而是在后者发生之前的过程。医生必须在进行医疗的或者外科的程序之前诊断出具体的问题。

② Emtel认为，立法历史中，S.1334提案中将"外科和医疗程序""进行外科手术或医学治疗""作出医学诊断"的行为分开描述，因此认为国会认为"外科和医疗程序"与"进行手术或药物治疗"和"作出医学诊断"不同，并且"作出医学诊断"不属于"外科和医疗程序"。

③ Emtel认为通过视频会议系统"向附属医疗设施的医疗护理人员提供指示"以

治疗该设施的患者［即权利要求1的步骤（e）］，以及在远程急救护理设施中"帮助治疗"患者的医疗状况［即权利要求4的步骤（f）］，不属于"外科和医疗程序"。Emtel认为，因为进行"指导"和"帮助治疗"的医生位于与患者不同的位置，并且该医生正在使用视频会议与患者的医疗护理人员进行通信，所以"帮助"一词在US7129970B2专利中必须被解释为向给患者提供治疗的医疗护理人员提供指导、支持等。Emtel认为，"外科和医疗程序"应当涉及医生对患者所进行的操作，而不应当指与指示、监督或医疗业务方法有关的内容。

④ Emtel认为，诊断医疗状况、向医疗护理人员提供有关患者治疗的指示或帮助治疗医疗状况不是"在身体上"进行的"医疗或外科"行为。Emtel认为，第287条（c）款中"在身体上"这一短语的通常含义是"物理上针对单个身体或对身体产生影响"。Emtel认为，权利要求1的步骤（d）中"诊断医疗状况""是一种发生在诊断医生的思维中的行为"，并不是对患者的身体进行的。由于权利要求1的步骤（e）中记载的"提供说明……治疗所述……患者"、权利要求1的步骤（f）记载的"帮助治疗所述患者的医疗状况"，是由专家医生通过视频会议传送给远程医疗护理人员的，这些步骤不是在患者身体上"执行"的。由于医生并不在患者身体身边，而只通过视频会议系统观察患者身体，医生并不能对患者身体进行物理手术。

（3）法院观点

针对原告Emtel的4点意见，法院的观点如下：

① 在解释一项法规时，法院应当"给出它们通常的、当前的常见含义，以及考虑到它们在整个法案中的位置，除非国会另有说明"。这是进行法条（实际上针对是法条语言本身）解释的基本原则，某个词语的含义不能被孤立地确定，而必须从它的使用语境中得出。法律不能通过从一句法条中抽取某些词语并将这些词语在字典中的多个含义进行组合，而不考虑上下文来解释。法院在解释法规时需要"从法条的文字开始"，但是如果必要的话也可以查阅字典以及参考立法历史。

通过查阅字典可知，在医学范畴内，"程序"也可以指诊断，参见Stedman's Medical Dictionary 1563（28 thed. 2006）（其中将"程序"定义为"诊断、治疗或操作的行为或过程"）。

② 虽然在第287条（c）款的立法历史中，早期提出的提案将"执行医疗或外科手术程序"与"进行外科或药物治疗"以及"作出医学诊断"分开描述，然而，立法历史并未得出这样的结论：国会认为"外科和医疗程序"不包括"进行手术或药物治疗"或"作出医学诊断"。第287条（c）款的法条中没有记载后两个短语也是合理的，因为"外科和医疗程序"本身已经包括了"进行手术或药物治疗"和"作出医学诊断"。

立法历史表明，第287条（c）款旨在允许医疗器械、生物技术或药物及其使用方法能够获得专利保护的同时保护医生避免由于使用了用于诊疗患者的方法而遭到侵权诉讼。争论集中在常规的医生豁免规则下需要制定哪些例外情况以确保对于医疗器械、生物技术、药物专利保护的可执行性。从立法历史来看，其并不支持 Emtel 所声称的"诊断病人不是属于医生豁免范围的'外科和医疗程序'"的说法。

③ 第 287 条（c）款将"医疗活动"定义为"对身体上执行医疗的或者外科的程序"。其中的"或者"意味着被其分开描述的两个词语具有独立的含义，"医疗"和"外科"这两个词指的是不同的行为。"医疗"和"外科"行为都可能包括向另一个护理人员提供治疗指示以帮助护理人员进行治疗。术语"医疗的或者外科的程序"并不排除医生"向医疗护理人员提供指示"以使护理人员能够治疗患者。该术语也不排除医生通过位于其他位置的医疗护理人员对患者"帮助治疗医疗状况"。

④ 对于法条中的"on"一词，立法历史表明，该法规对医生提供了专利侵权豁免权，以便在允许对医疗器械、药品或生物技术实施可执行专利保护的同时能够允许在医生治疗患者时执行医疗程序。如果将介词"on"解读为需要直接身体接触会将豁免条款中的许多医疗行为排除在外，这种解读会破坏立法本意。"在身体上"要求的是医疗或外科"行为"指向或影响患者的身体。诊断医疗状况、向不同位置的不同医疗护理人员提供关于治疗护理人员患者的指示以及帮助另一个护理人员治疗患者的医疗状况，均属于针对患者身体或影响患者身体的"行为"。因此，原告 Emtel 针对被告不适用第 287 条（c）款的第一个论据不成立。

2）被告是否是"相关的医疗保健实体"

（1）原告观点

Emtel 认为，被告不属于"相关的医疗保健实体"，因为它们与其附属医生"仅仅是一个商业关系"，而不是"医疗从属关系"。法规中提供的"相关医疗保健实体"的例子清楚地表明，所涉及的专业从属关系是医疗从属关系，而不仅仅是商业关系。而医生的电话公司或房东显然不是"相关的医疗保健实体"，尽管医生已"与他们签订了合同，并且在他的医疗行为中使用了他们的服务或财产。被告与其附属医生之间类似于纯粹的"商业"关系。

（2）法院观点

被告与医生或医生团体签订了附属协议，并与远程医疗机构签订了单独的协议。在与医疗机构的协议中，被告同意向附属医生提供外包医疗诊断或治疗的服务。被告与医生或医生团体的相关协议要求医疗专业人员提供被告与远程护理设施的协议中要求的医疗服务。与医生与电话公司或房东的合同不同，附属医生不仅仅同意在医疗实践中使用被告的服务或财产，协议还要求被告将来自远程医疗机构的医疗援助请求与具有特定响应特性的附属医生相匹配，并且该医生使用视频会议来查看位于远程医疗机构中的患者，并为该患者提供医疗服务。因此，被告属于"相关的医疗保健实体"。

3）实施独立权利要求中描述的属于医疗活动的部分步骤是否"构成侵权"

（1）原告观点

根据第 287 条（c）款的法条内容，该条款适用的前提是"专业医疗人员从事的医疗活动按照美国专利法第 287 条（a）款或者（b）款的规定构成侵权时"。Emtel 认为，即使在远程医疗机构中诊断患者的健康状况、向远程医疗护理人员提供指导以治疗此类患者或在远程医疗机构帮助治疗患者的健康状况属于"医疗活动"，前述的每项行为也只是 US7129970B2 专利的方法权利要求的某一个或某几个步骤，由于单独实施方法权利要求中的部分步骤本身并不会构成侵权，因此，单独实施上述"医疗活动"的部分步骤不能"构成侵权"，从而并不满足第 287 条（c）款的适用前提。因此，被告不能以第 287 条（c）款进行抗辩，第 287 条（c）款仅适用于整个方法权利要求均属于"医疗活动"的情况。

（2）被告观点

被告则认为，进行属于侵权权利要求中的必要元素的任何医疗活动均可触发第 287 条（c）款规定的诉讼豁免权。被告强烈建议"构成（constitutes）"的通常含义是"组合中的元素或一部分"，一项权利要求中的少数必要技术特征同样被认为构成该权利要求。被告强调，如果不这样理解，则会导致出现这样的情况："专利权人可以仅仅通过包含一个微不足道的非医疗的限定来形成医疗或外科手术的权利要求就能随时绕过第 287 条（c）款，例如，通过在一项涉及无需缝合的白内障手术的方法权利要求中加入洗手或获得知情同意的限定。"

（3）法院观点

"对于流程专利或方法专利权利要求，当一方执行流程的所有步骤时，就会发生侵权行为。"US7129970B2 专利中的独立权利要求涉及通过使用视频会议设备向远程医疗机构中的患者提供医疗护理的商业方法。两项独立权利要求中的任一项中，包含的 9 个或 10 个步骤中，医疗活动仅构成了其中一部分步骤。权利要求 1 要求医生诊断位于远程医疗机构的患者的健康状况并向位于远程医疗机构的医疗护理人员提供指示。权利要求 1 还要求在医疗视频会议站和附属医疗机构之间建立视频会议通信系统，选择附属医疗机构以接收来自医生的视频和音频通信、控制视频会议系统以及显示患者的图像。类似地，权利要求 4 要求急诊室医师在远程紧急医疗视频会议中心帮助治疗患者的健康状况。权利要求 4 还要求建立视频会议通信连接、显示患者的图像、让急诊室医生查看该图像并控制远程设施中的摄像机。除非还执行了权利要求中的所有其他步骤，否则仅执行诊断健康状况的医疗活动步骤，向医疗护理人员提供治疗患者的指示或帮助治疗健康状况的步骤本身都不会侵犯任何其中一项权利要求。

权利要求 1 和 4 虽然包括了进行医疗活动的步骤，但仅仅执行权利要求中包括的医疗活动的部分步骤并不会在整体上侵犯该权利要求。换言之，医生对患者执行这些医疗活动的部分步骤不会侵犯 US7129970B2 专利，而只有实施 US7129970B2 专利中所要求的视频会议方法的所有步骤来执行这些医疗程序时才会侵权该专利。正如原告 Emtel 所说，"被告可以自由地进行诊断、提供指导和协助医疗的行为而不侵犯该专利"。然而这并不意味着被告声称的医疗方法权利要求会因为医疗活动包含的一个要素或步骤（例如"洗手"或"获得知情同意"这种本身并不是"医疗活动"的步骤）而使得其变成不是医疗方法。US7129970B2专利权利要求中限定的非医疗活动的步骤并不是医学行为中那些类似于"洗手"或"获得知情同意"这些特定的非医疗活动步骤。总而言之，第287条（c）款医生豁免条款针对的是权利要求整体上是一种医疗方法的情形，由于仅仅执行US7129970B2专利的权利要求1和4中所包括的部分医疗活动的步骤并不能"构成对该专利的侵权"，因而不满足第287条（c）款的适用前提，因此被告不能采用第287条（c）款进行抗辩。

该案中被告试图通过第287条（c）款的医生豁免条款以避免承担侵权责任。法院在审理过程中对第287条（c）款中的术语进行了详细的剖析，从此案的判决可看出，法院对于"医疗活动是在身体上执行医疗的或者外科的程序"的理解实际上是比较宽泛的，"在身体上"并不要求该方法是直接对身体进行手术等需要物理接触的行为，而是要求医疗或外科"行为"指向或影响患者的身体。诊断医疗状况、向不同位置的不同医疗护理人员提供关于治疗护理人员患者的指示以及帮助另一个护理人员治疗患者的医疗状况，同样属于针对患者身体或影响患者身体的"行为"。

对于被告是否属于"相关的医疗保健实体"的争议，法院认为被告与医生或医生团体的相关协议要求医疗专业人员提供被告与远程护理设施的协议中要求的医疗服务，因此被告属于"相关的医疗保健实体"。

最终，由于专利权利要求的方法虽然部分包含了医疗方法的步骤，但是该方法整体上并不是一种医疗方法，仅实施其中包含了医疗方法的步骤本身并不会对涉案专利整体上构成侵权，因此不满足第287条（c）款的适用前提，该案不适用第287条（c）款规定的豁免条款。

3.6.2.2　政府是否是第287条（c）款的适用主体［Lamson案（117 Fed. Cl. 755）］

Emtel案作为首件涉及第287条（c）款的案件，对于该条款第（2）项中几个关键名词进行了剖析，包括"在身体上执行医疗的或者外科的程序"和"相关的医疗保健实体"，该案中的被告为企业，属于常规的侵权诉讼当事人。而2014年的Lamson案则对于第287条（c）款的适用对象的一种特殊情况进行了明确，该案的原告为个人，被告为美国政府，原告依据美国法典第28篇第1498条（a）款的规定对美国政府提起了侵权诉讼。

在该案中，法院首次明确了第287条（c）款规定的医疗豁免条款是否适用于被告为美国政府的情形。原告Ralph J. Lamson博士称，美国政府未经授权地直接或通过采购合同侵犯了原告的专利。原告Lamson博士的专利，涉及使用虚拟现实沉浸式治疗方法（VRIT）治疗心理、精神和医学病症的几种方法，包括军事人员的创伤后应激障碍的治疗。Lamson 博士声称，美国政府在没有有效许可证的情况下实施了这些方法中的一种或多种。

针对美国政府采用第 287 条（c）款进行抗辩的方式，原告认为第 287 条（c）款不适用于被告是美国政府这一特殊情况，而地方法院经过审理后认为第 287 条（c）款并没有被排除在基于美国法典第 28 篇第 1498 条（a）款发起的诉讼范围之外，美国政府能够使用与任何私人当事人一样的抗辩方式，同样适用第 287 条（c）款的医生豁免条款。

【案例号】 117 Fed. Cl. 755

【原告】 Ralph J. Lamson

【被告】 美国政府

【涉案专利】

US6425764 专利名为"用于治疗心理、精神、医疗、教育和自理问题的虚拟现实沉浸式治疗方法"，并涉及"使用"交互式虚拟现实环境进行人类患者的精神或医学状况评估和治疗"心理疾病"的方法。专利的主要权利要求是权利要求 1、19、23 和 26。其他权利要求均是上述权利要求的从属权利要求。

其中权利要求 1 包括：

"一种治疗人类患者心理、精神或医学状况的方法，包括：

（a）选择用于治疗所述心理、精神或医学状况的心理策略；

（b）提供交互式虚拟现实环境；

（1）所述交互式虚拟现实环境包括：技术单元，用于向所述人类患者显示多个虚拟现实环境；

（2）所述技术单元具有用于从所述人类患者接收对所述交互式虚拟现实环境的反馈响应的输入；

（3）所述技术单元用于响应所述人类患者的反馈响应改变所述虚拟现实环境；

（c）选择所述虚拟现实环境以对应于所述心理策略；

（d）编码所述交互式虚拟现实环境的电子指令；

（e）将所述电子指令装载到所述技术单元中；

（f）指示所述人类患者如何以及何时使用所述技术单元以体验所述交互式虚拟现实环境以及如何以及何时向所述技术单元提供反馈响应以改变所述虚拟现实环境以便通过所述技术单元进行心理、精神或医疗状况的处理。"

【案件背景】

原告依据美国法典第 28 篇第 1498 条（a）款对美国政府未经授权使用其专利的行为提起诉讼，涉及美国政府直接或通过向第三方提供而间接使用该专利的若干方法，包括利用战斗模拟器进行医疗和非医疗的 VRIT 技术。首先，原告声称国防部和退伍军人事务部（VA）的医疗机构的人员使用了该专利中要求保护的方法进行治疗。其次，原告声称美国政府资助了加利福尼亚州大学创新技术研究所（ICT）的成立，并通过 ICT 资助了 Full Spectrum Warrior 的开发，Full Spectrum Warrior 是一种使用虚拟现实沉浸式技术的虚拟现实战斗模拟程序，该模拟程序让士兵习惯作战情景，从而对作战情景脱敏，后来还资助将该计划转变为虚拟伊拉克计划和虚拟阿富汗计划等。最后，原告声称包括国防心理健康和创伤性脑损伤中心、国防高级研究计划局、海军研究生院、美国陆军远程医疗和先进技术研究中心、美国陆军训练及战略思想司令部、太平洋远程医疗技术中心、联合信息技术中心、ICT、加利福尼亚州大学圣地亚哥分校、TRICARE 以及多所 VA 医院和诊所等多个组织均直接或通过分包商间接实施过 VRIT。

【原告主张】

原告并不质疑美国政府关于未经授权适用专利方法如果属实的话是被包含于第 287 条（c）款所涵盖的范围内的观点，原告争议的地方在于其认为第 287 条（c）款不适用于根据美国法典第 28 篇第 1498 条（a）款对美国政府提起的诉讼，因此认为必须否决美国政府的简易判决动议。原告认为，第 287 条（c）款明确了其仅适用于美国法典第 35 篇即专利法中规定的侵权抗辩。因为本案针对美国政府提起的专利侵权诉讼并不是依据第 287 条（c）款提起的，而是依据美国法典第 28 篇第 1498 条（a）款关于未经授权的使用提起的，因此原告辩称，美国政府不能采用第 287 条（c）款医疗豁免条款作为辩护理由。

【被告主张】

美国政府要求进行简易判决，认为由于其依据美国法典第 28 篇第 1498 条（a）款的专利实施行为是在由美国运营的医疗机构的执业医生进行的或者是在他们的指导下进行的，政府可以根据美国法典第 35 篇第 287 条（c）款完全豁免其侵权责任。同时第 287 条（c）款属于对专利侵权指控的抗辩方式，因此根据明确的先例确定的原则应当被适用依据美国法典第 28 篇第 1498 条（a）款提起的诉讼，该先例声明美国政府可以利用私人诉讼当事人可以使用的任何辩护方式。这一先例原则来自于美国法典第 28 篇第 1498 条（a）款的修订说明，该说明明确指出"私人当事人可获得的任何辩护方式对美国政府同样可用"。

【法律基础】

本案涉及两个法条的相互作用：美国法典第 28 篇第 1498 条（a）款和美国法典第 35 篇第 287 条（c）款。前者，即美国法典第 28 篇第 1498 条（a）款，可追溯到 1910 年 6 月 28 日，其提供针对美国政府未经授权使用专利的诉讼理由。在现行法中，该法条的相关部分为：

当美国专利中描述和涵盖的发明由美国政府未经专利所有者许可或不具有合法权利即使用或制造时，专利权人可以向美国联邦政府法院要求美国政府提供救济措施，包括美国政府对此类使用和制造的合理和全部赔偿。合理和全额赔偿应包括专利权人的合理费用，包括专家证人和律师的合理费用，如果专利权人是独立发明人、非营利组织或在美国政府使用或制造该专利的期间的 5 年内的任何时刻雇员数量都不超过 500 名的企业。尽管有上述表述，除非诉讼程序自提交之日起至专利权人申请此类费用的期限超过 10 年，否则如果法院认定美国政府的立场是充分合理的，或者具有其他特殊情况使得判决不公正，则合理且全部赔偿不包括此类费用和律师费。

就本条而言，其中使用或制造专利描述的技术包括美国政府授权或同意由承包商、分包商或任何个人、公司或组织使用或制造的，应当被解释为美国政府的使用或制造行为。

根据条款本身的记载可知，依据美国法典第 28 篇第 1498 条（a）款向美国政府发起未经授权使用专利技术的诉讼与美国法典第 35 篇下的专利侵权诉讼类似，这是两个并行的条款。

上文所述的第二个法条是美国法典第 35 篇第 287 条（c）款，该法条是一项医疗豁免条款，颁布于 1996 年。该法条是为了解决医务人员在未经许可时使用医疗专利方法可能要承担侵权责任的问题而制定的。该法条的相关部分规定参见本节前文所述。

【法院判决】

法院同意被告美国政府的意见，即美国政府在根据美国法典第 28 篇第 1498 条（a）款提起的诉讼中可以使用美国法典第 35 篇第 287 条（c）款的抗辩方式。

具体而言，虽然在 Motorola 一案❶中，联邦巡回上诉法院确定了美国法典第 35 篇第 287 条（a）款和（b）款中规定的损害赔偿限制不适用于美国法典第 28 篇第 1498 条（a）款规定的侵权诉讼，这些条款要求专利权人应当对专利发明进行专利标识，向被涉嫌侵权者发出侵权的通知，并将损害赔偿限制在涉嫌侵权者因产品已经被专利标记或因收到侵权通知而获知的实际期限之后。然而，在 Motorola 案中，法院推断，第 287 条（a）款和（b）款中规定的损害赔偿限制并未扩展至依据第 1498 条（a）款对美国政府提起的侵权诉讼，理由是国会仅打算将私人当事人使用的抗辩方式而不含损害赔偿限制纳入第 1498 条（a）款。法院作出该推断的主要依据在于，1948 年的修正备忘录中的文字记载指出私人当事人可以使用的所有的 "抗辩方式" 都可供美国政府使用。该修正备忘录的相关内容为：

附带条款中有关美国政府作为专利侵权诉讼中的被告可获得的任何一般或特殊的抗辩方式的权利的规定作为不必要的内容被省略。在没有法定限制的情况下，私人当事人可以获得的任何抗辩方式同样适用于美国政府。

因此，无论第 1498 条（a）款是否规定了与美国法典第 35 篇即专利法规定的专利侵权分开的诉讼理由，联邦巡回上诉法院在 Motorola 案中已经确认，私人侵权诉讼中的当事人可以获得的任何抗辩方式，美国政府在面对根据第 287 条（c）款提起的诉讼中均可自动享有。因此，由于第 287 条（c）款属于一种侵权责任的抗辩方式，美国政府

---

❶ 729 F. 2d 765，768（Fed. Cir. 1984）.

自然可以利用该方式进行辩护。

因此，从条款内容和立法历史中可以清楚地看出，第 287 条（c）款属于根据第 287 条（c）款提起的侵权诉讼中可供美国政府使用的辩护方式。对损害赔偿的限制使得原告在某些情况下无法获得部分或全部损害赔偿，但法院仍可以发布禁令或作出宣告性判决。而另一方面，抗辩方式则决定了是否能够获得任何赔偿或救济的前提。第 287 条（c）款明确记载了"美国专利法第 281 条、第 283 条、第 284 节、第 285 条的规定不能用于对抗专业医疗人员或者对抗与该医疗活动相关的健康护理机构"。基于此，该条款免除了医疗从业者和他们所工作的机构与医疗相关的侵权责任。与第 287 条（a）款和（b）款中对损害赔偿条款的限制相反，第 287 条（c）款不是简单地限制这些个人和机构的责任，而是使他们完全豁免侵权责任。除了免除所有的损害赔偿责任，第 287 条（c）款也不允许发出禁令、授予律师费等民事侵权行为的所有救济措施。因此，该条款相对于对损害赔偿进行限制的条款覆盖的范围更广，后者只能免除一些损害赔偿，而第 287 条（c）款则规定了符合条件的当事人不得被认定为侵权。因此，法院认为第 287 条（c）款属于抗辩方式而非对损害赔偿的限制。

第 287 条（c）款的立法历史也确认了该条款是作为抗辩方式而存在的。国会报告指出，该条款"禁止对医生和该条款中确定的其他人提起要求损害赔偿或禁令救济的民事诉讼"❶。因此，与在 Motorola 案中法院指出第 287 条（a）款和（b）款从未被视为抗辩方式相反，第 287 条（c）款一直被认为是一种抗辩方式。

原告认为美国政府不能利用第 287 条（c）款规定的抗辩方式，因为国会没有明确在美国法典第 35 篇即专利法中指出其适用于美国法典第 28 篇第 1498 条（a）款，这是没有根据的。一个公认的原则是，推定国会"在通过立法时知晓所有现行法律"。国会在颁布第 287 条（c）款清楚地知晓美国法典第 28 篇第 1498 条（a）款和修正备忘录的存在，因此国会明白，对于在根据美国法典第 28 篇第 1498 条（a）款提出的侵权诉讼中，政府需要依赖私人诉讼当事人的辩护方式时，明确写明对专利侵权的具体抗辩方式是不必要的。因此，没有必要将第 287 条（c）款明确纳入美国法典第 28 篇第 1498 条（a）款。例如在 Avocent Redmond Corp. v. United States 案❷中，法院认为在美国法典第 28 篇第 1498 条（a）款没有明确提及懈怠抗辩的情况下可以作为抗辩方式使用。因此，美国政府有权使用第 287 条（c）款中规定而未在美国法典第 28 篇第 1498 条（a）款中明确提及的抗辩方式。

最终，法院判决本案中被告美国政府可以适用第 287 条（c）款中规定的豁免权，原告关于未经授权使用进行心理、精神病患者的治疗方法的专利赔偿的所有诉求均被驳回。

---

❶　H. R. Rep. No. 104－863，at852－53（1996）（Conf. Rep.）.
❷　93 Fed. Cl. 399，403（2010）.

3.6.2.3 第287条（c）款第（3）项医生豁免条款的例外情形［Viveve 案（2017 WL 1425604）］

Emtel 案中法院结合立法历史和案件的具体事实对"在身体上执行医疗的或者外科的程序"和"相关的医疗保健实体"等第287条（c）款第（2）项中规定的名词进行了分析，从而从案件事实的角度更加明确了第287条（c）款的适用范围，而 Lamson 案则从被告当事人类型的角度进行了审理，即使被告不是个人或企业这类私人当事人而是美国政府这一特殊情形时，同样也可采用第287条（c）款的医生豁免条款进行抗辩。

2016年的 Viveve 案则对于第287条（c）款第（3）项规定的医生豁免条款的例外情形做了深入的讨论，该条款涉及两个例外情形，即被告的医疗活动涉及商业开发以及被其他法律所监管。

2016年10月21日，原告 Viveve Inc.（以下简称"原告"或"Viveve"）就美国专利 US8961511 提起侵权诉讼，被告为 Thermigen LLC、ThermiAesthetics LLC、Dr. Red Alinsod M. D。Viveve 声称，被告开发并在商业上提供了一种名为"Thermi Va"的阴道重塑手术，该手术方法侵犯了 US8961511 专利权。"Thermi Va"手术使用射频热敏电阻头来控制向特定的生殖器组织的热量输送，以收紧目标区域。Viveve 声称 Alinsod 博士以个人身份实施了以下行为：①通过执行 US8961511 专利权利要求中记载的方法对专利实施直接侵权；②诱导他人对 US8961511 专利实施侵权。

被告 Alinsod 博士是一位在加利福尼亚州获得执照的泌尿科医生。Viveve 声称 Alinsod 博士是"Thermi Va 的代言人"，他的商业开发工作旨在销售和推广 Thermi Va 程序，这构成了他涉嫌侵权行为的基础。为了支持这些指控，Viveve 声称 Alinsod 博士是 Thermi Aesthetics 公司（其为共同被告之一）的执行官、Thermi Aesthetics 女性健康临床顾问委员会的主席，以及 ThermiVa. org 网站的所有者。

2016年12月19日，Alinsod 博士根据联邦民事诉讼程序提出驳回诉讼的动议。Alinsod 博士认为，根据第287条（c）款，即所谓的"医生豁免条款"，Viveve 对他的指控不成立，因此法院应当驳回诉讼。

地区法院经审理，认为被告的行为对于第287条（c）款第（3）项规定的医生豁免条款的规定的两个例外情形均满足，因此并不适用第287条（c）款规定的医生豁免条款，经审理后认为被告构成直接侵权和间接侵权。

【案件号】2017 WL 1425604

【原告】Viveve

【被告】Thermigen LLC、Thermi Aesthetics LLC、Red Alinsod M. D.

【涉案专利】

US8961511 专利名为"阴道重塑装置和方法"，涉及一种通过用辐射能加热靶向结缔组织来收紧女性生殖器组织的装置和方法，同时冷却靶组织上的黏膜上皮表面以保护其免受热量的影响。该装置包括治疗尖端，其包括能量输送元件和冷却机构。当治疗尖端接触上皮黏膜时，尖端通过接触冷却黏膜，并将上皮的能量传递到下面的组织，从而产生反向热梯度。施加的热量的作用是通过收紧生殖器组织来重塑生殖器组织。

【争议焦点】

本案的争议焦点在于确定被告的行为是否属于第287条（c）款第（3）项规定的例外情形。

第287条（c）款第（3）项基本上包含两个例外情形，即如果第287条（c）款第（1）项中描述的医疗活动属于：①与机器、制品、组合物的商业化开发、生产、销售、进口、分发直接相关……；②该"活动"被某些联邦法规所管辖，则不能够采用第287条（c）款进行抗辩。法院认为本案同时符合这两个例外情形。

（1）例外情形1

在Viveve对Alinsod博士要求驳回诉讼的动议的答辩中，其确定了Alinsod博士的具体行为，同时宣称Alinsod博士构成侵权，并且解释了这些行为是如何满足第287条（c）款第（3）项所规定的第一个例外情形的。作为侵权行为的主要示例，Viveve在2015年9月28日的日间电视节目"The Doctors"中确定了Alinsod博士的出现。在Alinsod博士出现期间，他向节目的主持人，更重要的是向观众描述了Thermi Va设备和手术的好处。他甚至告知了该手术的定价（单次治疗的费用为3500美元，一系列治疗的费用为6500美元）。在节目中，Alinsod博士还对一名病人以及一名该节目的主持人当场示范了手术。

Alinsod博士试图将他在这个节目中的表现描述为仅仅是提供信息而不是商业性的，并指出"该节目的目的是告知公众有关的医疗方法并提供一般性的医疗建议"。他指出，在Emtel案[1]中，法院认为"向医疗护理人员提供有关患者的指示"或"协助治疗健康状况"构成法律规定的"在身体上"执行"医疗或外科的程序"。根据这种解释，他认为他在节目中的出现构成"信息交换"，这正是豁免条款旨在保护的内容。法院不同意该意见，认为即使Emtel案对第287条（c）款第（1）项中出现的"医疗活动"一词的解释是正确的，本案中被告的活动仍可能与机器、制品的"商业化开发"或"销售"直接相关，因此应当将其纳入第287条（c）款第（3）项中规定的例外范围。因此，简单地断定行为构成"医疗活动"并不能解决第287条（c）款第（3）项是否适用的问题。当将问题聚焦在被告的活动是否与设备的"商业开发"或"销售""直接相关"时，法院相信Alinsod博士试图将他在电视节目中的行为描述为仅仅是为了方便患者治疗而作出的努力的争辩是失败的。法院已经观看了有争议的节目片段，并得出结论：Alinsod博士在"The Doctors"中的出现绝大部分是出于一个目的：产品推广。

---

[1] Emtel, 583 F. Supp. 2d at 820, 823.

看起来整个节目片段都致力于赞美 Thermi Va 设备和手术的优点，相比于医学讲座更接近广告。基于这些事实，被告符合第一种例外情形的字面要求，即 Alinsod 博士的"医疗活动"与机器、制品或物质组合（即 ThermiVa 装置）的"商业开发"或"销售"（即它在"The Doctors"节目中的出现）"直接相关"。

针对第一种例外情形，Alinsod 博士还提出了一个论点。他声称，"由于 US8961511 专利根本没有要求保护任何设备……因此 ThermiVa 设备不可能侵犯该专利权"，因而本案不适用第 287 条（c）款第（3）项。法院并不同意该意见，法院认为，第 287 条（c）款第（3）项的内容并没有要求所涉及的"机器、制品或物质组合"是否侵犯了诉讼中的专利权，相反，第一种例外情形中的唯一要求是被指控侵权的"医疗活动"与此类设备的"商业开发"或"销售""直接相关"，而该设备本身是否涉嫌侵权是无关紧要的。因此，法院否定了 Alinsod 博士对第 287 条（c）款第（3）项的法条进行上述额外解读的尝试。

（2）例外情形 2

第 287 条（c）款第（3）项的第二种例外情形要求被告的活动（即构成"机器、制品或组合物"的"商业开发"或"销售"的活动）受 FDCA、PHSA 或《临床试验改进法》监管。法院认为此处并不存在真正的争议。Viveve 主张 Alinsod 博士的行为受 FDCA 监管。为了支持这一点，Viveve 表明 Thermi Va 产品属于 FDCA 第 201 条（h）款中定义的"装置"，并且受 FDCA 管制。医疗器械获得批准的方式之一是向 FDA 提交 FDCA 第 510 条（k）款部分中规定的文件，表明需要获批的设备基本上等同于现有设备。关于这一点，Thermigen 提交了多份 FDCA 第 510 条（k）款规定的文件，这些文件由 FDA 于 2016 年 8 月 12 日批准。最后，Viveve 指出 FDCA 的规定适用于管理医疗器械的商业开发和销售。针对这一论点和论据，Alinsod 博士似乎并没有质疑他的行为受 FDCA 所监管，而仅仅是坚持认为 Thermi Va 设备不会侵犯 US8961511 专利权是因为该专利没有要求保护设备。因此，法院认定 Alinsod 博士的行为受 FDCA 监管，因此满足第 287 条（c）款第（3）项中规定的第二个例外情形。

本案的争议焦点在于确定被告的行为是否属于第 287 条（c）款第（3）项规定的例外情形。而法院通过审理认为，虽然依据 Emtel 案确定的"向医疗护理人员提供有关患者的指示"或"帮助治疗医疗状况"构成法条规定的"在身体上"执行的"医疗或外科手术"，本案被告 Alinsod 博士在"The Doctors"节目中提供的"指导"构成"医疗活动"，然而其属于第 287 条（c）款第（3）项中规定的例外情况。Alinsod 博士在电视上的出现完全属于商业性质，其在节目中的销售推销属于第 287 条（c）款第（3）项规定的第一种例外情形，因为它与设备的"商业开发"或"销售""直接相关"。另外，该行为也受 FDCA 监管，因而同时还属于第二种例外情形。因此，即使被告采用第 287 条（c）款第（1）项的豁免条款进行抗辩，其也属于第 287 条（c）款第（3）项中的例外条款。

最终，法院认定被告构成直接侵权及诱导侵权。

本节介绍了美国专利制度中医疗方法专利的历史发展过程，可以看到，从美国成文法的内容来看，医疗方法一直都没有被明确地排除在可授予专利权的范围之内，而判例法对于医疗方法的态度则经历了从不能被授予专利权到可授权，又遇到专利权人对医生主张权利导致的判决困境，最终促使国会立法形成美国法典第 35 篇第 287 条（c）款的医生豁免条款。纵观美国专利制度对于医疗方法的处理机制，可知其发展到如今这个形式，主要的考虑在于保持人道主义和科技创新之间的平衡。对于疾病的诊断和治疗方法是采用禁止授权的处理方式，还是采用授权后对于医生进行豁免的方式，这其中的利弊权衡，极大地考验着立法者的智慧。

第4章 医疗器械领域专利诉讼中的典型案例

4.1 美国医疗器械企业在心血管支架领域的专利诉讼案

4.1.1 引言

根据第一部分第2章第2.1.3节的统计结果，美国医疗器械企业之间，以美敦力、波士顿科学、强生、雅培和佳腾之间的诉讼最频繁，诉讼标的物主要是心血管支架。

世界卫生组织发布的数据显示，心脑血管疾病是全球死亡率最高的疾病类型，每年死于心血管疾病的人数高达1500万人，占全球死亡总数的20%～30%，预计到2030年心血管疾病将造成大约2500万人死亡（每年）。2015～2016年，美国的心血管病患者高达1320万名，快速增长的心脑血管病患者人数为心脑血管医用器械带来巨大市场空间。其中支架作为最主要的一种心脑血管医疗器械，从问世之初就极具市场价值。预计2021年，全球心脏支架市场规模将达到103.1亿美元。❶巨大的市场空间和利润引起了美国医疗器械产业的关注，以美敦力、波士顿科学、强生、雅培和佳腾为代表的医疗器械企业在该领域不断革新，推动了支架从第一代到第三代的技术进步和市场应用。然而，出于对利润和市场份额的追求，企业之间不断建立专利壁垒、互相竞争，每一代支架产品的推广均伴随着一场场专利诉讼，可以说，每一场围绕支架的诉讼，都对支架市场的整体格局产生了深远影响。本章将选取波士顿科学、强生、雅培、美敦力四家企业之间围绕心血管支架发生的典型诉讼案例，结合美国支架市场发展的时代背景，带领读者一窥这场围绕支架展开的专利诉讼纠纷的历史。

4.1.2 心血管支架简介

血管是血液流动的管道，包括动脉、静脉以及毛细血管，遍布全身，构成密闭的管道系统。健康血管壁具有良好的弹性和疏通性，然而，血管一旦发生闭塞，会引发各类心脑血管疾病。目前主要治疗手段之一是使用血管支架，以维持足够的假腔，直至纤维化和内膜化的自然过程发生。心血管支架又称冠状动脉支架，多由网状带有间

---

❶ Coronary Stent Market. Growth, Trends, and Forecast 2021 ［EB/OL］. （2020 - 03 - 21）［2020 - 09 - 01］. http：//www. marketsandmarketsblog. com/coronary - stent - market - growth - trends - and - forecast - 2021. html.

隙的不锈钢或合金材料制成，可以通过球囊扩张导管，将支架植入血管狭窄区，支撑狭窄闭塞段血管，以防止经皮腔内冠状动脉成形术后再狭窄。冠状动脉支架植入术是经皮冠状动脉介入治疗（PCI）的一种重要手段，对表现出心绞痛、心肌缺血或心肌梗死等症状的冠心病患者植入支架，能够帮助他们疏通血管壁狭窄甚至闭塞的冠状动脉血管，维持血流通畅。支架的发展，从最早的金属支架，到今天的可完全降解的支架，大体分为四个阶段（图1-4-1）。

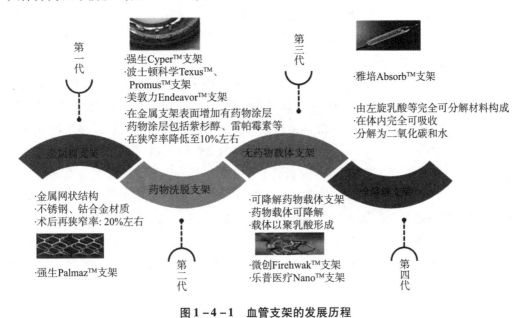

图1-4-1 血管支架的发展历程

1）第一代 裸金属支架

早期心脑血管往往通过在动脉或外周血管内使用球囊导管扩张狭窄病变血管，也即经皮腔内冠状动脉成形术进行治疗，然而，由于被球囊导管扩张的血管弹性回缩，其术后并发症（如血管再狭窄、血栓导致的冠心病再发作，以及粥样斑块破碎脱落）的概率高达30%~50%。20世纪80年代中后期，Swarchz教授发明了第一款金属裸支架（bare metal stent，BMS），该支架通过对血管提供物理支撑可明显减少并发症的产生。1994年，强生生产的首款金属支架经FDA批准上市销售；1994~2000年间，美国冠状动脉旁切移植手术中安装支架的比例从60%上升至93%，安装支架成为该手术中最为普遍的治疗方式❶。

不过金属裸支架只能提供物理支持，不能干预病变血管的炎症过程，所以患者在术后3~5年后较容易发生病变血管的再次病变，动脉再狭窄的比例达到20%~30%。

---

❶ LAWLOR J，KAVANAGH D. The Civilising Tension at the Heart of Market - making：a Case study of the Stent-industry［C］//European Institute for Advanced Studies in Management. 2nd Interdisciplinary Market Studies Workshop，2012.

2）第二代 药物洗脱支架

为了解决金属裸支架植入后无法避免的血管再次病变的问题，药物洗脱支架（Drug Eluting Stent, DES）应运而生。药物洗脱支架包括三个部分，金属支架平台、药物载体以及药物，其中支架平台涂覆一层有机高分子涂层（如 PEVA、SIBS 等），涂层上载有能抑制局部炎症反应的药物。支架在植入血管后的数天内开始向血管洗脱药物，药物通过对冠状动脉病变过程的抑制，有效地预防动脉再狭窄以及平滑肌细胞的过度增殖。2003~2004 年，强生生产的雷帕霉素[1]洗脱支架（Cypher）和波士顿科学生产的紫杉醇洗脱支架（Taxus）相继获得美国 FDA 认证，正式进入临床应用。这两款支架相较第一代金属裸支架具有明显优势，它们均能够将血管内再狭窄率降低到 4% 以内。然而，它们的弊端也很明显，在植入 2~3 年后，发生晚期血栓的概率几乎是金属裸支架的 2 倍。[2]为解决上述问题，2008 年，改进型药物洗脱支架诞生，这一时期的支架采用钴铬合金（CoCr）材料，使其更纤细柔软以减少术中损伤，药物涂层也多采用具有高生物相容性、不易剥落且可以更稳定地释放药物的聚合物材料（如磷酸胆碱、氟聚合物等），以减少血栓风险和炎症反应；此外，在药物的选择上更偏重于具有强亲脂性并能够阻断细胞增殖的药物（如佐他莫司、依维莫司等）。这一时期的药物洗脱支架以美敦力的新型磷酰胆碱聚合物涂层支架 Endeavor、波士顿科学的 Promus 支架以及雅培的 Xience V 支架为代表，三者的安全性和有效性均优于 Cypher 支架以及 Taxus 支架，且极大程度地降低了晚期血栓的形成率，[3] 表 1-4-1 示出了美国 FDA 批准的主要药物洗脱支架型号。

表 1-4-1 美国 FDA 批准的主要药物洗脱支架信息一览表

支架	生产厂商	药物	聚合物涂层	支架材料	面世年份
Cypher	强生	雷帕霉素	PEVA	不锈钢	2003
Taxus	波士顿科学	紫杉醇	SIBS	不锈钢	2004
Xience V	雅培	依维莫司	含氟聚合物	CoCr	2006~2007
Taxus Liberte	波士顿科学	紫杉醇	多层 SIBS	不锈钢	2008
Promus	波士顿科学	依维莫司	含氟聚合物	CoCr	2008
Endeavor	美敦力	佐他莫司	磷酸胆碱	CoCr	2008
Cypher mini	强生	雷帕霉素	PEVA	不锈钢	2009

3）第三代和第四代 可降解支架

第三代和第四代是由可降解材料（例如聚乳酸）构成的支架，其中，第三代为可

---

[1] 雷帕霉素为西罗莫司的曾用名，为与后续案例一致，文中统一使用雷帕霉素这一名称。

[2] MAURI L, HSIEH W H, Massaro J M, et al. Stent thrombosis in randomized clinical trials of drug-eluting stents. [J]. New England Journal of Medicine, 2007, 356 (1): 1020-1029.

[3] 王向真，李丹. 药物涂层支架的研究进展 [J]. 心血管病学进展，2014，35 (6): 707-711.

降解药物涂层支架和无载体药物支架。可降解药物涂层支架使用了生物兼容性更好的药物涂层，在药物缓释的后期，涂层也逐渐降解，而无载体药物支架则直接在支架本体表面制备出微孔，通过微孔将药物缓慢释放达到安全的效果；第四代完全可降解支架在第三代可降解药物涂层支架的基础上进一步发展，在治疗后短期内可为血管提供有力支持，而当血管重塑之后，3～5 年可完全降解吸收，支架平台直接在体内降解为水和二氧化碳。不过，由于完全可降解支架对人体副作用的机理尚不明确，直到 2016 年，美国 FDA 才批准首款雅培可降解 GT1 BVS 支架的面世。❶ 仅仅 1 年后，2017 年 9 月，雅培宣布将停止在所有国家销售可降解支架（Absorb BVS）。

　　总体而言，从市场情况来看，由于完全可降解支架对材料要求较高且研究尚未成熟，目前药物洗脱支架仍然使用得最为广泛，在全球冠状动脉支架 53.71 亿美元的市场份额中，占据了 46.5 亿美元，而完全可降解支架由于对其引发的心脏并发症机制和后果尚不明确，因此目前仅仅占据了支架市场微小的市场份额。❷

4.1.3　美国心血管支架诉讼典型案例

4.1.3.1　概述

　　支架问世以来，强生、美敦力、波士顿科学、雅培之间的专利诉讼合计 20 件（参见表 1 - 4 - 2）。

表 1 - 4 - 2　强生、美敦力、波士顿科学、雅培专利诉讼一览表

编号	案卷编号	起诉时间/年	原告	被告	相关专利	诉讼标的物
1	194 F. Supp. 2d 323	1997	强生	波士顿科学 美敦力	US4739762 US5902332	MicroStent Ⅱ GFX and GFX2 NIR Stent
2	512 F. 3d 1157	1997	强生	波士顿科学 美敦力	US4739762 US5195984	MicroStent Ⅱ GFX and GFX2 NIR Stent
3	348 F. Supp. 2d 316	1998	美敦力	波士顿科学	US5291331 US5674278	NIR stents
4	3：00 - cv - 01078	2000	波士顿科学	美敦力	/	/

---

❶　FDA. FDA approves first absorbable stent for coronary artery disease［J］. FDA News Release, 2016.

❷　LEE J H, KIM E D, JUN E J, et al. Analysis of trends and prospects regading stents for human blood vessels［J］. Biomaterials Research, 2018, 22（1）：8.

编号	案卷编号	起诉时间/年	原告	被告	相关专利	诉讼标的物
5	1:02－cv－00131－JJF	2002	波士顿科学	美敦力	US6051020 US6117167 US6165213 US6302906 US5632772 US5639278 US6174328	/
6	554 F. 3d 982 434 F. Supp. 2d 308 CV－03－283	2003	波士顿科学	强生	US6120536	/
7	392 F. Supp. 2d 676 CV－03－1183	2003	波士顿科学	强生	US6251920	/
8	561 F. 3d 1319 CV－03－027	2003	强生	波士顿科学	US4739762	Express Taxus BX Velocity BX Sonic Genesis stents
9	3:07－cv－02728	2007	强生	雅培	US7229473	Xience V（雅培） Cypher（强生）
10	3:07－cv－02477	2007	强生	雅培	US7217286	Xience V（雅培） Cypher（强生）
11	3:07－cv－02265－JAP－TJB	2007	强生	雅培	US7229473	Xience V（雅培） Cypher（强生）
12	2:07－cv－00240	2007	美敦力	强生	US6881223	Bx Velocity® Cypher
13	1:07－cv－00259	2007	雅培	强生	US7217286	Xience V
14	1:07－cv－00348－SLR	2007	波士顿科学	强生	US7217286 US7223286	Promus
15	1:07－cv－00409	2007	波士顿科学	强生	US7229473	Promus
16	1:07－cv－00765	2007	波士顿科学	强生	US7300662	Promus

5续表

编号	案卷编号	起诉时间/年	原告	被告	相关专利	诉讼标的物
17	2:08 - cv - 00318 - TJW	2008	美敦力	波士顿科学 雅培	US7419696 US5464650	Promus Xience V
18	1:08 - cv - 00779 635 F. Supp. 2d 361	2008	强生	波士顿科学	US5895406	Taxus
19	777 F. Supp. 2d 783	2009	波士顿科学	强生	US5922021	Cypher Bx Velocity
20	0:10 - cv - 00127 - ADM - JJK	2010	波士顿科学	强生	US6746773	Promus

　　其中，波士顿科学与强生之间的诉讼最为激烈，围绕支架合计发生11起诉讼，起诉时间从1997年一直持续到2010年，涉诉金额超过20亿美元。最终，由于强生宣布"不再生产药物洗脱支架"，双方的诉讼战才落下帷幕。

　　相较而言，美敦力涉诉产品较少，在第一代金属裸支架与强生的诉讼中，被判罚数亿美元，基本上退出了第一代金属裸支架时期的竞争，直至2008年经FDA批准才上市一款具有市场竞争力的药物洗脱支架Endeavor，Endeavor支架上市后遭到了波士顿科学的专利诉讼，最终双方和解。

　　由于雅培涉足支架领域的时间较晚，因此其诉讼案件最少，共计5件，集中发生在2007年，对手主要为强生，且全部围绕其Xience V产品，最终以雅培的胜利结束（如图1-4-2所示）。

　　从支架本身的演变与发展来说，在第一代金属裸支架时期，强生于前期基本垄断市场，且围绕第一代金属裸支架的诉讼，基本以强生的胜利而告终。

　　第二代药物洗脱支架阶段，市场格局发生了变化，随着支架的更新换代，佳腾以改进支架特性为切入点，逐渐崛起。为了维护其垄断地位，强生对佳腾发起专利侵权诉讼，美敦力、波士顿科学随后也参与诉讼，佳腾一时间深陷诉讼泥潭，最终被波士顿科学和雅培联合收购。2006年，强生药物洗脱支架Cypher销售收入达到高峰，实现销售额26亿美元，占据市场份额的49%。同时波士顿科学和雅培在收购佳腾之后，推出的Promus和Xience V支架，深受市场欢迎。而强生在面临着来自波士顿科学和雅培的竞争压力后，再次试图通过专利诉讼削弱竞争对手，并于2007～2010年间再次对波士顿科学和雅培频频发起攻击，波士顿科学和雅培则多次发起确权之诉，这一轮诉讼争端最终以波士顿科学和雅培的胜利告终。它们最终无效了强生所有涉诉的药物涂层专利，失去了药物涂层支架专利"保驾护航"的强生宣布退出支架市场，雅培、波士顿科学和美敦力则瓜分了全球市场。

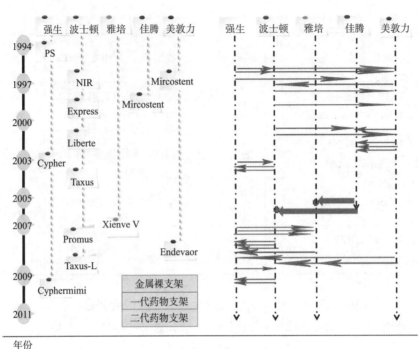

图 1 - 4 - 2 各企业之间的围绕支架发生的诉讼情况

4.1.3.2 第一代金属裸支架之争

1986 年，冠状动脉支架获得实验性成功；强生以 1000 万美元购买了相关专利权的使用许可。随后，强生意识到支架所具有的潜在市场前景，1988 年强生以 5 亿美元购买了支架开创性专利 US4739762（发明人：Swarhz 和 Palmaz）的所有权。

20 世纪 90 年代初期，强生欲收购波士顿科学以开辟完整的支架介入市场，遭到拒绝。强生转而收购了波士顿科学的竞争对手 Cordis，后者很快成为强生专门生产支架的子公司。

1994 年，金属裸支架临床实验获得成功，强生的第一批支架产品上市，售价 1500 ~ 2500 美元。

由于支架产品丰厚的利润和广阔的市场，佳腾、波士顿科学和美敦力相继涉足该领域，通过研发、收购、协议等方式以推出自己的裸金属支架产品。例如 1995 年，波士顿科学与以色列支架制造商 Medinol 签订了为期 10 年的独家全球许可销售协议；1998 年，美敦力收购冠状动脉支架生产商 AVE，而佳腾则专注于研发基于多节点可伸缩性的支架。但是，上述生产商通过 FDA 上市前审批的时间相对于强生晚了整整 3 年，❶ 因此强生在 1994 ~ 1996 年支架市场份额占比近 90%（如图 1 - 4 - 3 所示），处于垄断地位。

---

❶ LAWLOR J, KAVANAGH D. The civilising tension at the heart of market – making: a case study of the stent industry [C] //European Institute for Advanced Stuidies Management. 2nd Interdisciplinary Market Studies Workshop, 2012.

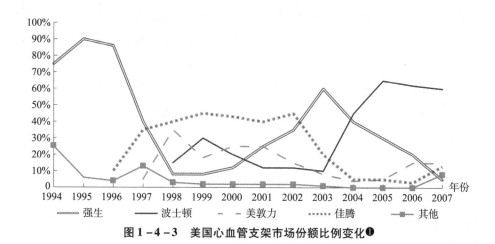

图 1 – 4 – 3　美国心血管支架市场份额比例变化❶

　　然而，强生生产的金属裸支架的宽度和硬度使其可操作性不佳，同时，它在 X 光片中的可见度有限，因此将支架引导至血管堵塞处比较困难，增大了手术风险。1997年，佳腾生产的多节点可伸缩性支架异军突起，通过 FDA 审批问世。相比于强生生产的不锈钢支架，该产品可伸缩性更优，X 射线显影特性更好，厚度更薄，术后血管再狭窄率相对于强生的纯金属裸支架下降 5% ~ 10%，因而更受医生的青睐。1997 年刚上市就获得 40% 的市场份额（见图 1 – 4 – 3）。

　　同年，波士顿科学生产的 NIR 支架，其整体可伸缩，相对强生支架而言具有更好的可操控性。同时，美敦力成功研发出钴镍合金材料，并推出了基于该材料的 MicroStent Ⅱ、GFX 等多款支架产品支架，这些支架相对于强生支架更易操作并能够通过狭窄的血管，更有利于糖尿病患者的治疗。因此，波士顿科学和美敦力也开始在支架市场占有一席之地。

表 1 – 4 – 3　美国 FDA 批准的主要金属裸支架信息一览表

支架	生产厂商	支架材料	面世年份
Palmaz – Schatz	强生	316L 不锈钢	1994
MULTI – LINK VISION	佳腾	钴铬合金	1997
NIR 系列	波士顿科学	316L 不锈钢	1997 ~ 1999
MicroStent Ⅱ	美敦力	钴镍合金	1997
GFX	美敦力	钴镍合金	1997

　　面临竞争者崛起，强生市场份额严重受损，垄断地位逐渐失，为维护支架市场，强生转而向对手发动专利诉讼打击。

❶　KJM J, PARTKH N, WHITE R. Future of the Coronary Stent Market: Who Will Win and Why? [EB/OL]. [2020 – 09 – 09]. http: //dspace. mit. edu/bitstream/handle/1721. 1/56570/15 – 912Spring – 2005/NR/rdonlyres/ Sloan – School – of – Management/15 – 912Spring – 2005/3 AA0ACA0 – 6D1F – 4B76 – 8955 – E5ED85293EA7/0/drug_ el_s_te_stt. pdf.

1997 年，强生诉佳腾侵权，2000 年、2003 年地区法院与联邦巡回上诉法院均判决佳腾败诉，需要支付强生 4.25 亿美元的赔偿金，并共同合作开发可降解生物材料支架技术。● 同年，强生旗下主营支架业务的子公司 Cordis 在特拉华州地区法院发起对波士顿科学和美敦力的专利诉讼，声称 Medinol 生产、波士顿科学销售的 NIR 近红外支架产品侵权，美敦力子公司 AVE 生产的 MicroStent Ⅱ、GFX 等多款支架产品侵权（US5879370 专利等），揭开支架领域专利诉讼战的序幕（194 F. Supp. 2d 323）。

这场诉讼战持续了 12 年之久，前后涉案金额高达 7 亿美元，到 2009 年才告终结。以下将对该系列诉讼案件进行详细介绍。

【案例号】 194 F. Supp. 2d 323
【原告】 强生❷
【被告】 美敦力❸、波士顿科学
【涉案专利及产品】
本案涉案专利及产品如表 1 - 4 - 4 所示。

表 1 - 4 - 4　涉案专利及产品

被告	涉诉产品	涉诉专利	涉及权利要求
波士顿科学	NIR 支架	US5902332	22. 一种用于通过进入动脉递送至冠状动脉的球囊扩张式冠状动脉支架，该支架包括： 至少两个节段，每个节段具有大致管状的形状以及第一端和第二端； 每个节段具有多个基本上平行于节段的纵轴设置的开口，这些开口在节段的第一端和第二端的每一个中形成一系列交替的打开和闭合部分； 所述段布置成使得第一段的第二端的至少一个封闭部分与第二段的第一端的封闭部分纵向对准； 连接器在第一段的第二端的对齐的封闭部分之间延伸并将第二段的第一端的对齐的封闭部分连接到第二段的第一端的对齐的封闭部分，该连接器是在对齐的封闭部分之间延伸并与其一体形成的细长柔性构件部分； 从而当将支架通过通路或冠状动脉的弯曲部分输送时，每个节段可以相对于相邻节段的纵轴成一定角度位移；和支架具有第一直径，该第一直径允许通过经皮导管插入术通过进入动脉的腔内递送，以及第二扩展和变形的直径，第二直径是在从支架内部施加径向向外指向的力时获得的通过给球囊充气，该球囊的第二直径是可变的，并且取决于施加到支架的力的大小，从而可以使支架膨胀和变形超过其弹性极限，以扩张冠状动脉腔。

❶ 强生在支架专利之争中再胜佳腾 [EB/OL]. [2018 - 11 - 20]. http：//www. ccheart. com. cn/news/2928/.
❷ 原告为强生子公司 Cordis Corp。
❸ 被告为美敦力子公司 AVE。

被告	涉诉产品	涉诉专利	涉及权利要求
波士顿科学	NIR 支架	US5643312	21. 一种适于放置在冠状动脉弯曲血管中的预部署支架结构，该支架结构为具有纵轴的薄壁金属圆柱体的形式，该支架包括至少两个起伏的纵向结构，每个纵向结构具有多个笔直部分和波状部分，每个笔直部分连续地与至少一个波状部分相连，所有纵向结构的笔直部分大体上平行于支架的纵轴，每个纵向结构的波状部分通常是大体上弯曲的形状，以便当支架弯曲通过弯曲的冠状动脉时使每个起伏的纵向结构在长度上容易扩张和收缩。
		US5879370	25. 适于经皮递送至弯曲的冠状动脉的部署前球囊扩张式支架结构，该支架结构通常为具有纵轴的薄壁金属管的形式，该支架结构具有多个闭合的周边细胞，每个具有一个或多个波状部分的单元，每个波状部分具有大致弯曲的形状，并具有第一端点和第二端点，其中从第一端点到第二端点绘制的线通常平行于支架的纵轴，每个封闭的周边单元的起伏部分包括"U"形曲线。 26. 球囊扩张式冠状动脉支架，包括： （a）薄壁金属管形式的支架，该支架能够安装在可膨胀的球囊上以将支架经皮输送到冠状动脉中，该支架具有多个之字形段，该之字形段能够被气球膨胀；和， （b）定位在锯齿形段之间并连接之字形段的多个大体弯曲形状的纵向波状部分，其中多个纵向波状部分在穿过弯曲的冠状动脉时可在长度上膨胀和收缩。
		US4739762	13. 一种可扩张的腔内血管移植物，其包括：具有第一端和第二端以及位于第一端及第二端之间的壁表面的薄壁管状元件；壁表面具有实质上均一的厚度，并且壁表面上具有其内形成的多个槽，且该槽与管状元件的长轴基本上平行地设置；管状元件具有第一直径，该第一直径允许管状元件在人体管腔通道内进行运输；管状元件具有可扩张及形变的第二直径，利用从管状元件的内部的轴向、向外的扩张力可将管状元件扩张至第二直径，通过管状元件的扩张及形变可以对人体管腔通道进行扩张。 23. 权利要求 23 是权利要求 13 的从属权利要求，其限定当管状元件具有第一直径时，管状元件的壁表面的外部为光滑的表面。 44. 将气囊可扩张支架假体植入冠状动脉通道内狭窄处的方法，该方法包括： 利用一薄壁的、管状元件的支架假体，该管状元件具有形成于其内的多个槽，所述槽与管状元件的长轴基本上平行；放置该支架假体以及具有一可膨胀的气球部的导管；将支架假体及导管通过经皮导管插入术插入通道内；将导管及支架假体运输至未经手术暴露的通道的狭窄区域；在冠状动脉通道的所述狭窄区域，通过膨胀导管的气球部的气球，使得支架假体径向向外扩张及形变，所述支架假体在其弹性限度外的变形。

被告	涉诉产品	涉诉专利	涉及权利要求
美敦力	MicroStent Ⅱ支架	US4739762	23. 一种可扩张的腔内血管移植物，包括： 一种薄壁管状构件，其具有第一端和第二端以及设置在所述第一端和第二端之间的壁表面，所述壁表面具有基本均匀的厚度和在其中形成的多个狭槽，所述狭槽基本上平行于所述纵轴线的纵轴设置； 管状构件具有第一直径，该第一直径允许将管状构件腔内输送到具有管腔的身体通道中；和 当从管状构件的内部施加径向向外延伸的力时，该管状构件具有第二膨胀和变形的直径，该第二直径是可变的，并且取决于施加到该管状构件的力的量，从而管状构件可以膨胀和变形以膨胀身体通道的内腔，其中当管状构件具有第一直径时，管状构件的壁表面的外部是光滑表面。 51. 一种用于在具有狭窄区域的冠状动脉和导管中植入的球囊扩张式支架假体，其包括： 一种可扩张的支架假体，其是具有第一端和第二端以及壁的壁薄壁的管状构件，该壁具有布置在该第一端和第二端之间的外壁表面，该壁具有基本均匀的厚度以及在其中形成的多个狭槽，狭槽基本上平行于管状构件的纵轴设置； 具有可扩张的可充气球囊部分的导管； 管状构件设置在导管的球囊部分上； 管状构件具有第一直径，该第一直径允许将管状构件和导管腔内输送到具有狭窄区域的冠状动脉腔中，并且其中当管状构件时，管状构件的壁表面的外部是光滑表面。具有第一直径；和 通过使导管的球囊部分膨胀，从管状构件的内部施加径向向外延伸的力时，管状构件具有第二扩大和变形的直径，该第二直径是可变的并且由导管控制施加到管状构件上的力的量，由此管状构件可以膨胀和变形以在狭窄区域中膨胀冠状动脉。 54. 根据权利要求51所述的组合，其特征在于，所述管状构件包括至少一个由环形相邻槽限定的环部分，从而限定出多个峰部和谷部。
	GFX 和 GFX2 支架	US5195984	1. 一种可扩张的腔内血管移植物，其包括： 多个薄壁管状元件，每个管状元件均具有第一端、第二端以及第一端与第二端之间的壁表面，壁表面具有实质上均一的厚度，并且其内形成有多个槽，所述槽与管状元件的长轴基本平行；在相邻的两个管状元件之间仅有一个连接件，其使得相邻管状元件柔性连接，所述连接件被设置为与管状元件的长轴平行且与每个管状元件共面；每个管状元件均具有第一直径，该第一直径允许管状元件在人体管腔通道内进行运输；每个管状元件均具有可扩张及形变的第二直径，利用从管状元件的内部的轴向、向外的扩张力可将管状元件扩张至第二直径，通过管状元件的扩张及形变可以对人体管腔通道进行扩张。 3. 权利要求3是权利要求1的从属权利要求，其限定第一个连接件设置在第一个管状元件的第二端以及第二个管状元件的第一端；第二个连接件设置在第二个管状元件的第二端以及第三个管状元件的第一端；第一和第二连接件彼此成角度地设置，且关于管状元件的长轴将其进行连接。

波士顿科学的 NIR 支架如图 1－4－4 所示。NIR 支架由经刻蚀的平整的金属片制造得到，该金属片随即被卷绕形成圆柱体的形状，卷绕连接的部分被焊接到一起，这导致 NIR 支架的各个部件通过 U 形结构连接到一起。

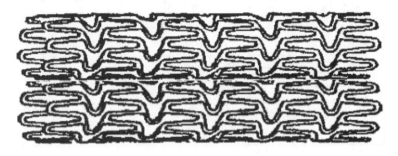

图 1－4－4　NIR 支架示意图

美敦力 MicroStent Ⅱ、GFX 和 GFX2 支架如图 1－4－5 所示，均由多个正弦曲线状部件相互接合在一起形成连续结构。每个正弦曲线状部件由横截面为环状的圆环制成。经热塑后，这些环被弯曲成正弦曲线状的结构，具有一系列的波峰和波谷的"冠部"（crown），环与环通过基本上为直的"支柱"（struts）相互连接。当各个冠部螺旋状对齐时，通过将相邻的冠部所对接的部分熔融以实现其相互连接，也可通过焊接、激光融合等方式来熔化金属以缩短相邻冠部间的距离。尽管通过高倍率的观察可以发现上述熔融的连接部位，但是没有任何边、面、孔等任何几何学上的特征能够被用来描述这样的具有大致上沙漏形形状的熔接点。在相邻的部件之间仅存在一个这样的点。

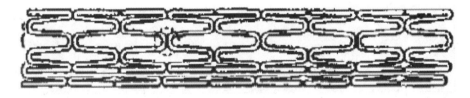

图 1－4－5　MicroStent Ⅱ、GFX and GFX2 Stents 示意图

MicroStent Ⅱ、GFX 和 GFX2 Stents 的差别主要在于相互连接的部件，即冠部的结构有所差异。如 MicroStent Ⅱ 的冠部具有 4 个峰和 4 个谷，并且长度为 3mm。GFX 和 GFX2 Stents 的冠部具有 6 个峰和 6 个谷，长度为 2mm。

【审理过程及判决结果】

本案判决结果如表 1－4－5 所示。

表 1-4-5 判决结果

被诉产品	涉诉专利	陪审团的决议	一审判决	一审后上诉判决（2003 年）	再审判决（2005 年）	再审后上诉判决（2008～2009 年）
NIR 支架	US5902332 权利要求 22	不侵权	不侵权		/	
		无效	有效			
	US5643312 权利要求 21	不侵权	不侵权		/	
		有效	有效			
	US5879370 权利要求 25、26	侵权	不侵权		/	
		25 有效 26 无效	25 有效 26 无效			
	US4739762 权利要求 23、44	侵权	侵权	一审权利要求解释有误发回重审	侵权	侵权
		23 有效 44 无效	23 有效 44 无效		部分有效	有效
MicroStent Ⅱ 支架	US4739762 权利要求 23、51、54	侵权	不侵权		/	
		有效	有效			关于罚金数额
GFX GFX2 支架	US5195984 权利要求 1、3	侵权	不侵权	侵权	侵权	
		有效	有效	有效	/	

2000 年，陪审团认为：波士顿科学 NIR 支架侵犯 US4739762 和 US5879370 专利权，判罚 3.24 亿美元，美敦力 MicroStent Ⅱ 支架侵犯 US4739762 专利权、GFX 和 GFX2 支架侵犯 US5195984 专利权，判罚 2.71 亿美元，但其中 US4739762、US5879370 专利部分权利要求无效。

【争议焦点】

在该案中，分歧主要集中在关于强生的开拓性专利 US4739762、US5195984 的侵权与无效判定上。

【美敦力抗辩策略】

（1）对 US4739762 专利的权利要求 23、51、54 构成侵权的判罚

陪审团认为美敦力支架不会对 US4739762 专利的权利要求 23 构成字面侵权，但构成等同侵权。

美敦力采取审查历史禁反言这一手段抗辩：美敦力认为，强生在 US4739762 专利的早期申请具有较宽的保护范围，审查过程中加入"其内形成的（formed therein）"

"具有壁表面，且该长形元件是通过移除壁表面的材料制成的"的技术特征，这一缩窄性修改会使 US4739762 专利的权利要求 23 中的该特征无法适用等同原则。

法院支持美敦力上述抗辩观点，陪审团关于美敦力支架对 US4739762 专利的权利要求 23 构成等同侵权的判决被推翻。

（2）对 US5195984 专利的权利要求 1、3 构成侵权的审判

法院批准了美敦力就其支架提出的不对 US5195984 专利的权利要求 1 和权利要求 3 构成字面侵权的动议。但陪审团认为其支架构成等同侵权。

美敦力仍然采取审查历史禁反言这一抗辩手段：美敦力认为，在专利审查的过程中，审查员提供两篇现有技术文件：专利 US4969458（以下简称 Wiktor）及 Tetsuya Yoshioka 于 1988 年 10 月发表在 *American Journal of Roentgenology* 名称为 *Self - Expanding Endovascular Graft：An Experimental Study in dogs* 的文章中涉及的支架 Cianturco Connected Z - Stent（以下简称"Yoshioka"）。

Wiktor 及 Yoshioka 的支架结构如图 1 - 4 - 6 所示：

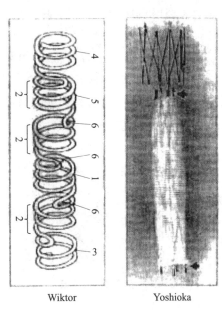

图 1 - 4 - 6　Wiktor 及 Yoshioka 的支架结构示意图

在专利权人就 Wiktor 的现有技术进行意见陈述时，其认为该现有技术未公开权利要求的技术特征：多个薄壁管状元件，每个管状元件均具有第一端、第二端以及第一端与第二端之间的壁表面，壁表面具有实质上均一的厚度，并且其内形成有多个槽，所述槽与管状元件的长轴基本平行。Wiktor 公开的支架是单独的支架或移植物，其由螺旋状的线构成，而不具有每个管状元件的长轴上平行设置的多个槽。对上述意见陈述，可以理解为专利权人放弃了由弯曲的线构成的支架。

法院最终认为，根据该审查历史，专利权人放弃了不具有预先存在的壁表面的结构，因此，强生就 US5195984 专利的权利要求 1 和权利要求 3 主张侵权时被限制使用等同原则。

【波士顿科学抗辩策略】

（1）对 US4739762 专利的权利要求 23 的侵权的审判

陪审团判决波士顿科学的 NIR 支架对 US4739762 专利的权利要求 23 构成等同侵权。

波士顿科学同样采用审查历史禁反言这一抗辩手段：基于审查过程，权利要求 23 中的"实质上均一的厚度""壁表面""光滑的表面"的技术特征均应被禁止使用等同

原则，并且证明其 NIR 支架就上述技术特征构成字面侵权的证据不足。

法庭支持波士顿科学关于等同原则的抗辩，认为强生就 US4739762 专利的权利要求 23 主张侵权时被限制使用等同原则。但是强生提供了 Buller 博士及 Collins 博士的证言，足以证明 NIR 支架构成字面侵权，因此波士顿科学不构成字面侵权的动议被否定。

（2）对 US5879370 专利的权利要求 25 和 26 侵权的审判

波士顿科学就陪审团对 NIR 支架对 US5879370 专利的权利要求 25 及 26 构成字面侵权的判决提出异议。由于 Cordis 不能提供就 NIR 针对"波浪形"的限定构成字面侵权的证据，故波士顿科学请求就此问题依据法律判决的动议被批准。NIR 支架对于 US5879370 专利的权利要求 25 和 26 不构成字面侵权。Cordis 要求就该问题依据法律判决等同侵权的动议被否决。

【判决结果】

2003 年 8 月，法院作出判决，美敦力关于 US4739762 专利中的权利要求 23、51 和 54 以及 US5195984 专利权利要求 1 和 3 由于审查历史禁反言原则被限制使用等同原则的动议被批准。

波士顿科学关于 US4739762 专利中的权利要求 23 以及 US5879370 专利的权利要求 25 和 26 由于审查历史禁反言原则被限制使用等同原则的动议被批准。但是 NIR 支架不构成字面侵权的动议被否定。波士顿科学要求进行新的损害赔偿审判的动议获得批准。

【后续审判过程】

一审后，波士顿科学就诸多方面要求重新审判，法院驳回其就损害赔偿金额的异议，仅批准对技术特征"基本上一致的厚度"的解释进行重新审判，但这并未推翻既定的结论，波士顿科学在该案重新审理后依旧被判侵犯 US4739762 专利权。

随后，双方上诉，联邦巡回上诉法院经审理，推翻了一审法院认为专利无效的判决，并基于地区法院对该复杂案情更为了解的事实，将对"实质上一致的厚度"的技术特征的解释发还地区法院重新审理。最终地区法院修改了对上述特征的解释，但无法改变波士顿科学侵权的判决。

该起诉讼最终以强生获胜告终。但强生对法院所判定的波士顿科学及美敦力的赔偿结果不满，向法院提请要求重新审理该项判决，然而并未获得法院批准。于是在 194 F. Supp. 2d 323 案后，强生再次对波士顿科学及美敦力发起新一轮的进攻。

【案例号】511 F. 3d 1157
【原告】强生❶
【被告】美敦力❷、波士顿科学

---

❶ 原告为强生子公司 Cordis Corp。
❷ 被告为美敦力子公司 AVE。

【涉案专利及产品】 US4739762、US5195984

【审理过程及判决结果】

本案判决结果如表1-4-6所示。

表1-4-6　判决结果

被诉产品	涉诉专利	一审判决 （2006 年）	一审后 上诉判决 （2008 年）	再审判决 （2008 年）		再审后 上诉判决 （2009 年）
NIR 支架	US4739762 权利要求 23、44	侵权	侵权	侵权	关于 罚金数额	双方和解
		/	有效	权利要求 23 有效 权利要求 44 无效		
MicroStent Ⅱ 支架	US4739762 权利要求 23、44	侵权	侵权	侵权		
			有效	权利要求 23 有效 权利要求 44 无效		
GFX GFX2 支架	US5195984 权利要求 1、3	侵权	/	/		

1）一审判决结果

一审中，法院对权利要求进行了解释，随后陪审团判决波士顿科学和美敦力均侵犯 US4739762 专利权。被告波士顿科学和美敦力对 US4739762 专利的有效性发起了新一轮的挑战。与此同时，原告强生则要求恢复损害赔偿的判决，并主张相应的利息以及判决后被告继续销售所应付的赔偿，一审法院则将关于赔偿金额方面的审理延期至 US4739762 专利的有效性得到定论后一并进行审理。

美敦力以及波士顿科学均不满意上述判决，随后，美敦力连同波士顿科学就地区法院判罚中涉及 US4739762 专利的权利要求 23 侵权结果以及涉及 US5195984 专利的侵权结果进行上诉。在该案诉讼过程中，强生启动了再审程序，要求 PTO 对 US4739762 专利进行再审。再审过程中，为了与 Ersek 的专利 US3657744 现有技术显著区分，强生缩窄了 US4739762 专利的相关权利要求的保护范围，该修改被允许并授权。

2）一审上诉争议焦点及判决结果

（1）美敦力上诉结果

美敦力就其支架对 US4739762 专利构成字面侵权进行上诉抗辩。美敦力对支架的"壁厚"进行解释，认为其支架的壁厚不应只根据金属丝的横截面直径，还应考虑冠部的尖端部的焊点处的截面尺寸（参见图1-4-7的测量部位和图1-4-8的支架示意图），由于支架的尖细部分具有较小的壁厚，因此支架并不满足"实质上均一的壁厚"的限定。

图1-4-7 "壁厚"的认定

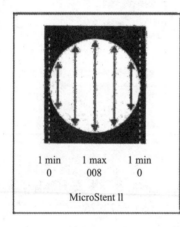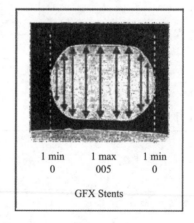

图1-4-8 美敦力支架的示意图

　　法院认为：圆柱状的截面因其截断的不同可能具有不同的尺寸，离圆心越近的尺寸越大，离圆心越远的尺寸越小，当截断线与横截面的圆或椭圆近似相切时，其厚度近似于0。因此细金属丝的厚度应以其直径为准，而不是金属丝的任何部分的截面尺寸。但美敦力关于"实质上均一的厚度"的解释不仅与本案一审法院的意见冲突，还与其自身对现有技术的解释相矛盾。美敦力引用了 Charles Dotter 博士的两篇文章，其中涉及由圆柱状线缆扭结缠绕形成的螺线状的可扩张支架。这些支架与美敦力支架相同，均是由圆柱状的细金属丝组成的，美敦力认为 Charles Dotter 博士文章中涉及的上述支架具有"实质上均一的厚度"，却并不认为其自身支架具有"实质上均一的厚度"，二者相互矛盾，因此法院不支持美敦力的上述观点。

　　针对"柔性连接件"，美敦力认为在一审判决中，强生方的一个专家 Stringfellow 博士就美敦力支架模拟弯曲进行有限元分析。美敦力认为 Stringfellow 博士在其模拟过程中使用了不正确的假设和数据，其证据不应被采纳。然而，调查证实 Stringfellow 博士具有机械工程学博士学位，并在有限元分析领域具有丰富的经验。法院认为 Stringfellow 博士有资格进行上述实验。

　　美敦力还提出在强生的律师对美敦力支架进行厚度测量过程中具有偏见。但法院认为强生的律师行为不会对整个审判的公正性造成影响。

　　（2）波士顿科学上诉结果

　　波士顿科学在上诉中，主要认为地区法院对"槽"作出了错误的解释，此外针对与"壁表面"和"光滑的表面"的限定等相关判决提出异议。

　　经过审理，联邦巡回上诉法院认为地区法院合理支持了侵权判决，并支持地区法院否决波士顿科学就该问题要求新的审判的动议。

　　波士顿科学接着争辩，NIR 支架的壁厚不满足"实质上均一的壁厚"的限定。波士顿科学认为 NIR 支架的厚度应当包括 NIR 支架的外表面上的每个点的厚度，而 U-loops 和焊点使得它们的厚度与其他部位不一致。因此 NIR 支架不具备"实质上均一的壁厚"。

　　联邦巡回上诉法院认为：关于波士顿科学此次引入的 U-loops 的厚度的测定，由图 1-4-9 可知，虚线表示的是 U-loops 的外表面，U-loops 下方的空间也应当被计入壁厚的测量。

　　波士顿科学进一步争辩法院针对上述问题的回应是带有偏见的，并据此要求新的审判。法官给出如下说明：本案争论的点不是"壁表面"，而是"实质上均一的厚度"。波士顿科学就此问题认为法院带有偏见。法院将该争议移交给陪审团的做法是合适的。

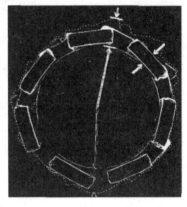

图 1-4-9　NIR 支架的示意图

　　最后，波士顿科学在关于 US4739762 专利显而易见性的上诉中，为证明权利要求的显而易见性引入证据。波士顿科学提供了强生意图将权利覆盖至 NIR 支架的证据。波士顿科学认为强生商业上的成功源于其支架产品的柔性，而该特征在权利要求 23 中并未涉及。法院认为上述证据与权利要求 23 的显而易见性无关，因此排除了上述证据。

　　（3）涉及的其他问题

　　在该交叉上诉中，强生对地区法院针对 US4739762 专利的权利要求 44 的无效判决提出异议。

　　陪审团作出无效判决后，地区法院认为无效性应当由法庭判决而非陪审团判决，陪审团的判决仅作为"参考意见"。虽然如此，法庭依旧判决权利要求 44 无效，因为权利要求 44 不是为了区分发明与现有技术的区别，并且不是针对专利性的审查意见的修改，而是出于覆盖竞争对手的产品的目的而添加的。

　　强生争辩，新添加的权利要求 44 是针对审查意见的修改，并且，强生具有增加新的权利要求的自由。如果这些权利要求不满足显而易见性，其应当被以合适的理由驳回。波士顿科学放弃了对该问题的抗辩。

　　另外强生要求当前法院命令地区法院恢复 2000 年一审判决时的损害赔偿的判决。

法院拒绝了这一要求。

经过审理，联邦巡回上诉法院作出如下判决：

① 被诉的心脏支架产品满足权利要求中的关于"实质均一的厚度"的限定；

② 审判法院对方法的处理不存在对竞争对手的偏见；

③ 在测量壁厚被作为侵权调查的实际组成部分的情况下，工程学专家的证言是证实被诉心脏支架侵犯专利权的实质性证据；

④ 连接件本身不必要是柔性的；

⑤ 陪审团就竞争对手的支架的连接元件满足"柔性连接"的限定作出结论；

⑥ 地区法院禁止竞争对手及其专家告知陪审团其测量壁厚的理论的做法是合适的；

⑦ 专利权人的律师的陈述不带有偏见且并不存在误导；

⑧ 专利权人和竞争对手的律师之间的陈述主要集中在明确"实质上均一的厚度"的限定不会导致否决竞争对手的公平审判造成偏见影响。

（4）一审上诉判决结果

2003 年 5 月，强生针对判罚结果上诉，认为 US4739762 专利有效。联邦巡回上诉法院推翻了地区法院的判决，认为地区法院针对权利要求的解释有误，该案发回地区法院处理。

3）再审争议焦点及判决结果

该案返回地区法院重审后，在重审过程中，美敦力、波士顿科学以及强生均分别提出了动议。

（1）关于波士顿科学就 US4739762 专利权利要求 23、44 的有效性的动议的判罚

波士顿科学认为，强生对权利要求 23 中的光滑表面和槽的解释相比于之前扩大了范围，因而其落入了现有技术 US3657744（Eresk 专利）的保护范围之中，同时该专利的发明人 Palmaz 教授于 1984 年的谈话纪要已经公开了权利要求 23 的内容。

该动议被地区法院驳回，理由在于：强生于 2005 年的审理过程提供了足够的证据使得其相对 Eresk 专利整体具有非显而易见性，因此，关于上述"光滑的表面"的特征的重新解释不会影响该专利的有效性。而就波士顿科学提出的 Palmaz 教授的谈话纪要，尽管该手稿公开了支架的光滑表面，然而其并未公开 US4739762 专利权利要求 23 的关键特征"可通过弹性形变获得并控制支架扩张"。权利要求 44 要求支架具有多个形成于壁的槽，这使得支架能够到达血栓形成部位，并能够在拉伸极限下可控的形变，因此不管该槽的限定如何，US4739762 专利上述权利要求中限定的支架本身与波士顿科学提供的现有技术存在关键区别，因此，再审时地区法院仍然认为 US4739762 专利的权利要求 23、44 有效。

（2）关于美敦力就 US5195984 专利的侵权判罚以及具体的赔偿金再审

就"连接件必须为柔性"的点，美敦力认为其支架采用"焊点"作为连接件，而焊点不是柔性的。但根据权利要求的记载或是地区法院对权利要求的解释，US5195984

专利的连接件是柔性的。因此美敦力认为其支架对 US5195984 专利不构成侵权。但是，法院认为，强生提供的证据足以证明美敦力支架的连接件同样具有柔性，因此，再审时法院仍然判定美敦力侵权，美敦力未再就该问题进行进一步上诉。然而，随后，美敦力对判罚（511. F. 3d 1157）不满，其认为判决前利息的计算有误，按照美国国库利率（stress treasury bill rate），其应该按季度计算，而非按月计算，此外，美敦力还认为法院对损失的利润计算有误。

然而，强生在地区法院的再审审理过程中提交了如下证据以证明其符合利润损失救助原则❶：①强生通过大量的训练项目去训练医生使用支架；②其已经收购了 Cordis，并在 1995～1997 年间创造了 13 亿美元的销售额；③在其 BX Velocity 支架推向市场后，2000 年其市场份额再次提升；强生作为世界上最大的健康护理生产公司，拥有雄厚的资本以便于拓展市场。

法院接受了强生提供的证据，并最终尊重了陪审团于一审作出的利息判罚。

波士顿科学在 2000 年后提出需要就其支架是否侵犯了 US4739762 专利的权利要求 44 重新审理，然而，鉴于强生代表表示在陪审团判决之后其不会再就这一权利要求的侵权行为追加赔偿，法院驳回了波士顿科学的该动议。

（3）再审判决结果

2005 年 6 月，陪审团认为，US4739762 专利的权利要求 44 因修改超范围无效，但权利要求 23 有效，美敦力和波士顿科学均构成侵权。就赔偿的利息方面采用美国国库利率预先确定利息，并且利息以税后的收益为基础，法院最终判罚美敦力赔偿近 3 亿美元，波士顿科学赔偿近 4 亿美元。

至此，强生诉波士顿科学、美敦力案（194 F. Supp. 2d 323、511 F. 3d 1157）以强生的大获全胜落下帷幕。

4.1.3.3　药物洗脱支架之争（2003～2006 年）

1）第一代药物洗脱支架之争

为解决第一代金属裸支架产生的不安全和其他并发症等问题，各大厂商开始研发新型支架，从在支架上涂覆药物这一研发方向上进行改进。

强生从惠氏公司购买了西罗莫司药物专利的所有权，研发出世界首款药物涂层支架 Cypher。在 Cypher 支架与裸金属支架的对比试验中，使用 Cypher 支架的动脉再狭窄率低于 4%，明显优于裸金属支架。2003 年，Cypher 在美国上市，并迅速获得市场认可，强生重新占据了 60% 的支架市场销售份额（图 1-4-3）。

其他企业也加紧对新产品的筹备研发。早在 20 世纪 90 年代，波士顿科学就与

---

❶　即专利申请人必须证明，若无侵权事实，则其能够创造和侵权者相同的销售额。

Angiotech 公司签署了一项联合排他性协议，研发"紫杉醇"药物在支架上的应用。而美敦力和准备进入支架市场的雅培，均感受到了竞争压力。2002 年，雅培收购 BioCompatible 公司及其药物涂层支架技术，并和美敦力于同年达成关于支架和药物技术的多项交叉许可，打算联合应对未来的市场冲击。2003 年，波士顿科学在欧洲市场推出 Taxus 药物涂层支架产品。

各大企业一方面加紧对新产品的技术研发，另一方面采用诉讼手段攻击竞争对手。在波士顿科学的 Taxus 支架和强生的 Cypher 支架获得美国 FDA 批准上市前夕，2003 年 1 月，强生在特拉华州地区法院发起对波士顿科学的诉讼，声称波士顿科学的 Express 2 以及 Taxus 支架产品侵犯了其专利 US4739762 等多项专利权（561 F. 3d 1319）；波士顿科学随即于同年提出反诉，称强生的 Cypher 支架侵犯其专利 US5922021 的专利权。2003 年 4 月，波士顿科学诉强生 Cypher 支架侵犯其拥有的药物涂层支架专利（US6120536）的专利权（554 F. 3d 982）。同年，波士顿科学再诉强生 Cypher 支架侵犯了其拥有的用于阻止支架内平滑肌增生的药物专利 US6171609、US6599928、US6251920 的专利权（392 F. Supp. 2d 676）。接下来将详细介绍上述系列案件。

【案例号】561 F. 3d 1319

【原告】强生❶

【被告】波士顿科学

【涉案专利及产品】

本案涉诉产品及专利见表 1 - 4 - 7，本案反诉涉及的产品及专利见表 1 - 4 - 8。

表 1 - 4 - 7　本案涉诉产品及专利

被告	涉诉产品	涉诉专利	涉及权利要求
波士顿科学	Express 系列金属裸支架 Liberte 金属裸支架 Taxus 药物洗脱支架	US4739762	13. 一种可扩张的腔内血管移植物，其包括：具有第一端和第二端以及位于第一端及第二端之间的壁表面的薄壁管状元件；壁表面具有实质上均一的厚度，并且壁表面上具有其内形成的多个槽，且该槽与管状元件的长轴基本上平行地设置；管状元件具有第一直径，该第一直径允许管状元件在人体管腔通道内进行运输；管状元件具有可扩张及形变的第二直径，利用从管状元件的内部的轴向、向外的扩张力可将管状元件扩张至第二直径，通过管状元件的扩张及形变可以对人体管腔通道进行扩张。

被告	涉诉产品	涉诉专利	涉及权利要求
波士顿科学	Express 系列金属裸支架 Liberte 金属裸支架 Taxus 药物洗脱支架	US5895406	1. 一种具有第一端和第二端以及其间的中间段和纵轴的支架，包括：多个沿纵向布置的带，其中每个带限定沿着与纵向轴线平行的线段的具有空间频率的大体连续波；和多个用于将带保持在管状结构中的链节，其中，链节设置成使得由链节形成的任何单个圆周路径是不连续的；这样，链节和带在非扩张构造中限定了具有轴向挠性的可扩张结构。 2. 根据权利要求 1 所述的支架，其中，每个连接件从任何周向相邻的连接件轴向移位。

表 1-4-8 本案反诉涉及的产品及专利

反诉被告	涉诉产品	涉诉专利	涉及权利要求
强生	Cypher 药物洗脱支架	US5922021	19. 一种支架组件，包括： 球囊；和位于球囊外部的可扩张支架，该支架包括： 第一膨胀撑杆，多个第一膨胀撑杆形成第一膨胀柱；第二膨胀支柱，多个第二膨胀支柱形成第二膨胀柱；和第一连接撑杆，多个第一连接撑杆形成第一连接撑杆柱，每个第一连接撑杆将第一膨胀柱的第一膨胀撑杆连接到第二膨胀柱的第二膨胀撑杆，第一连接撑杆包括连接到远端部分的近端部分和第一连接支柱的至少一部分，该至少一部分包括第一线性部分和第一倾斜角。 32. 如权利要求 19 的球囊组件，其中球囊在膨胀状态是锥形的。 33. 如权利要求 32 的球囊组件，其中球囊在膨胀状态沿着从轴线从近端向远端弯曲。 36. 如权利要求 33 的球囊组件，其中球囊在膨胀状态为非锥形。

【审理过程】

2003 年 1 月，强生起诉波士顿科学，认为其 Express 金属裸支架与基于 Express 支架载体的 Taxus 药物洗脱支架对其专利 US4739762 构成侵权，并提请庭前临时禁令动议。同年，波士顿科学反诉强生 Cypher 药物洗脱支架侵犯其专利 US5922021。

2004 年，考虑到该涉案专利仅剩下 3 年的有效期，因此，强生再次修改了起诉书，增加了如下诉状"波士顿科学 Liberte 金属裸支架还侵犯了我方持有的 US5895406 专利"。

波士顿科学就 US4739762 专利，提交了 Palmaz 教授在申请专利之前的论文手稿，以进行该专利的无效抗辩，并提交了该专利的无效简易判决动议。

特拉华州地区法院于 2005 年 6 月 3 日的马克曼听证会上解释了权利要求，2005 年特拉华州地区法院颁布了双方侵权的判决，否决了波士顿科学有关专利 US4739762 的无效动议。

双方当事人上诉，上诉过程中，波士顿科学再次以相同的理由诉专利 US4739762 无效，同时，以权利要求的解释有误诉专利 US5895406 无效，强生以显而易见性诉波士顿科学专利 US5922021 无效，最终联邦巡回上诉法院认为双方均互相侵权，且涉案专利均有效。

就该审理过程中涉及的禁令、无效以及侵权，双方的争议焦点以及法院判决如下。

【争议焦点及判决结果】

1）关于强生申请临时禁令的动议判决

就强生的禁令动议，法庭认为：该动议不满足临时禁令判罚的以下原则：①会对专利权人造成不可挽回的损失；②对被告不会造成不可挽回的损失；③对公众不会造成不可挽回的损失。原因在于：

（1）对于强生造成的损失。首先，波士顿科学被诉的 Taxus 产品是基于其 Express 支架产品平台而改进的，根据听证会上强生的证词，强生于 2001 年已经知道 Taxus 产品是基于 Express 平台而改进研发的，然而，强生直到 2003 年才对上述两款产品进行起诉，可见，其销售并未对强生造成太大的损失；其次，就强生的涉案专利 US4739762，其已经许可很多竞争者利用该支架作为金属平台，进行药物洗脱支架的研发，因而，该类药物洗脱支架的问世可能并不会对强生的市场造成太大的影响；最后，基于强生当时的产值，事实上，药物洗脱支架仅仅是强生涉猎于心血管治疗的分支，其仅占据强生 5% 的全年销售额。因此，法院认为，不判罚该禁令并不会对强生造成不可估量的损失，对于临时禁令判罚的条件①不满足。

（2）对波士顿科学造成的损失。法院认为，波士顿科学于市场上的主要产品即为支架类产品，因此，对波士顿科学判罚临时禁令会对波士顿科学造成不可估量的损失。

（3）对公众造成的损失。法院认为，强生的支架供给无法完全满足当时的市场需求，因而，对波士顿科学判罚禁令会对公众造成损害。

最终，法院以以上三原则均不满足为由驳回了该动议，随后，波士顿科学于美国市场顺利推出了 Taxus 支架。

2）关于强生 US4739762 专利、强生 US5895406 专利、波士顿科学 US5922021 专利无效的争议与裁定

（1）US4739762 专利的有效性

波士顿科学在一审的过程中，引入了该专利发明人 Palmaz 教授在申请该专利之前涉及 US4739762 专利实施方式的论文手稿，并认为其构成了影响专利有效性的现有技术，具体地，认为其属于现有技术中规定的公开的出版物，因而，强生 US4739762 专利是无效的。

强生争辩称：该论文手稿属于保密资料，因而不属于公开的出版物，无法被公众获得。强生以及 Palmaz 本人的证词提供了如下信息：1980 年，Palmaz 教授在一次演讲中将该手稿传送给其在 VA 医学中心的同事，以将其发明构思进行进一步改进，随后，Palmaz 本人为了获得研究的资金支持，先后向三家企业推广了其支架理念，且在与上述公司会面时，Palmaz 本人还透露其希望能够对其手稿内容保密。

地区法院以及联邦巡回上诉法院均采纳了强生的意见，认为既没有证据证明 1980 年的手稿在公开的学术会议上发表过，也没有任何证据证明这三家企业对该手稿的信息存在泄密行为，因此，该手稿不属于公开出版物，不构成现有技术。因此，US4739762 专利维持有效。

（2）US5895406 专利的有效性

波士顿科学引用强生自身的 US4739762 专利，否决 US5895406 专利的权利要求 2 的有效性。US5895406 专利中存在功能性的陈述："这样的结构，以致链节和带子在未扩张构型下限定了具有轴向挠性的可扩张结构（…structure such that the links and bands define an expandable structure having axial flexibility in an unexpanded configuration）"。波士顿科学认为："以致（such that）"的限定不构成 US5895406 专利与现有技术的差别，即使"以致（such that）"对权利要求 2 有限定作用，具体为权利要求 2 中的支架具有"轴向上的柔性"，由于 US4739762 专利的结构与该申请权利要求 2 中的结构相同，因而其同样具备"轴向上的柔性"。

强生引用了当时其他支架研究者的证言，证实 US4739762 专利是刚性的，并指出其基于 US4739762 专利研发的第一款支架获得 FDA 批准时，FDA 给出的关于该支架的标签信息"即该支架为非柔性支架"。此外，对于该"轴向上的柔性"的限定作用，强生进一步提交证据，即该专利在审查过程中，为了与现有技术进行区分，强生在答复审查意见通知书时，将该"轴向上的柔性"增加至权利要求 2 中，并最终获得授权。

地区法院综合考虑上述证据和证词，认为"以致（such that）"对支架的结构具有"轴向的柔性"有限定性作用，而 US4739762 专利是刚性的，且波士顿科学也没有提交足够的证据证明为什么 US4739762 专利的结构使得其具备柔性，因而，地区法院认为，US4739762 专利不影响 US5895406 专利的有效性，US5895406 专利维持有效，联邦巡回上诉法院支持了地区法院的判决。

（3）US5922021 专利的有效性

强生在一审和上诉时均认为：①US5922021 专利的优先权日应受到质疑，首先，US5922021 专利享有了其于 1996 年 4 月 27 日提交的临时申请的申请日，然而，其正式于 1997 年 4 月 26 日提交的申请中对权利要求 36 有了与临时申请不一样的表述，在正式申请的权利要求 36 中，其限定了"弯曲的底部到顶部连接器（curvy bottom – to – top – connector）"，然而，临时申请中的说明书未完全支持该正式申请的权利要求 36，其临时申请的说明书中仅仅描述了"附接至支柱对的拐角（corner）的第二端或底部，以及拐角（corner）的第一端或顶部的连接节点"，也即其未描述"该弯曲的从底部延伸至顶部的连接节点"，因此，该授权专利不能够享有 1996 年的优先权。基于新确立的申请日，US5922021 专利是显而易见的；②同时，强生还给出了多件专利以证明即使不考虑优先权日，该专利基于现有技术的证据不具备创造性。

对此，波士顿科学方的 Buller 教授给出了如下专家证词：①就是否能够享有优先权日的问题，在本案临时申请的说明书中，其描述了"分层连接器（split level connectors）"，以及大量对该连接节点的实施例，其中就包括"底部连接的偏置连接支杆""顶部连接的偏置连接支杆"以及"从顶部到底部的偏置连接支杆"，本领域技术人员能够知道，这些偏置连接支杆即构成了权利要求 36 中的弯曲的从顶部到底部的连接节点。因此，其能够享有 1996 年的优先权。②强生给出的其他专利证据，均不能影响本案专利的非显而易见性。

地区法院引用波士顿科学的专家的反驳性证词，认为 US5922021 专利的优先权文本充分公开了上述限定。US5922021 专利有权享有 1996 年 4 月的优先权日。并且，该专利维持有效。联邦巡回上诉法院支持了地区法院的该判决。

3）涉及的专利权利要求的侵权争议

就波士顿科学 US5922021 专利的权利要求 36，陪审团判定强生的 Cypher 支架构成等同侵权，就强生的 US4739762 专利的权利要求 1、23 以及 US5895406 专利的权利要求 2，陪审团判定波士顿科学的 Taxus、Express 和 Liberte 支架对 US4739762 专利的权利要求 23 构成字面侵权，对 US4739762 专利的权利要求 1 构成诱导侵权；Liberte 支架对 US5895406 专利的权利要求 2 构成字面侵权。双方均就各自所有涉诉的侵权产品进行了上诉。

【上诉判决结果】

联邦巡回上诉法院认为双方均互相侵权，且涉案专利均有效。

继强生提起上述诉讼后，为进行反击，波士顿科学诉强生 Cypher 支架侵犯了其从 Schnneider 公司转让得到的具有长期抗血栓涂层的支架专利 US6120536（554 F. 3d 982）。

【案例号】554 F. 3d 982

【原告】波士顿科学

【被告】 强生 ❶

【涉案专利及产品】

本案涉诉产品及专利见表 1 - 4 - 9。

表 1 - 4 - 9　本案涉案产品及专利

被告	涉诉产品	涉案专利	涉案权利要求
强生	Cypher 支架	US6120536	1. 一种具有至少一部分可植入患者体内的部分的医疗装置，其中至少一部分所述装置部分是金属的，并且所述金属装置部分的至少一部分覆盖有用于释放至少一种生物活性材料的涂层，其中所述涂层包括一种底涂层，所述底涂层包括一种包含一定量生物活性材料的疏水性弹性体材料，所述生物活性材料在其中用于定时释放，所述涂层进一步包括至少部分覆盖底层涂层的表层涂层，所述表层涂层包含生物稳定的、抗血栓形成材料，该材料在生物活性材料释放期间和释放后为器件部分提供长期抗血栓特性，所述涂层基本上不包含可洗脱材料。
			8. 如权利要求 1 所述的设备，该设备为可扩展支架。

【审理过程】

波士顿科学诉 Cypher 支架侵犯了波士顿科学 US6120536 专利权利要求 8 的专利权，2003 年，向法庭申请庭前临时禁令的动议。法院驳回了该动议，随后强生进行了其支架会产生血栓的不侵权抗辩，并引用了多件专利证明 US6120536 专利是显而易见的。

法院经过审理作出强生侵权以及 US6120536 专利权利要求有效的判决。2006 年，强生获得了 FDA 有关其支架产生晚期血栓的报告，以此为证据再次重申 Cypher 支架不侵权，并因此提交了重审该案的庭后动议。地区法院随后驳回了该动议，强生上诉。

2009 年，联邦巡回上诉法院无效了波士顿科学该专利，不再考虑侵权事宜。

【争议焦点】

（1）关于临时禁令的争议

波士顿科学对 Cypher 支架发起了临时禁令动议，法院驳回了该临时禁令，理由在于：申请临时禁令中关于"胜诉可能性"的条件不满足，即波士顿科学 US6120536 专利权利要求 8 的保护范围不清楚导致侵权判定还需要重新启动权利要求说明会以再次解释权利要求。首先，关于抗血栓材料，波士顿科学截取了强生审批 FDA 时提交的材料，在该材料中，强生声称其药物涂层是抗血栓的（non - thrombogenic），因此，波士顿科学认为其落在了该申请中的药物涂层的范围内。然而，强生争辩，按照权利要求的解释，该药物表层涂层不仅仅是抗血栓的，还是长期抗血栓的，而强生的 Cypher 支

---

❶ 被告为强生子公司 Cordis Corp。

架的载体是金属支架，因而，在药物释放完毕后，其长期抗血栓特性与金属支架无异，也即，其并非是长期抗血栓的。此外，就权利要求中表层涂层基本上包含不可洗脱材料这点，波士顿科学声明，其并非是在整个生命周期绝对不可洗脱，因为底层的生物活性的可洗脱材料也即雷帕霉素在释放的过程中也会存在于表层涂层。然而，法院认为，说明书中并未对"基本上具备不可洗脱材料"所代表的药物存在于表层的具体范围进行解释，因此该权利要求不清楚。

（2）关于侵权事实的争辩

强生坚持认为：①就长期的抗血栓特性而言，涉案专利中的抗血栓特性是基于其与金属支架相比，具有更强的阻碍血栓形成程度而得出的，这一点还可以从波士顿科学的专利审查历史中得到印证。在审查过程中，波士顿科学强调涉案专利的抗血栓特性相比于现有技术的金属支架更优。而强生的 Cypher 支架与金属裸支架的抗血栓特性相同，且会产生晚期血栓，因而强生不可能侵权。②就表层涂层基本上包含不可洗脱材料而言，强生认为，尽管其 Cypher 支架在生产完毕之时，表面涂层几乎全部为不可洗脱材料，然而，该支架在植入体内时其表面已经具备了可洗脱材料。③强生还引用了多件专利作为现有技术从而进行了显而易见的无效抗辩。

地区法院就抗血栓特性以及长期这一限定进行说明，并认为：①由于该专利的支架载体本身同样为金属，且部分支架表面并未涂覆药物，因而，将其与金属支架相比是毫无意义的，因此抗血栓指代的并非是如强生此前陈述的含义。根据权利要求 1 的记载，其抗血栓特性也并未与任何参照物进行比较，同时，说明书中进一步限定了，抗血栓特性是由其表面涂覆的材料本身的物理特性而带来的，也即，该材料涂层上表面的多种涂覆方式使得其能够降低血栓的形成概率，并且，说明书还给出了该药物涂层的不同形式的表面修饰方法，并给出了该方法使得其具备了不同的抗血栓程度的试验，因此，该抗血栓特性是药物表面涂层特性带来的，而非支架本身。此外，就审查历史而言，波士顿科学在答复 PTO 的审查意见时，将其与现有技术进行比较，该现有技术为包含了药物的金属支架，也即，即便将其与现有技术相比，其对比的对象也为药物涂层支架，而非金属裸支架。进一步结合该单词本身的医学含义以及说明书中的解释，"抗血栓"指代的是不会促进血栓的一种药物涂层材料。并且，既然该抗血栓特性是由其表面药物涂层带来的，因此，长期的抗血栓能力指代的是该药物涂层在药物释放期间具备抗血栓特性。②波士顿科学的专家证人证明了 Cypher 支架在人体内的作用机理与涉案专利相同，即在生产完毕之时，Cypher 支架同样具备不可洗脱材料，而从支架的生命周期开始，其可洗脱药物已经从 Cypher 支架的底层向表层流动释放，而表层为不可洗脱材料与流动药物。

基于以上两点，地区法院陪审团判决，强生侵权。

随后，强生进一步上诉，并且，在上诉的过程中，强生进一步利用 FDA 的该证据：2006 年，FDA 公布了美国心脏病学会的临床跟踪结果——小部分患者的血管在植入了强生药物洗脱支架 18 个月后，诱发了晚期血栓，增加了心脏病突发风险。而波士顿科学涉案专利权利要求 1 中包括长期抗血栓特性，其抗血栓特性至少维持到医学意义上的"晚期"，也即在植入后 1 年后。而 FDA 证据表明，其 Cypher 支架具有导致晚期血栓风险，因而，其无法提供长期的抗血栓特性。

2009 年，联邦巡回上诉法院作出了最终判决，支持了地区法院关于长期抗血栓特性的说明，由于其抗血栓特性是该支架的表层药物涂层带来的，因此，其长期的抗血栓功能指代的是在该涂层上药物释放的期间。

在该案中，尽管最终波士顿科学的专利被无效，强生不涉及侵权的问题，然而在抗辩过程中，为了避免被判侵权，强生提交了 FDA 于 2006 年发布的审批证据，以证明其 Cypher 支架会导致晚期血栓的形成，从而绕过权利要求中限定的"药物涂层是抗血栓的"的范围。这也为强生埋下了后患。药物涂层 Cypher 支架的这一缺陷导致其销售额从 2009～2010 年开始不断下跌。

2）改进型药物洗脱支架之争

尽管波士顿科学的第一代药物洗脱支架 Taxus 支架获得了前所未有的成功，但该药物洗脱支架的载体多年来均基于 Medinol 公司的产品，为了摆脱对 Medinol 公司的依赖，波士顿科学在以色列研发生产自己的支架载体。

同时，就佳腾而言，由于其药物试验存在放射性边缘效应，产品多次未能获得 FDA 审批，同时，还深陷其与强生、波士顿科学之间诉讼失败的阴霾中，在第二代支架的市场角逐中失去了自己的市场地位。

在这一背景下，2005 年，佳腾与强生和波士顿科学就所有的诉讼进行了和解，强生和波士顿科学双方就收购佳腾展开了激烈的争夺战，考虑到佳腾前期积累的实力，收购佳腾对于最终支架市场的话语权至关重要。波士顿科学最终联合雅培以高出 70 亿美元的报价击败了强生，实现了对佳腾的收购，并与雅培共同享有佳腾的金属柔性支架平台。2007 年，雅培在美国上市了新一代药物洗脱支架 Xience V，波士顿科学同时在美国和欧洲销售 Xience V 的同款支架产品 Promus。新一代药物洗脱支架对药物涂层进行了改进，其利用可持续缓释高分子聚合物减少了对支架植入而引起的并发症，更安全且其疗效也更加长久。❶ Promus 和 Xience V 一经问世，便大获好评，其中，波士顿科学 Promus 支架从 2007 年到 2010 年间的销售额实现了翻番，其销售额迅速取代了早一代的 Taxus 支架，并占据美国药物洗脱支架 49% 的市场份额。❷ 同时美敦力也逐渐开拓出属于自己的药物洗脱支架市场。波士顿科学 Taxus 支架与 Promus 支架的销

---

❶ WIEMER M, STOIKOUIC S, SAMOL A, Third generation drug eluting stent with biodegradable polymer in diabetic patients: 5 years follow-up [J]. Boston Scientific. Cardiovasc Diabetol, 2017, 16 (1): 23.

❷ Boston Scientific. Boston 10K annual report [R/OL]. (2018-12-01). [2020-04-18]. https://www.sec.gov/Archives/edgar/data/1101026/000107878220000199/f10k123119_10k.htm.

售额对比见表1-4-10。

表1-4-10　波士顿科学 Taxus 支架与 Promus 支架对比　　　　单位：万美元

产品	2010 年	2009 年	2008 年	2007 年
TAXUS®	27700	43100	62100	100600
PROMUS®	52800	48000	21200	/

面对上述产品，2007 年 6 月，强生在新泽西州地区法院连续发起了三次专利侵权诉讼（3：07 - cv - 02728、3：07 - cv - 02477、3：07 - cv - 02265），诉雅培生产销售的 Xience V 支架侵犯了其多项药物支架专利的专利权（US7217286、US7223286、US7229473、US7300662）。雅培就其中一项诉讼提起了确权之诉反诉（1：07 - cv - 00259）。如前述，由于波士顿科学销售的 Promus 支架和雅培的 Xience V 支架属于同种产品，波士顿科学预计自身也会成为强生的攻击对象。随即，波士顿科学先发制人，在强生起诉的同月，针对性地向特拉华州地区法院发起了三次确权之诉（1：07 - cv - 00333、1：07 - cv - 00348、1：07 - cv - 00409），声称自己的产品不侵犯上述强生诉雅培专利的专利权；并在同年 12 月又发起一次确权之诉（1：07 - cv - 00765），声称强生的相关 EP0503662 专利无效、不可执行且 Promus 支架不侵权。

同年，美敦力的 Endeavor 支架上市，上市之后，其销售额从 2009 年的 6.03 亿美元上涨至 2010 年的 7.67 亿美元。美敦力为了确保其 Endeavor 二代药物支架的市场地位，同时诉强生的 Cypher 产品侵犯其 US6881223 专利权（2：07 - cv - 00240），波士顿科学同样就其 Promus 支架产品提出确权之诉，声称美敦力的专利无效且己方产品不侵权。2008 年，波士顿科学专利确权诉讼的地区法院陪审团一审判决强生所有药物支架专利无效。

与此同时，波士顿科学诉美敦力的 AneuRx 等多款 DES 支架产品涉嫌侵犯自己多达 10 项专利权（6：08 - cv - 00320）。美敦力则针对波士顿科学新推出的 Promus 和 Xience V 支架产品发起侵权诉讼（2：08 - cv - 00318）。2009 年 1 月，美敦力再次起诉波士顿科学的 Promus 支架侵权（2：09 - cv - 00028）。

2009 年，就 2007 年系列爆发的案件，强生反诉波士顿科学侵权。

2010 年，波士顿科学乘胜追击对强生发起了一次确权之诉（0：10 - cv - 00127 - ADM - JJK），声称自己的 Promus 产品不侵权。同年，美敦力与强生以 4.72 亿美元和解了所有和支架以及其输送系统有关的诉讼。❶

2011 年，就强生于 2007 年集中爆发的一系列与波士顿科学以及雅培的确权之诉以及 2010 年波士顿科学发起的确权之诉，联邦巡回上诉法院给出了强生所有涉案专利无效的最终判决。

---

❶ https：//www.sec.gov/Archives/edgar/data/64670/000089710110001328/medtronic103067s1_ex13.html/.

随着专利战场上的败诉，强生旗下的子公司 Cordis 于 2011 年停止生产心血管支架，其市场份额从 2006 年的 49% 下降为 14%。2014 年，强生将其生产的第三代支架可降解支架联同其子公司以 19 亿美元出售给上海微创。2015 年强生宣布全面退出心脑血管支架领域，❶ 并同时声明，公司专利和品牌 "被侵犯"，未经许可的竞争削弱了公司的支架定价地位、销售业绩和市场份额。

强生在诉讼战中的退出，标志着激烈的诉讼战暂时告一段落。支架市场格局随之发生剧烈变化，到了 2016 年，已经演变为雅培、美敦力以及波士顿科学三足鼎立的局面，其合计占据全球市场的 70% 的市场份额。

2016 年雅培第三代可降解药物支架获得美国 FDA 认证，不过，仅仅 1 年后，2017 年雅培宣布全球停售第三代可降解药物支架。同年，波士顿科学决定放弃可降解支架项目。未来支架诉讼仍有可能集中在上述三家大型企业之中。

【原告】波士顿科学

【被告】强生

【涉案专利】US7217286、US7223286、US7229473、US7300662 专利

【案件背景】

在强生对雅培改进型药物涂层支架 Xience V 发起攻击的同时，由于波士顿科学 Promus 支架与 Xience V 支架属于同样的支架，因此，波士顿科学预先对强生提起了多起确权之诉（如前所述），值得注意的是，这些确权之诉全部以波士顿科学的胜利而告终，其无效了强生在确权之诉中反诉侵权的全部专利，并因此解除了雅培 Xience V 与波士顿科学 Promus 系列支架的危机。

【审理过程】

波士顿科学于 2007 年提起确权之诉，并诉强生多个药物涂层支架专利无效。强生发起侵权反诉，2007 年波士顿科学就该案发起无效简易判决动议。2008 年地区法院批准了该动议，地区法院认为强生的专利由于缺乏说明书中的详细描述而不可实施。强生上诉，2009 年，联邦巡回上诉法院认定上诉专利仍然无效。

【争议焦点】

就 US7217286、US7223286、US7229473、US7300662 专利，波士顿科学在请求简易判决的动议中提出：上述系列专利（US7217286、US7223286 以及 US7229473）未就雷帕霉素内酯类似物、US7300662 专利未对三烯类似物进行任何结构或物理特性的描述，基于雷帕霉素类似物的药物洗脱支架的药理作用于 1997～2001 年均难以预期。波士顿科学认为，雷帕霉素的类似物有至少上万种。而强生认为，基于当时的现有技术，本领域技术人员清楚地知道上述类似物指代的是拥有和专利化合物内酯环结构相同的 25 种类

---

❶　强生旗下 Cordis 宣布将推出药物洗脱支架供应市场［EB/OL］．［2020-09-10］．http：//www.cyy123.com/news.asp?id=78072.

似物。然而，在该案中，强生在之前的答辩状中确陈述了该类似物指代所有类似物。

法院认为，即使该类似物的限定是清楚的，但该 25 种类似物既未记载在专利之中，在当时，要找到该类似物也绝非现有技术能够给出的教导。事实上，强生是借鉴了 2006 年雅培和波士顿科学成功将 everolimus 应用于支架的临床试验而作出了如下判断。因此，确立能够应用于药物支架的药物在当时的技术水平条件下并不是可以预期。

强生还给出了一篇 Hardhammar 教授作出的学术文献以验证本领域技术人员在现有技术的基础上可以通过简单的试验获得可应用于支架上的药物，该文献在支架上设计肝素涂层，通过其应用于猪的临床试验而验证支架上的药物涂层可行性。强生认为，本领域技术人员会按照现有技术给出的步骤流程，同样筛选出雷帕霉素类似物。法院认为：首先，该肝素聚合物与雷帕霉素的结构完全不同，因此，其临床反应、药理，以及药物毒性均可能导致该文献中的方法对于雷帕霉素不具有借鉴意义。此外，该文献中使用的肝素会进一步扩大细胞增生，因而对于专利中解决的血管再狭窄问题，恰好给出了相反的结论。同时，波士顿科学认为，在支架治疗过程中，一项药物化合物在治疗上的成功绝不仅仅是通过对类似物试管内的细胞试验比对就能获得。事实上，需要对动物和人体进行大量的试验，而当时并不存在这样的试验结果。同时，法院还认为，在说明书中仅仅记载了雷帕霉素的体内试验可以阻止细胞增生，而在权利要求中对其类似物通过阻止细胞增生这一功能性限定而进行关联，然而，说明书中也并未记载任何类似物在体内试验中同样阻止细胞增生。因而最终，法院认为 US7217286、US7223286 以及 US7229473 专利是不可实施的，本领域技术人员不清楚如何合成应用于药物洗脱支架的雷帕霉素类似物，因而上述专利无效。

法院认为，US7217286、US7223286 以及 US7229473 专利仅仅给出了一个将雷帕霉素应用于支架的概念，上述专利没有给出任何试验来支持这一想法，而关于其类似物的描述更少。事实上，说明书中没有给出上述类似物的任何化学结构，也没有给出其如何通过聚合物以药剂形式合成到支架上。

而就 US7300662 专利，尽管在说明书中给出了雷帕霉素以及其一种替代物的临床试验，然而，其权利要求还限定了"通过施加 64～197 微克剂量的上述药物以在小于 0.5mm 直径的支架中减少 12 个月后的晚期血管狭窄"，并在其说明书中强调了这一剂量的施加需要进行大量的试验获得，因而，基于前述类似的理由，法院认为其类似物的药理药效的施加效果难以预期而不可执行。另外，在权利要求说明会中，强生认为上述类似物指代的是雅培 Xience V 和波士顿科学 Promus 支架的依维莫司药物，这被法院同时认为是毫无意义的陈述。

因而，最终联邦巡回上诉法院认为，上述四件专利均由于不可实施而无效，波士顿科学和雅培胜诉。

结合上述分析可以看出，心脏支架长达 15 年的诉讼拉锯，既深刻体现了技术自身演化的发展历程，也是各心脏支架主要生产商之间利用各自专利创新技术，或合作或竞争、此消彼长的"竞合"史。其中，先进的专利技术首先为各大企业划定专利壁垒，而后，在市场的竞争中，以专利为武器的侵权诉讼，从未在任何一代支架变革之中缺席，甚至于诉讼结果在某种程度上是推动市场格局变化与技术创新的巨大力量。强生、波士顿科学以及美敦力对佳腾的密集攻击，使得其早早退出历史的舞台；无法摆脱的诉讼禁令与天价赔偿，使得美敦力不断革新，直到 2007 年其第二代药物支架产品才横空出世；而在创新上步步为营，在诉讼中反客为主的波士顿科学，最终成功收购佳腾，联合雅培无效了强生所有涉诉药物支架专利，并逼迫其退出第二代药物支架的竞争。这些"成败"，与企业专利本身的技术价值、市场创新、市场策略有关，更与诉讼过程中的表现息息相关。

1）强生

从金属裸支架到药物洗脱支架，从市场垄断者到市场退出者，在诉讼中惯于先发制人的强生最终却失去了生存的空间，这与其专利本身的技术价值与市场创新情况有着极大的关联。

作为支架市场的开创者，强生对于 Palmaz 教授的开拓专利的价值作出了准确判断，买断其专利权并迅速将其产业化而获得 90% 以上的市场份额，同时强生利用该专利发起的多起侵权诉讼，从 1997 年持续到 2009 年，其间该专利多次被被告无效但均未能成功，而涉及该专利的支架几乎全部侵权且最终获得近 20 亿美元赔偿。可见，该专利具有极高的技术价值与市场价值。

第二代药物洗脱支架竞争时，强生与惠氏达成专利许可协议后，能够率先进入药物支架领域，并时刻警惕竞争对手的新产品从而采取主动诉讼攻击。然而其对药物支架的专利运营显然没有其第一代金属支架成功，其基于惠氏专利的药物支架专利最终均被无效，同时自身研发脚步较慢，在药物支架近 10 年的历史中，其所有问世的支架产品仅仅开拓了一条基于 Cypher 支架的产品线，从药物到涂层到载体结构技术上均无太大的革新，因此，在药物洗脱支架竞争中诉讼结果均不理想，并最终退出了市场。

而诉讼过程本身的表现来看，强生能够在对手各类支架尚未上市之时，迅速利用专利权优势针对波士顿科学的不同产品发起多次攻击，且在每次诉讼中，均引用该专利前诉过程中法院对权利要求的相关解释进行陈述，最终，在该专利涉诉诉讼中获得波士顿科学近 18 亿美元的和解费和 3 亿美元的赔偿，同时使得美敦力退出第一代金属裸支架的市场争夺。可以说在专利的诉讼中，其主动进攻的诉讼策略与结果是成功的。

但诉讼过程中强生对抗辩策略也出现过失误，例如 554 F. 3d 982 案中，在不侵权与无效抗辩之间，强生选择了前者。为了免于侵权赔偿，在一审后提交了 FDA 关于其药物支架产生晚期血管狭窄的证据，从而证明其对"抗血栓"限定的不侵权。通过上述抗辩方式，虽然强生最终获得不侵权判罚。不过这一抗辩方式的选择也使得自身产品的声誉受损。事实上，强生如果将矛头直指波士顿科学专利的有效性，并一直就此坚持上诉更有利于其获得该案的胜利。

2）波士顿科学

波士顿科学在支架市场上的创新与驱动，并非全然来自其本身的研发，而是明确自身技术短板，看准时机寻找合作伙伴，同时结合自身技术优势，在诉讼过程中反客为主，最终在第二代药物洗脱支架的竞争中获得胜利。

首先从诉讼体现的技术收购的角度来看，在第一代支架之争中，波士顿科学无法依靠自身的力量抗衡强生，因此其与以色列 medinol 公司签订了长达 10 年价格高昂的独家专利许可协议，从而尽早以通过性更好的金属裸支架进入市场。而在意识到其药物支架同样必须以该金属裸支架为载体时，为了免受 medinol 公司专利技术的掣肘，在支付了 medinol 公司 7 亿美元解除合作的费用后，联合雅培抢购佳腾，最终获得佳腾的多项金属支架载体专利，并在此基础上对其进行了多款产品的改进。这一系列举措使得其成功消除了技术障碍，促进了其支架的创新。其基于佳腾金属支架载体而研发的 Promus 支架系列一度占据了美国近 50% 的市场份额。可见在具有技术短板时，波士顿科学能够通过合理的利益权衡，在获得其他公司的技术同时结合自身的技术优势，不断改进和革新，同时，也能够"当断则断"，毕竟在专利技术上不受制约才能走得更远。

就诉讼方面的表现而言，在强生对雅培发起攻击后，作为雅培的合作伙伴，波士顿科学准备充分，迅速主动地就与雅培相同的产品提起确权之诉，并为法庭提供客观有力的现有技术的证据，最终以不可实施无效强生所有药物支架专利。这一方面说明了及时关注合作伙伴遭遇的重要性，另一方面也说明了在研发自身产品之时，波士顿科学或许已经对其竞争对手强生的相关专利进行了研究，具有了充分的准备才能够在短时间内主动提起确权之诉，打破强生构建的专利壁垒。

3）美敦力与雅培

美敦力在受到波士顿科学与强生的诉讼阻击后，并未放弃该市场，而是采取了暂缓进入的形式。其 Wolff 专利能够无效波士顿科学 554 F. 3d 982 一案中的专利，可见其在药物支架市场竞争中，已经具备了让专利保驾护航的能力。美敦力在应对强生的诉讼过程中，也并非像波士顿科学那样采取了各种抗辩手段，而是在技术创新实力或专利壁垒尚未建立之时，最终选择了采取庭外和解。

而雅培进入该市场的时间较晚，其与波士顿科学联合对抗强生，无疑是选择了一条正确的"抱团"道路。

结合上述分析可以看出，这些企业，各自有其成功之处，也有其失败之处。在没有技术时，积极寻找技术，通过购买专利、获得许可、合作并购等方式获取技术；在拥有技术时，及时转换为知识产权；在拥有知识产权后，善于利用专利诉讼；在应诉时，则找准抗辩的方式，权衡利弊，做到有的放矢。

4.2 日本医疗器械企业在美专利诉讼及典型案例

如前所述，在美医疗器械诉讼中，外国主体占据重要席位，德国、日本、英国和加拿大均是在美涉诉专利侵权案件数量排名前列的国家。古语有云"他山之石，可以攻玉"，放眼全球，日本作为美国医疗器械领域涉诉量排名第二的国家，同时也是与中国一样的亚洲医疗器械大国，其人口结构变化和经济发展路径与中国的相似度高。研究日本在诉讼中的表现，对正处在战略转型关键时期的中国医疗器械行业有深刻的借鉴意义。

根据本部分第 2 章 2.1.2 节统计，2000～2019 年，医疗器械领域在美诉讼涉及日本企业的一共 64 件，就诉讼角色而言，日本主体仅在 17 件诉讼中主动发起攻击，其余均为被告；就涉诉标的物而言，涉诉最多的是医学影像设备，其他涉及较多的标的物还有牙科、骨科植入物和外科手术器械。此外，涉诉企业多为富士胶片、奥林巴斯、泰尔茂、东芝、日立、尼康等大型企业。接下来将对日本涉诉最多的医学影像设备专利诉讼典型案例进行研究。

4.2.1 概述

4.2.1.1 日本的医学影像设备概况

据日本厚生劳动省的数据，日本在诊断器材领域拥有技术优势，出口额是进口额的 1.7 倍左右，而在诊断器材领域中，医学影像设备领域的技术实力最为雄厚。[1]

专利诉讼与专利相依而生。据统计，截至 2019 年 12 月 31 日，全球医学影像设备方面的专利总量已接近 60 万件。如图 1 – 4 – 10 所示，从医学影像设备在全球的专利申请量来看，日本居全球第一，为大约 22.7 万件，占全球总量的 38%，是位居第二的美国的 1.22 倍。从全球专利授权量来看，日本约为 3.6 万件，仅次于美国。就在美专利申请量和授权

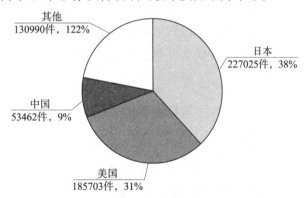

图 1 – 4 – 10 医学影像设备在全球各国的专利分布情况

---

❶ 弗锐达医疗器械技术服务有限公司. 日本医疗行业深度研究报告［R/OL］.［2018 – 12 – 13］. http://www. fredamd. com/jpal/4942. html.

量来看，排名前五的国家分别是美国、日本、德国、韩国和中国，日本是除美国之外在美专利申请量和授权量最多的国家。

图 1-4-11 是医学影像设备领域的全球主要申请人，排名前八位的申请人的专利申请总量约为 10 万件，占全球总量的 26.5%。在这八位的申请人中，5 位为日本企业，分别是排在第一和第二位的奥林巴斯和东芝，以及排名第四位的日立、第六位的富士胶片和第八位的佳能。

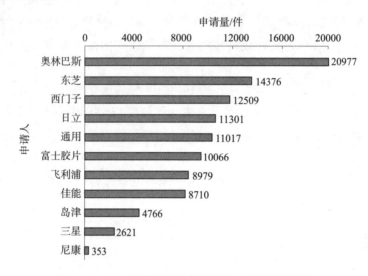

图 1-4-11　医学影像设备领域的全球主要申请人

总之，从专利布局上看，日本企业在医学影像设备领域具有雄厚的技术实力，同时也体现了日本主体对美国市场的期望和重视。可以预见，当奥林巴斯、东芝等日本企业携着专利技术和竞争产品进军美国市场时，必然会触动美国企业的相关利益。市场之争即为利益之争，当原有利益受到威胁和侵占时，拿起"诉讼"这一武器攻击对手成为当前行业中的常见竞争手段，因此医学影像设备成为日本主体被攻击最多的诉讼"重灾区"也就不难理解了。

4.2.1.2　日本医学影像设备在美诉讼的特点

图 1-4-12 是日本医学影像设备企业在美诉讼量，从图中可以看出，该领域的诉讼整体上发生在 2006 年之后，2006～2014 年每年只有少量诉讼发生，而在 2015 年诉讼量出现了爆发式增长，达到峰值，为 12 件，之后的 2016～2018 年，诉讼量又降为每年 2～4 件。2015 年诉讼量的增加主要有以下几方面的原因。

（1）专利布局方面

如图 1-4-13 所示，自 2010 年以来，奥林巴斯、东芝、日立、富士胶片在美专利授权量出现明显增长，且在 2010～2015 年，始终维持在较高的数量。以奥林巴斯为

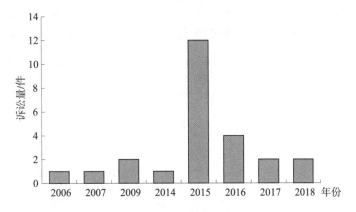

图1-4-12　日本医学影像设备企业在美诉讼量

例，其在2010~2015年，每年专利申请量基本在1100件左右❶，专利授权量基本在800件左右。在美专利量和授权量的增长一定程度上反映了这四家企业在该时间段的技术成长，同时，在美国持续的专利布局也显示出这四家企业对于进军美国市场的势在必得之心。

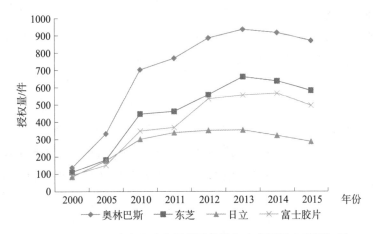

图1-4-13　日本主要企业医学影像设备在美国的专利授权量

（2）产品方面

就企业在医学影像设备领域的产品发布历史轨迹（见图1-4-14）而言，这四家企业均在2015年以前的短短几年内密集推出了多款优势产品。以奥林巴斯为例，其主打产品——内镜平台系统EVIS a Ⅲ和EVISLUCERA ELITE，于2012年在美国发布；具有多种良好医疗用途的内窥镜用辅助产品、一次性导丝VisiGlide 2™以及一次性可旋转夹固定装置QuickClip Pro等于2014年在美国发布。同时，上述产品也是持续为奥林巴

---

❶　数据来源：专利检索与服务系统。

斯贡献销售额的高产值产品。❶ 多款产品在美国的集中发布，反映出经过多年的技术累积和沉淀，奥林巴斯出现了飞跃式的技术成长，并且，在美国市场中抢占了一席之地。

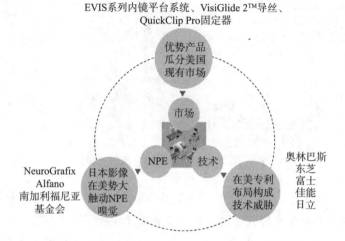

图 1 – 4 – 14　日本医学影像设备领域在美发展局势

（3）市场份额方面

在美国市场的销售额能够更直接地反映外国企业在美国市场中的发展情况。以涉诉量最多的奥林巴斯和东芝为例。内窥镜是奥林巴斯医疗的主营产品，如表 1 – 4 – 11 所示，奥林巴斯医疗在北美的净销售额从 2013 财政年的 1377.15 亿日元，增长到 2014 财政年的 1758.69 亿日元，再到 2015 财政年的 2076.24 亿日元，净销售额持续增长，并且持续保持较高的同比增长率，分别为 14%、28% 和 18%，最大的同比增长率出现在 2014 财政年。可见，奥林巴斯在 2014 财政年的北美销售增长态势最为强劲。❷

表 1 – 4 – 11　奥林巴斯医疗 2013 ~ 2015 财政年在北美的净销售额

	2013 财政年	2014 财政年	2015 财政年
净销售额/亿日元	1377.15	1758.69	2076.24
同比增长率	14%	28%	18%

如表 1 – 4 – 12 所示，在 2015 财政年❸，东芝医疗在全球的净销售额从 2014 财政年的 4107 亿日元上涨到 4125 亿日元，同比上涨 8%，并且其医疗成像系统，尤其是 CT

---

❶ Olympus Corporation. The Olympus Medical Business: Profile and Perspectives, 1950 – Present [EB/OL]. (2018 – 12 – 13) [2020 – 09 – 09]. http://www.olympus – global.com/ir/data/medical.html? page = ir.

❷ Olympus Corporation. Consolidated Financial Results for the Fiscal Year 2013 – 2015 [EB/OL]. (2018 – 12 – 13) [2020 – 09 – 09]. https://www.olympus – global.com/ir/data/brief/2021.html? page = ir.

❸ 2015 财政年是指 2014 年 4 月至 2015 年 3 月。

设备，在北美市场的销售强盛。❶

表 1 - 4 - 12　东芝医疗 2014 ~ 2015 财政年在全球的净销售额

	2014 财政年	2015 财政年
净销售额（亿日元）	4107	4125
同比增长率	—	8%

作为日本在医学影像设备领域的代表性企业，奥林巴斯和东芝在北美的销售增长趋势直观地体现了其在美国市场中的发展，其美国的市场份额不容忽视。

（4）NPE 的贡献

2015 ~ 2018 年，三家 NPE 集中对日本医学影像设备企业发起了 13 件专利诉讼，其中有 8 件在 2015 年发起，三家 NPE 原告分别是科研机构南加利福尼亚基金会、Neuro-Grafix 和 Alfano Optical Tomography LLC（以下简称"Alfano"）。其中仅 Neuro Grafix 一家就在 2015 年分别向日立发起 2 件诉讼、向东芝发起 6 件。

作为被 NPE 提起诉讼最多的日本企业东芝，其影像设备主要涉及 CT、X 光机、磁共振、超声等最前沿的高端影像设备，具有很高的市场价值和利润空间，且在 2015 年前后，其市场份额仅在西门子、GE、飞利浦之后排在全球第四位，具有很高的市场地位，引起了 NPE 的注意，受到 NPE 集中攻击。

总之，日本医学影像设备企业在美国专利布局上的积累、优势产品在美国的集中发布、在美市场份额的不断增加都体现了其技术的创新和在美国市场中的发展。技术和市场方面的双重成长使日本企业成为在美企业争夺美国市场的竞争对手，引起在美企业的诉讼攻击。此外，美国的 NPE 有成熟的资本运作流程，日本医疗器械也引起了NPE 的注意。多重因素的综合作用，导致了医疗影像设备诉讼在 2015 年集中爆发。诉讼量的时间分布态势只是外在表象，而市场的竞争和利益的争夺才是导致这一表象的根本原因。

4.2.2　日本企业在美专利诉讼的应诉策略

4.2.2.1　和解谈判

专利侵权诉讼通常以和解结案或法庭判决结案两种方式告终。作为一种法律手段，诉讼本质上是用来维护自身利益的救济方式。但是，由于专利背后所蕴含的潜在利益，专利侵权诉讼的本质发生了很大的转变，企业不再仅仅将专利诉讼当作一种维权手段，更是把它当作了进行利益之争的盈利工具和竞争工具，其逐渐成为企业知识产权管理

---

❶　TOSHIBA. 2015 Annual Report ［R/OL］. （2018 - 12 - 13）［2020 - 09 - 09］. http：//www. toshiba. co. jp/about/ir/en/contact. htm.

战略的一部分。而专利侵权诉讼风险高，胜负结果难以预测，且开支大，耗时长，可能牵动整个企业的正常运营及研发投入。因此，可能创造双赢局面的和解谈判就成为诉讼双方的更好选择。

对于日本主体，当面对与竞争对手的诉讼战时，由于对美国专利制度及诉讼程序的不适应、国外企业卷入在美诉讼时的天然劣势、对美国市场的依赖性等因素，日本企业更倾向于采取和解的方式解决争端。日本在美涉诉的 67 件案件中，除 9 件尚未结案之外，最终以和解结案的案件高达 53 件，占比 91.4%，高于美国专利侵权诉讼的整体和解比例。以下是日本企业进行和解的典型案例。

1）美国 3M 公司诉日本 RMO 公司案

【案例号】2:12 - cv - 08544 - MMM - RZ
【原告】3M 公司
【被告】RMO 公司
【涉案专利】US6776614、US7811087 和 US7850451 专利
【案件背景】

2012 年 10 月，原告美国 3M 公司对被告日本 RMO 公司发起了专利侵权诉讼。3M 公司拥有主题为"用于个性化龋齿矫正器具的模块化系统"的三项美国专利 US6776614、US7811087 和 US7850451，传统的龋齿矫正系统缺乏针对每个患者牙齿的个性化能力，3M 公司的上述专利及其对应的产品"Incognito"系统通过计算机辅助个性化制造适用于每个患者的矫形器具而解决了上述问题。RMO 公司销售高度个性化的舌侧龋齿矫正系统"LingualJet"及该系统制造的产品。原告 3M 公司诉称被告 RMO 公司的"LingualJet"系统利用了其专利所保护的三维模型和计算机技术以使矫形器具适用于每个患者，RMO 公司的"LingualJet"系统直接与 3M 公司的"Incognito"系统竞争，侵犯了其专利权。被告 RMO 公司在提交的答辩书中主要进行了相应的不侵权抗辩和专利无效抗辩。

【审理过程】

本案在起诉答辩环节之后，没有进行后续的诉讼程序，而是直接于 2013 年 5 月通过和解结案。双方达成的和解方案如下："1. 美国专利 US6776614、US7811087 和 US7850451（统称为涉案专利）授权适当、有效并且可执行。2. RMO 公司销售的个性化舌侧龋齿矫形托槽和通过'LingalJet'龋齿矫形系统制造的矫形器具侵犯了涉案专利的专利权，其中，'LingalJet'龋齿矫形系统利用了 3D 模型软件系统和托槽体虚拟数据库，在原告的起诉书中被识别和描述为'LingalJet'系统（被诉产品）。3. RMO 公司应立即停止并永久禁止制造（或已经制造）、使用、进口、促销或销售 a）上述被诉产品，b）与其不存在显著区别的任何产品，以及 c）将侵犯任何涉案专利的任何其他产品或系统。4. 原告的金钱赔偿请求被撤销。5. 双方应自行承担律

师费和本案中产生的费用。"

【和解原因】

虽然可查询案卷资料有限，缺乏判定被控产品是否侵权的明确证据，但是，通过分析双方最终达成的和解方案不难发现促使本案和解的诸多端倪。①和解方案首先表明了涉案专利授权适当、有效并且可执行，涉案专利有效性的判定为3M公司可能赢得诉讼奠定了基本的保障，也使得被告无法通过无效抗辩这一手段赢得诉讼；②和解方案还声明被诉产品侵犯了涉案专利的专利权，由此不难推断，双方当事人对于被诉产品是否侵权达成了较为统一的共识，即使坚持走诉讼程序，被控产品最终被判侵权的可能性也极高，RMO公司在诉讼早期就对诉讼结果持不乐观态度，这是RMO公司选择和解的主要原因。同时，3M公司是著名的产品多元化跨国公司，雄厚的企业实力为诉讼结果的可预期性再添筹码，面对3M公司这样的劲敌，RMO公司选择和解，转让自己的市场份额，以免最终被判罚更高的侵权赔偿。另外，时间成本、金钱成本也是需要重点考虑的因素，相对于抗战到底的耗时耗力，不到8个月的时间就达成和解谈判显然既规避了风险又节省了成本。

就和解策略而言，在己方确实侵犯了对方的专利权，侵权判定明确，胜诉的可能性也微乎其微的情况下，应该主动提出和解，创造和解条件，以尽快消除诉讼的不利影响。并且，可以考虑请求与对方开展合作，以己方的市场获取对方的专利，赢得产品继续生存的空间。

2）美国PST公司诉日本奥林巴斯案

【案例号】4:12-cv-05967-PJH

【原告】PST公司

【被告】奥林巴斯

【涉案专利】US6030384和US6682527专利

【案件背景】

2012年11月，原告美国PST公司向被告日本奥林巴斯提起了专利侵权诉讼。PST公司拥有两项美国专利US6030384和US6682527，US6030384专利涉及具有聚焦电子场的双极手术设备，US6682527专利涉及利用双极设备加热组织的方法和系统。原告PST公司诉称被告奥林巴斯销售的双极手术设备PKS切割钳侵犯了其US6030384专利，被告奥林巴斯销售的电子手术发生器Gyrus ACMI G400工作台侵犯了其US6682527专利。

【审理过程】

本案经过了较为复杂的诉讼流程，在起诉和答辩环节之后，双方就反诉、证人、证据、US6030384专利是否有效等进行了多轮激烈的交锋，耗时近4年之久，此后，被告奥林巴斯提出了两项对于本案来说至关重要的动议——无效US6030384专利的简易判决动议和进入 US6030384 专利的部分最终判决的动议。

2017 年 1 月，法院批准了上述两项动议，这一举动促使原被告双方迅速在 2 个月后的 3 月达成和解，和解内容包括撤销原告对被告的诉求以及被告对原告的反诉，双方自付律师费和诉讼费用。

奥林巴斯在该案中采取的和解策略值得学习，一方面，在答辩书中使用全方位的抗辩策略，釜底抽薪，无效 US6030384 专利，不仅延长了诉讼时间，给己方制定诉讼或和解策略提供了宝贵的时间资源，而且通过威胁对手专利的有效性，提高自身的谈判筹码，迫使对方让步寻求和解。另一方面，奥林巴斯提出反诉攻击，此举的目的除了获得诉讼的主动权，更多的是对原告 PST 公司形成一种威慑。最后，奥林巴斯并不急着提出和解，而是通过证人、证据等的针锋相对，拖延诉讼时长，在己方获得优势局面情况下，再进行和解，从而增加和解成功的可能性。

该案中，奥林巴斯在取得阶段性胜利的情况下仍然选择了和解，主要原因如下：首先，该案涉及两件专利，US6030384 专利虽被无效，但 US6682527 专利的有效性问题尚无定论，奥林巴斯仍有可能被判部分侵权；其次，该案已经持续 4 年，对立双方均耗费了大量时间、精力，对于企业声誉也有所影响，和解能够在最少的时间、金钱和精力成本的基础上，实现利益的最大化，奥林巴斯在综合考量后最终会选择和解这一方案。

3）美国 Alfano Optical Tomography 公司诉日本奥林巴斯案

【案例号】 1：16 – cv – 07683

【原告】 Alfano Optical Tomography 公司

【被告】 奥林巴斯

【涉案专利】 US6208886

【案件背景】

2016 年 9 月，原告美国 Alfano Optical Tomography 公司向被告日本奥林巴斯提起专利侵权诉讼。Alfano Optical Tomography 公司拥有美国专利 US6208886 的专利权，US6208886 专利涉及对混浊介质进行非线性光学断层成像。原告 Alfano Optical Tomography 公司诉称被告奥林巴斯销售的 FV 1200MPE 显微镜、FVMPE – RS 多光子激光扫描显微镜等产品的操作过程使用了 US6208886 专利保护的对不同样本进行三维断层成像的成像方式，直接侵犯了其专利权，并且，奥林巴斯诱导用户操作被控产品的行为构成了诱导侵权。

【审理过程】

本案于 2016 年 9 月提起诉讼后，被告奥林巴斯并没有提交答辩书，而是迅速在 2017 年 2 月与对方达成和解。

【和解原因】

Alfano Optical Tomography 公司是一家 NPE 公司，NPE 发起诉讼的目的通常都比较单纯，就是通过掌握的专利获取收益。对于奥林巴斯来说，相对于与以钱为根本利益的 NPE 对手纠缠到底来说，迅速解决诉讼，维护企业形象更具有意义。

奥林巴斯在该案中采取的和解策略也是一目了然的，从没有提交答辩书就达成和解可以看出，奥林巴斯在诉讼之初就放弃了诉讼之路，而是倾向于通过和解解决问题。总结来说，在明确 NPE 对手提起诉讼的根本目的的基础上，对症下药，制定恰当的和解方案，快速达成和解。❶

4.2.2.1　抗辩维权

然而一味和解终不是解决问题之道。从已有的日美间的专利侵权诉讼案例可以发现，诉讼失败的后果不可谓不严重。如 1987 年，美国 HW 公司起诉日本美能达，指控其生产的相机侵犯了其关于自动对焦技术的专利。正如当年美能达的社长吉山一郎在谈及该案时所说的："就像一个不会游泳的人忽然掉进大海里一样。"经过 5 年的胶着，美能达还是向美国 HW 公司支付了 1.255 亿美元的赔偿金。然而，美国企业并未就此罢手，在仅 5 个月之后，其又接连对尼康、佳能等 5 家日本相机制造厂商发起诉讼，先后迫使这些公司合计缴纳了 1.241 亿美元的损害赔偿以及后续的巨额专利许可费。❷

为了帮助日本企业应对国外知识产权风险，包括日本政府在内的日本各界都对本国企业提供了支援帮助。1998 年，日本特许厅设立"仿冒产品 110 室"，专门为企业在国外例如美国遭到侵权诉讼时提供相关的咨询和帮助工作。2004 年，所有日本驻外使领馆中均设立了专职知识产权事务官员，以随时为海外的日本企业提供援助；经济省在其下辖经济局中设立了"知识产权侵害对策室"，与使领馆中设立的"日本企业支援窗口"一同为日本企业普及国外专利侵权风险，在必要时，还向当地政府提出要求与意见。❸

由于政府与企业的共同努力，日本与美国之间的专利对决不再是一味退让的局面。2000~2018 年，已经有 12 家日本企业在美主动发起专利侵权诉讼。在 8 件进入庭审的案件中，笔者现通过以下两个典型案例展示日本企业在美国所遭遇的法庭审理及判决过程。

❶ 奚虹. 知识产权诉讼的和解原因及其策略探析 [J]. 经济视角，2013（36）：225-226.
❷ 翟羽伸. 日美知识产权纠纷 [J]. 国际科技交流，1993，7：37-42.
❸ 张玲. 日本专利法的历史考察及制度分析 [M]. 北京：人民出版社，2010.

1) 美国诺宁医疗起诉日本柯尼卡美能达株式会社案

【案例号】381 F. Supp. 2d 1069

【原告】诺宁医疗公司（以下简称"诺宁医疗"）

【被告】柯尼卡美能达株式会社（以下简称"柯尼卡美能达"）

【涉案专利】US5490523、US5792052 专利

本案涉诉专利相关权利要求见表 1 - 4 - 13。

表 1 - 4 - 13 US5490523 和 US5792052 专利相关权利要求

专利	权利要求	相关翻译
US5792052	1. Apparatus for measuring a blood oxygen saturation level of arterial blood inside a body portion, comprising: gripping means for releasably gripping a finger, the gripping means comprising first and second housings interconnected by a pivot means which allows the first and second housings to pivot relative to one another to releasably grip a finger inserted between the first and second housings, the first and second housings being in electrical communication with each other; electronic means for sensing and determining the blood oxygen saturation level of the arterial blood inside the gripped body portion, the electronic means being completely carried by the gripping means.	1. 一种用于测量身体部分内的动脉血的血氧饱和度的装置，包括： 用于可释放地夹持手指的夹紧装置，夹紧装置包括通过枢轴装置相互连接的第一和第二壳体，该枢轴装置允许第一和第二壳体相对于彼此枢转，以可释放地夹紧插入第一和第二壳体之间的指状物，第一和第二壳体彼此之间电气连通； 电子装置，用于检测和确定被夹持的身体部分内的动脉血的血氧饱和度，电子装置完全由夹持装置装载。
	2. The apparatus of claim 1 further including a display means for displaying the sensed and determined blood oxygen saturation level, the display means being attached to the gripping means.	2. 如权利要求 1 所述的装置，其特征在于，还包括显示装置，用于显示所检测和确定的血氧饱和度，所述显示装置连接在所述夹紧装置上。
	3. The apparatus of claim 2 wherein the gripping means is comprised of finger gripping means for releasably gripping a finger, and wherein the electronic means is a pulse oximeter means for sensing and determining the blood oxygen saturation.	3. 如权利要求 2 所述的装置，其特征在于，夹持装置包括用于可释放地夹持手指的手指夹持装置，并且其中电子装置是用于检测和确定血氧饱和度的脉搏血氧计装置。

续表

专利	权利要求	相关翻译
US5490523	1. Apparatus for measuring the blood oxygen saturation of arterial blood inside a body portion, comprising: gripping means for releasably gripping a body portion, wherein the gripping means is comprised of finger gripping means for releasably gripping a finger; a pulse oximeter means for sensing and determining the blood oxygen saturation of the arterial blood inside the gripped body portion, the pulse oximeter means being completely carried by the gripping means; a display means for displaying the sensed and determined physical parameter, the display means being attached to the gripping means; power means for providing power to the pulse oximeter means and the display means; and program means operatively connected to the pulse oximeter means and display means for sensing the presence of a finger and switching the apparatus from a low power state to a normal power state.	1. 一种用于测量身体部分内的动脉血的血氧饱和度水平的装置，包括： 用于可释放地夹持主体部分的夹持装置，其中夹持装置包括用于可释放地夹持手指的手指夹持装置； 用于检测和确定被夹持的身体部分内的动脉血的血氧饱和度的脉搏血氧计设置在夹持装置内部，被夹持装置完全装载； 显示装置，用于显示所感测和确定的物理参数，显示装置连接到夹持装置； 电源装置，用于为脉搏血氧计和显示装置提供电源；和 程序装置，其可操作地连接到脉搏血氧计和显示装置，用于检测手指的存在并将装置从低功率状态切换到正常功率状态。
	2. The apparatus of claim 1 wherein the program means senses the absence of a finger and switches the apparatus from a normal power state to a low power state to conserve power.	2. 如权利要求1所述的装置，其特征在于，所述程序装置检测手指不存在，并将所述装置从正常功率状态切换到低功率状态以节省功率。
	5. The apparatus of claim 1 wherein the program means switches the apparatus from a normal power state to a low power state after a predetermined time interval to conserve power.	5. 如权利要求1所述的装置，其特征在于，所述程序装置在预定时间间隔之后将所述装置从正常功率状态切换到低功率状态以节省功率。

　　一种指夹式脉搏血氧仪，其上下壳体之间电气连接，通过计算机程序自动感测指夹式脉搏血氧仪中是否有手指存在，从而自动检测，并在不存在手指的情况下切换至低功耗状态以降低能耗。涉诉专利说明书中附图见图1-4-15。

医疗器械领域美国知识产权诉讼案例精解

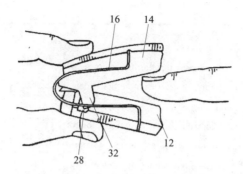

图 1-4-15　US5490523 和 US5792052 专利中的指夹式脉搏血氧仪

【案件背景】

原告诺宁医疗是全球领先的脉冲和区域血氧测定 OEM 解决方案供应商，拥有世界上最大的血氧测定组件安装基地之一，并创建了世界上第一台低功耗脉冲血氧仪。

被告柯尼卡美能达于 2003 年由柯尼卡公司和美能达公司合并而成，柯尼卡美能达的 Pulsox-2 脉搏血氧仪（如图 1-4-16 所示）将电子元件和传感器组合在一个独立的单元中，Pulsox-2 还包括两个部分：一个带有软塑料衬里的上部塑料盖，以及一个下部塑料盒，盖子和盒子分开用以接收手指。盖子部分遮蔽保持发光二极管（LED）的塑料臂，塑料臂从盒子延伸并且不枢转，LED 通过盖子中的小窗口传输光线，光线通过被拍摄对象的手指传到盒子中的传感器。使用时，手指就位后通过按动机械开关后开启血氧饱和度检测，并将检测结果输出至血氧仪的显示屏上。在 Pulsox-2 脉搏血氧仪上市后，诺宁医疗起诉柯尼卡美能达的 Pulsox-2 侵犯其两项专利 US5490523 和 US5792052 的多个权利要求的专利权。

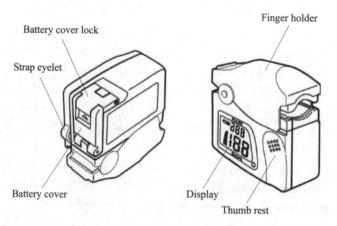

图 1-4-16　Pulsox-2 脉搏血氧仪

值得一提的是，在脉搏血氧仪诞生前，无须抽血就可连续测量氧饱和度的耳部血氧饱和度检测装置就已经存在。但是，这类产品往往需要预先压迫耳部或者在测量中稍加提高耳部温度，操作较为麻烦，而且效率较为低下，这在一定程度上造成耳部血氧检测装置普及困难。1974年，基于"动脉血在血管中脉动"的现象，利用光透过生物体时的变化进行血氧检测的技术首先诞生于日本。同年，日本光电工业株式会社青柳卓雄申请了关于脉搏式血氧仪的专利"光学式血液测定装置"，美能达相机公司（现在的柯尼卡美能达）紧随其后独自推进脉动式血氧仪的开发，提出了"脉搏式血氧仪"的专利申请。也即，最初在全球将这种采用指尖测量的脉动式血氧仪商品化，并且将其成功推入美国市场的正是当时美能达现在的柯尼卡美能达。

【审理过程】

法官首先对 US5792052 和 US5490523 专利进行解释，随后进行侵权判断。

关于 US5792052 专利，法院认为不存在字面侵权。US5792052 专利限定了两个外壳"彼此电连通"，而 Pulsox-2 的外壳中没有这种限制。Pulsox-2 的两个外壳是上部蓝色塑料盖和下部灰色塑料盒，只有当连接到下部灰色塑料盒的塑料臂被认为包含在上部蓝色塑料盖内时，才可能实现这两者之间的电连通。根据权利要求的记载，原告的"枢轴装置"是具有"两个壳体的凸片和凹口以及 U 形弹簧 16"的结构。相反，Pulsox-2 仅使用两个传统的扭转弹簧，两者结构不同，不构成字面侵权。

另外，被告采用审查历史禁反言的手段进行抗辩。被告指出，在该案的审查过程中，审查员告知原告有多篇现有技术 US4765340、US5224478、US4685464 及 US4353152，为克服显而易见性，原告放弃了包括"机械开关""除其所记载的弹簧之外的其他弹簧"在内的一些范围，而这些范围恰恰是被诉产品 Pulsox-2 型脉搏血氧仪所具有的显著特征，原告不得将权利要求的保护范围覆盖至这些已经放弃的部分。

2005年8月，地区法院作出判决，支持被告观点，认为原告不得将权利要求的保护范围覆盖至这些已经放弃的部分，US5792052 专利不被侵权。针对 US5490523 专利，法院同样认为不存在侵权。

原告向联邦巡回上诉法院提请上诉，继续控告被告侵犯其专利权，2006年联邦巡回上诉法院并未作出任何庭审，直接维持了地区法院的判决，柯尼卡美能达胜诉。

在该案的审理过程中，采用审查历史禁反言的抗辩策略起到决定性作用。而在专利审查过程中，促使原告修改缩窄权利要求保护范围的原因在于审查员提供了现有技术 US4765340、US5224478、US4685464 及 US4353152，其中 US4765340 专利是被告前身美能达公司的专利技术。此外，柯尼卡美能达在将指夹式脉搏血氧仪商品带到美国后，选择了美国公司 Bioc 和 Nellcor 对其进行技术改进以适应美国的医疗市场，由此指夹式脉搏血氧仪作为麻醉中的监测装置被美国市场普遍接收并广泛使用。而 US4685464 专利的专利权人为 Nellcor 公司，也即该专利本质上依旧与被告的核心技术相关联。由此可见，原告虽获得专利权，但在被告已经构建的专利围墙下，被迫缩小了保护范围，最终被告获得胜诉。可见技术创新才是硬实力，柯尼卡美能达不仅在美国市场上占有重要地位，而且注重美国市场上的专利布局，包括核心专利及外围专利。拥有核心专利，才能稳步发展，为产品保驾护航。

2）贝朗医疗诉泰尔茂株式会社案

【案例号】 1:09 - cv - 00347

【原告】 贝朗医疗

【被告】 泰尔茂株式会社（以下简称"泰尔茂"）

【涉案专利】 US7264613

一种针具，其具有针头保护装置，包括一个在针头的远端处的针头夹持器，一个用于防护针尖的保护元件，其可在针头的杆体上移动，通过位于针头与保护元件之间的接合装置，可防止所述保护元件移动越过所述针尖，并且在保护元件与针头夹持器之间设置有一个抓持部件，用于移动或固定保护元件。涉案专利说明书中附图如图 1 - 4 - 17 所示。

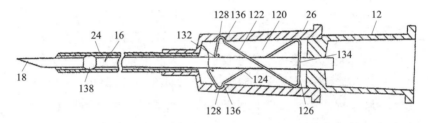

图 1 - 4 - 17 US7264613 专利所保护的针具

【案件背景】

本案涉及医用耗材，原告贝朗医疗是一家德国的医疗器械公司，其与泰尔茂在美国、中国、欧洲、韩国等国家和地区中，均在采血针这一细分市场中保有相当大比例的市场占有率。

泰尔茂在美国推出 Surshield ® Safety I. V. 型安全针（见图 1 - 4 -18）后，贝朗医疗起诉泰尔茂侵犯其关于针具的美国专利 US7264613 的专利权。

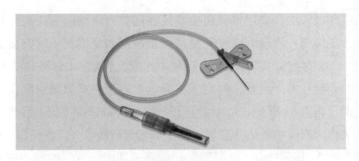

图 1 - 4 - 18 Surshield ® Safety I. V. 型安全针具

【审理过程】

贝朗医疗指控泰尔茂的 Surshield ® Safety I. V. 型安全针具侵犯其美国专利

US7264613 中的 6 项权利要求。

庭审中,泰尔茂针对每项权利要求逐一进行不侵权抗辩和无效抗辩。

经过庭审,法院驳回泰尔茂关于要求依据法律判决和就权利要求的解释进行重新审理的动议,案件最终被移交陪审团判决;陪审团最终判决仅有 3 项权利要求被侵犯专利权,并且最终仅有权利要求 17 被证明专利权有效,即经过被告的抗辩,其仅侵犯原告的一项权利要求的专利权。

【案件焦点】

本案中,是否进行永久禁令的颁布是焦点之一。

贝朗医疗寻求立即颁布禁令,以使得泰尔茂的 Surshield 设备立即退出美国市场。虽然泰尔茂反对这种广泛而直接的救济,但其并不完全反对禁令救济。相反,泰尔茂建议法院应该提供 15 个月的"日落"时期,以允许泰尔茂继续在目前贝朗医疗销售较少(美国市场的 30%)的护理市场区域出售 Surshield。这将允许泰尔茂在任何禁令生效之前有时间推出一种新的、非侵权的替代产品。更进一步地,作为法院批准的"日落"条款的一部分,泰尔茂同意不在急症护理市场上出售 Surshield,并且同意不作为任何针对现有贝朗医疗与美国药品集中采购组织(Group Purchasing organizations,GPO)的合同的出价的一部分出售 Surshield。

在仔细考虑了适用于永久禁令救济请求的因素之后,基于以下原因,法院得出结论认为泰尔茂提出的救济方式是适当的。

(1)不可弥补的损失

虽然贝朗医疗认为,如果不立即就贝朗医疗的提议条款授予永久禁令,其将会遭受持续不可挽回的损失,然而大多数声称的损失似乎都是可以修复的,即使在被告的提议条款下也是如此。贝朗医疗正确地确定了有利于永久禁令救济的几个因素。首先,贝朗医疗从未向任何人授权 US7264613 专利;其次,贝朗医疗的排除权及其作为创新者的声誉受到威胁而没有受到禁令救济的保护。

此外,其他因素更有利于泰尔茂提出的有限的救济。首先,在贝朗医疗知道泰尔茂提出的禁令救济提案之前,任何能够获知的贝朗医疗的信息都表明贝朗医疗担心的大部分损失来自泰尔茂在急性(医院)护理市场的不正当竞争,该方面占公司竞争市场的 70%。贝朗医疗进一步认为,如果没有寻求全面的禁令救济,它将无法继续促进创新,包括投资与进一步改善其 Introcan 产品。随着被告与 GPO 大型合同续签的事实,贝朗医疗提出,如果不颁布永久禁令,其与被告之间的竞争将从非急性护理市场扩张至急性护理市场。然而法庭并未被贝朗医疗的上述争辩说服。法庭认为泰尔茂通过同意避免侵权的 Surshield 设备参与竞争激烈的急性护理市场的提议,直接解决了贝朗医疗的疑虑。迄今为止,泰尔茂与贝朗医疗的竞争仅限于非急性市场,即使在这个细分市场,贝朗医疗也将泰尔茂限制在约 1% 的市场份额。

几乎没有理由相信,如果没有法院强制执行的永久禁令的支持,泰尔茂的产品将在 2012 年 6 月之前进行额外的竞争，并对贝朗医疗造成实质性、无法弥补的损失。总而言之，法院得出结论认为，泰尔茂提出并由法院授予的有限的禁令救济充分解决了贝朗医疗将遭受的损失。

（2）法律规定的救济措施不足以弥补这种损失

贝朗医疗明确表示将在案件的下一阶段寻求其他适当的救济措施，包括损害赔偿。在法院分析贝朗医疗如果被剥夺其所寻求的全面禁令救济而将遭受的伤害的情况下，这个因素已经在很大程度上得到了解决。原告并未向法庭主张其由于被告的侵权所造成的损害赔偿金额，结合泰尔茂能够施加的额外有限伤害，法院无法被贝朗医疗因泰尔茂侵权而遭受的损害构成了重大不可挽回的伤害的说法所说服。

（3）考虑到平衡，有必要在公平方面采取救济措施

法院认为，这一因素在很大程度上有利于泰尔茂提出的禁令救济，而不是贝朗医疗的更广泛的禁令提议。如果法院立即并完全将泰尔茂的 Surshield 排除在市场之外，那么目前正在使用泰尔茂设备的医疗专业人员将受到限制。在至少一些情况下，这将导致医疗专业人员突然被剥夺了已经表达了偏好并且已经被专门训练使用的设备。泰尔茂的声誉也将受到与陪审团发现的侵权行为不成比例的损害。基于此，多位陪审团成员认为本法院的紧急"召回式"法令根本没有必要。

（4）永久禁令不会损害公众利益

法院的结论是，公众利益同样有利于泰尔茂提出的有限的禁令救济，而不是贝朗医疗所寻求的永久禁令。法院发现，在决定贝朗医疗的 Introcan 或泰尔茂的 Surshield 是否是更安全、更好的产品的市场调查中，反馈的结果是"Surshield 是比 Introcan 更好、更安全的设计"，且有证据显示泰尔茂的 Surshield Safety I.V. 导管是一种更安全的产品，具有更先进的设计。出于公众对获取安全的医疗设备的竞争替代品的兴趣，公众利益支持泰尔茂提出的有限的禁令。

基于上述原因，泰尔茂的要求重新审判的动议、要求依据法律判决的动议、要求对权利要求 17 重新解释的新的审判的动议、要求法院判决其不侵犯权利要求 17 的专利权的动议被驳回，贝朗医疗的就相关权利要求的解释要求新的审判以及要求法律判决的动议同样被驳回。同时，法院批准贝朗医疗的永久禁令动议，但仅限于根据泰尔茂提出的条款订立有限的禁令。

在该案中，泰尔茂即使在处于不利地位的情况下，也未完全放弃抵抗，而是想方设法降低损失。面对原告贝朗医疗的六项侵权指控，泰尔茂在答辩状及庭审过程中逐一应对。通过逐项权利要求的无效抗辩和不侵权抗辩等多种方式组合，成功地从开始的被控六项侵权到最终仅被判处侵犯一项权利要求。

该案中，原告意图通过诉讼永久占领急性护理细分市场。在面对陪审团既定的侵权判决的巨大劣势下，被颁布永久禁令的风险不言而喻，然而泰尔茂却并未就此放弃，

反而采用了"以退为进"的策略，主动表示愿意接受"有条件"的永久禁令，在态度上赢得了陪审团的认可；同时泰尔茂从基于"巨大"的公众利益的考量以及其所占的"微小"的市场份额方面双管齐下，最终赢得了"15个月之后"才被"永久"驱逐出市场的缓和期，这个期限为泰尔茂对该产品进行规避性设计以及继续获得市场支持留出了时间空间。

日本企业在美诉讼的遭遇，实际上体现的是一条进军美国市场的艰辛之路。医学影像作为日本的强势技术所在，在美国市场上遭受专利诉讼阻击。发起进攻的原告除了有企业竞争对手外，还有NPE。NPE在美国呈现产业式的发展，并且它们通常具有极高的专利运用能力，从自持专利出发精准锁定对手，通过专利运营谋取利益，且有系统化的团队指导，效率较高。例如，本书提到的NeuroGrafix就是一家NPE，其主动发起的23起案件全部和解。

就应诉本身而言，日本企业在美的诉讼案件绝大部分以和解告终。例如，在确实存在侵权行为时，日本企业主动创造和解条件，尽量促使双方通过和解解决诉讼；此外，日本企业在诉讼中还学会了掌握诉讼的节奏，适时地提出反击策略，采用多种抗辩方式组合，甚至提出反诉，以威慑对手，提高自己的谈判筹码，以促成和解双赢。当然，在进行了完善的专利布局和雄厚的技术积累下，部分日本企业也选择了抗诉到底的策略，并最终获得了胜诉。

第二部分

美国 337 调查

第 1 章 337 调查概述

美国"337 条款",即美国 1930 年关税法第 337 节的简称,是目前美国设置知识产权壁垒、进行知识产权和贸易保护从而禁止不公平竞争的重要手段。美国国际贸易委员会根据"337 条款"及其相关修正案进行的调查简称"337 调查",其宗旨在于保护美国的本土产业,而非权衡产业内个体、消费者等在市场环节中的利益。对于欲将产品出口至美国的企业,不利的情况在于,那些仅仅在美国展示样品,或者在美国生产出口后再辗转销售回美国的产品,均有可能涉及违反"337 条款",而"337 调查"的结果,则不仅可能使得被诉方以及其产品的上下游企业均被"勒令"禁止对美出口产品,同时,其广泛而快速的证据调查也给抗辩方带来了更大的应诉挑战,因此,长期以来,美国企业将"337 条款"视为维护自身市场利益的有力工具。

截至 2019 年 12 月 31 日,从 1972 年发起首例"337 调查"开始,在美国国际贸易委员会的电子数据库(Electronic Document Information System,EDIS)中公布的立案调查数量为 1198 件,这一数据远远小于同期的侵权诉讼数量。因为"337 调查"反映的往往是外国企业在美的新市场建立之初的情况,得益于"337 调查"的快速性,美国企业通常将"337 调查"作为快速排除国外竞争对手的手段,而在市场建立形成之后,更多的诉求则偏向能够获得巨大的经济赔偿的侵权诉讼。如图 2-1-1 所示,20 世纪80 年代,伴随着美、日、欧之间经济博弈的日益深入,贸易保护的态势日益突出,337调查也日益增多,在 1983 年前后出现了第一个"337 调查"的小高峰。而到 90 年代后期,经 1994 年《乌拉圭回合协议法案》(*Uruguay Round Agreements Act*)的修改,美国国内企业能够更容易地证明进口产品侵犯其知识产权,越来越多的美国企业开始利用"337 条款"对进口产品提起侵权调查。同时,在 21 世纪前期,美国的贸易逆差相对于20 世纪末翻了一倍,这在一定程度上再次激发了"337 调查"的数量迅速增长,❶ 经历了 2008 年的经济危机之后,美国的贸易保护主义再次抬头,于 2010 年前后出现了第二个峰值,仅 2011 年立案的"337 调查"案件数量就高达 70 件。

尽管美、日、欧在 20 世纪 80 年代的经济竞争如火如荼,然而,此时中国的经济发展还相对落后,并不能对美国的企业及市场造成威胁。因此,在 1985 年之前,没有出现任何涉华的"337 调查"案件。而随着中国经济的飞速发展,对美出口也迅速增加,中美贸易顺差的持续扩大,中国涉案的"337 调查"的案件数量也不断增加,截至

---

❶ 廖秀健. 美国对华 337 调查原因分析及应对策略 [J]. 商业时代,2006(4):69-72.

2017 年，中国"337 调查"涉案数量占比已经跃升至 34%（22 件）。❶

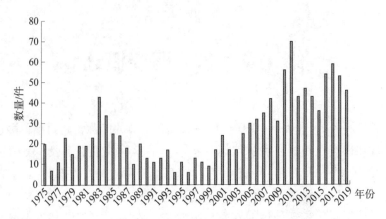

图 2-1-1　1975～2019 年立案的美国"337 调查"数量

在医疗器械行业，由于中国起步晚，基础薄弱，在 20 世纪乃至 21 世纪初与国外医疗器械行业差距较大，对美国企业及其市场无法构成威胁，因此在 2011 年之前，没有发生针对中国医疗器械行业的"337 调查"。然而随着近年来中国医疗器械企业蓬勃发展，越来越多的具备技术含量的产品出现在美国海关的进口名单中。根据美国海关的进口数据，❷ 如图 2-1-2 所示，在对美三大出口国中，2008 年开始，中国医疗器械出口美国的数据已经赶超日本，2017 年，中国到美国的出口额已经逐渐逼近德国，增长速度令人瞩目。2015 年，美国国际贸易委员会连续给出了有关中国进口数据的官方研究报告，其中认为，中国的中高科技含量医疗器械正在逐渐建立对应的美国市场。与此同时，美国企业也开始向中国的医疗器械行业发起"337 调查"。2011 年开始，中

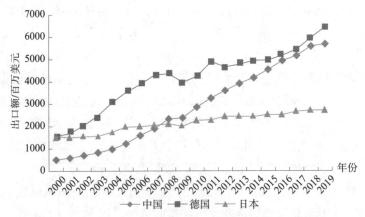

图 2-1-2　中国、德国、日本医疗器械出口美国数据对比

---

❶　冉瑞雪，黄胜，黄彩如，等. 2017 年度中国企业应诉美国 337 调查综述（上）[EB/OL]. (2018-01-27) [2019-03-20]. https://www.sohu.com/a/219312567_221481.

❷　数据获取自 https://dataweb.usitc.gov/网站。

国医疗器械行业迅速成为"337 调查"的重灾区。截至 2019 年 12 月 31 日，全球涉及医疗器械领域的"337 调查"案件共计 54 件，其中涉及中国的案件共计 10 件，❶ 可见，仅仅 7 年的时间，医疗器械领域中涉及中国的"337 调查"案件的数量相对于全球总数量的比例已经达到 22%，跃升为"337 调查"涉案数量最多的国家。

可以预见的是，随着中美两国贸易关系的变化，中国企业在未来的中美贸易竞争中将遭受更多的专利侵权考验，涉入更多的"337 调查"。然而，目前中国企业对"337 调查"的预警意识不够，应对经验和人才不足，一旦涉案，往往是多家企业同时涉案，且与其他国家相比，中国企业败诉率高，甚至出现由于缺席而直接败诉的案例，后果严重。因此，本部分将从"337 调查"的程序入手，结合"337 调查"医疗器械领域的分析以及相关案例，全面梳理医疗器械领域的"337 调查"案件。

---

❶ 不包含港澳台地区的数据。

第 2 章 337 调查的基本概念

"337 调查"是指美国国际贸易委员会根据美国 1930 年关税法第 337 节及相关修正案进行的调查，禁止的是一切不公平竞争行为或向美国出口产品中的任何不公平贸易行为。该条款规定，如果进口货物侵害了合法有效的美国专利权、注册商标、著作权、集成电路布图设计，并且美国拥有或者正在建立相关的国内产业，将该侵权货物输入美国、为进口而出售或进口后再在美国出售等行为属于违反该条款的行为。

2.1 337 调查的流程

"337 调查"的流程（见图 2 - 2 - 1）包括：申请、审查、立案、向被告送达申请书和调查通知书、调查启动（包括取证、听证）、行政法官（administrative law judge，ALJ）初裁、美国国际贸易委员会复审并终裁、总统审议，如果任何一方当事人对美国国际贸易委员会的裁决结果不服，可以向美国联邦巡回上诉法院提起上诉。

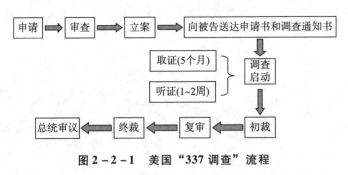

图 2 - 2 - 1 美国"337 调查"流程

2.2 337 调查的特点

1）调查门槛低

"337 调查"属于行政执法，不属于司法诉讼。申请调查的企业不需要像反倾销调查那样证明侵权行为对国内企业的实质性损害，仅需要证明其在美国境内已经拥有知识产权，而进口产品侵犯了其在美国所拥有的知识产权，且美国国内存在相关的产业就可以启动。满足了上述条件，企业就可以简便地发起"337 调查"，且申请费用低。

2) 审理时间短

与侵权诉讼不同的是，"337 调查"的审理时间较短，在立案时，就会确定案件的初裁和终裁时间，通常案件在 12 ~ 18 个月之内就会结束，与侵权诉讼动辄几年的审理时间相比，显然"337 调查"的时效性要强很多，因此很多企业青睐于将"337 调查"作为设置知识产权壁垒的手段之一。而且审理时间短且应诉费用高昂这一特点，也为多数国外应诉企业带来巨大的应诉压力，所以相当一部分企业都会提出和解要求，甚至一部分企业消极回应或躲避应诉，导致败诉的结果。实际上在实践中，一些被申诉人是因为时间紧迫，应诉准备不充分而败诉的，并不是因为真正存在相关的侵权行为。

3) 败诉后果严重

美国国际贸易委员会启动"337 调查"后会有以下几种结果：和解、同意令、撤诉、被判违反"337 条款"或者不违反"337 条款"（见图 2 - 2 - 2）。被调查的产品确认存在侵权后，美国国际贸易委员会将采取排除令、停止令等救济措施，其中排除令最为常见、有效。排除令将产生禁止货物进口到美国的直接效果，是"337 调查"颇具特点的救济方式，也是"337 调查"威慑力大的重要原因。排除令可以被分为普遍排除令和有限排除令。普遍排除令禁止某一种类的所有进口产品进入美国市场，而不区别原产地或生产商，同时还包括今后和目前尚未掌握的生产商和进口商。对外国企业来说在各种救济手段中这是最致命的，因为对美出口商的产品有可能被永久排除在美国市场之外，这很可能会对整个行业造成毁灭性的打击。即便是只作出有限排除令，禁止被调查企业生产的侵权产品进入美国，该有限排除令也可以适用于不仅仅是诉讼中裁定的产品类型，其效力可以扩大到包含侵权产品的下游产品以及上游的零部件产品。裁决有可能不区分来源地驱逐所有涉嫌侵犯申请人知识产权的产品，不仅针对被申请人已进入美国的产品，还可以有效地阻止其他竞争者的产品进入美国。另外，当应诉企业因难以支付高额的诉讼费用放弃应诉时，申诉企业将从普遍排除令或有限排除令中受益，因此，美国企业将"337 调查"作为攻击对手的常用手段之一。

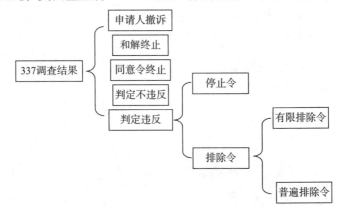

图 2 - 2 - 2 美国 "337 调查" 结果

2.3　337 调查与美国地区法院诉讼的对比

本书前述章节中已经详细介绍了美国地区法院诉讼中关于医疗器械领域的专利诉讼情况，而"337 调查"和美国地区法院诉讼是美国企业在面临知识产权侵权行为时可以选择的两种方式。这两种方式存在一些区别，专利权人选择哪种方式进行救济取决于所基于的事实和专利权人的目的。表 2 - 2 - 1 示出了"337 调查"和美国地区法院诉讼这两种方式的主要区别。

表 2 - 2 - 1　"337 调查"和美国地区法院诉讼对比

	"337 调查"	地区法院诉讼（以加利福尼亚州北区法院为例）
参与方	请求人、应诉人、不公平进口调查室	原告、被告
法官	被指派至美国国际贸易委员会的熟悉"337 调查"的六名 ALJ 之一	宪法第 3 条规定的法官或经当事人同意的法官。法官对专利案件的熟悉程度因地区而异
管辖权以及进口货品	针对被指控侵犯美国知识产权的进口至美国的货品	法院必须对被告拥有对人管辖权以及对涉及行为的管辖权
国内产业	所有请求人必须证明自身在国内具有开发涉及专利产品的相关产业	无要求
适用条款	实务和程序规则以及 ALJ 的基本规则	联邦民事诉讼法规，地方法规
反诉	可以使用，但需立即传送至地区法院	可以使用
针对调查的典型回应时间	10 天	30 天
针对动议的典型回应时间	10 天	根据指定的聆讯日期而变换，不过一般在 2 ~ 4 周
权利要求解释（Markman 听证会）	不定，一般不举行。权利要求的解释在取证听证会之后的初裁中进行	不定，一般在专家调查、建议判决和庭审之前由首席法官举行
证据审判或听证会	ALJ 发布初裁之前举行	判决或陪审团审判（如果任一当事人要求的话）之前举行
典型结案时间	15 ~ 18 个月	2 ~ 3 年
可能的救济	排除令、停止令	损耗赔偿以及禁令
审理结果	由 ALJ 作出初裁，可能被美国国际贸易委员会接受或修改形成终裁	陪审团裁决或法官的书面判决
上诉受理单位	联邦巡回上诉法院	联邦巡回上诉法院

专利权人在考虑采用哪种方式寻求侵权救济时，针对"337 调查"和美国地区法院诉讼的区别，主要考量的因素为以下几点。

1）管辖权

与地区法院诉讼不同的是，"337 调查"的管辖权是对物的管辖权，因此，对于"337 调查"的被诉方，美国国际贸易委员会并不需要获得对人的管辖权，例如某些国内公司可能并没有在美国开展业务，但只要其被诉的侵权产品被输入至美国境内，甚至该公司仅仅是出于商业或其他目的进口了一件产品（例如，在美国举办的展会上进行展览），美国国际贸易委员会即拥有了管辖权，即便不清楚这些产品真正的生产商或者实际生产该产品的多处来源，专利权人也可据此提起"337 调查"。❶ 对于其他国家的公司在对美国市场进行初期开发的时期，地区法院一般很难迅速高效地获得对人的管辖权，因此，此时专利权人如果希望尽快阻止对方侵犯专利权，叫停对方的市场侵占行为，可以通过提起"337 调查"获得救济。

2）时效和成本

美国地区法院诉讼的一般结案周期在 2～3 年，这对于很多企业是一个漫长的过程，需要耗费大量人力和精力。而"337 调查"的典型结案周期为 15～18 个月，并且由于"337 调查"期间的答复期限普遍较短，如果存在双方和解等情况，结案的时间相对于美国地区法院诉讼也会迅速很多。

结案的快速性一方面节省了当事人的精力，另一方面也减轻了当事人的经济负担。表 2 - 2 - 2 示出了"337 调查"和美国地区法院诉讼的平均花费，可以看到，虽然两者在耗费同样的时间的情况下花费差别不大，然而由于"337 调查"的结案周期远远短于地区法院诉讼，结案周期为 15～18 个月的"337 调查"一般花费在 300 万美元以内，而结案周期为 2～3 年的地区法院诉讼的平均花费则会超过 600 万美元，其平均实际诉讼成本相对地区法院诉讼大幅降低。

表 2 - 2 - 2　"337 调查"和美国地区法院诉讼成本对比　　　　单位：美元

	时间	"337 调查"	地区法院诉讼
平均诉讼花费	历时 1～10 个月	1 967 000	2 100 000
	历时 10～25 个月	3 410 000	3 554 000
	历时超过 25 个月	6 242 000	5 911 000

3）法官对于知识产权的专业性

由于专利制度的特殊性，专利侵权诉讼与其他诉讼存在比较大的区别。和美国地区法院诉讼不同的是，"337 调查"是由 ALJ 执行的美国国际贸易委员会的诉讼程序，ALJ 专门负责办理"337 调查"，其相对于地区法院的法官，对于专利制度更加熟悉，

---

❶　645 F. 2d 976, 985 C. C. P. A. ［1981］.

对于专利文件的理解也更加准确，因而对于案件审理的正确性比较高。

4）构成侵权的条件

在发起"337调查"时，请求人必须证明：①被诉产品存在侵权；②被诉产品被进口至美国；③请求人在美国存在与专利相关的国内产业。而向美国地区法院提起侵权诉讼时则不需要满足第③点。需要指出的是，1988年美国贸易和竞争综合法允许"对许可有相当数量的投资"作为"国内产业"的一种形式，因此，对于NPE而言，只要其授予实施许可的专利在美国具有相关产业，同样可以发起"337调查"。

5）救济方式的不同

"337调查"和地区法院在专利侵权判决的救济方式上也存在很大区别。地区法院在发现侵权行为成立后，法院可以判处被告付给原告金钱赔偿，而"337调查"的请求人则不能获得赔偿金，其能够获得的救济包括本部分第2.2节中介绍的排除令和停止令，当具有个人管辖权时可以发布停止令。因此，"337调查"适合专利权人用于对对手的产业进行排除打击，而当专利权人试图通过侵权诉讼获得经济上的补偿时，地区法院诉讼则是一个更好的选择。

第3章　医疗器械领域337调查特点

3.1　337调查申请概况

图 2 - 3 - 1 示出了自 1975~2019 年医疗器械领域历年立案的"337调查"数量。1975 年，美国光学公司（American Optical Corp）起诉东京光学（Tokyo Optical）的可折射眼科检查装置涉嫌侵权，违反"337 条款"，成为医疗器械领域首件被立案调查的"337 调查"案件。20 世纪 80 年代，立案调查数量保持平稳，在此期间，"337 调查"案件结果显示，美国国际贸易委员会作出支持美国专利权人的判决相对于地方法院的整体判决高出 20%，同时美国专利权人向外国企业发起"337 调查"的胜诉率比外国专利权人向美国企业发起"337 调查"的胜诉率高一倍❶，因而，美国企业开始倾向性地利用"337 条款"起诉外国企业，除了 1981 年、1986 年和 1988 年，其余每年均有 1~2 件医疗器械领域的"337 调查"案件被立案。而在 20 世纪 90 年代，随着美国与欧洲、日本在各个领域开展了双边贸易对话，贸易关系有所缓和❷，"337 调查"案件的数量也相应回落，1990~2002 年，13 年间仅有 4 件"337 调查"案件被立案调查。不过自 2003 年以来，随着全球贸易的大幅发展，医疗器械领域的"337 调查"案件密集出现，尤其是在 2011 年以后增长迅速，每年均保持在 3~4 件。2017、2018 年的"337调查"立案数量均达到了 6 件。

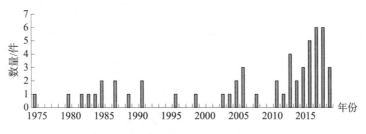

图 2 - 3 - 1　医疗器械领域历年"337调查"数量

---

❶ HAHN R. Assessing Bias in patent Infringement cases：A Review of International Trade Commission Decisions [J]. Harvard Journal of Law & Technoloy, 2007, 21 (2)：458 - 508.

❷ USITC. Medical devices and equipment：competitive conditions affecting U. S. trade in Japan and other principal foreign markets investigation [J]. USTIC Publication, 2007, 3909：332 - 474.

从图 2－3－2 示出的医疗器械领域 "337 调查" 占比来看，近十年来医疗器械领域占比呈现明显的增长趋势，2018 年的占比已经达到了 11.32%。这说明在医疗器械领域，企业遭受 "337 调查" 的概率相对于其他行业呈现越来越高的趋势，需要引起警惕。

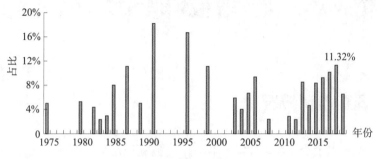

图 2－3－2　医疗器械领域 "337 调查" 占比趋势

3.2　337 调查涉诉标的物

在涉及医疗器械领域的案件中，从涉案标的物来看，如图 2－3－3 所示，外科手术器械、医学影像设备、呼吸装置的相关案件最多。外科手术器械、呼吸装置种类繁多，容易成为 "337 调查" 的目标。其中外科手术器械涉诉产品，集中于手术吻合器、气囊解剖设备以及用于凝血的手术设备等技术含量较高的产品。而医学影像设备的技术壁垒较高，核心技术多集中在全球几大公司中，这些公司善于利用 "337 调查"，因此医学影像设备的相关案件也相对较多。其与美国地区法院的涉外诉讼情况的不同之处在于，尽管涉及医学影像设备的案件共计 7 件，涉及日本的仅 1 件，其余 6 件 "337 调查" 的涉诉国均为荷兰、丹麦、加拿大等发达国家。除此以外，牙科装置，假体、假肢等多个医疗器械领域均出现了 "337 调查" 案件，其覆盖的领域范围较为广泛，因此对于医疗器械而言，被发起 "337 调查" 的风险存在于多个细分领域中，医疗器械行业的相关企业均需要提高警惕，以随时应对可能的诉讼风险。

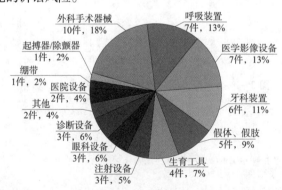

图 2－3－3　医疗器械领域 "337 调查" 涉诉标的物分布

3.3　337 调查结果

　　截至 2019 年 12 月 31 日，医疗器械领域 54 件 "337 调查" 案件中，除了 4 件还处于审理阶段暂未结案，❶ 其余 50 件的结果如图 2 - 3 - 4 所示。其中，全部和解的案件为 17 件，占总量的 34%，除此之外还有 4 件案件存在部分和解的情况。撤诉的案件为 7 件，占比为 14%。在所有案件中，经过最终审理的案件为 14 件，其中判决违反 "337 条款" 的案件为 5 件，占比为 10%。由此可见，虽然 "337 调查" 败诉的后果严重，然而绝大部分案件在调查审理前即通过撤诉、和解、同意令等方式终止，而最终被告被判决违反 "337 条款" 的比例并不是很高。需要指出的是，在仅有的被判决违反 "337 条款" 的 5 件案件中，4 件案件的被告涉及中国企业，因此，中国企业目前在面对 "337 调查" 时处境不利，需要提高自身应对知识产权诉讼风险的能力。

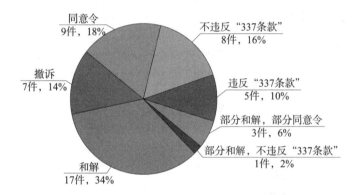

图 2 - 3 - 4　医疗器械领域 "337 调查" 的结果

3.4　337 调查涉诉国家/地区

　　图 2 -3 -5 是医疗器械领域 "337 调查" 应诉方所属国家/地区分布。其中图 2 - 3 - 5 (a) 示出的是历年来医疗器械领域 "337 调查" 的涉案国家/地区分布。其中，中国以及日本均为 10 件，❷ 随后是德国、加拿大和以色列，可以看到，涉及中国的所有调查均为 2011 年之后发起的。整体而言，2000 年之前，日本是美国主要的调查对象，而 2011 年之后，美国对外使用 "337 条款" 的倾向发生了明显的转移，中国企业成为 "337 调查" 最密集的对象。如前所述，中国作为贸易大国迅速崛起，自 2000 年以来美国与中国的双边贸易逆差已经超过了与日本的贸易逆差，且差额越来越大。2008 年，

---

❶　截至 2020 年 6 月 1 日还未审理结束。
❷　未包含中国台湾地区企业涉及的 1 件 "337 调查" 案件。

美国对日贸易逆差为 727 亿美元，而与中国的逆差高达 2663 亿美元。中国企业已成为美国的市场上受关注的对象之一。因此，尽管 2011 年才开始出现首件涉及中国医疗器械领域企业的"337 调查"案件，然而，在随后的几年间，数量迅速增加，仅 8 年的时间，已经发生 10 起案件，远超排名第二位的加拿大和丹麦，增长速度明显。

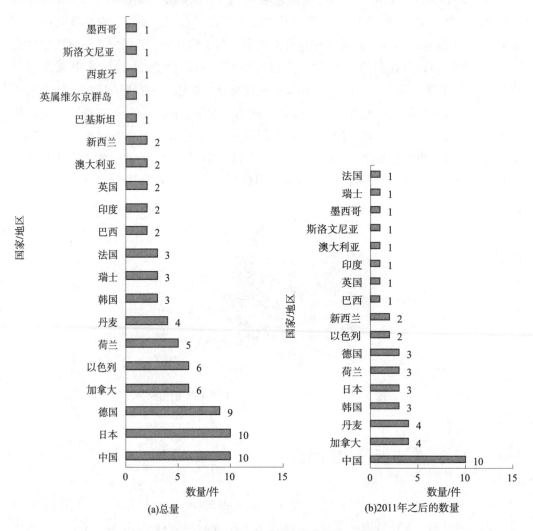

图 2 - 3 - 5 "337 调查"应诉方所属国家/地区分布

目前，中国出口到美国的医疗器械产品逐渐由低技术含量如一次性耗材、装置零配件等转变为中、高技术含量如诊断、治疗装置整机产品，这类产品技术价值高、市场利润大，可以预见，其未来很可能成为"337 调查"的主要对象。值得关注的是，由于缺乏经验，涉诉的中国企业中，有 10 多家企业均因直接缺席而被美国国际贸易委员会发布排除令，考虑到"337 调查"巨大的辐射范围，这无疑进一步增大了中国医疗器械出口的难度。

尽管日本、德国和以色列的企业涉及"337 调查"的总量较多，分别为 10 件、9

件、6件，但是，随着这些国家医疗器械核心技术的发展，并通过在美国进行专利布局为企业出口保驾护航，自 2011 年后，这些国家的企业就很少再被作为"337 调查"的应诉方。2011～2019 年，应诉方为日本、德国和以色列的企业的"337 调查"案件仅分别为 3 件、3 件和 2 件，可见这些国家已经不再是美国"337 调查"的重点对象。其中差异化最为明显的是日本，1985 年美国的对日贸易赤字达 462 亿美元，这引发了美日之间在医药品、医疗器械等各个领域频繁的经济摩擦。21 世纪之前，日本合计遭遇了 7 件"337 调查"，而在 21 世纪后随着一系列双边协议的达成，美国和日本之间的争端逐渐趋于平息，近 5 年来，应诉方为日本企业的"337 调查"案件仅仅有 3 件。同时，值得一提的是，在频繁遭遇美国"337 调查"的时期，日本政府提出了《知识产权发展战略》，这一举措使得日本企业在进入美国市场之时重视专利布局，使用专利权为自身保驾护航。从 1997～2016 年，日本主动发起了 42 件"337 调查"，是除美国之外主动发起"337 调查"最多的国家，这也在一定程度上反映了日本企业在美国"337条款"中反客为主的有利局面。❶

考虑到日本与中国为"337 调查"总数最多的国家，日本目前已经在"337 调查"的漩涡中逐渐站稳了脚跟，而相比于日本，在涉及"337 条款"的贸易碰撞过程中，中国仍处于相对被动的局势之中，本章后续两个小节将具体就日本与中国的"337 调查"的对象、产品、应诉策略以及获得的结果进行分析，从而一览两国企业在面临"337 调查"之中的不同策略。

3.5　日本涉及的 337 调查概况

表 2-3-1 示出了医疗器械领域涉及日本企业的全部"337 调查"的案例。可以看出，早在 1975 年其就被发起了第一件关于眼科检查装置的"337 调查"，至今总计已有 10 件。在 2000 年之前合计被发起过 7 件"337 调查"，而在 2000～2008 年，无"337 调查"案件，在 2008 年后，"337 调查"才又零星出现。涉及调查的企业既有像富士胶片、泰尔茂等大型企业，也不乏类似 Nippon 医疗工业的中小型企业。从涉案产品来看，大多属于中高端的医学诊断设备以及假体等高技术附加值的医疗设备领域。

就调查结果而言，涉及日本的 10 件"337 调查"案均没有被美国国际贸易委员会发布禁令，并且在部分案件中日本企业还获得了胜利。1992～1998 年和 2000～2007 年这两个时期，美国和日本之间在医疗器械领域未出现"337 调查"，这与日本企业在应对"337 调查"时的策略、日本与美国双边贸易关系的缓和以及日本对美国的出口情况均有很大的关系。

---

❶ 谢薇，彭耀林. 日本应对美国"337 调查"的统计、分析及启示 [J]. 中国发明与专利，2017（3）：51-55.

表 2 - 3 - 1　日本所有涉及 "337 条款" 的医疗器械领域案件

案件编号	标题	专利、商标号	应诉方	调查年	结果
337 - TA - 1063	某些 X 射线乳房成像设备及其组件	US7831296 US8452379 US7123684 US7688940	富士胶片	2017	未结案
337 - TA - 1050	某牙科陶瓷及其制品及其制作方法	US7452836 US6802894	GC 公司	2017	未结案
337 - TA - 896	婴儿用的热支持设备、婴儿培养箱、婴儿保温器	US6483080 US7335157	原子医学国际公司	2013	和解
337 - TA - 645	静脉采集手术系统及其部件	Re36，043 US6830546	泰尔茂	2008	和解
337 - TA - 419	视力矫正手术中的受激激光系统以及其手术方法	US4718418 US4732148 US5711762	尼德克	1999	不违反 "337 条款"
337 - TA - 332	半透明陶瓷牙齿矫正支架	/	Tomy 公司	1991	和解，同意令
337 - TA - 270	非接触眼压计	/	Keeler 光学公司 东京光学有限公司 Topcon 设备公司	1987	和解，不违反 "337 条款"
337 - TA - 224	具有醋酸纤维的中空纤维人工肾	/	Nissho 有限公司 Nippon 医疗工业有限公司 Toyoba 有限公司 Baxter Travenol 实验室	1985	不违反 "337 条款"
337 - TA - 81	具有中空纤维的人工肾	US3228876	泰尔茂	1980	和解
337 - TA - 6	可折射的眼科检查装置	/	Topcon 设备 东京光学有限公司	1975	和解

　　早期针对日本的 "337 调查"（1975～1991 年）是伴随着日美之间的贸易关系紧张而开始的。1975 年，日本企业 Topcon 设备和东京光学被卷入 "337 调查"，日本连续 4

年成为美国"337调查"数量最多的国家。❶ 与此同时，日本 Topcon 设备在美国尚无专利授权，即便是到了 20 世纪 80 年代，诸如泰尔茂这样的大型企业涉诉之时在美国也仅仅拥有 30 件专利的专利权，可见，在 90 年代之前，日本的知识产权保护与应诉机制尚未成熟，因而，除了 337 - TA - 224 案获得了胜利之外，其他"337调查"案件日本企业均选择了和解。

整体而言，这一时期的日本企业刚刚具备出口实力，面对美国企业的竞争经验不足，且知识产权机制尚未成熟，为了避免遭受美国的排外攻击，尤其是"337条款"以及"301条款"的制裁，日本于 1986 ~ 2000 年开启了与美国之间的贸易对话，并建立了基于市场 MOSS（Market - Oriented，Sector - Selective Discusssion）的双边关系。在该关系中，日本要求美国放宽对日本进口医疗器械产品的限制，减少对进口产品的打击，而与此同时付出的代价则是日美双方就《药事法》中的 PMDA 涉外审理流程的改革达成一致，除了植入物以及代谢适应性医疗器械之外，第一次接纳外国临床试验数据，并简化国外企业在日本本国审批医疗器械的流程，❷ 通过一系列协商谈判，换得了彼此之间长达 9 年的和平时期。根据美国海关的进口数据，2000 年以前，德国和日本是美国的医疗设备进口额最多的两个国家，如图 2 - 3 - 6 所示，日本在 20 世纪 90 年代每年的医疗设备进口额与德国不相上下，并保持了平稳的增长态势。

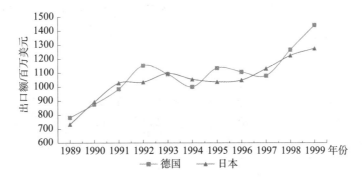

图 2 - 3 - 6　德国、日本医疗设备出口美国数据对比

通过对技术实力的积累以及对知识产权的日益重视，日本企业抵抗知识产权诉讼风险的能力也日益上升。1999 年，日本跨国企业尼德克生产的激光手术系统被诉违反"337条款"（337 - TA - 419），此时，涉诉的尼德克已经拥有超过 200 件美国授权专利，具有"专利防御圈"。此外，尼德克应对"337调查"的策略也相当成熟，采用如涉及不诚信行为、专利不可实施等多种无效抗辩策略，最终成功无效了涉案美国专利，

❶ 代中强. 知识产权调查引致的贸易壁垒：一个统计分析［J］. 集美大学学报：哲学社会科学版，2016，19（1）：31 - 39。

❷ The U. S. and Japan MOSS negotiating teams to Minister for Foreign Affairs Abe Secretary of State Shultz. Report on Medical Equipment and Pharmaceuticals Market - Oriented，Sector - Selection Discussion［R］. London：Forgotten books，2018.

为其进军美国市场铺平了道路。这一胜诉案例同时也对美国企业起到了一定的威慑作用。

日本对知识产权战略的重视并没有止步于此。21 世纪初期，日本又提出了"信息创新时代、知识产权立国"的方针，专门在日本内阁成立知识产权战略本部，由首相任部长，每年发布知识产权推进计划。此外，2003 年日本海关修改并实施了《关税定率法》，该法规定遭受知识产权侵害的日本企业有权向海关提出禁止进口侵权商品的申请，其类似于美国的"337 调查"，对外国企业起到一种强有力的威慑作用。同时，为了进一步加强合作，2001 年，美国与日本再次签订了新的双边经济发展框架"U. S. ‐ Japan Economic Partnership for Growth"❶，并在框架中进一步增强了政府对美国医疗器械的采购，从而再次缓解了彼此之间的竞争。

此后，伴随着美国的金融危机，涉及日本的"337 调查"开始再次出现，不过在这一时期，日本政府仍在政策上大力扶植本国医疗器械产业的创新。2013 年 6 月 24 日，《日本再兴战略》发布，其中明确提出要提升日本医疗相关产业包括医疗器械行业在国际上的竞争力，从而在日本形成先进的医疗技术；2014 年 7 月 22 日，《健康·医疗战略》发布，旨在推进健康医疗领域的先进技术的研发；为了强力推动日本医疗领域的大型企业在国际的市场和影响力，扩大医药和医疗器械的出口，2015 年 6 月 26 日日本制定了《国际药事规制调和战略》。伴随着国家政策的逐渐加码，至 2014 年，日本医疗器械生产额达到 19894.97 亿日元。此外，为了规范医疗器械行业的发展，日本还修改了《药事法》，并由药品与医疗器械审批机构 PMDA 收集和分析有关医疗器械缺陷产品的相关报告等。经过了日本政府上述一系列举措，日本企业的知识产权保护意识和知识产权应诉机制均已经十分成熟和完善，例如，2008 年的"337 调查"案中，涉诉的企业泰尔茂在美国已经储备了几百件专利，能够在面对侵权风险时掌握一定的主动权，从而在与对方的谈判以及应诉过程之中采取最优的处理策略。

3.6　中国涉及的 337 调查概况

表 2‐3‐2 是自 2011 年以来，医疗器械领域涉及中国企业的"337 调查"的全部案件。中国企业涉及的"337 调查"全部发生在 2011 年后，涉诉产品大多为高新技术医疗器械。不过与日本不同的是，中国的 10 件"337 调查"案件中，有 2 件是因为国外公司的子公司出口销售产品至美国而被牵连，剩下的 8 件案件则为中国企业自身遭遇的"337 调查"案件。

---

❶　United States International Trade Commission. Mecidal Devices and Equitment: Competitive Conditions Affecting U. S. Trade in Japan and Other Principal Foreign Markets [J]. USITC Publication, 2007 (3909).

表 2 - 3 - 2　中国企业医疗器械领域全部 "337 调查" 案件

案卷编号	涉案中国企业	立案时间	涉案产品	侵权类型	调查结果
337 - TA - 759	1. 上海弘联医疗器械有限公司 2. 上海埃文基国际贸易有限公司	2011.02.01	分娩模拟器及相关系统	专利侵权	由于未应诉而败诉，有限排除令
337 - TA - 890	怡和嘉业	2013.08.23	呼吸机和面罩	专利侵权	不违反 "337 条款"
337 - TA - 959	1. 上海安自康电子有限公司 2. 温州 AiEr 电子科技有限公司 3. 深圳 Xnovi 电子公司	2015.06.25	电动皮肤护理设备、刷子和充电器及其套件	专利侵权	部分被告缺席，部分同意令、部分和解、普遍排除令、有限排除令、停止令
337 - TA - 985	重庆康美唯医疗	2016.02.16	吻合器及相关组件	专利侵权	和解
337 - TA - 997	怡和嘉业	2016.05.18	呼吸机	专利侵权	和解
337 - TA - 1008	1. 上海意文凯国际贸易有限公司 2. 上海弘联医学器械发展有限公司 3. 上海乔利医学教育有限公司 4. 张家港协和医疗器械有限公司 5. 张家港市新菲乐医疗设备有限公司 6. 江苏永新医疗设备有限公司 7. 江苏永新医用设备制造有限公司 8. 江阴万事兴医疗器械有限公司	2016.06.20	脊椎固定板、颈托和多种医疗训练装置	专利侵权、版权、商标侵权	被告全部缺席，有限排除令、停止令

案卷编号	涉案中国企业	立案时间	涉案产品	侵权类型	调查结果
337 - TA - 1048	扬州威得利贸易有限公司	2017.04.12	血管内给药装置和组件	专利侵权	被告缺席,有限排除令
337 - TA - 1116	艾康生物技术(杭州)有限公司	2018.05.31	血液胆固醇测试条和含有相同的相关系统	专利侵权	违反"337 条款",有限排除令

如前所述,部分中国企业在面对"337 调查"时,由于应对专门人才欠缺、应对机制不成熟,往往会遭受严重的"337 调查"后果。例如,涉及分娩模拟器的 337 - TA - 759 案、涉及电动皮肤护理设备的 337 - TA - 959 案、涉及脊椎固定板的 337 - TA - 1008 案,三起案件合计涉及 12 家企业,均发生在医疗器械出口主要区域以及技术相对发达的长三角和珠三角地区,美国企业在这三起案件中打击的不仅是上述 12 家企业,其打击范围甚至覆盖了生产相关产品的所有企业。这些企业除了万事兴医疗器械之外均未在美国甚至在中国提出任何一件专利申请,其中,上海弘联医疗器械在 2011 年和 2015 年两次被提起"337 调查",但却没有进行任何知识产权方面的储备,最后这三起案件均全部以缺席而败诉,被发布了排除令。

相对而言,还有一部分企业在应对"337 调查"中积累了丰富的经验。例如重庆康美唯、艾康生物科技以及怡和嘉业均在中国或美国进行了专利布局,在面对"337 调查"时相对于上述企业有更为成熟的应诉机制,其中,涉及吻合器的 337 - TA - 985 案是美国企业柯惠发起的,最终重庆康美唯与柯惠达成和解;而怡和嘉业两次涉诉,对手是呼吸机企业瑞思迈,后者拥有近 600 件的美国授权专利。但在 2013 年瑞思迈发起的 337 - TA - 890 案中,中国企业怡和嘉业敢于挑战并最终获得了胜诉。随后怡和嘉业在短短的 4 年间迅速在美国申请专利,其美国专利申请量从 2013 年以前的 0 件,增长至 18 件,这无疑为其呼吸机对美国的出口增添了一道知识产权保护屏障;随后,瑞思迈再次在美国地区法院对怡和嘉业的美国子公司(3B medical)发起专利侵权诉讼,同时,其还于 2016 年再次对怡和嘉业发起了"337 调查"(337 - TA - 997 案)。在该次调查过程中,怡和嘉业也在美国地区法院对瑞思迈提起了违反反垄断法的诉讼,从而对瑞思迈施加压力。最终,耗时 5 年的怡和嘉业与瑞思迈"337 调查"案最终以相互许可专利而和解。怡和嘉业重视知识产权,并能够积极应诉,最终获得了理想的结果。

第 4 章 337 调查典型案例

由于"337 调查"对企业影响巨大，一旦被认定侵权，不仅应诉企业损失大，有时也会涉及与涉诉产品相关的整个产业链的发展。但是一些企业专利布局意识淡薄，应诉经验欠缺，经常由缺席导致败诉，例如，337 - TA - 959 案由于中国公司部分缺席而败诉的案例。在该案中中国公司全部缺席未应诉而直接被发布最为严厉的普遍排除令，但其他国家涉诉的部分公司则进行了应诉，最终获得了部分和解以及部分同意令的结果。同一案件中，不同企业不同的应对方式获得了不同的判决结果，这一点十分引人深思。当然，也有部分企业在应对"337 调查"方面积累了丰富的经验，例如怡和嘉业在瑞思迈发起的"337 调查"中最终胜诉、重庆康美唯面对美国柯惠时及时止损而最终和解的案例。目前，中国医疗器械企业在进入美国市场时，所面临的环境与当年日本企业类似，日本政府以及日本企业经过数年的努力，成功扭转不利局面，例如日本尼德克在面对"337 调查"时广泛使用抗辩技巧，从而最终判定不违反美国"337 条款"。下面将以上述典型的"337 调查"为例，对"337 调查"的总体过程和关键环节及问题进行分析，从而使相关企业能够从中得到一些启示和借鉴。

4.1 337 - TA - 419 案

"337 调查"一旦败诉，对于败诉方公司进军美国市场影响巨大。因而积极应诉，充分利用各种抗辩策略来捍卫自身利益，对于每个涉诉公司来说都是尤为重要的，以下就 337 - TA - 419 案为例，详细介绍在涉诉时可以采用哪些手段来进行抗争。

【案例号】337 - TA - 419
【原告】
VISX Incorporated（以下简称"VISX"），成立于 1986 年，生产总部设在加利福尼亚州 Santa Clara 城，是一家在准分子激光近视眼视力矫正技术方面的集设计、生产和销售为一体的跨国公司。1999 年，VISX 的销售毛利为 2.71 亿美元，净利润为 0.92 亿美元。2007 年，VISX 被美国 AMO 公司全资收购。
【被告】
尼德克，于 1971 年成立于日本，是全球著名眼科医疗器械企业，该公司的产品在全球一百多个国家销售使用。

【涉案产品】

本次"337调查"所涉及的被诉产品是用于视力矫正手术的准分子激光系统及其组件,该系统用于改变患者角膜的形状,使得图像能够正确地聚焦在视网膜上,这样减少或消除了患者对矫正眼镜的需要。准分子激光系统通过发射激光脉冲以从角膜的前表面去除(或者消融)非常薄的组织层,从而重塑角膜。术语"准分子(excimer)"是"激发的二分子聚合物(excited dimer)"的缩写,并且在该研究中涉及使用氩气和氟气的混合物产生所需波长的不可见紫外光的激光。原告VISX的美国国产的准分子激光系统,型号为20/20A、20/20B、STAR以及STAR S,均使用了波长为193nm的准分子激光束消融角膜组织以纠正视力问题。

被告尼德克的EC-5000准分子激光系统包括:氟化氩(ArF)准分子激光器、光束传输系统、二极管瞄准激光器,包括显微镜、固定灯和照明灯的激光光学观察系统,用于定位,聚焦和气体处理的机械系统,以及微处理器控制器。EC-5000准分子激光系统使用193nm的ArF激光束通过消融角膜组织来重塑角膜,其中激光束围绕光轴动态旋转,并与一系列预定光束偏移位置的虹膜光阑配对,产生一系列圆形扫描图案,用于远视校正,无须使用用于近视消融的狭缝孔径。

1998年12月17日,尼德克获得了美国FDA的批准,允许其EC-5000型准分子激光系统在美国进行销售,这一批准使得尼德克成为第一家成功通过美国FDA认证而进入美国市场的生产准分子激光系统的非美国公司。然而在刚刚获得FDA批准后不久,1999年1月22日,VISX向尼德克发起"337调查",涉及的被诉侵权产品是视力矫正手术中的受激激光系统以及其组件。尼德克对于本次"337调查"的应诉准备非常充分,下文将对该案件进行详细介绍。

【案件概述】

原告VISX于1999年1月22日提交了请求发起"337调查"的起诉状,声称被告尼德克出口至美国以及在进入美国后销售的视力矫正手术中的受激激光系统以及其组件侵犯了该公司的专利权,违反"337条款"的规定,请求针对被告"337调查"发布永久排除令和停止令。其中涉及的专利及相关权利要求为:

US4718418的权利要求26、27;US4732148的权利要求30;US5711762的权利要求1、7、10、12。

三件专利的专利权人均为原告VISX。

1999年1月23日,美国国际贸易委员会发出立案通知书。

1999年3月12日,原告VISX提出修改,试图在诉求的被侵权的权利中增加US5735843专利的权利要求6、8,删除US4732148专利的权利要求30,然而该申请被ALJ否决,仅仅允许原告VISX提交撤销US4732148专利的动议,原告VISX于1999年6月8日提交了该动议并被批准。因此,后续阶段涉及的为US4718418及US5711762两件专利。

1999 年 12 月 6 日，ALJ 发出了初裁意见，认为被告尼德克没有违反"337 条款"，具体而言，ALJ 认为被告尼德克对涉及的专利均没有侵权行为，同时还发现原告 VISX 不满足"337 条款"规定的国内产业的要求，以及 US5711762 专利由于不恰当的发明人资格和专利不可执行，而基于美国法典第 35 篇第 102 条（f）款无效。

原告 VISX、被告尼德克均提交了对初裁意见的复审请求。

2000 年 2 月 2 日，美国国际贸易委员会决定维持 ALJ 对于 US4718418 专利的意见，并对初裁意见中涉及 US5711762 专利的意见进行复审，经过各方当事人进一步的澄清和提交的简要说明后，美国国际贸易委员会认定被告没有违反"337 条款"。

具体地，美国国际贸易委员会认为，针对 US4718418 专利，应当采纳初裁的意见，即被告尼德克没有对 US4718418 专利构成侵权以及原告 VISX 对该专利不满足国内产业的要求；对于 US5711762 专利，美国国际贸易委员会认为被告尼德克也没有构成侵权以及原告 VISX 也不满足国内产业的要求，对于初裁意见中的 US5711762 专利的有效性和不诚信行为没有意见。

【抗辩策略】

面对原告 VISX 的诉求，被告尼德克在应对时，准备充分，采用了多种抗辩策略，最终在"337 调查"案中取得胜利。

1）不侵权抗辩

不侵权抗辩是被诉方最常采用的抗辩方式之一。本案中，被告尼德克首先采用的就是不侵权抗辩策略，声称该公司的涉案产品没有对涉案专利构成侵权，并分别对 US4718418 和 US5711762 专利进行了不侵权抗辩，其中审理的争议点具体如下。

（1）US4718418 专利

US4718418 专利名称为"眼科手术器械"，其于 1998 年 1 月 12 日获得授权，发明人为 Francis A. L'Esperance 博士。该专利涉及一种激光手术装置，用于通过重塑角膜表面实现患者视力矫正。该专利的专利权随后被转让给 VISX。VISX 声称尼德克的被诉产品对该专利的权利要求 26 和 27 构成侵权。

涉案专利相关权利要求如表 2-4-1 所示。

初裁意见中对权利要求涉及的各个技术特征 [a. 角膜前表面（Anterior Surface of the Cornea）、b. 激光装置（Laser Means）、c. 扫描偏置装置（Scan-Deflection Means）、d. 控制装置（Control Means）、e. 改变其光学性质（To Alter the Optical Properties Thereof）] 进行了解释。

双方争议如下。

① 是否字面侵权

被告尼德克首先辩称该公司的产品并未构成字面侵权。在判断是否构成了字面侵权时，准确认定权利要求每个技术特征的含义至关重要。因此被告尼德克和原告 VISX 针对权利要求中各技术特征的解读进行了争辩。

针对技术特征 a. 角膜前表面（Anterior Surface of the Cornea）：虽然尼德克争辩其产品 EC－5000 不能消融上皮（epithelium），因此不能消融前表面，然而 ALJ 认定权利要求的解释中的 "anterior surface" 并非仅针对上皮组织，而是整个角膜前表面，因此 ALJ 认定产品满足上述限定。

表 2－4－1　涉案专利相关权利要求

权利要求	英文	中文
26	Apparatus for performing ophthalmological surgery by selective ablation of the anterior surface of the cornea with penetration into the stroma to achieve a volumetric removal of corneal tissue, said apparatus comprising laser means producing an output beam in the ultraviolet portion of the electromagnetic spectrum and characterized by a spot which at cornea impingement is small in relation to the cornea to be operated upon, said laser means including means for adjusting beam－exposure flux to a level at which resultant corneal－tissue ablation per unit time is to an ascertained elemental depth which is but a fraction of a predetermined maximum depth of ablation into the stroma, scan－deflection means positioned for deflection of said beam in a limited field about a central axis, said scan－deflection means having two coordinates of deflection for area coverage within the perimeter of said limited field, and control means with coordinating control connections to said scan－deflection means and to said laser for varying the perimeter of successive area scans within said field wherein said area scans are symmetrical about the central axis, whereby said scan－deflection means may perform one area scan within one perimeter limit before performing another area scan within another perimeter limit, whereby to effect a controlled sculpturing action upon the cornea to alter the optical properties thereof.	一种用于通过选择性消融角膜前表面并进入基质以实现角膜组织的体积去除来进行眼科手术的装置，所述装置包括 激光装置，在电磁波谱的紫外部分产生输出光束并产生相对于要操作的角膜较小的光斑， 所述激光装置包括用于将光束暴露能量调节到每单位时间所得到的角膜组织消融达到确定的仅是预定的最大烧蚀深度的一小部分的深度的水平的装置， 扫描偏转装置定位成使所述光束在围绕中心轴的有限区域内偏转，所述扫描偏转装置具有两个偏转坐标，用于周边内的区域覆盖所述限制场和 具有协调控制的控制装置，所述扫描偏转装置协调控制的连接装置和所述激光器用于改变所述场内连续区域扫描的周长，其中所述区域扫描关于中心轴对称，由此所述扫描偏转装置可在一个周长限制内执行一个区域扫描，然后在另一个周边内执行另一个区域扫描限制，从而在角膜上实现受控的消融作用以改变其光学性质。

权利要求	英文	中文
27	Apparatus for performing ophthalmological surgery by selective ablation of the anterior surface of the cornea with penetration into the stroma to achieve a volumetric removal of corneal tissue, said apparatus comprising laser means producing an output beam in the ultraviolet portion of the electromagnetic spectrum and characterized by a spot which at cornea impingement is small in relation to the cornea to be operated upon, said laser means including means for adjusting beam – exposure flux to a level at which resultant corneal – tissue ablation per unit time is to an ascertained elemental depth which is but a fraction of a predetermined maximum depth of ablation into the stroma, scan – deflection means positioned for deflection of said beam in a limited circular field of maximum radius about a central axis, said scan – deflection means having two coordinates of deflection for area coverage within the circumference of said circular field, and control means with coordinating control connections to said scan – deflection means and to said laser for varying the radius from one to another area scan within said circular field, whereby successive area scans may be circular and at different radii about the central axis, whereby to effect a controlled sculpturing action upon the cornea to effect a myopia – reducing alteration of the optical properties thereof.	一种通过选择性消融角膜前表面并穿入基质以实现角膜组织的体积去除来进行眼科手术的装置，所述装置包括 激光装置，在电磁波谱的紫外部分产生输出光束并产生相对于要操作的角膜较小的光斑， 所述激光装置包括用于将光束暴露能量调节到每单位时间所得到的角膜组织消融达到确定的仅是预定的最大烧蚀深度的一小部分的深度的水平的装置， 扫描偏转装置定位成使所述光束在围绕中心轴的最大半径的有限圆形场中偏转，所述扫描偏转装置具有两个偏转坐标的区域，在所述圆形场的圆周内的覆盖范围，以及 具有协调控制的控制装置，所述扫描偏转装置和所述激光器连接，用于在所述圆形场内从一个区域到另一个区域扫描改变半径，由此连续的区域扫描可以是圆形的并且在围绕中心轴线的不同半径处，从而实现受控的消融动作、角膜实现减少近视的光学性质的改变。

针对技术特征 b. 激光装置（Laser Means）：ALJ 认定产品 EC－5000 满足上述限定。关于是否满足该限定，被告尼德克从结构和功能上均提出了自己的观点。首先，US4718418 专利的权利要求明确限定了"激光装置"为脉冲激光或 CW 激光器，并且"激光装置"具有棱镜 26，而涉案产品 EC－5000 中不包括上述专利中所涉及的棱镜组件，也不包括该棱镜组件的激光装置，因此二者结构并不相同，即该产品并未公开 US4718418 专利中限定的"激光装置"的具体结构。随后，双方争议的焦点转换为产品 EC－5000 是否能够达到"较小的以能够对角膜进行操作的光斑（在说明书中其具体为 1mm 或更小）"的功能。原告 VISX 的观点是根据该产品的介绍，其能够在角膜上形成 0.5mm 的激光光斑因而被告构成侵权；被告尼德克的观点是尽管其产品能够最小达到上述光斑直径，然而通常应用的激光光束是比涉案专利中更粗的，因而不构成对较小的光斑的公开。然而依据更为宽泛的权利要求的解释，ALJ 认为"产品中的激光装置在角膜上形成 0.5mm 的激光光斑"满足权利要求中的"较小的以能够对角膜进行操作的光斑"的限定，因而构成字面侵权。因此，被告尼德克针对该技术特征的争辩以失败告终。最终，ALJ 认定产品 EC－5000 满足上述技术特征的限定。

针对技术特征 e. 改变其光学性质（To Alter the Optical Properties Thereof）：被告尼德克认为其在应用最小 0.5mm 的光斑进行角膜操作时并未改变其光学性质，因而并未公开该项技术特征。经过调查发现，该产品 EC－5000 在应用时，对角膜部位的激光束是在光阑后方以不同的扫描方式进行的。随着光阑中心孔径的大小变化，激光光束呈现不同的偏置以雕塑角膜。在光阑中心孔径达到最小时，其对应 0.5mm 的激光光斑进行角膜重塑，在除此之外的情况下，该产品中的激光装置以较大直径的光束进行激光照射。ALJ 的观点在于：虽然使用该产品时其激光光束直径连续的变化，也即进行了光学性质改变，然而对应于上述技术特征 b. 的解释，即其仅在形成 0.5mm 的激光光斑时公开了该特征中的"激光装置"，而由于该时间点只是一个时刻，而非连续使用的过程，应当认定此刻激光的光学性质并未被改变。因此，ALJ 支持该技术特征没有被尼德克的产品所公开。

在争辩了上述技术特征是否被公开的基础上，被告尼德克认为该公司的产品 EC－5000 对原告 VISX 的专利不构成字面侵权。

ALJ 认为 EC－5000 不具有能够实现与 US4718418 专利相同的功能的结构，其不符合 US4718418 专利的权利要求中关于使用过程中对激光光束的光学性质进行改变的限定，即不满足所有技术特征全部被涉诉产品公开这一条件，因而 EC－5000 对 US4718418 专利不构成字面侵权，最终初裁意见支持了被告尼德克的观点。

② 是否等同侵权

在字面侵权与否的争议上，被告尼德克获得了暂时的胜利，然而其还需要在是否等同侵权上进行抗辩，才能最终获得不侵权的判定结果。

原告 VISX 提出：权利要求 26 中记载了"相对于要操作的角膜较小的光斑（a spot

which at cornea impingement is small in relation to the cornea to be operated upon)"。原告 VISX 进一步引用光学专家 Eden 博士的证言，认为就其中不同的光斑尺寸，大致 $10mm^2$ 的光斑均具有与"小光斑（small spot）"大体上相同的功能。

被告尼德克强烈反对 VISX 的等同侵权理论。被告尼德克认为：原告仅引用其光学专家 Eden 博士的证言，而其并非眼科专家。而就该方面而言，Eden 博士不具有提供有力证言的资格。此外，Eden 博士的证言与原告眼科专家 McDonnell 博士的证言存在矛盾。眼科专家 McDonnell 博士已经证实大于 1mm 的光斑并不能够等同于如权利要求 26 的"小光斑（small spot）"。基于上述理由，被告尼德克坚持认为其产品 EC - 5000 不构成等同侵权。

ALJ 经过调查发现，在 US4718418 专利的审查过程中，原告 VISX 针对审查员所提出的"6mm × 1.9mm"的光斑的现有技术进行答复时，曾认为该尺寸过大，因此并未公开 US4718418 专利的上述特征。ALJ 据此认为至少大于该尺寸的光斑应当是被认为过大而不具有与专利中"小光斑（small spot）"大致上相同的功能的。而 EC - 5000 的光斑尺寸为"2mm × 8mm"，比原告 VISX 所提出的上述尺寸更大，因而 EC - 5000 就该特征而言不应当被认为会对其构成等同侵权。此外，ALJ 认为就等同侵权方面原告 VISX 提供的证据仅为 Eden 博士的证词，而基于既定的权利要求解释以及被告尼德克的有力争辩，对原告 VISX 提出的等同侵权的主张不予支持。初裁意见认为 EC - 5000 不构成等同侵权。

侵权裁定：

综上，ALJ 认为 US4718418 专利的权利要求 26 与被告尼德克的 EC - 5000 之间存在实质上的差别。被告尼德克不侵犯 US4718418 专利权。

基于相同的理由，ALJ 认为 US4718418 专利的权利要求 27 与被告尼德克的 EC - 5000 之间存在实质上的差别。被告尼德克不侵犯 US4718418 专利权。

（2）US5711762 专利

US5711762 专利的名称为"激光手术器械和方法"，于 1998 年 1 月 27 日获得授权，2015 年 1 月 26 日专利权有效期到期。该专利的发明人是 Stephen Trokel 博士，专利权已被转让至 VISX。该专利源自 1983 年 12 月 15 日向 PTO 提交的原始申请号为 US561804 的专利申请的一系列的后续申请和分案申请，直到 14 年后 US5711762 专利才进行公布。原告 VISX 认为被告尼德克的进口激光系统对该权利要求独立权利要求 1 的从属权利要求 7、10 和 12 构成了侵权。

涉案专利相关权利要求如表 2 - 4 - 2 所示。

表 2 − 4 − 2　US5711762 涉案专利相关权利要求

权利要求	英文	中文
1	A system for use in a laser source surgical method for removing corneal tissue, said system comprising: (a) a laser that produces a beam of radiation at a wavelength of about 193 nanometers in a series of pulses; (b) a laser delivery system means for receiving said radiation from said laser and delivering a fraction of said radiation to a cornea; and (c) wherein said radiation produces a depth of ablation of approximately 1 micron for each accumulation of one joule per square centimeter of energy applied.	一种用于去除角膜组织的激光源手术方法的系统，所述系统包括： （a）在一系列脉冲中产生波长约193纳米的辐射束的激光器； （b）激光传输系统，用于接收来自所述激光器的所述辐射束并将一部分所述辐射束传递到角膜；和 （c）其中，对于每平方厘米所施加的能量的每焦耳的每次累积，所述辐射束产生约1微米的烧蚀深度。
7	A system according to claim 1, which can produce pulses at said cornea which have between 100 and 200 millijoules of energy per square centimeter.	根据权利要求1所述的系统，其能够在所述角膜处产生脉冲，所述脉冲具有每平方厘米100~200毫焦耳的能量。
10	A system according to claim 1, further comprising means, including a mask, for controlling a volume of corneal tissue removed by said system during corneal laser surgery.	根据权利要求1所述的系统，还包括装置，其包括面罩，用于控制在角膜激光手术期间由所述系统移除的一定体积的角膜组织。
12	A system according to claim 1, wherein said laser delivery system means comprises means for selectively shaping a surface of the cornea.	根据权利要求1所述的系统，其中所述激光传输系统装置包括用于选择性地成形角膜表面的装置。

　　针对 US5711762 专利，双方对于是否存在字面侵权或等同侵权同样产生了争议。主要分歧集中在 EC − 5000 是否公开了"激光传输装置"和"能够产生 1mm 的烧蚀深度的能量"。双方争议如下。

　　① 针对"激光传输装置"

　　原告 VISX 认为 EC − 5000 具有与 US5711762 专利的附图 3（参见图 2 − 4 − 1）完全相同的结构，均具有棱镜和孔，两者具有相同的功能，通过相同的操作方式达到了相同的结果，因而构成侵权。

　　针对原告 VISX 上述控诉，被告尼德克采取了同样的抗辩方式。

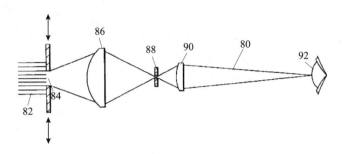

图 2 - 4 - 1 US5711762 专利的说明书附图 3

被告尼德克认为：US5711762 专利的附图 1 ~ 附图 3 共同体现了其全部的结构。而 EC - 5000 与其存在差别，具体在于：涉案产品 EC - 5000 的近端没有设置面罩、涉案产品 EC - 5000 采用环形开口取代附图 3 中的裂隙 84、涉案产品 EC - 5000 中棱镜 90 的类型不同，以及 EC - 5000 缺少附图 3 中的光圈 88。

对此，原告 VISX 声称，上述差别在光路中不具有实际意义或者实质上起到了相同的技术效果。

针对原告 VISX 的上述观点，被告尼德克进一步通过眼科领域专家 Sowada 博士的证言对仅从光学角度考虑的原告 VISX 的 Eden 博士的观点予以有力回击，其认为光圈 88、棱镜 90 是附图 3 中的激光传输系统的不可或缺的重要组成部件。

ALJ 最终否定原告 VISX 的上述论点，并且认为：即使不考虑近端面罩这种"可能"与"激光传输装置"无关的特征，就"激光传输装置"这一技术特征本身来看，二者在光路装置方面存在显著的差异，如 EC - 5000 中没有光圈装置或至少其等同物，EC - 5000 中的棱镜的作用为成像。因此，就该技术特征而言，被告尼德克不侵犯其专利权。

② 针对"能够产生 1mm 的烧蚀深度的能量"

双方所展示的证据包括不同的理论计算方式、EC - 5000 向 FDA 提交的审批数据、对产品进行实验获得的实验数据、以涉案产品为器材所发表的相关文章上记载的数据等。

ALJ 认为应当采纳被告尼德克向 FDA 提交的审批数据，因为向 FDA 提交的数据对于准确性有严格的要求，且这些数据不是为了进行侵权诉讼而创建和提交的，可信度较高。EC - 5000 在向 FDA 所提交的审批数据中提出，该产品能够产生 1.6 ~ 1.7mm 的烧蚀深度，据此，被告尼德克主张该被诉产品不构成字面侵权。

关于 1.6 ~ 1.7mm 是否能够大致上等同于该上限 1.3mm，原告 VISX 给出的证据具体为一台近视矫正手术中半度屈光度对应 6mm 的烧蚀深度，然而 ALJ 认为其与本案关联性较低，原告 VISX 还提出以其他判例试图争辩数据上的差异大致相同，然而就双方对数据范围差异的不同观点的种种论述，可以发现本案中的上述问题是一个特定的技术领域下的技术问题，故而其他判例无法就这一点给出具有说服力的判断。

就等同侵权方面，ALJ 认为构成等同的范围应该是在 1mm 的 30% 范围内，也即 0.7～1.3mm。由于被告尼德克的涉案产品既不在上述 0.7～1.3mm 的范围之中，原告 VISX 也未给出其他充分的证据以支持其与 1mm 的烧蚀深度具有等同性，因此被告尼德克同样不构成等同侵权。

侵权裁定：

就独立权利要求 1 而言，基于被告尼德克的产品 EC‑5000 并未字面或等同公开其中"激光传输装置"以及"能够产生 1mm 的烧蚀深度的能量"的技术特征，因而针对该项权利要求同样不存在字面侵权或等同侵权。

就从属权利要求 7 而言，虽然其附加技术特征被 EC‑5000 公开，然而由于权利要求 1 被认为不存在字面侵权或等同侵权，因而针对该项权利要求同样不存在字面侵权或等同侵权。

从属权利要求 10、12 的附加技术特征未被 EC‑5000 公开，不构成字面侵权；由于 US5711762 专利中的"裂隙 84、光圈 88"与 EC‑5000 中的"mask"起到的作用完全不同，因而也不构成等同侵权。

综上，美国国际贸易委员会赞同 ALJ 的初裁意见，除了"ALJ 认为即使无视面罩的存在，EC‑5000 也不对 US5711762 专利构成侵权"的观点，美国国际贸易委员会认为针对 US5711762 专利并不包括 EC‑5000 中的"面罩"，不过这一点对于案件判决结果没有影响。

2）专利无效抗辩

除了上述不侵权抗辩之外，被告尼德克还同时对 US5711762 专利提出了专利无效抗辩，试图对原告 VISX 釜底抽薪。其通过现有技术、是否具有显而易见性、发明人资格、专利起源等多个方面提出了多项无效理由，多方面、全方位地对原告的 US5711762 专利发起反击。

（1）现有技术

被告尼德克引用了在先专利 US4784135，认为 US5711762 专利属于现有技术，试图无效 US5711762 专利；经过 ALJ 判定 US4784135 专利不满足权利要求 1 中关于"烧蚀速率"（ablation rate）以及"约 1 微米的烧蚀深度"的限定，并且没有公开主题名称中的"用于去除角膜组织"（for removal of corneal tissue），因而 US5711762 专利不因该现有技术无效。换言之，被告尼德克的该观点并未得到 ALJ 的支持，其就该现有技术对涉案专利的无效抗辩失败。

（2）显而易见性

被告尼德克还提出基于 US4784135 专利及文章 *Lirnbectomies, Keratectamies, and Keratostomies Performed with a Rapid Pulsed Carbon Dioxide Laser, Carbon Dioxide Laser Beam Control for Corneal Surgery*，US5711762 专利应当因不具备非显而易见性而被宣告无效。US5711762 专利与 US4784135 专利的区别在于未公开移除角膜组织，以及关于

具体消融参数的记载。然而被告尼德克所提出的两篇文章并未公开或教导该具体的消融参数，因而 US5711762 专利不因显而易见性无效。换言之，被告尼德克的该观点并未得到 ALJ 的支持，其就该显而易见性对涉案专利的无效抗辩失败。

（3）发明人资格

① 法律基础

美国法典第 35 篇第 102 条（f）款规定"发明人应当享受专利权，除非他不是该项专利的发明者"，因此，作为专利性条件，专利应当准确地列出要求保护的发明的正确发明人。美国法典第 35 篇第 116 条规定在发明过程中具有相同贡献的两个或多个人应当作为共同发明人共同申请专利。因此，专利权人应当是正确的发明人，同时如果要证明发明人不正确，也必须具有明确和令人信服的证据。

② 被告尼德克观点

被告尼德克攻击 US5711762 专利的发明人或者至少共同发明人另有他人。被告尼德克提交了清晰且具有说服力的证据，证明虽然 US5711762 专利上登记的唯一发明人是 Stephen Trokel 博士，然而其并非该专利的实际发明人。实际的发明人或者至少共同发明人至少应当还包括 IBM 的 Rangaswamy Srinivasan 博士和 Bodil Braren 女士。Srinivasan 博士因发展了激光消融理论而广受赞誉，Srinivasan 博士与其 IBM 的同事革命性地发现准分子激光能够对固体有机材料产生非凡的效果。被告尼德克主张，Srinivasan 博士向 Trokel 博士分享了此前工作的成果，包括给他尚未发表的文章。根据他们在 IBM 的经验，Srinivasan 博士和 Braren 女士在 1983 年 7 月 28 日的实验确定了所有关键参数，Trokel 博士至少部分地依靠这些实验来申请得到了 US5711762 专利中的涉案权利要求。相反，原告 VISX 及 Trokel 博士并未出示任何记录或文件来支持该权利要求的构想。

为进一步支持关于该发明人的争议的主张，被告尼德克提交了 Srinivasan 博士、Trokel 博士以及 Braren 女士曾于 1983 年共同在美国眼科学杂志上发表的关于角膜准分子激光手术的文章。虽然被告尼德克承认 Srinivasan 博士和 Braren 女士在 1990 年 Trokel 博士与 L'Esperance 博士之间的相关诉讼中作证，支持 Trokel 博士的发明权，但同时被告尼德克也指出，当时他们都没有明确到 Trokel 博士的发明权涉及的具体的发明内容。

被告尼德克在对 US5711762 专利的涉案权利要求逐项仔细分析后，就发明人问题，提供了 Trokel 博士并非独立构想出该权利要求而应当将 Srinivasan 博士和/或 Braren 女士视为该技术的真正发明者的具体论据。被告尼德克强调了消融率、激光传输系统的意义、能量水平、面罩和脉冲率是作为权利要求的重要因素，因此，该专利权应当属于 Srinivasan 博士和/或 Braren 女士。

③ 原告 VISX 观点

原告 VISX 反驳说，在与 Srinivasan 博士见面之前，Trokel 博士在激光器方面已经拥有专业知识，尽管不是准分子激光器。原告 VISX 坚持认为 Trokel 博士构思了在 IBM 实验室进行的实验，包括激光设置和操作的基本参数。

原告 VISX 指出，对于第二组实验，Trokel 博士准备了面罩，并且在 1983 年 10 月之后，Trokel 博士在他自己的实验室而不是在 IBM 实验室进行了实验。原告 VISX 还强调，Trokel 博士在 IBM 实验室以外的地方研究了消融切口的消融深度。同时为了加强对发明人的反对意见，原告 VISX 进一步争辩说，Srinivasan 博士和/或 Braren 女士并未将实验周围的信息视为 IBM 机密信息，基于该行为可以相信他们不是 US5711762 专利中相关权利要求的发明者。

原告 VISX 还认为，在 1990 年 Trokel 博士与 L'Esperance 博士之间的相关诉讼中，Srinivasan 博士和 Braren 女士的证词存在不一致的情况，并且 Srinivasan 博士已经作证认为 Trokel 博士是 US5108388 专利的唯一发明人，PTO 已经就发明人问题给出了决定，该决定不需要再被质疑。而对于其他的权利要求的分析，原告 VISX 也认为被告尼德克并未给出具有足够说服力的证据以支持其共同发明人的主张。

④ ALJ 观点

ALJ 最终赞同被告尼德克的观点，认为 Srinivasan 博士应当作为 US5711762 专利的共同发明人。

虽然基于 Srinivasan 博士和 Braren 女士在之前诉讼案件中的证词、Trokel 博士的在先专利申请情况、前述文章、PTO 的意见，存在认为 Srinivasan 博士和 Braren 女士不应作为共同发明人的观点。然而 ALJ 却认为，被告尼德克已经提出 Srinivasan 博士在前期工作中已经体现了其在激光传输领域的研究和研发工作，包括利用准分子激光在生物组织上应用时的消融率、脉冲率等，其为 US5711762 专利作出了杰出贡献。

经总结，具体理由为：

ALJ 注意到 Srinivasan 博士和 Braren 女士的可靠且令人信服的证词支持了一项主张：即 US5711762 专利的发明人的不正确。在作证过程中可以发现，Srinivasan 博士非常了解发明和创造性工作，并展示了对某些权利要求背后的思考过程和实验的敏锐理解。

据 IBM 在 IBM 实验室进行实验期间的雇用条款，Srinivasan 博士和 Braren 女士都不能保留对其开发的任何知识产权的所有权。一方面，虽然 Srinivasan 博士受雇于被告尼德克，担任该调查的顾问，但 Braren 女士在本次调查中并未从任何一方获得经济利益。另一方面，尽管 Trokel 博士将自己的专利权转让给了原告 VISX，但他仍然是 VISX 的主要股东，并且涉及这项调查的结果的经济利益。

Srinivasan 博士和 Braren 女士关于 Srinivasan 博士对该发明的贡献的证词得到了文件证据的证实，包括但不限于实验室笔记本和科学论文。

实验室的关键在于 1983 年秋天，Trokel 博士获得了自己的准分子激光系统，Srinivasan 博士和 Braren 女士去了 Trokel 博士的办公室并为他建立了光学系统。

Braren 女士作证其虽然并未对 US5711762 专利作出实质上的贡献，然而其作为目击者至少见证了 Srinivasan 博士为其作出的贡献是"几乎实质上等同"于 Trokel 博士的。

具体到权利要求 7，Srinivasan 博士给出了其在 IBM 实验室的相关实验数据以证明其已经优化选出了该"100~200mJ"之间的能量以适应角膜手术，以及 25Hz 以上的脉冲率以移除角膜组织。Trokel 博士从 Srinivasan 博士的先期工作中获益得出关于优化的脉冲率的进一步筛选工作以获得更好的技术效果。

无效裁决：基于以上几点，ALJ 认为，虽然原告 VISX 在多个方面攻击 Srinivasan 博士的可信度，但这是无济于事的。Srinivasan 博士至少为该发明作出了"第二程度上的贡献"，因而 US5711762 专利应当基于发明人不正确而被无效。

其他裁决：由于并未发现 Braren 女士应当作为共同发明人的具有足够说服力的证据，其不应作为共同发明人。

此外，ALJ 发现 Srinivasan 博士并未主张其发明人的权利是因为其被 Trokel 博士误导并未准确理解权利要求的保护范围，在经过该调查过程后，Srinivasan 博士也认为其至少应当是该项专利的"第二发明人"。

（4）专利起源抗辩

① 法律基础

使用"专利起源抗辩"进行无效抗辩时，主张该无效理由的一方必须证明关于该发明的在先构想的一方与现有的专利权人之间存在沟通交流，即获得一项发明的专利权人是否是该专利的"起源"。

② 双方观点

本案中，被告尼德克主张原告 VISX 的 US5711762 专利的专利权人 Trokel 博士是从 Srinivasan 博士处获知该项技术并由此获得的专利权，该项技术并非原创，而是从另一方获知的，因而依据"专利起源抗辩"，该项专利应当被无效。VISX 则持有相反的观点，认为其中至少部分技术特征应当属于 Trokel 博士。

③ 无效裁决

ALJ 经过审理认为，Trokel 博士和 Srinivasan 博士均对 US5711762 专利作出了实质上的贡献，应当作为共同发明人，因而不存在单纯的一方从另一方获知该技术的情况，因而被告尼德克不能据此主张 US5711762 专利无效，也即 ALJ 支持原告 VISX 的观点。

（5）不诚信行为

被告尼德克主张原告 VISX 的 US5711762 专利因存在不诚信行为而导致不可执行，观点有三：a. 欺骗 PTO；b. 发明人；c. 不洁之手。其中关于"发明人"的抗辩被 ALJ 支持，具体见下文。

① 被告尼德克观点

由于 Srinivasan 博士至少应当被作为 US5711762 专利的共同发明人，而 Trokel 博士和 VISX 向 PTO 对此的隐瞒构成不诚信行为，因而根据美国法典第 35 篇第 115 条导致 US5711762 专利不可执行。

② 原告 VISX 观点

Trokel 博士确实是 US5711762 专利的唯一发明者，因此也并未歪曲发明人。并且即使 US5711762 专利的发明人存在错误，Trokel 博士也并未采取行动意图欺骗 PTO。

③ ALJ 裁决

对于上述不同观点，ALJ 选择支持被告尼德克，其认为 Trokel 博士在听证会上承认，虽然他担心他的专利申请的原始版本涉及 IBM 的先前工作，但他依旧签署并提交了关于其申请原始版本的首个和唯一发明人的宣誓声明。并且基于已经认定的 US5711762 专利的发明人的确存在错误的事实情况下，Srinivasan 博士毫无疑问的应当是 US5711762 专利的共同发明人。没有任何一方质疑专利申请中的宣誓声明应当准确地说明发明人资格的重要性。因此 ALJ 认为就共同发明人方面，原告 VISX 的确存在不诚信行为，US5711762 专利不可执行。

3）不具有国内产业抗辩

① 法律基础

基于 337 节（a）款第（1）项（B）目，所有请求人必须证明自身在美国境内具有开发涉及专利产品的相关产业。特别地，"337 调查"要求其满足两个条件：实体经济上和技术上。

实体经济方面要求该调查具有国内产业，技术方面要求主张的产业对应于该要求保护的专利。

② 双方观点

技术方面，首先针对 US4718418 专利，原告 VISX 提出其四款产品（the STAR、the STAR S2、the 20/20A，以及 the 20/20B systems）均符合 US4718418 专利的权利要求 30 及 32 所限定的技术方案。然而被告尼德克敏锐地指出，经比对，该四款产品虽然具有与 US4718418 专利大致上相同的"光束的成形、聚焦和引导"（shaping, focusing and directing of a beam）以及"确定和引导光束"（determining and controlling of a beam）的结构，然而其与 US4718418 专利中所实现的功能是显著不同的。与此同时，原告 VISX 所提出的证人证词或因不是相关领域的专家，或因证词缺乏密切相关性而几乎不被纳入考虑。被告尼德克的这一观点得到 ALJ 的支持，最终认定原告 VISX 并未满足其证明所属产品即代表 US4718418 专利的义务，因而上述四款产品并不是 US4718418 专利所对应的国内产业。

其次针对 US5711762 专利，原告 VISX 提出其四款产品（the STAR、the STAR S2、the 20/20A，以及 the 20/20B systems）均符合 US5711762 专利的权利要求 1、10 及 12 所限定的技术方案。

援引与本节前文中不侵权抗辩中类似的判决，被告尼德克认为，该四款产品均不满足权利要求中"激光束传导装置"（laser delivery system means）以及"消融率"（ablation rate）的限定，因而原告 VISX 所列举的该四款产品的证据不足以使得其满足国内产业的发起"337 调查"的必要条件。被告尼德克的这一观点再次得到 ALJ 的支持，并且 ALJ 还特别声明：满足涉案专利的国内产业要求产品与专利对应，而非仅是专利权人所生产的产品。被告尼德克对此提出了具有意义的争辩而原告 VISX 却没有给予有力回击。基于上述理由，ALJ 认为 VISX 的上述四款产品并不是 US5711762 专利所对应的国内产业。

实体经济方面，具体根据美国法典第 19 篇第 1337 条（a）款第（3）项的规定，国内产业必须满足：a. 对工厂和设备的重大投资；b. 劳动力或资本的大量使用；c. 对其开采的大量投资，包括工程、研发或许可。针对是否在经济上满足国内产业的要求，双方的争议在于：原告 VISX 提出其四款产品均符合国内产业的要求；然而在审理过程中，双方仅就上述产品中的两款产品（the STAR、STAR S2 systems）提出争议。

对于这一点，ALJ 并未深究孰是孰非，因为在技术方面，上述产品已经被裁定并非是与涉案两项专利之间具有关联性的或实际上是实现专利的产品的，因而即使其提出了经济上的满足，最终还是不能够满足国内产业的限定。

③ ALJ 裁决

经过以上考量，ALJ 最终判定 VISX 不满足国内产业的限定。并且这一裁决在原告 VISX 上诉后依旧得到了美国国际贸易委员会的全部支持。

该次"337 调查"以被告尼德克获得胜利而结束，美国国际贸易委员会最终裁定尼德克的 EC - 5000 激光系统没有违反"337 条款"，具体而言，被告尼德克对 US4718418 和 US5711762 专利均不构成侵权，原告 VISX 对 US4718418 和 US5711762 专利均不满足"337 条款"规定的国内产业的要求，另外证据还显示 US5711762 专利无效且不可执行。在此次调查之后，被告尼德克被允许向美国出口和出售该公司的产品而不受贸易限制，此后，ICON 激光中心宣布购买 23 台尼德克公司的激光系统。

案件审理过程中，被告尼德克的抗辩策略的亮点主要在于：

（1）充分评估对手意图，恰当选择应对战略

对于该次"337 调查"，原告 VISX 在被告尼德克的 EC - 5000 型准分子激光系统获得美国 FDA 批准不到 1 个月就向美国国际贸易委员会发起了调查申请。除了"337 调查"外，VISX 还在美国加利福尼亚州北区法院提起了专利诉讼，声称尼德克的激光系统对 VISX 构成了专利侵权（USDC ND Cal C98 - 04842）。不仅如此，除了针对尼德克的诉讼外，VISX 还发起了四件针对使用尼德克的激光系统的用户侵权诉讼，由此，VISX 对阻击尼德克进入美国市场的决心可见一斑。

事实上，原告 VISX 此次针对竞争对手的打击也耗费了公司很大的成本，据该公司 1999 年的年报显示，1999 年 VISX 的法律费比 1998 年增加了 40%，达到了 233 万美元，这一增加的主要原因就是该公司在美国国际贸易委员会与被告尼德克的诉讼。

基于原告 VISX 的上述动作，其意图显而易见，即在被告尼德克进入美国市场的初

始关键期施加障碍，如果被告尼德克不能作出恰当的反制措施，将会在开拓美国市场的过程中陷入困境。而被告尼德克在面对此次"337 调查"时，自然也明白调查结果对公司发展美国市场的重要性，因而其在应对时，并没有一味地退让或者和解，而是积极应诉，充分利用各种策略，赢得"337 调查"的胜利，同时在侵权诉讼的战场上，积极提起反诉，指控 VISX 存在违反反垄断法和反不正当竞争法等行为，最终赢得胜利。

（2）多种抗辩策略并行，有力证据保驾护航

被告尼德克在应对"337 调查"的过程中，不仅从不侵权抗辩、无效抗辩以及不满足国内产业这三个方面进行反击，在无效抗辩方面，还从现有技术、显而易见性、发明人资格、专利起源抗辩、不诚信行为等多个层次反击原告主张，全面的反击以及正确的策略是尼德克赢得"337 调查"的关键。

"337 调查"中证据的收集和选择至关重要，在该案中，尼德克在收集证据这一环节的工作做得比较充分。例如，在该案的不侵权抗辩时，在数值范围的公开与否进行举证方面，相对于原告 VISX 为赢得侵权诉讼而以获得带有目的性数据开展实验的举证方式，被告尼德克选择了能够使得美国国际贸易委员会信服的官方数据；在专家证人方面，被告尼德克选择的专家是"本领域"（眼科）技术专家，抓住原告 VISX 仅是"相关领域"（激光）技术专家，其证言与"本领域"专家存在矛盾这一事实，使得其证词失去说服力；在进行无效抗辩时，被告尼德克找到可能是共同发明人的 Srinivasan 博士，收集种种证据，证明其与涉案专利的关联性及贡献度，成功使得美国国际贸易委员会认定其应当至少作为共同发明人拥有专利权，原告 VISX 的专利权也因此被无效。

（3）综合评估得失，适时选择和解

面对原告 VISX 的攻击，如果轻易选择妥协，那么结果要么是退出美国市场，要么是支付巨额专利许可费用，无论是哪种，都将对尼德克的企业发展造成沉重打击。因此尼德克选择正面迎战，不仅在"337 调查"上赢得了胜利，而且在本次"337 调查"结束之后，2008 年 8 月，尼德克也拿起专利诉讼这一武器，对 VISX 进行反击，在日本对 VISX 的日本子公司提起了诉讼，指控其侵犯了尼德克的 JP2809959 日本专利。2001年 1 月，尼德克又在加利福尼亚州北区法院提起了专利诉讼，指控 VISX 对尼德克的美国专利构成专利侵权。尼德克通过正面迎战和反击之后，打消对方漫天要价的想法，最终，达到理想的和解状态。2003 年 4 月 4 日，VISX 和尼德克签署了最终的保密和解协议，对双方在全球的诉讼进行和解，并且将双方各自的部分专利进行全球的交叉许可，基于该和解协议，双方在全球的所有诉讼均被撤回，VSIX 另向尼德克支付了 900万美元用于达成针对尼德克提出的 VSIX 违反反垄断法和反不正当竞争法的指控的和解。至此以"337 调查"为打头战的 VISX 和尼德克诉讼争端，最终落下帷幕。

4.2　怡和嘉业 VS 瑞思迈

2012 年 10 月，中国睡眠呼吸机企业怡和嘉业生产的正压呼吸机及其面罩产品获得 FDA 批准并正式进入美国市场，仅仅不到半年的时间，2013 年，同处于该细分市场中的瑞思迈对怡和嘉业迅速发起"337 调查"（337 - TA - 890），同时就相同的专利与产品对怡和嘉业在加利福尼亚州南区法院以及德国慕尼黑法院发起了专利侵权诉讼，2016 年，美国国际贸易委员会决定撤销所有对瑞思迈的救济，随后瑞思迈再次起诉怡和嘉业产品违反了"337 条款"（337 - TA - 997），同时在佛罗里达州向怡和嘉业发起了第二次侵权诉讼攻击，与此同时，双方还在中国发生了多起专利诉讼。经过多轮角力，最终，双方握手言和，在第二起"337 调查"（337 - TA - 997）中共同和解全球所有诉讼。在短短 5 年内，怡和嘉业能够合理地运用应诉策略，在第一起"337 调查"案中被宣判不违反"337 条款"，在第二起"337 调查"案中与瑞思迈和解，并促成全球和解，是企业应诉的典型成功案例。

怡和嘉业与瑞思迈的 337 诉讼之战持续接近 5 年，在第一起"337 调查"之中，怡和嘉业的相关策略间接促成了第二起"337 调查"的和解，以下将首先介绍第一起"337 调查"的相关专利、产品、怡和嘉业应诉的关键事件，并通过关键事件本身及怡和嘉业背后的努力透析怡和嘉业的主体策略，继而再引入第二起"337 调查"，从而对怡和嘉业的应诉策略做全面分析。

4.2.1　337 - TA - 890 案

【案例号】337 - TA - 890

【原告】

怡和嘉业，成立于 2001 年，专注于睡眠呼吸障碍诊疗领域，主要产品涵盖睡眠监护仪、无创呼吸机、面罩等附件和怡和嘉业 + 呼吸健康管理云，企业年度销售额在 2014 年超过了 1 亿元，已连续两年位居中国家用呼吸机市场占有率第一，产品远销包括美国、欧洲在内的 60 多个国家或地区。❶

【被告】

瑞思迈，呼吸机的销售企业，其与飞利浦医疗、美敦力、巴德医疗同属于美国医用呼吸机市场的领导者，拥有关键技术和专利，形成了行业垄断地位，而其中，瑞思迈在美国市场的占有率最高，达到 25%。❷

---

❶　www. bmc - medical. com.

❷　QYR 预测：到 2022 年，美国医疗呼吸机市场将达到 30 亿美元 [EB/OL]. (2018 - 03 - 13) [2019 - 03 - 20]. http：//www. sohu. com/a/225439690763925.

【案件概述】

2013年5月，瑞思迈在其作为原告的另一件"337调查"（337-TA-879）中提交动议，要求将怡和嘉业纳入共同被告，该动议被否决。2013年7月19日，瑞思迈向美国国际贸易委员会正式提交了请求针对怡和嘉业发起"337调查"的请求书，指控被告怡和嘉业在美销售的RESmart呼吸机和Willow、iVolve两款面罩产品侵犯了瑞思迈的八件专利，分别为：涉及呼吸机的一项专利US7614398、涉及面罩的七项专利US7997267、US7938116、US7341060、US8312883、US7178527、US7950392和US7926487。

2013年8月23日，美国国际贸易委员会发出立案通知书。2014年1月9日，ALJ同意原告瑞思迈公司提出的将US7614398专利替换为USRE44453专利的请求，后者为US7614398专利在PTO再颁公布的授权专利。

2014年2月24日，ALJ同意原告瑞思迈撤销对US7938116专利进行审理的请求。

因此，在后续审理阶段，该案件涉及的专利为涉及呼吸机的USRE44453专利以及涉及呼吸面罩的US7997267、US7341060、US8312883、US7178527、US7950392和US7926487专利。

2014年8月21日，经过调查取证，ALJ作出了初裁、认为怡和嘉业侵犯了US7950392、US7997267、US7341060、US8312883、US7178527以及USRE44453专利的第2项权利要求的专利权，违反了"337条款"。ALJ认为虽然怡和嘉业的相关产品落入了US7926487专利的第13、第51、第52、第55项权利要求以及USRE44453专利的第1、第4、第7项权利要求的保护范围，然而ALJ支持被告怡和嘉业对于上述专利的权利要求提出的无效请求，因此对于US7926487以及USRE44453专利的第1、第4、第7项权利要求没有违反"337条款"。ALJ建议发出有限排除令和停止令。

2014年9月3日，怡和嘉业请求重审初裁意见，请求对USRE44453及US7926487专利进行重新审查。同月，不公平进口调查办公室（Office of the Unfair Import Investigations，OUII）请求重审初裁意见，上诉委员会决定重审初裁意见。

2014年10月21日，原告瑞思迈主动撤销其中一件专利。

2014年12月23日，上诉委员会判定，对于USRE44453专利的第2项权利要求，终裁意见改变了ALJ的初裁意见，认为该权利要求无效；对于US7926487专利，终裁意见认为ALJ对于权利要求的解释存在偏差，最终导致原告瑞思迈以节约审查资源为由申请了终止该专利审查程序的动议，该动议被委员会批准，不再进行关于侵权以及专利有效性的审理。

至此，终裁意见最终为：被告怡和嘉业仅针对以下专利违反了"337条款"涉及呼吸面罩的US7178527、US7950392、US7997267、US7341060和US8312883专利，而涉及呼吸机的USRE44453专利涉及的权利要求全部无效。因此呼吸机产品不侵犯专利权，未违反"337条款"，而呼吸面罩产品违反了"337条款"。上诉委员会同时发出了有限排除令和停止令。

2016 年 5 月 12 日，应诉讼双方的上诉请求，上诉委员会暂停了所有排除令，2017 年 1 月，终裁裁定，怡和嘉业所有产品均不违反"337 条款"，至此，337－TA－890 调查案以怡和嘉业的胜利而告终。

【涉案专利及产品】

如前所述，在本案中，最终涉及的专利为涉及呼吸机的 USRE44453 专利以及涉及呼吸面罩的 US7997267、US7341060、US8312883、US7178527、US7950392 和 US7926487 专利。其中涉诉产品与专利的对应关系如表 2－4－3 所示：

表 2－4－3 337－TA－890 案涉诉专利与侵权产品对应关系

涉诉专利	涉及权利要求	怡和嘉业涉诉产品
US7999267	32 ~ 37、53、79、80、88	3B iVolve™ 面罩
USRE34453	1 ~ 7	3B RESmart 呼吸机
US7341060	30、37、38	3B Willow™ 面罩
US8312883	1、3、5、11、28、30、31、56	3B Willow™ 面罩
US7178527	1、3、6、7、9、29、32、35、40、42、45、50、51、56、59、89、92、94、96	3B iVolve™ 面罩
US7950392	19 ~ 24、26、29、30 ~ 36、39 ~ 41	3B iVolve™ 面罩
US7926487	13、15、16、26 ~ 28、51、52、55	3B iVolve™ 面罩

【审理过程概述】

1）起因

事实上，怡和嘉业与大多数突然被通知列入"337 调查"正式名单并迅速开始实施调查的企业不同，瑞思迈的动向，早在 337－TA－890 正式立案之前就被怡和嘉业知晓，并且，怡和嘉业通过相应的抗辩手段成功防止了自身被提前拽入"337 调查"之中，在"337 调查"往往迅速开始展开事实调查的特点下，怡和嘉业为自己争取了宝贵的防御时间。

2011 年，怡和嘉业向 FDA 提出申请，要求进行呼吸机面罩以及相关呼吸机产品的审批。2012 年 10 月，怡和嘉业正式在美国销售用于治疗睡眠障碍的呼吸机产品（RESmart）以及面罩产品（iVolve、Willow）。

2013 年 5 月 29 日，瑞思迈以怡和嘉业的 RESmart 呼吸机和两款面罩产品侵犯其 8 项专利权为由，向美国加利福尼亚州南区法院提起了专利侵权诉讼（3：13－cv－01246），同月，瑞思迈在 337－TA－879 案中向美国国际贸易委员会提交了增加被告的动议，期望将怡和嘉业及 3B Medical 公司（怡和嘉业在美国市场的独家代理商）作为被告加入该案中，并将在加利福尼亚州南区法院相同的侵权专利产品列为该起"337 调查"中的侵权产品。该案是 2013 年 5 月瑞思迈对中国台湾雅博公司（APEX Medical）提起的"337 调查"案。

雅博公司很快签署了同意令，同意停止向美国市场出口被诉产品。作为第三方，怡和嘉业提交了关于反对瑞思迈增加被告的动议,并在该动议中指出,原告要求修改诉讼状的动议不符合美国国际贸易委员会规则 210.14(b)提出的在调查开始后修改诉状的条件,并在其中指出,原告在提交 337 调查之前已经掌握了足够的主动权且已经知晓怡和嘉业产品的存在,早在 2013 年 3 月 20 日,瑞思迈销售代表就已经从一次交易展览中知晓了怡和嘉业的系列产品,然而,瑞思迈声称其一直在研究该系列产品是否侵权而无法在 337-TA-879 案提交请求书之时将怡和嘉业列为共同被告。怡和嘉业提出反对意见,并指出瑞思迈在知晓己方的产品后,仅仅从 2011 年的 FDA 510K 注册报告中就可看出瑞思迈系列产品与怡和嘉业系列产品的相似性(见表 2-4-4),此外该报告文件中多处指出,怡和嘉业与瑞思迈的面罩以及呼吸机类产品在目的、用途、相关技术参数上也是类似的;同时,2012 年怡和嘉业开始在美国宣传自身的 HME 产品、面罩产品 Willow nasal 以及 RESmart 呼吸机产品,因此,瑞思迈完全能够事先对怡和嘉业的产品进行评估而在提交 337-TA-879 案的请求书之时将其加入被告,在调查开始后才突然加入被告对被告是不公平的(例如 337-TA-493 第 16 号令、337-TA-667、337-TA-693 第 9 号令),瑞思迈随即撤销了将怡和嘉业及其子公司 3B Medical 列为共同被告的动议。

表 2-4-4 针对怡和嘉业 Willow 产品的 FDA 510K 注册报告

Manufacturer	BMC	Resmed	Respironics	Fisher&Paykel
Model	Willow™ Nasal Pillows System	Mirage Swift II Nasal Pillows System (K042403)	ComfortLite™2 System (K082558)	Opus™360 Nasal Pillows Mask (K063036)
Pic				
Nasal pillows	Yes	Yes	Yes	Yes
With headgear	Yes	Yes	Yes	Yes
Latex free	Yes	Yes	Yes	Yes
Multi Size	Yes	Yes	Yes	Yes
Connector	22mm	22mm	22mm	22mm
Therapy Pressure	4~20cmH$_2$O	4~20cmH$_2$O	4~30cmH$_2$O	3~25cmH$_2$O
Intentional Leak	4cmH$_2$O=20L/min 10cmH$_2$O=31.5L/min 20cmH$_2$O=45L/min	4cmH$_2$O=20L/min 12cmH$_2$O=37L/min 20cmH$_2$O=49L/min	4cmH$_2$O=22L/min 12cmH$_2$O=34L/min 20cmH$_2$O=42L/min	5cmH$_2$O=22L/min 11cmH$_2$O=33L/min 21cmH$_2$O=48L/min 25cmH$_2$O=52L/min
Resistance	1.0cmH$_2$O at 50L/min 3.1cmH$_2$O at 100L/min	0.4cmH$_2$O at 50L/min 1.6cmH$_2$O at 100L/min	NA	1.2cmH$_2$O at 52L/min 5.4cmH$_2$O at 100L/min
Dead Space	96ml	91ml	19~36ml(mask only)	22ml(mask only)

2013 年 7 月 19 日，瑞思迈重新向美国国际贸易委员会正式提交了一份请求书，指控怡和嘉业及 3B Medical 侵犯了其 8 项专利的专利权（337 - TA - 890）。然而，相比于通常"337 调查"发起突然且迅速进入事实调查阶段的情况，由于怡和嘉业已经提前知晓了瑞思迈的动向，这为其后续应诉争取了宝贵的准备时间。

2）经过

在立案之后，怡和嘉业随即开始积极应诉。然而在初裁意见之前，尽管作出了相当多的努力，在涉案的 8 件专利之中，怡和嘉业仅仅成功地无效了瑞思迈的 1 件专利（US7926487），且所有专利均被裁定侵权。随后，在从初裁到终裁之间，形势发生变化。在 OUII 的支持下，怡和嘉业再次无效了 1 件专利，并就其之前无效的 US7926487 专利，迫使瑞思迈承认权利要求的新解释，进一步解除了怡和嘉业产品对涉案专利的侵权责任。终裁之后，面对针对剩余专利的禁令，怡和嘉业寻找"产业条件"这一突破口，2 年后，美国国际贸易委员会撤销所有禁令，并宣布怡和嘉业所有产品均不违反"337 条款"，怡和嘉业取得了最终的胜利。下文将基于怡和嘉业阶段性的成功，从怡和嘉业的角度出发，分别介绍怡和嘉业应诉经过中的重大事件与策略。

（1）阶段 1：从应诉到初裁（2013.09～2014.08）

在该阶段，怡和嘉业的策略包括了挑战 USRE44453、US7926487、US7997267 专利的有效性以及在中国国内无效瑞思迈的专利，初裁意见中，US7926487 专利被成功无效。

在该阶段，面对瑞思迈，怡和嘉业的做法如下。

① 寻找律师，开辟第二战场反施压

在立案之后，怡和嘉业随即开始积极应诉。2013 年 9 月，怡和嘉业获悉被诉后，怡和嘉业在第一时间聘请了位列全美前 20 的美亚博（Mayer Brown）律师事务所的著名"337 调查"律师 Gary M. Hnath，代表怡和嘉业及 3B Medical 在美国积极应诉，同月，为了对瑞思迈施加压力，怡和嘉业开辟了第二战场，在中国对瑞思迈的中国专利发起多项无效挑战，其无效挑战列表 2 - 4 - 5 如下。

表 2 - 4 - 5　怡和嘉业对瑞思迈的中国专利提起的无效请求

申请号	提起时间	判决时间	判决结果
CN201010620187.7	2013.09.13	2014.09.18	全部无效
CN200680002169.4	2013.09.13	2014.04.10	维持有效
CN03133032.0	2013.09.30	2015.02.03	全部无效
CN200910173495.7	2013.09.30	2014.09.16	全部无效
CN201010154188.7	2013.09.30	2014.08.26	全部无效

② 和谈失败，集中精力坚持应诉"337 调查"

2013 年 11 月 7 日，怡和嘉业律师和原告方律师进行了首次和解会议的谈判。原告方律师要求怡和嘉业"签署同意令",停止向美国市场出口被诉产品,对此怡和嘉业律师给予了坚定的反驳,显示出了进军美国市场的决心,不过该阶段,怡和嘉业并没有转而应答瑞思迈在美国地区法院对其发起的侵权诉讼,其基本放弃了对专利侵权诉讼的答辩,而将主要精力集中在"337调查"之中。

③ 争夺"优先权日",准备发起无效挑战

和谈失败后,2013年12月,瑞思迈提交了动议,要求修改US7926487专利的优先权日,将US7926487专利的优先权日从2000年的5月15日提前至1999年6月15日,怡和嘉业随后提交了反对该动议的动议,怡和嘉业的动议被批准。

2014年1月10日,瑞思迈再次提交动议,要求修改USRE44453专利的优先权日,将其优先权日提前至1999年5月,怡和嘉业同样提交了反对动议,瑞思迈试图提前优先权日的举动可能是为了将相对于其专利的现有技术的时间节点提前,防止专利被无效,怡和嘉业准确地评估了其动向,阻止了瑞思迈的这一做法。

2014年2月,美国国际贸易委员会驳回了瑞思迈修改USRE44453专利优先权日的动议,事实上,从后续怡和嘉业给出的证据来看,其及时提起反对瑞思迈修改优先权日的动议十分正确,USRE44453专利正是基于另一公开时间位于瑞思迈拟修改的优先权日和原优先权日之间的现有技术"REMstar加湿器及正压呼吸机"(以下简称"REMstar设备")被认定无效的。

④ 和解再失败,怡和嘉业继续应诉

2014年3月,双方开始了第二次和解会议。然而,该会议再次未达成一致意见,随后双方开始了第一次听证会,在该会议中,怡和嘉业就US7997267、USRE44453以及US7926487专利的有效性进行了抗辩,并认为,USRE44453专利基于REMstar设备无效,US7926487专利基于Kwok专利W098/34665A1(以下简称"Kwok专利")无效,US7997267专利基于Bernatt专利无效。

⑤ 初裁结果不利,怡和嘉业提重审

2014年8月21日,经过调查取证,ALJ作出了初裁。在涉及呼吸机的这一关键专利USRE44453上,ALJ认为怡和嘉业公司侵犯了USRE44453专利的第2项权利要求的专利权,违反了"337条款"。虽然ALJ也支持了被告怡和嘉业公司对于US7926487专利以及USRE44453专利的第4、第7项权利要求的无效请求。但是整体上,ALJ这一初裁结果对怡和嘉业不利。随后怡和嘉业提起了重审请求。

(2) 阶段2:从初裁到终裁(2014.09~2014.12)

在初裁意见后,怡和嘉业请求就US7926487专利的侵权和国内产业部分,USRE44453、US7997267专利的侵权和无效提出了重审请求,随后OUII支持了其重审请求,并单独就相同的理由要求美国国际贸易委员会重审,重审后,瑞思迈撤销了US7926487专利,且怡和嘉业彻底无效USRE44453专利,至此,在US7926487、USRE44453专利的抗辩方面,怡和嘉业取得了全面的成功,然而,就剩余的专利,终

裁裁定,怡和嘉业相关产品违反了"337 条款",在该阶段怡和嘉业的做法如下:

2014 年 9 月,怡和嘉业就 US7926487、USRE44453、US7997267 专利提出了重审请求,在请求中,怡和嘉业要求基于就 US7926487 专利的在先"337 调查"(337 – TA – 879)以及审查历史禁反言原则重新解释 US7926487 专利的权利要求特征"气体排出口(gas washout vent)",并重审 US7926487 专利的国内产业部分以及侵权部分,要求就 USRE44453 专利中"保持机构(retaining machanism)"的相关特征进行重新解释,并要求重新裁决权利要求 2 的有效性,同时,怡和嘉业还在重审请求中提出,瑞思迈的 S9 气体发生器并未实施 USRE44453 专利,因此,不满足国内产业的条件,并要求就初裁中给出的现有技术 Bernatt 专利重审 US7997267 专利的有效性。2014 年 10 月,OUII 支持了怡和嘉业提出的重审 US7926487 专利国内产业和侵权部分的请求,同时,支持了怡和嘉业就 USRE44453 权利要求中"保持机构"的特征进行的新解释,OUII 也单独提起了重审初裁意见的请求。

① 就 US7926487 专利取得全面胜利

2014 年 10 月,上诉委员会决定就怡和嘉业所有诉求重新审理,随后,瑞思迈单方撤销了 US7926487 专利,并承认该专利不满足国内产业的技术实施条件,至此,怡和嘉业在涉及 US7926487 专利侵权的"337 调查"中,取得了全面的胜利。

② 就 USRE44453 专利取得全面胜利

2014 年 12 月,上诉委员会发布终裁,终裁认为怡和嘉业给出的 REMstar 产品公开了 USRE44453 专利中"保持机构"的特征,此时,涉案的核心呼吸机专利 USRE44453 被认定无效。不过,就 USRE44453 专利是否满足国内产业要求的部分,上诉委员会支持了初裁意见,认为其国内产业的条件是满足的。然而,上诉委员会对侵权专利 US7178527、US7950392、US7997267、US7341060、US8312883 的意见没有更改,并就上述权利要求的侵权产品,即涉及面罩的 iVolve 系列以及 Willow 系列和呼吸机整机产品 Resmart 发布了有限排除令。

在这一阶段,尽管被发布了禁令,然而,怡和嘉业的做法仍有不少可取之处,其最成功的地方在于怡和嘉业就 US7926487、USRE44453 专利的重审请求,其重审请求得到了 OUII 的重视,并促使在美国国际贸易委员会迅速重审的同时采纳了怡和嘉业和 OUII 的意见,最终使得瑞思迈撤销 US7926487 专利,同时全部无效 USRE44453 专利的相关权利要求。

(3)阶段 3:从终裁到撤回后终裁(2015.01~2016.11)

对于涉及禁令的专利,怡和嘉业开始寻求国内产业这一突破口,与此同时,在该阶段中,怡和嘉业在美国佛罗里达州中区法院提起诉讼,认为瑞思迈违反了反垄断法,同时还在中国提起了专利侵权诉讼,多方面对瑞思迈进行反施压。最终,美国国际贸易委员会发布了撤回后终裁(Final Initial Determination On Demand),认为瑞思迈实施专利的国内产业条件不满足,怡和嘉业所有的产品均不违反"337 条款",怡和嘉业获得胜利，在该阶段怡和嘉业的做法如下。

① 通过并行诉讼牵扯"瑞思迈"精力

经过重审，终裁中怡和嘉业尽管已经赢得部分胜诉，然而其产品仍然被发布了有限排除令。此时，怡和嘉业通过寻找其他证据，分散瑞思迈在"337 调查"中的"精力"，并进一步为自身在"337 调查"中寻找其他突破口。2015 年 3 月，怡和嘉业的美国子公司 3B Medical 向美国佛罗里达州中区法院提起诉讼，指控瑞思迈违反联邦和州反垄断法，3B Medical 随后指定 3 名瑞思迈客户为额外被告。3B Medical 声称，除了强制执行其专利，瑞思迈还与客户签订了独家交易协议，将口罩的销售与设备的销售捆绑在一起，并散布虚假信息，称 3B Medical 将因对瑞思迈的专利侵权行为而停业，3B Medical 寻求损害赔偿和禁令。

② 挑战剩余专利的"国内产业"条件

2015 年 4 月，怡和嘉业提交了一份向联邦巡回上诉法院上诉的通知书，要求美国国际贸易委员会重审关于国内产业的裁决。2016 年 3 月 17 日，美国国际贸易委员会基于 Lelo 案❶这一判例中讨论的国内产业问题，提交了请求撤回怡和嘉业的上诉的动议。2016 年 4 月 22 日，法院批准了美国国际贸易委员会的撤回动议。

2016 年 5 月 12 日，美国国际贸易委员会发出通知，暂停在撤回程序未决期间的救济命令。美国国际贸易委员会还发布命令，要求各方就进一步的程序发表意见。2016 年 6 月 8 日，双方提交了初步意见，对此，双方又于 2016 年 7 月 15 日提交了答复。2016 年 8 月 16 日，美国国际贸易委员会发布了命令将调查撤回给 ALJ 以：将联邦巡回上诉法院在判例 Lelo 案中讨论的国内产业问题的结论应用于本案的具体争议点（即仅剩的面罩专利）；在撤回程序中发布关于是否违反"337 条款"的终裁。2016 年 11 月，ALJ 发布了终裁决定，即瑞思迈未能确定是否存在实施涉案专利的国内产业。美国国际贸易委员会决定不重审该终裁决定，撤销暂停的救济令，调查终止，至此，双方的第一起"337 调查"案件以怡和嘉业的胜诉而告终。

【抗辩策略分析】

对于瑞思迈而言，针对一家 2012 年 10 月才刚刚进军美国的企业发起"337 调查"，获得侵权方面的经济补偿显然不是重点。瑞思迈的涉诉专利大多为面罩，从 2013～2016 年面罩在其所得到的净利润中，最多的也不超过 11%，而最少的才为 1%，这与其气体发生装置（20%）和整体呼吸机设备（33%）的净利润产生了鲜明的对比，显然，瑞思迈发起"337 调查"意在"排除令"。而怡和嘉业也基本放弃了专利侵权诉讼的答辩，将焦点放在了"337 调查"上，针对不同的专利采取了不同的应诉策略，下文将就怡和嘉业的重要反击策略进行详细解析。

---

❶ Lelo Inc. v. International Trade Commisson，789 F. 3d 879（Fed. Cir. 2015）.

1）针对 US7926487 专利的无效抗辩策略

怡和嘉业针对 US7926487 专利的抗辩策略大致分为 3 步：

① 成功阻止了瑞思迈提前专利的优先权日；

② 基于现有技术无效 US7926487 专利；

③ 在重审请求中，再次要求重审对 US7926487 专利权利要求的特征的解释从而对侵权和国内产业的初裁意见进行修正，并得到了 OUII 的支持，最终，上诉委员会迅速启动重审，并在重审开始之后采纳了 OUII 和怡和嘉业对相关特征的重新解释，导致瑞思迈主动撤销了该专利，解除了怡和嘉业的侵权风险。

双方涉及 US7926487 专利的主要存在争议的权利要求和相应的关键特征如表 2 - 4 - 6 所示：

表 2 - 4 - 6　US7926487 专利的关键权利要求和关键特征对应

US7926487 专利关键权利要求相关特征	
英文原文	中文翻译
13. A respiratory mask comprising: …at least one gas washout vent to allow gas to exit from the mask, wherein the washout vent has at least twenty through holes each are selected to help eliminate or reduce noise while maintaining sufficient CO_2 washout during patient breathing…	13. 一种呼吸面罩，包括：……<u>至少一个气体出口以允许气体从面罩中排出</u>，其中气体出口具有<u>至少 20 个通孔</u>，选择这些通孔以帮助消除或降低噪声，同时在患者呼吸期间保持足够的 CO_2 冲洗，以允许气体从面罩中排出……
51. A respiratory mask comprising: …at least one gas washout vent to allow gas to exit from the mask, wherein the washout vent has an array of at least 20 through holes grouped to avoid or reduce air jetting…	51. 一种呼吸面罩，包括：至少一个气体出口，以允许气体从面罩中排出，其中，冲洗口具有<u>至少 20 个通孔的阵列</u>，其被分组以避免或减少空气喷射……
34. A respiratory mask according to claim 26, wherein the vent is formed on a membrane that is mounted to the patient interface.	34. 根据权利要求 26 所述的呼吸面罩，其中所述<u>气体出口形成在</u>安装到所述患者接口的<u>膜上。</u>
41. A respiratory mask according to claim 39, wherein the vent is formed on a membrane that is mounted on the patient interface.	41. 根据权利要求 39 所述的呼吸面罩，其中所述<u>气体出口形成在</u>安装在所述患者接口上的<u>膜上。</u>
62. A respiratory mask according to claim 56, wherein the plurality of holes is formed on a membrane attached to the elbow.	62. 根据权利要求 56 所述的呼吸面具，其中所述<u>多个孔形成在</u>附接到所述肘部的<u>膜上。</u>

（1）优先权日相关动议及 ALJ 裁定

2013 年 11 月，瑞思迈提交了修改优先权日的动议，并提供了发明人 Drew 博士的手稿，要求基于手稿上显示的日期将 US7926487 专利的优先权日提前。

怡和嘉业提交了请求禁止瑞思迈提前优先权日的动议，怡和嘉业认为：尽管瑞思迈的动议叙述了在优先权日确定的最后期限之后如何获得该手稿，但瑞思迈没有解释为什么在该专利优先权日确定的最后期限之前没有联系 Drew 博士。此外，瑞思迈引用的文件和原型作为早期日期的证据属于瑞思迈，而不是 Drew 博士，即瑞思迈并没有显示出发明人自己允许修改优先权日的强有力的充分理由。

① 优先权日变更的法律依据

只有在具有正当理由且不会对非动议一方造成不当损害的情况下，才允许对优先权日进行修改。可以证明有正当理由的情况包括"最近在先前作出了努力的检索之后发现了新的事实材料"或"最近发现了关于涉案专利的非公开信息，尽管之前已经作出了相当的努力，但未被发现。"

② ALJ 裁定

ALJ 否决了瑞思迈对优先权日的修改，其具体意见如下：调查人员认识到从第三方收集证据所面临的一般挑战，但瑞思迈并没有指出在联系 Drew 博士或从 Drew 博士那里获得证据方面存在任何特别的困难，瑞思迈本可以在优先权日确定的截止日期之前联系 Drew 博士，但没有解释为什么没有联系。瑞思迈也没有在截止日期前提供任何努力联系 Drew 博士的证据。尽管在本案中，在 Drew 博士作证之前，瑞思迈认真地将修改日期通知了对方，且 Drew 博士也为自己的手稿出庭作证，但这里的事实与 337 – TA – 595 调查中的事实相似，在 337 – TA – 595 调查中，申诉人也试图修改其对所主张专利的优先权日，且涉案专利的申请人掌握了发明人早于本申请优先权日即作出了该发明的证据，且证人也出庭作证，然而申请人未能解释它为什么没有早些采取行动，瑞思迈没有找到任何理由说明为什么它不能在截止日期之前联系 Drew 博士，因此该动议被驳回。

（2）US7926487 专利的显而易见性

针对现有技术 Kwok 专利能否破坏 US7926487 专利的非显而易见性，瑞思迈认为，Kwok 专利没有公开权利要求 13、51、52、55。

① 关键特征

双方争辩的焦点在于上述关键技术特征"具有 20 个孔洞的气体出口"以及本领域技术人员根据上述证据是否能够得到"20"个孔洞。

② 双方争议

瑞思迈认为：Kwok 专利给出的实施例中，仅仅限定了其具有 1 个、2 个、3 个和 6 个孔洞，而非具有 20 个孔洞，瑞思迈基于 Atofina 案❶判例认为，该案中法院并没有因现有技术公开的温度范围在 100 ~ 500 度之间而认为现有技术给出了使得温度范围进一步缩小到 330 ~ 450 度的启示，而本案中至少 20 个洞可以缓和气体释放，达到使得患者使用舒适的技术效果。

---

❶ Atofina v. Great Lakes Chemical Corp. 441 F. 3d 991（Fed. Cir. 2006）.

怡和嘉业认为：瑞思迈给出的该判例属于对温度范围的缩小，且该缩小对于其技术效果具有特定的关键技术效果，在本案中，Kwok 专利已经公开了气体出口拥有一系列的孔洞，同时，Kwok 专利以及专家证人 Sheehan 先生均认为，该专利已经公开了"孔洞的大小和长度会影响气流的噪声以及气流喷射的技术效果，本发明对出气口的直径进行调整以减小噪声和喷射"，因此，在其已经考虑技术效果的前提下，设置 20 个出气口也无须付出额外的努力和实验。

③ 初裁意见

ALJ 在初裁意见中指出：瑞思迈引用的判例中的数值范围在化学技术领域的技术预见性低，其技术效果在未经实验的情况下难以估计，而在本案中，孔洞的数量对技术效果的影响是可以预期的，这一点在 Drew 博士的供词中得以印证，Drew 博士指出，一旦气流和孔径的大小已知，则可根据已知的方法计算需要的孔洞数量，US7926487 专利中也并未限定一个具体的数值和条件，而是至少是 20 个，而并非像瑞思迈引用的在先判例那样，在基本上 50ppm 的环境中将温度设定为一个具体的范围，因此，瑞思迈基于该数值范围的技术效果是可以预期的，且实现 20 个孔洞的气体出口不会带来特殊的技术效果，因此 US7926487 专利基于 Kwok 专利无效。

（3）US7926487 专利的侵权以及国内产业的条件

① 关键特征

就 US7926487 专利中权利要求 13 和权利要求 51 的技术特征"气体出口"，怡和嘉业和 OUII 均提起了重审请求，终裁采纳了重审请求中的新解释，瑞思迈最终撤销了该专利，由于涉及重审初裁意见，因此，下文首先介绍初裁的相关内容，继而就重审请求以及多方意见进行梳理。

② 初裁中双方争议点

怡和嘉业认为，该气体出口必然指的是包括具有可渗透薄膜的气体出口，由于该专利的说明书所有实施例中的气体出口均包括可渗透薄膜，因此，基于说明书应对权利要求的技术方案进行合理解释的原则，权利要求的保护范围应该指代的是包括可渗透薄膜的气体出口。然而，瑞思迈认为，独立权利要求 13 中指代的气体出口必然可以不包括可渗透薄膜，由于权利要求 34、41、62 对独立权利要求 13 作了进一步限定：该排气口包括膜，因此，独立权利要求 13、51 的保护范围必然可以涵盖"包括膜"以及"不包括膜"的情况。

③ ALJ 初裁意见

ALJ 的初裁意见采纳了瑞思迈的意见，并最终认定，该气体排出口按照通常含义下的理解，仅仅为一将气体排出到大气环境的出口，怡和嘉业的相关产品侵权。

④ 怡和嘉业重审请求

怡和嘉业就该技术特征要求重审，其重审请求中指出：

瑞思迈在涉及 US7926487 专利的同族专利 US7159587 的"337 调查"（337 - TA - 879）

中声称，其气体出口具有可渗透薄膜，在 337 – TA – 879 案的公告（879 Advisory 第 25 页）中。为了区别于现有技术，瑞思迈指出，该发明的保护范围不包括那些具有相同材料和厚度的面罩，也不包括常规的仅仅将呼吸气体直接从内腔向大气排出的面罩，该发明的面罩气体出口包括了不同于面罩外壳材料的膜，膜的存在使得该发明面罩可让使用者在更干净，且噪声更小的环境中使用面罩，从而与现有技术相比具有明显的优点。因此，不包括膜的情况不属于 US7159587 专利的权利要求所要保护的范围。

同族专利 US7159587 与 US7926487 的说明书和权利要求几乎完全一致，因此，除了 92 个权利要求之中的一个能够适用于"等同侵权"的权利要求解释原则之外，基于禁反言原则，瑞思迈不能够再次要求其已经放弃的保护范围，也即，不能够将"气体出口"的解释扩大到"不包括膜"的情况之中。

就瑞思迈在初裁之中声称的权利要求 34、41、62 限定了"气体出口进一步包括膜"的特征，怡和嘉业认为，其限定的并非是气体出口进一步包括设置于……的膜，而其含义应该是，包括膜的气体出口可以设置于……，也即，其进一步限定了，包括膜的气体出口具体的位置，具体地，参见图 2 – 4 – 2 给出的 US7926487 专利的说明书附图 6 和附图 9 以及说明书中相应的内容明确说明了"气体出口"可以提供给面罩壳 12 或气体入口 20，此外，说明书中也说明了气体出口可提供给面罩肩部，而权利要求 34 所引用的权利要求 26 要求具有气体出口阀的呼吸面罩，但没有具体说明气体出口阀是否在面罩的外壳或面罩的肘部上。同样，权利要求 41 所引用的权利要求 39 要求具有气体冲洗口的呼吸面罩以允许来自患者接口的足够的 CO_2，但是没有指定气体冲洗口位于何处。因此，权利要求 34 和 41 增加了对膜位置的限定，而不是增加膜本身。

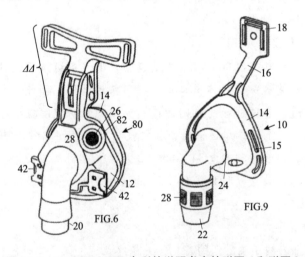

图 2 – 4 – 2　US7926487 专利的说明书中的附图 6 和附图 9

因此，US7926487 专利中的"气体出口"应被重新解释，另外，基于该重新解释，瑞思迈在国内产业的所有产品形态（swift FX/LT、Mirage Swift Ⅱ、Mirage Quattro）由于均不具有该可渗透膜而不满足国内产业的技术实施条件，因此，怡和嘉业没有违反

"337 条款"。

⑤ OUII 的意见

OUII 支持了怡和嘉业的上诉请求，在其与怡和嘉业联合提起的重审请求中，再次认可了怡和嘉业的上述请求，并进一步补充：尽管 US7159587 专利是 US7926487 专利的同族专利而非 US7926487 专利本身，然而，在相同的权利要求以及相同的说明书的条件下，除非特别强调，其应该具有相同的保护范围，OUII 还进一步引用了在先判例❶说明这一点，此外，OUII 还认为，专利在审查历史中对于保护范围的放弃的依据也可以来自于在先专利申请的审查历史。❷

⑥ 重审美国国际贸易委员会的意见

2014 年 10 月 6 日，上诉委员会决定重审初裁意见，并认为需要重新就上述权利要求中的特征进行解释。

瑞思迈在重审过程中做法：

瑞思迈随后主动提交动议，并承认在新的权利要求解释下，其不具备实际开发的产品，因此撤销 US7926487 专利。

2）针对 USRE44453 专利的无效抗辩策略

USRE44453 专利是本次"337 调查"涉及的唯一一件呼吸机专利，其侵权与否的判决结果对怡和嘉业公司影响巨大，在对 USRE44453 专利的无效抗辩过程之中，怡和嘉业的做法同样可以分为三步：

首先同样提交了反对瑞思迈修改优先权日期的动议，尤其是将其修改至 REMstar 设备公开的日期（2001 年 5 月）之前，该动议被批准。

随后，怡和嘉业基于 REMstar 设备作为现有技术要求判定 USRE44453 专利所有涉诉权利要求无效，对于 USRE44453 专利的权利要求，在初裁意见中，ALJ 并不完全支持怡和嘉业的主张，仅认为其中权利要求第 1、第 4、第 7 项无效，而权利要求第 2 项有效，因而怡和嘉业公司的涉案呼吸机产品依旧存在侵权行为。

怡和嘉业在重审请求中提出，USRE44453 专利中权利要求 2 的"保持机构"被过窄的解释了，现有技术 REMstar 设备已经公开了权利要求 2 的"保持机构"，美国国际贸易委员会终裁意见中，ALJ 的意见被推翻，终裁支持了怡和嘉业的主张，认为 USRE44453 专利的权利要求第 2 项也应被无效，从而否定了怡和嘉业公司涉案呼吸机产品违反"337 条款"的初裁意见。

对于该专利，怡和嘉业采取了类似 US7926487 专利的做法，逐步无效了 USRE44453 专利，并获得了 OUII 的支持，最终终裁采纳了怡和嘉业和 OUII 的意见，成功无效了 USRE44453 专利，以下对双方在该专利方面的关键争议点以及美国国际贸易委员会判决进行总结。

---

❶ re Rambus Inc. , 694 F. 3d 42, 48.

❷ Omega Eng'g, 334 F. 3d at 1333.

（1）关于优先权日的动议

① 双方争议

瑞思迈于 2014 年 1 月提交了修改该专利优先权日的动议，与 US7926487 专利的情况类似，瑞思迈提交了其中一个发明人的证据以证明该专利的实施早于其当前的优先权日。

怡和嘉业同样对瑞思迈修改该专利的优先权日提出了异议，尤其是一旦修改成功，则怡和嘉业给出的现有技术将无法作为无效其专利的现有技术。怡和嘉业提出的瑞思迈不应当修改该专利的优先权日的理由与其在之前阻止瑞思迈修改 US7926487 专利的优先权日理由相似。

② ALJ 裁决

而 ALJ 支持怡和嘉业时，也引用了其在之前的否决判决，此外，ALJ 还补充了如下意见：根据基本规则 7.1，瑞思迈修改该专利的优先权日期的动议在该"337 调查"的事实调查终结时，且此时怡和嘉业陈述了自己的无效主张并对发明产生质疑，此时要求修改优先权日是对被告的一种偏见。而且，瑞思迈也没有试图证明其有充分的理由等待这么久才修改专利的优先权日期。

（2）USRE44453 的显而易见性

① 关键证据

怡和嘉业提供了由 Respironics 生产，并于 2001 年 5 月进行销售的 REMstar 呼吸机设备作为现有技术质疑 USRE44453 专利的有效性。

② 关键特征

USRE44453 专利中的关键特征在于当限定了权利要求 5 的附加特征"连接装置使得 CPAP 装置与加湿器之间的可移除的接触"时，权利要求 1 中的技术特征"将连接装置固定至 CPAP 呼吸机的保持机构"（a retaining mechanism configured to secure the connecting structure to the CPAP apparatus）是否被公开。

③ 双方观点

怡和嘉业认为，REMstar 设备公开了在底座上具有四个固定桩，用于插入 CPAP 进行固定，四个固定桩能够避免 CPAP 产生位移，并且在装置受到撞击时也能保持 CPAP 在原位，因此公开了上述技术特征。REMstar 设备附图如图 2-4-3 所示。

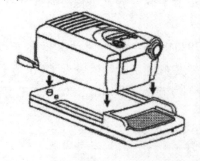

Commecting Structure is Specially Shaped and Designed to Secure the CPAP unit.

图 2-4-3　REMstar 设备的附图

瑞思迈则认为，REMstar 设备中的 CPAP 仅仅是放置在基座上而已，四个固定桩并不能其起到"固定"（secure）的作用，瑞思迈公司认为"固定"（secure）是两者进行紧固性的连接，该紧固性的连接必然使得在旋转或者掉落时依然能够保持为整体结构，由于 REMstar 设备的 CPAP 装置与加湿器之间是可移除的，因而显然不符合这一点，因此上述技术特征并没有被 REMstar 公开，从而不能影响 USRE44453 专利的有效性。

④ 初裁意见

在初裁意见中，ALJ 认为：基于权利要求的描述"用于将连接结构固定到 CPAP 设备的保持机构"（a retaining mechanism configured to secure the connecting structure to the CPAP apparatus），可以认为"保持"（retaining）和"固定"（secure）应当表达了不同的含义，否则，在权利要求中针对同一含义出现两种不同的表述是多余的，并且在 USRE44453 专利的说明书中给出的关于固定机构的唯一具体实施方式中也是具有锁定机构来进行两者的紧固。即在权利要求中，"固定"（secure）不仅仅是"保持"（retaining）的含义，还具有紧固的含义。基于上述对权利要求的解释，ALJ 认为 REMstar 设备没有公开权利要求的全部技术特征，因此不支持怡和嘉业公司提出的 USRE44453 专利相对于 REMstar 设备无效的主张。

⑤ 终裁决定

上述意见在美国国际贸易委员会的终裁意见中被推翻了，美国国际贸易委员会认为，ALJ 对权利要求的理解受到了说明书中特定的实施例的限制，USRE44453 专利的权利要求仅要求固定机构具有一定的固定作用，而没有指出需要达到什么程度的固定，其能固定可以移除的 CPAP 装置与加湿器即可，对于 REMstar 设备来说，其基座上的四个桩具备了一定的固定作用，按照通常的含义理解，其同样能够固定可以移除的 CPAP 与加湿器，因此美国国际贸易委员会终裁意见认为 REMstar 公开了 USRE44453 专利的相关权利要求。最终，怡和嘉业在 USRE44453 专利的无效性方面取得了胜利，因此针对 USRE44453 专利的涉案呼吸机产品没有违反"337 条款"。

⑥ 抗辩策略点评

在 US7926487 和 USRE44453 专利的无效抗辩之中，怡和嘉业能够未雨绸缪，成功基于法律阻止瑞思迈提前优先权日的动议，并在关键特征上进行仔细推敲与分析，其在 US7926487 专利关键特征上基于禁反言的策略以及 USRE44453 专利关键特征的重新解释获得了 OUII 的支持，最终使得瑞思迈撤销了 US7926487 专利，并在终裁获得了美国国际贸易委员会的支持，无效了 USRE44453 专利。

【关于是否满足国内产业条件的抗辩】

2014 年 12 月，上诉委员会发布了终裁决定，由于此时 USRE44453 专利已经被全部无效，且瑞思迈撤销了 US7926487 和 US7938116 专利，而基于剩下的 5 件面罩专利，上诉委员会发布了有限排除令以及停止令。对此，怡和嘉业将抗辩重心进行了转移，对剩下的 5 件面罩专利，申诉其不满足国内产业的要求。2016 年 5 月，上诉委员会基于瑞思迈针对上述专利不满足国内产业的满足撤销了全部禁令。

1）关于国内产业的事件背景

2015 年 4 月 14 日，怡和嘉业提交了一份在联邦巡回上诉法院上诉的通知书，要求重审美国国际贸易委员会关于国内产业的判定。2016 年 3 月 17 日，美国国际贸易委员会基于 Lelo 案中对国内产业问题的讨论，提出了请求撤回怡和嘉业上诉的动议。2016 年 4 月 22 日，法院批准了美国国际贸易委员会的撤回动议。

2016 年 8 月 16 日，美国国际贸易委员会发布命令将调查撤回给 ALJ 以：①将联邦巡回上诉法院在判例 Lelo 案中关于国内产业问题的讨论结果应用于本案的具体争议点，即剩余的面罩专利（US7341060、US8312883、US7997267、US7178527 和 US7950392 专利）；②发布关于是否违反"337 条款"的撤回后终裁。2016 年 10 月 3 日，瑞思迈和怡和嘉业各自提交了一份关于撤回问题的简报，美国国际贸易委员会调查人员于 2016 年 10 月 11 日提交了类似的简报。

双方约定瑞思迈用于实施面罩专利的产品是用于治疗例如睡眠呼吸暂停等呼吸问题的 CPAP 疗法的面罩（如表 2-4-7 所示）。CPAP 是指持续的气道正压通气，CPAP 治疗通常涉及在高于大气压的压力下向患者的气道供应空气。CPAP 治疗系统通常由三个主要部分组成：①用于产生空气流的鼓风机；②用于将空气输送给患者的导管，例如软管；③用于将空气输送到患者口腔或鼻子的患者接口，例如面罩。加湿器可以连接在鼓风机和患者接口之间，以提供加湿空气。在 CPAP 治疗中使用的患者接口可以采用许多不同的形式，例如鼻罩、鼻口罩、整体面罩、鼻垫、鼻塞或鼻枕。这些面罩通常由刚性或半刚性壳、柔软的面部接触垫、前额支撑、头带和用于将设备固定到患者头部的带子组成。

表 2-4-7　面罩专利的特定权利要求与瑞思迈实施产品的对应表

产　品	专利	实施的权利要求
Mirage Activa (CPX-3)	US7950392	19~26、30~35、39、41~43 和 45
	US7178527	1~2、40~42、44~45、50~51、55~56、59、89~92 和 94~96
Mirage Activa LT (CPX-2)	US7997267	21~22、29、79 和 80
	US7178527	1~2、40~42、44~45、50~51、55~56、59、89~92 和 94~96
	US7950392	19~26、30~35、39、41~43 和 45
Mirage Liberty (CPX-5)	US7997267	21~25、29~31
Mirage Vista (CPX-8)	US7997267	21~25、29~31
	US7950392	19~26、30~35、39、41~43 和 45
	US7178527	29~33、35、51、55~56、59、89~92 和 94~96
	US7341060	15~19、25~28 和 30~37

续表

产　　品	专利	实施的权利要求
Mirage Micro（CPX－6）	US7997267	21～22、29、79 和 80
	US7178527	1～10、29～33、35、40～42、44～45、50～51、55～56、59、89～92 和 94～96
	US7950392	19～26、30～35、39、41～43 和 45
Mirage Quattro（CPX－7）	US7997267	21～22、29、79 和 96
	US7178527	29－33、35、51、55～56 和 59
	US7950392	19～22、25～26、30～35、39、41、43 和 45
Quattro FX（CPX－9）	US7997267	21～22、29、79 和 80
Mirage Swift 11（CPX－14）	US7341060	15～19 和 25～28
	US8312883	1～5、7～8、10、16～17、20～22、25、28、31～34、37、40～41、44～46、49、56、59 和 63
Swift LT（CPX－15）	US7341060	15～19 和 25～28
	US8312883	1～5、7～8、10、16～17、20～22、25、28、31～35、37、40～41、44～46、49、56、59 和 63

2）法律基础

在以专利为基础的诉讼中，只有在美国有与受专利保护的物品有关的行业存在或正在建立的过程中，违反"337 条款"的行为才能成立。根据美国国际贸易委员会的在先判例，"337 条款"的"国内产业要求"包括经济分支和技术分支。"337 调查"请求人承担证明其满足国内产业要求的责任。

第 337 节（a）款第（3）项规定了国内产业要求的经济分支，如下所述：

"（3）就第（2）项而言，如果在美国有与受专利保护的物品、版权、商标或掩模作品有关的如下情况存在，则应认为在美国有产业存在：

（A）对工厂和设备的重大投资；

（B）大量使用劳动力或资本；或

（C）对其开发的重大投资，包括工程，研发或许可。

满足上述三个因素中的任何一个，即满足国内产业要求的经济分支。"

根据第 337 节（a）款第（3）项（A）目和（B）目，申诉人对工厂和设备的投资或对劳动力或资本的使用必须表现为与受有关知识产权保护的产品"重大"相关。在 Lelo 案之前，美国国际贸易委员会强调，"在法条的含义范围内，对于所谓的'重大'没有明确的标准"。相反，美国国际贸易委员会表示，通过"检查每项调查中的关于产品贸易和市场现状的事实"进行决定。

第 337 节（a）款第（3）项（C）目规定了基于对开发的"重大投资"以及部分列举，包括一项专利的许可。仅仅专利的所有权不足以满足国内产业要求。但是，积极参与在美国许可专利的实体可以满足国内产业的要求。

在 ALJ 针对此次调查发布了初裁意见之后，联邦巡回上诉法院发布了对 Lelo 案的判决，该判决重申了围绕国内产业经济分支的若干问题。特别是，联邦巡回上诉法院认为，法定术语"'重大'和'大量'是指数量很大"，以及"'工厂和设备的投资'是对于数量的限定，即投资于工厂和设备的金钱的数量"。❶另外，联邦巡回上诉法院认为："上述内容需要进行定量分析，以确定申诉人在美国所宣称的商业活动是否达到'重大'的程度。"

联邦巡回上诉法院还讨论了依赖从美国实体购买组件作为具有国内产业的证据的性质。通常，单纯以常规购买价格购买组件不足以说明有国内产业的存在，必须有一些证据表明购买组件的行为需要在资本或劳动力方面进行投资；例如，生产组件所花费的劳动量，或供应商为满足申诉人的订单而投入设备的数量。"从第三方美国供应商处购买所谓的'重要'组件不足以满足'337 条款'规定的'重大投资'或'大量使用劳动力或资本'的标准，因其缺乏将购买组件的花费与在美国增加投资或使用联系起来的证据。"

3）双方观点

瑞思迈观点：对于剩下的面罩专利，瑞思迈认为其国内产业活动包括临床教育、服务和维修、客户服务以及从国内供应商采购组件。瑞思迈声称对应于剩下的面罩专利，其在工厂和设备上具有明确的支出，同样，瑞思迈在劳动力和资本方面也具有可统计的支出。

① 关于临床教育

瑞思迈特别强调了其在临床教育方面的投资在两个方面具有数量上的重大性。

一方面，瑞思迈表示"将与专利保护的产品相关的投资数量与申诉人相对于其他所有产品的活动进行比较"，美国国际贸易委员会已经发现了其重大性。通过具体的类比分析，瑞思迈得出结论："瑞思迈提交的记录包含的证据表明其对受专利保护的产品的临床教育投资具有数量上的重大性。"

另一方面，因为其"可以提高患者的依从性"以及"患者依从性的提高能导致睡眠呼吸紊乱患者的治疗得到改善，这在产业中具有至关重要的意义"，因此瑞思迈认为其在临床教育方面的国内投资具有数量上的重大性。

② 关于从国内供应商采购组件

对于专利保护的睡眠呼吸暂停面罩产品，瑞思迈声称其对国内供应商的零部件投资具有数量上的重大性，因为这种投资在销售商品的总体成本中具有数量上的显著百

---

❶ Lelo, 786 F. 3d at 883.

分比。

③ 其他方面

瑞思迈拒绝以下观点："剩下的面罩专利的国内产业投资在数量上是微不足道的，因为与例如瑞思迈国内产业产品的总销售额相比，上述投资数量仅是一小部分"，瑞思迈认为"没有必要进行任何比较分析来确定数量的重大性"以及不应该基于销售额大就认为对应专利的国内产业的投资微不足道。

另外，瑞思迈还将其与未能建立国内产业的在先判例的申诉人的投资进行了对比区分，以显示其为证明存在"重大性"提供了"充足的"证据。

怡和嘉业观点： 怡和嘉业认为，对于剩下的面罩专利，证据并不支持瑞思迈满足国内产业的要求。理由如下。

① 关于从国内供应商采购组件

首先，怡和嘉业认为"对于面罩产品来说，瑞思迈确定的国内组件都不是独特或至关重要的"，即不是必须从瑞思迈声称的国内供应商处采购相应的组件，瑞思迈声称的国内组件都是现成和通用的。

其次，基于 Lelo 案，当支出并没有被分配到"工厂""设备""劳动力"或"资本"这些法律规定的类别时，不应当考虑国内组件的通用购买价格。怡和嘉业认为对于国内供应组件以及"无论是国外制造的部分组件，或是瑞思迈没有调查其实际制造位置的组件"，根本没有记录作为依据用来计算劳动力或资本的规模，或者在工厂和设备上投资的数量，如果没有证据支撑，怡和嘉业认为，与这些第三方组件相关的投资都应排除在与涉案专利相关的投资数量之外。

② 关于其他方面的投资

怡和嘉业认为，瑞思迈确定的其他方面（临床教育、服务和维修以及客户服务）的投资不具备数量上的重大性。怡和嘉业参考了 ALJ 之前的研究结果，即支出是瑞思迈在国内产业产品中收入的"一小部分"，而且它们的重大性仅仅是定性的。"在 Lelo 案中，联邦巡回上诉法院断然拒绝在缺乏定量评估时使用定性评估来进行弥补的方式。"

③ 关于投资收入百分比

在 Lelo 案中，联邦巡回上诉法院认为，如果美国零部件的购买价格低于国内产业产品总生产成本的 5%，则是微不足道的。对于本案，怡和嘉业提供了两个表格，用以显示对应剩余各个面罩专利的产业的总投资占总收入的百分比。怡和嘉业认为，与 Lelo 案中讨论的 5% 以及 ALJ 在 8 月 25 日提到的 15% 相比，上述投资收入百分比不能称为"重大"。

然后，怡和嘉业提供了删除国内供应组件的投资之后的分析得到的相应的投资收入百分比，由此产生的百分比大致减半。由于瑞思迈未能提供其产品的成本信息，上述每个百分比都是将投资金额与销售收入相关联，而不是与生产成本相关联。

另外，关于瑞思迈的论点"美元的支出在数量上具有重大性"，怡和嘉业认为重大性不能从绝对意义上进行评估。怡和嘉业还声称，OUII 进行重大性分析的方法是错误的，因为其在分析重大性之前总和了剩下的面罩专利的每个专利相关的投资支出，之后并没有对与国内供应商有关的投资进行扣除。

委员会调查人员的立场：委员会调查人员（以下简称"调查人员"）的立场是，记录表明瑞思迈的投资具有数量上的重大性。

首先，调查人员列出分配给每个面罩专利的支出汇总表，调查人员指出"总的来说，初裁意见发现超过［（未公布）］的费用可归因于面罩专利对应第 337 节（a）款第（3）项（A）目规定的国内产业产品"，"根据此记录，这些费用作为美元在数量上是显著的"。调查人员还解释了瑞思迈的专家提供的总销售数据是如何分解到每个专利上的。基于此，调查人员得出结论："这些百分比确定临床教育投资具有数量上的显著性。"

关于第 337 节（a）款第（3）项（B）目，调查人员依照（A）目的做法，提出分配给每个面罩专利的支出汇总表。与（A）目一样，调查人员指出，"总的来说，初裁意见发现人工和资本支出超过一定的费用可归因于面罩专利的（B）目规定的国内产业产品"，"根据此记录，这些费用作为美元在数量上是显著的"。

针对怡和嘉业的投资收入百分比论述，调查人员认为"怡和嘉业这样做似乎减少了瑞思迈所依赖的投资，并使算出的百分比似乎在数量上更低，低于满足国内产业要求的'重大性'的水平"。调查人员认为，"将剩余专利的实际投资与瑞思迈的总体投资进行比较，更为合适，而不是像怡和嘉业提供的，将每项专利的投资与收入进行比较"。

【相关判决】

根据 Lelo 案，在考虑各方的论点和证据之后，ALJ 给出总体结论，瑞思迈并没有充分证明其所做的投资具有第 337 节（a）款第（3）项（A）目和（B）目规定的重大性。Lelo 案的结论可用于分析与瑞思迈的国内产业有关的两个问题，并可以得出上述总体结论。

1）关于国内供应组件

第一个问题，国内供应组件的支出是否应计入第 337 节（a）款第（3）项的（A）目和（B）目。需要考虑的国内供应组件有：①塑料管、②泡沫橡胶、③钩环紧固件，这些组件据称用于面罩产品的相关国内产业。

在所有上述三种类型的组件中，怡和嘉业指出，"根据 Lelo 案的判决，任何与瑞思迈购买第三方组件有关的投资都应排除在国内产业分析之外。"怡和嘉业认为瑞思迈的证据是"与 Lelo 案中联邦巡回上诉法院明确拒绝的证据相同类型的证据"，瑞思迈具有与 Lelo 案的申诉人同样的缺陷，即"没有提供任何额外的证据来分解因工厂、设备、劳动力或资本的国内支出而导致的购买价格部分，Lelo 案中，法院认定从美国供应商采购零部件的证据不足以被视为国内产业分析"。怡和嘉业还补充认为，"瑞思迈未能调查部分组件的实际制造位置。"

瑞思迈和调查人员都没有讨论上述问题，尽管如此，ALJ 发现记录中的证据确实显示出与瑞思迈购买塑料管、泡沫橡胶和钩环紧固件有关的一定程度的国内投资，但最终，基于 Lelo 案的指示，这些投资不应计入国内产业分析。

（1）塑料管

瑞思迈的专家 Thomas Vander Veen 博士证实："国内产业产品的其他组件是由美国第三方供应商生产并由瑞思迈购买的，这些购买的组件包括泡沫橡胶、橡胶管、织物钩环紧固件和气压传感器组件"。Vander Veen 博士的这些信息来自瑞思迈的证人 Gregory Lang 的证词"瑞思迈制作的某些组件报告显示了 DI 产品中组件的来源，包括购买组件的公司名称和位置"。Vander Veen 博士补充说，根据他的理解，"美国 FDA 法规要求医疗器械制造商跟踪组件的制造位置，而不仅仅是购买组件的公司所在的位置。"

关于塑料管，Vander Veen 博士证实，他的理解是"瑞思迈购买了由 Smooth – Bor Plastics 公司在加利福尼亚生产的橡胶管。橡胶管用于将面罩连接到流量发生器上"，证据"表明 Smooth – Bor Plastics 的工厂位于加利福尼亚州的 Laguna Hills"，并在南卡罗来纳的 Spartanburg 增设了一家工厂。

Gregory Lang 先生更详细地证实了塑料管的生产位置。作为背景，Lang 先生作证说 FDA 要求"受监管设备中使用的组件供应商必须提供与组件有关的设施和制造过程的信息"以及"瑞思迈控制其供应商的质量和一致性"。Lang 先生注意到加利福尼亚州 Laguna Hills 在证据的"基本资料"字段中被列为是 Smooth – Bor 的地址，南卡罗来纳州 Spartanburg 被列为细长管的"生产地点"，该地点与"基本资料"字段中列出的位置不同，表明"制造将转移到加利福尼亚州的 Laguna Hills"。

关于塑料管，怡和嘉业表明，"瑞思迈生产的管材制造地点的唯一证据是 2013 年 6 月 17 日到期的短管批准证书"，并且"瑞思迈根本没有为细长管申请证书"。怡和嘉业批评 Lang 先生不知道"Smooth – Bor 是否使用国外材料或组件制造管"，并且没有作出任何努力来获得这些信息。

ALJ 认为怡和嘉业强调的证书到期问题和细长管缺少类似的证书问题并不重要。FDA 要求瑞思迈的产品供应链可以跟踪已知的制造地点这一事实表明其供应商标明的内容准确无误，即"空气输送管"或"挤压管"的制造地点是加利福尼亚州的 Laguna Hills，"细长管"或"柔性塑料波纹管"的制造地点是南卡罗来纳州的 Spartanburg。

结合 Lang 先生的证词，ALJ 认为瑞思迈购买的塑料管更有可能在美国生产。出于这种国内制造，ALJ 认为，推断出存在第 337 节（a）款第（3）项（A）目和（B）目所预期的水平的对工厂、设备和劳动力的投资是合理的，否则就不会实现国内制造。

然而，本案与 Lelo 案中联邦巡回上诉法院和 Television Tuners 案中美国国际贸易委员会认为不足以将国内制造组件的成本纳入经济分支的情况相同。在 Lelo 案的调查中，申诉人试图将在美国制造的四个组件的购买成本包括在内，以满足经济分支第 337 节

(a) 款第 (3) 项 (A) 目的要求,在初裁意见中,ALJ 发现这些组件确实是在美国制造的,美国国际贸易委员会和联邦巡回上诉法院都采纳了此调查结果。尽管考虑了制造地点这一事实,联邦巡回上诉法院仍然坚持认为:

没有证据表明,通过购买组件即代表在资本或劳动力方面存在投资。对现有产品支付的常规购买价格并不能反映出生产组件所花费的劳动量,也不能反映供应商为满足标准创新订单而投入设备的金额。记录中没有数据表明劳动力和资本成本的份额仅归因于对标准创新的投资。法院认为,如果供应商详细说明了其员工专门针对申诉人的订单工作的小时数,以及供应商还提供其员工用于履行合同服务的设备投资的核算量,将使得美国国际贸易委员会能够计算"雇用劳动力"的量。

不言而喻,从联邦巡回上诉法院的上述观点应该能够推断出一条规则,即申诉人购买在美国制造的零部件所花费的金额本身对经济分析来说并不是关键。相反,那些为了满足申诉人的订单,"生产这些组件的劳动力的量,或者供应商投入其设备的数量"(或者甚至可以说是国内原材料的支出金额)才是相关的重要支出。

Lelo 案要求证明生产组件或材料的劳动力的具体数量或数量级,或供应商投资于其设备的数量,这种观点随后也在 Television Tuners 案中被美国国际贸易委员会所认可。在 Television Tuners 案中,申诉人试图将"国内供应商的支出"纳入经济分析,虽然初裁意见主要质疑申诉人的证人提供的支出的可信度,但美国国际贸易委员会基于 Lelo 案从整体上对这一观点进行了推翻。美国国际贸易委员会指出:

Cresta 向国内供应商付款的证据不足以满足联邦巡回上诉法院在 Lelo 案中规定的要求。在 Lelo 案中,联邦巡回上诉法院认定,申诉人必须证明"劳动力或资本的比例仅仅归因于申诉人的购买"。此外,法院要求申诉人"考虑相关国内活动的价值,而不是总利润或总的一般行政费用"。在此次调查中,Cresta 没有提供有关其供应商对 Cresta 产品的相关投入的证据。

正如怡和嘉业指出的,记录中没有任何证据证明,Smooth – Bor 为了向瑞思迈供应塑料管所消耗的"劳动力数量"或"对设备的投入数量"。记录显示的仅是瑞思迈在 2013 年为面罩产品的在加利福尼亚州或南卡罗来纳州制造的塑料管而向 Smooth – Bor 支付的总费用。因此,证据"不足以满足联邦巡回上诉法院在 Lelo 案中提出的要求",ALJ 不能将其纳入总额以确定瑞思迈的国内投资是否具有数量上的显著性。

(2) 泡沫橡胶

关于泡沫橡胶,Vander Veen 博士证实,他的理解是"瑞思迈购买了 Rubberlite 在纽约生产的泡沫橡胶。这种泡沫橡胶是用于特定产品的头盔的泡沫垫的组成部分",证据"表明 Rubberlite 的工厂位于西弗吉尼亚州的 Huntington"。

Gregory Lang 先生在更多细节上进行了作证。Lang 先生特别指出了证据中的 AQA 认证和 ISO/JEC 认证页面,其"表明泡沫背衬橡胶是在 Rubberlite 的位于西弗吉尼亚州的 Huntington 的设备生产的"。

与塑料管一样，怡和嘉业质疑了显示泡沫橡胶制造地点的证据的可靠性。ALJ发现瑞思迈购买的泡沫橡胶更可能是在西弗吉尼亚州制造的，有理由推断出，存在第337节（a）款第（3）项（A）目和（B）目所预期的水平的对工厂、设备和劳动力的投资，以实现这种制造。

然而，基于上述 Lelo 案和 Television Tuners 案中讨论的原因，这并不足以证明将泡沫橡胶的成本包括在经济分支计算中是合理的。记录中并没有证据证明，Rubberlite 为向瑞思迈供应泡沫橡胶所进行的投资满足法条的要求。

（3）钩环紧固件

关于钩环紧固件，Vander Veen 博士证实，他的理解是"瑞思迈购买由 Velcro USD 公司在新罕布什尔州生产的织物钩环紧固件。钩环紧固件用于头盔上并确保产品在睡眠期间保持舒适和安全"，证据表明"瑞思迈产品中使用的钩环紧固件最初是在新罕布什尔州生产的，然后送到墨西哥进行二次加工处理"。

Gregory Lang 先生再次在更多细节上进行了作证。Lang 先生证实证据"表明瑞思迈从美国的 Velcro 采购 Velcro 紧固件。具体来说，Velcro 紧固件是在 Velcro 位于新罕布什尔州 Manchester 的工厂制造的"。关于 Velcro 在墨西哥的工厂，Lang 先生证实了，"因为新罕布什尔州 Manchester 的工厂已经接受审计，所以墨西哥的设施不再需要审计"，因此，不会影响他对新罕布什尔州制造地点的证词。

关于钩环紧固件，怡和嘉业侧重于争辩墨西哥工厂至少部分参与钩环紧固件的生产。怡和嘉业利用这一事实认为，没有"计算 Velcro 使用劳动力或资本的数量，或工厂和设备投资的基础"。

与塑料管和泡沫橡胶一样，ALJ 认为有足够的证据证明钩环紧固件是与某种程度的国内投资有关的组件。事实上，一些钩环紧固件确实在墨西哥进行处理，但关于新罕布什尔州的设施需要审计的文件解读是过重的。证据表明主要制造发生在美国，而不是如 Lang 先生所描述的"模切"和"超声波焊接"发生在墨西哥。特别是塑料管，可以很容易地推断出瑞思迈为钩环紧固件支付的一定数量的购买价格可归因于在美国的投资。否则，新罕布什尔州的工厂将不会被列为需要审核的制造地点，而且墨西哥的活动不会被称为"低风险"。

然而，这些都不重要，因为 Lelo 案和 Television Tuners 案认为这些证据本身不足以用来进行确定 Velcro 为了向瑞思迈提供钩环紧固件而在美国投资（工厂、设备、劳动力或资本）的数量的定量分析，所以不能在分析中包含瑞思迈的钩环紧固件支出。

（4）结论

由于上述原因，ALJ 无法将瑞思迈对国内供应的塑料管、泡沫橡胶和钩环紧固件的投资计入国内产业。根据第337节（a）款第（3）项（A）目和（B）目的规定，删除这些相关支出后的量才能被视为具有数量意义。

2）重大的投资和雇用

根据 Lelo 案，要考虑的第二个问题是，基于第 337 节（a）款第（3）项（A）目或（B）目的规定，计算的投资和雇用量是否具有数量上的重大性，而不是仅具有定性意义 ["按照第 337 节（a）款第（3）项（A）目和（B）目规定的国内产业要求，仅定性因素不足以显示'对工厂和设备的重大投资'以及'劳动力或资本的重大使用'"]。根据记录中的证据，ALJ 不认为瑞思迈的国内投资具有（A）目或（B）目规定的重大性。即使瑞思迈对国内供应的塑料管、泡沫橡胶和钩环紧固件的投资能包含在分析中，ALJ 的结论也不会改变。

ALJ 注意到瑞思迈无法为其在临床教育、服务和维修以及客户服务方面的综合投资在数量上具有重大性提供有意义的证据。瑞思迈补充简报的两个标题特别包括了"定量显著"这一短语，但它们的分析要么转向定性推理，要么根本不提供任何推理。

例如，瑞思迈补充简报第 9 页的标题为"瑞思迈的临床教育具有定量的重大性"，瑞思迈认为这项投资在瑞思迈的整体临床教育活动中具有重要意义。然而，下面的讨论仅涉及初裁意见中提到的如何得出每个专利的分配百分比。然后，瑞思迈简要地声明了"在前面分析的基础上，瑞思迈提交的记录包含的证据表明其对受专利保护的产品的临床教育投资具有数量上的重大性"。遗憾的是，这并不能解释为什么根据这些不同的分配百分比计算出的美元数额属于数量上重大的投资。

同样，瑞思迈认为其在临床教育方面的投资"在睡眠呼吸障碍（SDB）产业的背景下"具有数量上的重大性，"因为这方面的投资增加了患者的依从性并改善了治疗效果"。事实上，随后的讨论没有提供这种依从性增加或所谓的治疗改善的定量表征，并没有通过定量分析得出"瑞思迈在临床教育方面的国内投资具有数量意义，因为它可以提高患者的依从性"这一结论。换句话说，瑞思迈的临床教育投资使依从性和治疗更好——本质上是定性描述，瑞思迈将定性论证与定量论证混为一谈。

瑞思迈提供了一个简单的定量讨论，"瑞思迈对国内供应商的组件投资具有数量上的重大性"。正如标题所示，该部分仅限于表示为什么投资于国内供应组件的资金很重大——而没有相关内容表明为什么投入这些组件，以及具体证明临床教育、服务和维修以及客户服务的资金的数量都是重大的。显然，后者才是考虑重大性时更重要的因素。

另外，瑞思迈还提出了一个定量分析，争辩其具有重大意义，"因为这种投资在销售商品的总体成本中具有数量上的显著百分比"。正如瑞思迈的证人在听证会上暗示的那样，记录不包含每个国内产品的总生产成本信息，相反，记录包含每个国内产品的销售价格和该产品涉及的国内组件的成本。

为了将这种投资收入比转化为销售商品的投资成本比，瑞思迈将销售商品的全球成本对应于全球收入，由该计算出的值，瑞思迈认为其对国内组件的投资是重大的。

但是，上述值是瑞思迈的某一面罩产品的投资成本，而不是某件面罩专利的投资成本，而且它只是一种产品——Mirage Activa。因此，瑞思迈根据上述值声称对其所有剩下的面罩专利的投资在数量上具有重大性，是有误导性的。

无论如何，正如上一节所讨论的，基于 Lelo 案和 Television Tuners 案，瑞思迈分析的塑料管、泡沫橡胶和钩环紧固件的费用甚至不应包含在经济分析的计算中。如果将瑞思迈的算法（全球成本占全球收入百分比）应用于剩余的临床教育、服务和维修以及客户服务投资，可以获得投资成本百分比。

ALJ 不能确定，这样一个微不足道的投资成本百分比可以表明"申诉人在美国所宣称的商业活动属于'重大'的程度"。关于重大性的定量，虽然没有绝对的标准，但是法院在 Lelo 案中确实认为 5% 的投资成本金额是适度且微不足道的。ALJ 认为，没有任何理由以不同的方式对待瑞思迈的投资，因此，根据第 337 节（a）款第（3）项（A）目和（B）目的规定，认为瑞思迈的投资数量是微不足道的。即使重新加入国内生产的塑料管、泡沫橡胶和钩环紧固件的购买价格，投资成本百分比仍然不显著。最重要的事实仍然是，全部或者至少是大多数这些面罩产品都是在瑞思迈的澳大利亚、马来西亚或新加坡的一个或多个海外工厂生产，然后运到美国包装并出售。

瑞思迈还认为"不需要进行比较分析来确定数量显著性"，"对于一个非常大的企业，与其全球销售额相比，资本、劳动力和其他国内投资的比例可能相对较小"。考虑到这一点，瑞思迈认为不应当因为其庞大的销售收入，"使每专利每年超过［（未示出）］的国内产业投资"显得微不足道，就认为其国内产业投资没有数量显著性。

ALJ 部分同意瑞思迈，因为庞大的销售收入而变小的投资收入百分比在显著性的定量确定中应该给予较少的权重。然而，基于 Lelo 案，虽然可能不需要进行这样的比较分析，但本案中确实表明瑞思迈在临床教育、服务和维修以及客户服务方面的国内支出在数量上并不重大。

瑞思迈还试图将自己与其他无法展示国内产业的申诉人区分开来。ALJ 认为瑞思迈的区别在于性质或分配问题，并且对定量显著性问题没有帮助。

调查人员的观点也没有使 ALJ 改变上述结论，因为调查人员使用剩下的三个面罩专利的所有投资的总和来评估数量的显著性，但使用这些总和相当于是对每个 Mirage Activa LT、Mirage Micro、Mirage Quattro 和 Mirage Vista 产品的投资进行了 3 倍计算，因为他们各自实施了所有三个面罩专利。同样，重复计算了对 Mirage Activa 的投资，因为 Mirage Activa 同时实施了 US7950392 和 US7178527 专利，这种分析方法是不正确的。"如果两项专利都在单一产品或所有声称属于国内产业的产品中实施，则与每项专利相关的国内产业可能是相同的国内产业"。

怡和嘉业认为"根据 Lelo 案的判决，瑞思迈确定的投资不具备数量上的'显著性'，可能没有建立相关的国内产业"。虽然 ALJ 承认投资收入百分比在之前的"337调查"中偶尔使用过，但其认为投资成本百分比更像是一种对等的比较。"瑞思迈没有证明所谓的在美国的活动所带来的附加值与整体制造成本相比是显著的"，而且"国内产业的相对数量最多只能与（如果没有明显低于的话）Lelo 案的相关数量有关"。

【法律结论】

US7178527、US7950392、US7997267、US7341060、US8312883 专利的国内产业要求不满足,怡和嘉业没有违反"337 条款"。

在该案中,怡和嘉业最终能够逆转局势,促使美国国际贸易委员会撤销禁令,最终取得所有产品均不违反"337 条款"的胜利,与怡和嘉业的整体策略是分不开的。首先,从双方在该诉讼过程中的整体流程来看,尽管瑞思迈在美国地区法院也对怡和嘉业提起了专利侵权诉讼,然而,对于瑞思迈而言,起诉一家 2012 年 10 月才刚刚进军美国的企业,获得侵权方面的经济补偿显然不是重点。而此时,怡和嘉业也基本放弃了专利侵权诉讼的答辩,且将焦点放在了"337 调查"上,针对不同的专利采取了不同的应诉策略。对于 US7926487、USRE44453 专利,怡和嘉业成功基于法律阻止瑞思迈提前优先权日的动议,并在关键特征上进行仔细推敲与分析,其在 US7926487 专利关键特征上采用审查历史禁反言原则的抗辩策略以及针对 USRE44453 专利关键特征的重新解释获得了 OUII 的支持,最终使得瑞思迈撤销了 US7926487 专利,美国国际贸易委员会终裁无效了 USRE44453 专利。

另外,怡和嘉业还推翻了瑞思迈涉案专利的国内产业要求的立脚点。具体来说,根据联邦巡回上诉法院对 Lelo 案的判决,怡和嘉业首先将瑞思迈在美国第三方供应商处购买塑料管、泡沫橡胶和钩环紧固件等组件所花费的金额排除在经济分支的计算之外,因为上述金额并不能反映生产组件所消耗的劳动力数量或对设备的投入数量,使瑞思迈声称的国内产业投入大打折扣;再者,通过与 Lelo 案中确定的 5% 的投资成本百分比相比,否认了瑞思迈国内产业投入的"重大性",最终使瑞思迈丧失了国内产业的满足条件。至此,怡和嘉业在剩下的面罩专利上也获得了全面的胜利。

4. 2. 2 337 – TA – 997 案

该案为 337 – TA – 890 案的相关案件,其调查开始于 337 – TA – 890 案 ALJ 撤销怡和嘉业所有禁令之前的 1 个月,且涉及同样的产品与专利,随后,怡和嘉业即基于 337 – TA – 890 案中类似的国内产业条件不满足的理由提起答辩,立案后半年,双方同意和解近 5 年来双方的所有诉讼,以下就该案进行简要描述。

【案件概述】

337 – TA – 890 案中,基于不满足"国内产业条件",怡和嘉业成功促使美国国际贸易委员会撤销对瑞思迈的所有救济。就在撤销救济的前 1 个月,即 2016 年 4 月,瑞思迈再次向美国国际贸易委员会提起新的"337 调查"请求,认为怡和嘉业和 3B Medical 的 RESmart 和 Luna flow 发生器涉嫌侵犯瑞思迈四项专利,美国国际贸易委员会决定对两家公司的专利侵权行为进行第二次"337 调查"(337 – TA – 997)。

该案涉及 4 件呼吸机专利以及怡和嘉业的两个呼吸机产品，其中，与 337 - TA - 890 案中类似，瑞思迈认为怡和嘉业的 RESmart™ 呼吸机侵犯 USRE44453 专利权，此外，瑞思迈还就怡和嘉业的另一产品 Luna™ 呼吸机提起申诉，认为其侵犯了瑞思迈涉及呼吸机的 3 件专利，该案相关专利与产品的对应关系如表 2 - 4 - 8 所示。

表 2 - 4 - 8　337 - TA - 997 案涉案专利与侵权产品对应关系

涉案专利	涉及权利要求	怡和嘉业涉诉产品
USRE44453	23、24	Luna™ 呼吸机，RESmart™ 呼吸机
US8020551	1～31、40～43、52～59、61～67、69～84、86～120、122～158、160～161、164～165、167～168	Luna™ 呼吸机
US8006691	1～31、40、41、43、52～59、61、62～67、69～72、73～84、86～120、122、126～144、150～158、160～161、164～168、173	Luna™ 呼吸机
US9072860	16～30	RESmart™ 呼吸机

【怡和嘉业抗辩策略】

在瑞思迈发起"337 调查"的同月，瑞思迈还在美国圣地亚哥州地区法院对怡和嘉业和 3B Medical 提起了专利侵权诉讼（3:16 - cv - 00900），主张怡和嘉业对瑞思迈上述四项专利构成侵权。与 337 - TA - 890 案中一样，怡和嘉业知晓瑞思迈的目的，主动放弃了该侵权诉讼案答辩，将主要精力放在对"337 调查"的应诉过程中。

（1）引入"前车之鉴"，试图"阻止立案"

2016 年 4 月 29 日，被诉方怡和嘉业公司在答复时认为，首先本案中涉案商品是在 337 - TA - 890 案起诉之前就已经存在，相关专利也是在该案之前就已经被授权，且本案所在年份（2016 年）与 337 - TA - 890 案提出的年份（2013 年）之间，美国的相关产业也没有特别大的差异。瑞思迈公司很明显是故意以低效率的方式提出"337 调查"，从而将高昂诉讼代价施加至怡和嘉业公司上。这种行为不应该受到立法委员会的支持，怡和嘉业公司基于该理由试图阻止立案。

（2）借鉴在先判例，获得 ALJ 认可

由于第二起"337 调查"仍然涉及 USRE44453 专利对应的 RESmart 产品，因此，怡和嘉业再次引用了在先的 Lelo 判例就相同的国内产业不满足的理由进行了抗辩，并认为，瑞思迈在涉案的产品上无异于相当于以外国公司在国外生产产品后转回美国销售，然后基于上述销售额提起诉讼，其在相关产业未进行实质性投入，且也不存在相关的经济报告，同时，怡和嘉业还对涉案专利的产品实施例存疑。随后，2017 年 1 月 17 日，ALJ 就上述国内产业的问题与瑞思迈进行了电话会议，并认为，证明瑞思迈的涉案专利经济上满足国内产业条件的基础并不存在，且怡和嘉业有权进一步质询原告的经济学专家。

（3）国内提起侵权诉讼，迅速反击

2016 年，怡和嘉业在北京和上海对瑞思迈在中国的分销子公司上海弘毅医疗用品有限公司以及瑞思迈（北京）医疗器械有限公司提起专利侵权诉讼，怡和嘉业声称瑞思迈的 S9 设备侵犯了两项怡和嘉业的专利 [（2016）沪 73 民初 116 号、（2016）沪 73 民初 115 号]。通过将专利战火蔓延至主场中国，怡和嘉业不仅威胁了瑞思迈的中国市场，也为自已在日后的和解谈判桌上增添了有力的筹码。

（4）半年之后，双方和解

该"337 调查"案最终以和解告终，2017 年 1 月，在已经撤销了全部排除令和停止令的情况下（337 - TA - 890 案），双方在 337 - TA - 997 案的诉讼中和解了包括美国、中国、德国在内的全球所有诉讼，在该和解协议中，瑞思迈主动永久性的解除怡和嘉业以及 3B Medical 所有的侵权责任，同时，在 3 个工作日内撤销双方在全球的所有诉讼，各自承担诉讼开销。此外，怡和嘉业将在中国起诉瑞思迈 S9 气体发生器侵权案件中涉案的专利非排他性的免费许可给瑞思迈，以供其在国内进行相关产品的研发，而不再寻求侵权救济，并且在接下来的若干季度中，按照一定的许可费费率，怡和嘉业和 3B Medical 支付瑞思迈一定的许可费以在美国销售相应的呼吸机产品，对于每一种进口至美国的产品，仅仅需要支付一种许可费率，在涉及许可费率的产品进口到美国后，怡和嘉业应该向瑞思迈提交一份许可费率的季度支付报告，报告中应该包括所有产品的进口信息，至于任何支付费率的调整均在下一季度进行。此外，关于独立于气体发生器的加湿器部件，如果任何关于加湿器的年度销售中显示，该部件的销售额超过了气体发生器整机的 20%，则双方可以考虑是否单独为其设定支付费率。其具体和解的诉讼案卷号如表 2 - 4 - 9 所示。

表 2 - 4 - 9　和解的全部诉讼

案件号	国家	机构	撤销方	案卷编号	涉案专利
1		坦帕地区法院	3B	8:15 - cv - 00546	违反反垄断法诉讼
2		圣地亚哥地区法院	瑞思迈	3:13 - cv - 01246	多件
3	美国	国际贸易委员会	共同撤销	337 - TA - 890	与 2 号案件相同
4		国际贸易委员会	共同撤销	337 - TA - 997	多件
5		圣地亚哥地区法院	瑞思迈	3:16 - cv - 00900	与 4 号案件相同
6	德国	联邦法院	怡和嘉业	X ZR 43/16	EP1210139A1（CPAP 呼吸机）
7		慕尼黑地区法院	瑞思迈	7 0 24817/1 - 3	EP1210139A1（CPAP 呼吸机）

续表

案件号	国家	机构	撤销方	案卷编号	涉案专利
8	欧洲	欧洲专利局	怡和嘉业		EP1356841（面罩）
9		欧洲专利局	怡和嘉业		EP2392375B1（加湿器）
10	中国	原专利复审委员会	怡和嘉业	4W104526	ZL02154289.9
11		原专利复审委员会	怡和嘉业	4W104630	ZL201210316593.3
12		原专利复审委员会	瑞思迈	5W110521	ZL201420506791.0
13		原专利复审委员会	瑞思迈	4W104723	ZL201210054112.6
14		北京知识产权法院	怡和嘉业	（2015）京知行初字第 3080 号	ZL200810210534.1
15		上海知识产权法院	怡和嘉业	（2016）沪 73 民初 116 号	ZL201420506791.0
16		上海知识产权法院	怡和嘉业	（2016）沪 73 民初 115 号	ZL201210054112.6

从上述怡和嘉业在该案中的策略来看，怡和嘉业能够合理地运用在先案例（337 - TA - 890）的判罚中对己有利的一面，最终达成了全球和解，同时，在全球和解协议中，利用自身在国内对瑞思迈发起的专利侵权攻击以及其自身的有效专利，获得谈判的专利许可筹码，化解了进军美国的危机，反击快速有效，值得企业借鉴。

在前后两起"337 案件"之中，怡和嘉业能够在第一起"337 调查"案中获得胜诉，在第二起"337 调查"中最终与瑞思迈达成全球诉讼的大和解，体现了怡和嘉业在"337 调查"之中的应诉策略十分得当：

提前准备，积极应诉。在 337 - TA - 879 案中，合理利用 FDA 注册报告否决了瑞思迈将其增加为被告的动议，为自身提前了解瑞思迈"动向"作出铺垫，并赢得了 337 - TA - 890 案中宝贵的应诉准备时间。

有的放矢，能够认清并有效地分析局面。在侵权风险极大且面临瑞思迈多起侵权诉讼的情况下，能够准确分析瑞思迈的目的，根据自身在美规模较小的销售情况洞察瑞思迈"醉翁之意不在酒"，知己知彼，将主要精力集中在"337 调查"的应诉之中。

多种抗辩方式并行。怡和嘉业合理运用规则阻止瑞思迈修改优先权日，并寻找证据对瑞思迈专利无效性进行一步一步的攻击。在无效抗辩被 ALJ 否决之后，仍能够坚持，并合理利用衡平法中的禁反言原则，基于新的权利要求解释，最终成功无效 USRE44453 专利，同时使得瑞思迈主动撤销 US7926487 专利。此外，怡和嘉业借鉴在先判例 Lelo 案和 Television Tuners 案的判决，对瑞思迈面罩专利是否满足国内产业条件发起冲击，将瑞思迈从第三方供应商购买组件所花费的金额彻底排除在"经济分支"的计算之外，并依据 Lelo 案的定"量"判断标准，否定了瑞思迈在相应产品上具有重大投资，从而使得美国国际贸易委员会撤销了所有排除令，为企业对抗应对"337 调查"提供了相当的借鉴意义。

通过在其他国家提起诉讼进行反击。在瑞思迈连续提起"337 调查"的过程中，在已经被暂时颁发停止令和有限排除令的情况下，怡和嘉业在中国对瑞思迈发起专利侵权诉讼，在中国无效了瑞思迈的 4 件专利，在美国对其发起违反反垄断法的诉讼，在牵扯对方的应诉精力的同时，赢得应诉时间，为后续与瑞思迈的和解提供了谈判的筹码。

及时布局知识产权。怡和嘉业在"337 调查"开始之后，及时申请在美、欧进行专利布局，从 2013 年的 0 件海外专利到 2018 年的 28 件海外专利，为自身进军海外保驾护航，也切实为和解中的专利转让、许可等增加了筹码。

4.3　337 – TA – 959 案

尽管在上述案例中，怡和嘉业通过及时的应诉、合理的抗辩、得体的应对等获得了"337 调查"的胜利。然而对于大多数中小企业而言，对于"337 调查"还比较陌生，欠缺应对措施。但是"337 调查"的起诉方有时会特意针对无经验的中小企业起诉，从而达到获得普遍排除令的目的，这些公司的"醉翁之意"不是被诉方本身，而是"普遍排除令"。一旦被发布普遍排除令，不仅应诉企业损失巨大，而且有时也会关联到涉案产品的整个产业链中的高新技术企业的发展。因此，被诉公司即使存在一定的侵权行为，也不应就此缺席，还是应当通过采取一些应对措施以最小化自身遭受"337 调查"导致的损失，降低排除令的波及范围。

337 – TA – 959 案是一件被告数量众多的"337 调查"案，该案的原告 Pacific Bioscience Laboratories Inc.（以下简称"PBL"）向 21 家企业发起了"337 调查"的申请，被告遍及中国、韩国、以色列、英国、美国多个国家，涉及的被诉侵权产品是用于治疗痤疮的电动皮肤护理设备、刷子、充电器以及含有其的套件。该案涉及的被告分布非常广泛，且案件最终发布了包括普遍排除令、有限排除令以及停止令在内的多项救济措施，被美国国际贸易委员会列为属于发布重大排除令的案件之一。该案中，包括中国涉案的全部 3 名被告在内共 10 名被告选择了缺席，被发布了普遍排除令，而其他国家部分被告进行抗辩，最终被判罚的后果并没有如此严重。接下来将详细分析在该案中，造成这些结果差距的具体原因。

【案例号】337 – TA – 595
【原告】
原告 PBL 是一家研究皮肤治疗护理的公司，从 2000 年开始，PBL 寻求更好的治疗和预防早期痤疮的解决方案，特别是通过瞄准所谓的皮脂塞（也称为微粉刺），这些皮脂塞是在天然皮脂或其他碎屑堵塞皮肤毛孔而形成的。

在 PBL 的专利发明之前，痤疮的治疗和预防仅限于口服或局部用药，如抗生素、类维生素 A 或激素治疗，具有明显的副作用。在研究痤疮的原因时，发明人意识到减少可见痤疮损伤的新方法可以是最大限度地减少皮脂塞的发生，换句话说，可以通过清除皮脂塞来在早期治疗痤疮以避免后期产生更加严重的后果。

该公司研发了采用声波进行皮肤护理的 Clarisonic® 系统，该系统通过采用声波的频率对皮肤施加双向运动将在其弹性极限内重复地拉伸、挤压和松弛皮肤，从而在避免对皮肤造成损害的同时清除皮脂塞以治疗早期痤疮。Clarisonic® 系统是世界上第一款采用声波进行皮肤护理的产品。Clarisonic® 系统通过皮肤科医生、整形外科医生、水疗中心和零售商以及互联网等多个渠道进行销售，Clarisonic® 系统主要销往美国各地，同时也出现在英国、澳大利亚、墨西哥、加拿大和远东地区。2010 财年，Clarisonic® 系统实现了 1.05 亿美元的净销售额。

PBL 于 2011 年被欧莱雅公司收购。

【被告】

本案涉及 21 名被告，这些被告的企业遍及中国、韩国、以色列、英国、美国多个国家，其中包括中国的 Xnovi Electronic 公司、Shanghai Anzikang Electronic 公司、Wenzhou Ai Er Electrical Technology 公司，具体的被告名称和所属国家具体参见表 2 - 4 - 10 所示。

【涉案产品】

本案中涉及的被诉侵权产品是用于治疗痤疮的电动皮肤护理设备、刷子、充电器以及含有其的套件。其中各被告各自的涉案产品名称具体如表 2 - 4 - 10 所示。

【案件概述】

原告于 2015 年 4 月 30 日向美国国际贸易委员会提交了发起"337 调查"的起诉状，请求针对被诉的侵权产品发布普遍排除令，并针对被告的侵权行为发布停止令。美国国际贸易委员会于 2015 年 6 月 25 日通知对本案进行立案，其中涉及的专利如下：

US7320691 的权利要求 1、4 ~ 6、12 ~ 16、22、31、33、39 ~ 42、44 ~ 46、49、51 以及 52；

US7386906 的权利要求 1、2、4、5 以及 7 ~ 15；

USD523809 的权利要求。

另外，原告 PBL 还提出对针对 Clarisonic 系统的商业外观侵权的侵权进行调查。

原告 PBL 共对 21 个被告提起了"337 调查"申请，各被告所在国家以及最终的判决结果如表 2 - 4 - 10 所示。

表 2 - 4 - 10 各被告名称、国家、涉案产品及调查结果

序号	被告	简称	国家	涉案产品名称	结果
1	Our Family Jewels Inc. of Parker, Colorado	Our Family Jewels	美国	Episonic	普遍排除令 有限排除令 停止令

序号	被告	简称	国家	涉案产品名称	结果
2	Accord Media LLC of New York，New York	Accord Media	美国	UltraClear	同意令
3	Xnovi Electronic Co. Ltd. of Shenzhen，China	Xnovi	中国	Lemonsonic	普遍排除令 停止令
4	Michael Todd True Organics LP of Port St. Lucie，Florida	Michael Todd LP	美国	Soniclear	和解
5	MTTO LLC of Port St. Lucie，Florida	MTTO	美国	Soniclear	和解
6	Shanghai Anzikang Electronic Co. Ltd. of Shanghai，China	Anzikang	中国	Dione	普遍排除令 有限排除令 停止令
7	Nutra－Luxe M. D. LLC of Fort Myers，Florida	Nutra－Luxe	美国	NutraSonic 4－Speed	同意令
8	Beauty Tech Inc. of CoralGables，Florida	Beauty Tech	美国	NuSonic	普遍排除令 有限排除令 停止令
9	ANEX Corp. of Seoul，Republic of Korea	Anex	韩国	Mimian	普遍排除令 停止令
10	RN Ventures Ltd. of London，United Kingdom	RN Ventures	英国	Magnitone Pulsar	和解
11	Korean Beauty Co. Ltd. Of Seoul，Republic of Korea	Korean Beauty	韩国	Korean Beauty	普遍排除令 停止令
12	H2Pro BeautyLife Inc. of Placentia，Califomia	H2Pro	美国	Eve	同意令
13	Serious Skin Care Inc. of Carson City，Nevada	Serious Skin Care	美国	Beauty Buzz	普遍排除令 有限排除令 停止令
14	Home Skinovations Inc.	Skinovations Inc.	加拿大	Silk'n Sonic	同意令
15	Home Skinovations Ltd. of Yokneam，Israel	Skinovations，Ltd.	以色列	Silk'n Sonic	同意令

序号	被告	简称	国家	涉案产品名称	结果
16	Wenzhou Ai Er Electrical Technology Co. Ltd. d/b/a CNAIER of ZheJiang, China	Wenzhou Ai Er	中国	CNAIER	普遍排除令 停止令
17	Coreana Cosmetics Co. Ltd. Of Chungcheongnam – do, Republic of Korea	Coreana	韩国	Coreana 4D Motion	普遍排除令 停止令
18	Flageoli Classic Ltd. of Las Vegas, Nevada	Flageoli	美国	Beauty Buzz	普遍排除令 有限排除令 停止令
19	Jewlzieof New York, New York	Jewlzie	美国		同意令
20	Unicos USA Inc. of LaHabra, California	Unicos	美国		同意令
21	Skincareby Alana of Dana Point, California	SkincarebyA1ana	美国		同意令

具体地,在调查过程中,8 名被告通过同意令终止了调查,分别为:Nutra – Luxe M. D、SkincarebyAlana、Unicos、H2Pro、Jewlzie、Home Skinovations Inc. 及 HomeSkinovations Ltd. 、Accord Media。

3 名被告通过和解协议终止了调查,分别为:RN Ventures、Michael Todd LP、MTTO。

剩下的 10 名被告均为缺席,其中包括全部的 3 家中国企业、全部的 3 家韩国企业以及 4 家美国企业。

2016 年 2 月 18 日,请求人 PBL 提交了请求作出简易裁决的动议,请求对缺席的被告作出违反"337 条款"的决定,并寻求发布普遍排除令、有限排除令以及停止令。

2016 年 4 月 11 日,ALJ 发布了初裁意见,批准了请求人的建议裁决动议请求。

2016 年 4 月 21 日,公设调查人请求对裁决进行部分重审。

2016 年 5 月 26 日,美国国际贸易委员会决定对初裁意见进行部分裁决,决定对涉案专利是否满足美国国内产业要求中的实体经济标准进行重审。美国国际贸易委员会还要求各方当事人针对救济措施、公众利益等提交书面意见。原告 PBL 和公设调查人及时提交了意见,和解的被告Michael Todd 也针对救济措施提交了书面意见。其他当事人均没有提交任何意见。

【审理焦点】

1) 普遍排除令

本案是为数不多的发布普遍排除令的"337 调查"之一,普遍排除令的执行对象是所有生产侵权产品的厂商,不论其有没有被列为该案件的被告,因此是原告可以从美国国际贸易委员会获得的杀伤力最大的武器。

第337节（d）款第（2）项规定，美国国际贸易委员会可以在满足以下条件之一时发布普遍排除令：

"（A）：为防止规避仅限制指定厂商产品的排除令，有全面禁止物品进口的必要的案件；

（B）：经常违反'337条款'，但难以辨识侵权产品来源的案件。"

在具体判断是否满足上述任一项标准时，美国国际贸易委员会审查的内容不限于被告本身，同时也可涵盖非被告以及缺席的被告的行为。美国国际贸易委员会具体对本案是否满足上述标准分别进行了分析。

（1）有限排除令是否容易规避

美国国际贸易委员会认为本案的案件记录表示存在事实表明存在防止指定的被告规避有限排除令的需求。

记录显示，被告存在通过更改公司名称以试图逃避检查的行为，例如，缺席的中国公司 Xnovi 在案件的调查过程中多次更改了公司名称和地址。根据原告 PBL 提交的可信证据表明，在原告提交"337调查"起诉状时，Xnovi 公司的地址是位于中国深圳市的某处，而事实却表明该公司实际是作为另一个公司 Zherui Electronics 在运作，并且具有大量的可能地址。Xnovi 公司的最终地址应该在深圳某处，然而原告 PBL 在提交起诉状之后即再也无法通过该地址联系到 Xnovi 公司。

除了 Xnovi 公司之外，还有其他被告也在以多个不同的名义通过多个不同的实体机构销售侵权产品。被告 Our Family Jewels 也在使用 Epipiir Skincare 的名义进行销售，被告 Beauty Tech 也在以 5th Avenue Buzz 的名义进行销售，被告 Wenzhou Ai Er 也在以 CNAIER 的名义进行销售。

在 ALJ 进行初裁时，其认为，与上述情况类似的规避行为在其他案件中最终导致了美国国际贸易委员会签发了普遍排除令，鉴于本案中发现的上述情形，ALJ 认为需要对涉及 US7320691 以及 US7386906 专利的侵权产品发出普遍排除令。

另外，美国市场的情况也表明，本案的被告很可能规避有限排除令。原告 PBL 提供的证据表明，市场对于侵权产品的需求强劲并且利润很高，市场上侵权产品的价格从 19.99 美元到 199 美元不等，而 PBL 公司的产品却要达到 99～265 美元。

此外，现有的记录还表明市场的进入门槛较低，由于侵权产品的组件很容易进行组装，其生产成本比较低廉，这使得它们很容易进入市场。一旦这些廉价的产品被生产完毕，它们可以立即被运往美国进行销售，或者通过互联网匿名销售，例如包括亚马逊在内的一些热门的购物网站为海外供应商采购侵权产品进行零售提供了现成的条件。

此外，被告从事的商业行为也进一步支持了有限排除令可能会被规避的结论，比如侵权产品的来源很难被辨识。以被告 Xnovi 公司为例，该公司似乎在销售多种侵权产品，这些产品使用同样的包装，却包括不同的名词和说明书。这些产品的广泛流通导致问题更加复杂。

此外，有记录表明某些侵权产品可能是其他侵权产品进行重新包装后的版本，例如被告 Beauty Tech 销售的 NuSonic 产品来自一家未知的国外制造商。Beauty Tech 通过将 NuSonic 产品重新包装成 Beauty Buzz，提供给 Serious Skin Care，Serious Skin Care 将该产品进行包装，最终由唯一确定的经销商 Flageoli 进行售卖。原告 PBL 从 Kmart. com 及 Amazon. com 网站购买了这些产品，发现它们与 Xnovi 公司销售的 Lemonsonic 产品一模一样，且包装和说明书也是雷同的，然而却采用的不同名称进行销售。

总而言之，通过以上的证据，美国国际贸易委员会认为，如果仅仅发布有限排除令，这些被告的商业行为将会使得违反 "337 条款" 的行为难以被检查，因此发布普遍排除令是一个合理的选择。

（2）是否难以确定侵权产品的来源

美国国际贸易委员会通过对证据进行审查，认为除了被列为本 "337 调查" 的被告以外，市场上还存在比较广泛的侵权行为。记录表明，有源源不断的侵权产品正在进入美国。有记录表明，在部分国家注册新公司相对比较容易，这意味着除了本次调查中所涉及的公司之外，还有其他公司可能正在或者未来可能为美国市场生产侵权产品，除非发布普遍排除令来杜绝此类行为。

此外，在调查过程中，有 8 名被告通过同意令终止了调查，有 3 名被告通过和解协议终止了调查。

原告 PBL 分别在 2010 年和 2015 年在美国地区法院针对侵权产品提起了侵权诉讼，PBL 还对至少五家中国制造商提起了针对 US7386906 专利对应的中国专利的侵权行为的强制执法行动，并通过对这五名中国制造商的判决或和解协议获得了侵权的救济。PBL 还曾在英国对另外一些被告提出侵权救济的要求。PBL 声称 "在 Amazon. com 网站上可以找到无数的其他侵权刷头"。

总而言之，现有的证据表明侵权行为广泛存在，且很难确定侵权产品的来源，因此满足了第 337 节（d）款第（2）项（B）目的要求，需要对针对 US7320691 和 US7386906 专利的侵权产品发出普遍排除令。

2）有限排除令

除了针对 US7320691 和 US7386906 专利的普遍排除令外，美国国际贸易委员会还发布了针对 USD523809 专利以及 Clarisonic 的商业外观的构成侵权产品的有限排除令。

在初裁阶段，ALJ 认为，原告 PBL 提供的无可争议的证据表明，本案涉及的侵权产品侵犯了 USD523809 的专利权，公设调查人也支持这一观点。初裁中已经认定，Our Family Jewels 的 Episonjc 产品、Anzikang 的 Dione 产品、BeautyTech 的 NuSonic 产品以及 Serious Skin Care/Flageoli 的 Beauty Buzz 产品均对 USD523809 专利构成了侵权。美国国际贸易委员会对这一裁定没有异议。

原告 PBL 同意 ALJ 的建议，即对涉嫌侵犯 USD523809 专利权的产品发布有限排除令，因此，美国国际贸易委员会决定对缺席的被告 Beauty Tech、Flageoli、Our Family

Jewels、Serious Skin Care 以及 Anzikang 的侵犯 USD523809 专利权的产品发布有限排除令。

另外，原告 PBL 还请求对 Clarisonic 的商业外观构成侵权的产品要求发布有限排除令，美国国际贸易委员会同意该请求。被诉对 Clarisonic 商业外观构成侵权的被告 Our Family Jewels 以及 Anzikang 在本次调查中缺席未应诉，对于被告缺席的情形，美国国际贸易委员会可以假定起诉状中所称的事实属实，并应当给予原告适当的救济措施，包括发布排除令和/或停止令。

3）停止令

除了普遍排除令和有限排除令之外，原告 PBL 还请求发布针对所有美国国内和国外的缺席被告的停止令。OUII 反对对非美国的缺席被告发布停止令，ALJ 建议对所有的缺席被告均发布停止令，美国国际贸易委员会在对案件记录进行审查之后，认为应当发布停止令。

美国国际贸易委员会的具体意见在于，第 337 节（g）款第（1）项授权了美国国际贸易委员会对缺席的被告被发现有违反"337 条款"的行为时，可以通过发布排除令和/或停止令以提供永久性的救济，除非提供这样的救济会损害公众利益。该条款在 1988 年被增加到"337 条款"，同时修改了第 337 节（f）款，以澄清美国国际贸易委员会选择适当补救措施的权力，即可以选择排除令、停止令或者两者都可以选择。从第 337 节（g）款立法历史来看，增加这一条款的动机是从选择缺席的被告那里进行事实的调查要么不可能实现，要么极其困难。国会认识到，对于缺席的被告，原告很难提供足够的事实以证明其违反"337 条款"以获得合适的救济，因此，该条款规定对于缺席的被告，美国国际贸易委员会可以假定起诉状中所称的事实属实从而依此发布合适的救济。事实上，联邦巡回上诉法院也一再指出，在"337 调查"中，美国国际贸易委员会在选择补救措施时，对于救济的形式和范围方面拥有广泛的自由裁量权。

如果对于进口的侵权产品，被告可能在美国境内由于维持商业运作的需要而预先具有大量库存或者有大量的国内业务，这会削弱排除令提供的救济措施，因为海关虽然可以通过排除令防止侵权物品进入美国，然而海关的命令对于已经在美国境内的库存是无效的，这种情况下通常会发出停止令。

在决定是否要对缺席被告发布停止令时，美国国际贸易委员会已经审查了部分事实，以确定缺席被告是否在美国内保留了具有商业重要性的库存或具有大量国内业务从而导致可能削弱排除令提供的补救措施的效力。然而，正如前文所述的，因为针对缺席被告可以获得的调查事实非常有限，对于缺席的被告进行事实调查要么不可能实现，要么极其困难，所以美国国际贸易委员会通常推定原告提供的信息是真实的，因而赞成原告要求发布停止令的请求。

具体而言，对于位于美国境内的被告，美国国际贸易委员会会通过记录事实推断其是否在美国存在具有商业意义上的数量的库存，因此对于美国国内的缺席被告，美国国际贸易委员会历来会通过签发停止令以作为违反"337 条款"的救济措施。

　　至于针对位于美国境外的缺席被告，美国国际贸易委员会并不自动地推定其在美国境内存在商业意义上的库存货物以支持签发停止令，相反，美国国际贸易委员会通过对事实进行审查，例如原告提交的事实中是否能够支持推定出被告在美国境内保有了商业意义上的数量的违反"337 条款"的库存货物的事实。同时，美国国际贸易委员会也对原告在起诉状中提供的针对国外缺席被告是否正在美国开展重大的商业业务活动进行了审查，而这通过网络销售、零售和经销商对于侵权产品的分销的相关证据得到了有力的支持。也就是说，对于美国境外的缺席被告，原告很难通过提供足够的证据证明被告在美国境内具有商业意义上的库存或者正在从事大量的商业业务活动，由于被告缺席，美国国际贸易委员会对于原告的证据会做出有利于原告的推定，然而如果确实没有足够的证据记录的支持，美国国际贸易委员会也不会对国外缺席被告签发停止令。美国国际贸易委员会认为通过这样方式决定是否对国外缺席被告签发停止令作为救济措施之一是明智而合理的做法。

　　具体到本案，美国国际贸易委员会通过对记录文件进行审查，认为现有事实能够支持对各个缺席被告（包括非美国的缺席被告）发布停止令。例如对于美国被告 Flageoli、Serious Skin Care、Our Family Jewels 以及 Beauty Tech，其在美国内具有大量的侵权产品的库存，因此对这些美国缺席被告发布停止令是合适的。

　　对于非美国的缺席被告 Xnovi、Anzikang、ANEX、Korean Beauty、Wenzhou Ai Er 以及 Coreana，记录同样能够支持对这些被告发布停止令，记录表明，这些非美国的缺席被告通过网络销售渠道以及通过美国零售商和经销商进行美国境内的商业运营，在美国境内保有用于支撑上述业务的侵权产品的库存。本案的调查文档显示，销售订单和交货之间的间隔时间很短，运输的成本也比较低，以及其他的一些迹象均支持作出侵权产品是来自这些缺席被告的美国境内的库存的推断。

　　此外，记录显示这些非美国的缺席被告还涉及针对侵权产品的美国商业业务，例如将侵权产品进行重新贴牌或者重新包装。举例而言，被告 Xnovi 似乎在销售多种侵权产品，这些侵权产品的名称不同，但是包装和说明书基本一致。原告 PBL 通过 Amazon. com 网站购买了，发现它们与该公司销售的 Lemonsonic 产品一模一样，且包装和说明书也是雷同的，然而却是采用的不同名称进行销售。

　　另外，ALJ 在初裁中认为这些非美国的缺席被告正在广泛地通过网络销售侵权产品，事实上，目前的证据表明来自中国和韩国制造的侵权产品的数量正在不断增加，通过互联网匿名销售，例如包括亚马逊在内的一些热门的购物网站为海外供应商采购侵权产品进行零售提供了极其方便的条件。

　　因此，尽管由于被告的缺席，无法直接调查非美国被告的侵权产品的美国境内库存以及其在美国的商业业务，然而通过原告的指控以及原告能够收集到的其他信息，足以支持美国国际贸易委员会推定这些非美国缺席被告在美国拥有大量的侵权产品的库存并且在美国有大量的商业业务。因此，美国国际贸易委员会认为对非美国的缺席被告也应当发布停止令。

该案涉及的被告数量众多，达到了21位，而最终的结果是原告PBL大获全胜，美国国际贸易委员会最终针对对 US7320691、US7386906 专利构成侵权的产品发布了普遍排除令，针对缺席的被告对 USD523809 专利构成侵权的产品发布了有限排除令，该有限排除令不仅包含原告在起诉状中提及的产品，更是涵盖来自缺席被告的所有的侵权产品。另外，美国国际贸易委员会还对所有的美国和非美国的缺席被告发布了停止令。

（1）积极和解，降低损失

该案中，虽然美国国际贸易委员会最终发布了普遍排除令、有限排除令以及停止令，但是21名被告的遭遇彼此也存在一定差异。其中，中国的3家企业、韩国的3家企业以及美国的2家企业由于缺席，最终被发布了普遍排除令和有限排除令以及停止令。而部分被告通过同意令的方式提前结束了调查，以及部分被告 RN Ventures、Michael Todd LP、MTTO 则通过和解协议终止了调查，以减少自身面临的损失。

其中，被告 Michael Todd 通过和解协议获得了原告 PBL 1年期的专利许可，具体地，其与原告 PBL 的和解协议中包含条款"PBL 授予 Michael Todd 关于 US7320691 专利的非独占许可，特许其在美国制造、使用、销售和许诺销售产品，以及将产品进口到美国"。在达成和解协议并相应地终止该"377调查"之后，Michael Todd 仍然在持续关注调查进程，在 ALJ 作出初裁建议发布普遍排除令后，第一时间提交请求将自己排除出普遍排除令的范围，而事实上，普遍排除令中已经将获得专利权人许可的产品排除在外，由于 Michael Todd 在和解协议中获得了专利许可，因此在和解协议规定的期限内其并不会受普遍排除令的限制。

（2）消极逃避，后果严重

纵观本次"337调查"，可以看到，原告在提起调查请求时的准备非常的充分，而被告也确实存在违反"337条款"的事实。然而在这种情况下，作为被告，仍然可以通过采取一些应对措施以最小化自身遭受"337调查"导致的损失。相对于被告 Michael Todd 的积极干预以及对于调查进程的关注，包含中国的全部3家企业在内的8名被告则选择了缺席消极应对，这导致美国国际贸易委员会在进行案件审理时可以假定原告在起诉状中所称的事实属实，并基于这些事实进行推定，最终发布了包括普遍排除令、有限排除令以及停止令在内的多项救济措施，属于美国国际贸易委员会发布的最大效力的救济措施，这些企业自身的产品以及所有生产该产品的厂商均被完全排除出美国市场。

4.4　337－TA－985 案

337－TA－985 案在中国企业与外国企业之间展开，该案于立案后不到半年即和解，是一起中国企业基于自身实力，仔细分析对手情况与自身产品情况而作出的明智选择，接下来就该案的情况进行细述。

【案例号】 337 - TA - 985

【原告】

柯惠医疗公司（Covidien LP，以下简称"柯惠医疗"），其为一家来自美国特拉华州，专门从事生产、销售各种医疗器械的全球 500 强企业，所销售和研发的手术吻合器，一直占该领域全球市场销售的巨大份额，其与伊西康内外科公司共同成为吻合器领域的两大垄断企业。2015 年 6 月 16 日，美敦力宣布将以 429 亿美元收购柯惠医疗，完成医疗领域的最大规模的收购。同时，在对华市场战略部署中，柯惠医疗于 2014 年 4 月与常州市康迪医用吻合器有限公司成立合资企业，柯惠医疗拥有吻合器相关的多项核心专利。

【被告】

重庆康美唯公司（Chongqing QMI Surgical Co. Ltd.，以下简称"康美唯"），其为一家成立于 2013 年的中国公司，也是西藏海默尼药业有限公司（Tibet Hemony Pharma Co. Ltd.）的子公司。主要经营生产、销售 Ⅱ 类 6808 腹部外科手术器械（如食道、肠道吻合器）；Ⅲ 类 6823 医用超声仪器及有关设备（超声切割止血刀系统）；兼营医疗仪器、仪表、医疗器械的技术研发、技术咨询和技术转让。

【案件概述】

2016 年 1 月 8 日，美国医疗保健器械生产商及销售商柯惠医疗向美国国际贸易委员会递交起诉书，正式控诉康美唯，认为康美唯的外科缝合器产品线上的线性手术缝合器系列产品 QELC 侵犯了柯惠医疗持有的 3 项"手术缝合装置"（Surgical Stapling Apparatus）方面专利的一项或多项权利要求。

2016 年 2 月 10 日，美国国际贸易委员会公布该案立案并且开始调查。

同时，2016 年 2 月 22 日，康美唯提交了由 Jordan L. Coyle 律师作为其代表律师以应诉的代表证明。

2016 年 3 月 3 日，美国国际贸易委员会 ALJ 同意首先发布暂缓调查令。

2016 年 3 月 10 日，决定颁发同意令。

2016 年 4 月 8 日，委员会在公报上公告该案停止调查，该案以同意令的和解形式结束。

【相关专利与产品】

本案涉及手术缝合器，其中，康美唯线性手术缝合器系列产品 QELC 侵犯了柯惠医疗的 3 件吻合器专利。该专利的涉案权利要求如表 2 - 4 - 11 所示：

表 2 - 4 - 11　涉案专利及对应的权利要求

涉案专利	授权日期	授权时专利权人	涉案独立权利要求	涉案从属权利要求
US6079606	2000.06.27	UNITED STATES SURGICAL CORP	1、9	2、5
US6669073	2003.12.30	UNITED STATES SURGICAL CORP	1	2、3
US8342377	2013.01.01	COVIDIEN LP	1	2～11

柯惠医疗专利的吻合器专利 US6079606 的权利要求 1：由两个主要关键部件组成——可移动的手柄（handle）以及装载单元（loading unit），其中，手柄包括一可移动的杆以及可伸长以容纳装载单元的主体部件（elaongted body）。装载单元具有钉匣以排列用以缝合组织的缝合钉。操作时，手柄闭合，与装载单元配合，从而将缝合钉从匣体内射出，缝合组织，随后重新释放手柄（图 2 - 4 - 4 所示的是该专利对应的吻合器实物图）。

　　涉案专利还涉及从手柄到钉的发射之间的联动过程，以及装载单元在装载到手柄上的锁定和装载过程。

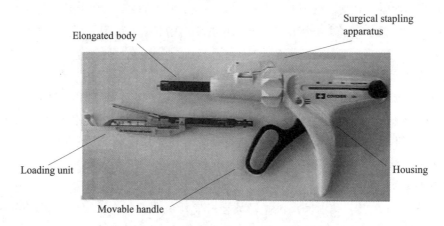

图 2 - 4 - 4　柯惠医疗涉案专利吻合器实物图

　　图 2 - 4 - 5 是柯惠医疗工作人员在出席第一届东西部腹腔手术医疗器械研讨会时拍摄的康美唯的产品。经过简单的对比可以发现，康美唯的相关产品与柯惠权利要求中保护的吻合器结构较为相似，柯惠医疗的工作人员在研讨会期间向康美唯请求获得该产品，并拍摄了该研讨会上的产品照片。柯惠医疗工作人员还拍摄了康美唯在 FIME 展会中的展台照片。

图 2 - 4 - 5　康美唯涉案产品照片

【抗辩策略】

1）积极应诉

2016 年 2 月，获悉被诉后，康美唯迅速提交了由 Jordan L. Coyle 律师作为其代表律师以应诉的代表证明。值得注意的是，该律师为奥睿律师事务所（ORRICK, HERRINGTON&SUTCLIFFE LLP）的律师，而该律师事务所为美国大型跨国企业律师事务所，在美 LAW 360 排名体系中，为前 20 律所企业。且其在专利诉讼方面，参与多起"337 调查"的诉讼，在对华服务方面，曾经为中国台湾一家半导体企业成功在"337 调查"案中抗辩而胜诉。此外，该律师事务所还是商务部指定的政府法律对外服务律所。

2）暂缓调查

2016 年 3 月，康美唯与柯惠医疗联合提交了暂缓调查以及申请同意令的动议，该动议被批准，这可能是康美唯衡量了自身产品与柯惠相关专利之间的相似性，以及自身的经济基础不足以支付巨额的诉讼费用而作出的明智之举。

3）迅速和解

2016 年 4 月，康美唯向美国国际贸易委员会申请同意令，并与柯惠医疗基于该同意令和解，在该同意令的和解协议中，康美唯并未承认其构成了不公平行为的实施，但是，康美唯明确表示，其仅仅出于和解的目的而签署该同意令，并且，该同意令一旦生效，则不会主动销售、进口柯惠医疗提及的上述涉嫌侵权的产品，且一旦发现美国境内具有任何该产品的销售存量，则主动将其召回。

最终，康美唯与柯惠医疗基于同意令和解。

事实上，结合医疗器械领域的"337 调查"统计可以发现，有将近一半的"337 调查"最终以和解或同意令的方式收场。对于规模较小且刚刚起步的企业而言，和解往往是一条快速而有效的应诉途径，这既避免了被美国国际贸易委员会发布禁令，也有利于自身进一步改进产品，发展壮大。而康美唯在该案中，应诉及时，快速选择"和解"捷径，为规模较小的企业提供一定的借鉴意义。其策略总结如下：

（1）权衡利弊，选择和解

该案中，被告康美唯对于原告柯惠医疗的专利侵权指控主要采用庭外和解的策略。由于柯惠医疗涉案专利产品与康美唯的相关产品几乎一致，证据相对确凿，衡量后续的抗辩过程，胜算可能性不大，并且，实质上康美唯的医疗器械产品并未真正在美国展开销售（并未获得美国 FDA 授权资格），而是仅仅于 2015 年秋季推广其产品以提高其产品的市场认知度，而直接应诉需要花费大量的时间及金钱，因此权衡利弊后，康美唯选择了与柯惠医疗和解的应对策略。

（2）聘请有经验的律师应对"337 调查"

"337 调查"规模浩大、战略意义重大，且专业性强、涉及面广、程序复杂、节奏较快、难度较高，对律师团队的决策能力、专业水平、应变能力等要求极高，因此需要选择经验丰富、了解美国当地 ALJ 的思维方式和其本土相关行业的律师代理案件，这样才能迅速抓住核心，给应诉方以最合理的建议。该案中，美唯康选择的律师事务所对"337 调查"十分有经验，最终律师根据证据的强弱，合理地利用美国各种司法制度，给出了代价最小的应对建议。

随着中国医疗器械产业的发展，并以鼓励出口作为高新技术企业的发展导向，中国医疗器械企业对美的出口值近 15 年来飞速发展；且伴随着医疗器械领域自主创新能力的提升，医疗器械的出口正从中低端（低端占比 60%）向高端（低端占比 40%）技术转型，这引起了美国企业的警觉，美国国际贸易委员会在近两年来频频发布专门针对中国医疗器械进口数据的分析报告。因此，在短短的 7 年间，中国医疗器械企业在"337 调查"中迎来了集中爆发，并迅速取代了日本，成为 2010 年后"337 调查"的重点对象。

"337 调查"速度快，后果严重，不仅波及涉诉企业，甚至可能将上下游产业一网打尽。因此，许多中国企业在面对"337 调查"时，由于准备不足或畏惧应诉过程，而在面对"337 调查"时直接选择了"缺席"被发布了排除令，这一"缺席"的数据占比在所有"337 调查"占比中高达 40%，可见中国企业整体在"337 调查"中应诉经验不足。

如何避免在国际市场中遭遇知识产权风险，成为中国企业转型和"走出去"过程中的难题。通过上述对整个医疗器械产业的"337 调查"的详细分析，我们发现，在"337 调查"中，日本的情况与中国尤为相似，日本曾经经历了与中国类似的"337 调查"的不利局面，且在 2000 年以前一度是"337 调查"的"重灾区"，然而，日本成功度过了频繁被美国国际贸易委员会发起"337 调查"的危机，且医疗器械领域没有任何一起"337 调查"被美国国际贸易委员会发布禁令，甚至还有部分调查取得了胜利。可以说，日本面对"337 调查"的策略值得借鉴。

值得鼓舞的是，在涉及中国的"337 调查"中，有 2 件涉及同一家企业——怡和嘉业，其通过充足的准备、合理的抗辩，最终通过历时 5 年艰苦卓绝的"拉锯战"获得胜利。随着中国技术的进步、企业知识产权意识的增强，中国企业应对海外知识产权风险的经验必将得到进一步提升。